신경학적
음악치료 핸드북

Michael H. Thaut · Volker Hoemberg 편저
강규림 · 여명선 공역

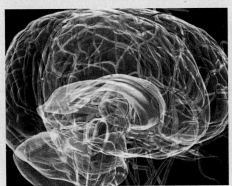

학지사

[역자 서문 1]

신경학적 음악치료(NMT) 관련 연구와 현장을 경험한 지도 벌써 8여 년이라는 시간이 흘렀습니다. 이 기간 동안 NMT 관련 연구와 적용이 세계적으로 더욱 활발하게 진행되는 것을 느낄 수 있었고, 『신경학적 음악치료 핸드북(Handbook of Neurologic Music Therapy)』의 출판 과정도 볼 수 있었습니다.

한국에도 NMT에 대해 관심을 갖는 분들이 늘어나면서 많은 분께 도움이 되었으면 하는 바람으로 이 책을 번역하게 되었습니다. 이 책은 과학적 근거를 바탕으로 발전된 NMT의 각 중재 기법에 대한 기초 및 현장 적용 연구, 적절한 대상군, 치료적 메커니즘 및 임상 프로토콜을 제시하고 있어, 이 책을 접하시는 분들은 NMT의 이론 및 실습에 대한 정보를 종합적으로 얻으실 수 있을 것입니다.

NMT를 연구하는 학생 및 연구자분들과 현장에서 음악을 치료적 도구로 사용하고 계신 음악치료사분들께 이 책이 보다 체계적인 치료 과정에 대한 이해와 적용에 도움이 될 수 있길 바랍니다. 또한 음악이 뇌에 미치는 영향과 치료적 적용에 대해 궁금했던 모든 분께도 도움이 될 수 있길 기대합니다. 앞으로 NMT의 더욱 활발한 연구와 현장 적용을 바탕으로 보다 많은 분이 음악을 통해 치료적 도움을 받게 되시길 바라며, 이를 위해 저 또한 '음악의 치료적 적용'에 대한 연구에 기여할 수 있도록 계속해서 노력하겠습니다.

　NMT에 대한 지식과 적용을 아낌없이 가르쳐 주신 Thaut 교수님께 감사의 말씀을 드리고 싶습니다. 또한 이 책을 한국어로 번역할 기회를 주신 학지사와 많은 조언과 응원을 해 준 주변 분들께도 감사의 말을 전하고 싶습니다. 특히 출판과 관련하여 조언을 주시고 공역자이신 여명선 박사님과 작업할 수 있도록 도움을 주신 김수지 교수님께 감사드리며, 이 책의 번역이 완성될 수 있도록 함께 작업해 주신 여명선 박사님께 감사의 말씀을 드리고 싶습니다. 마지막으로, 좋아하는 학문을 계속해서 연구할 수 있는 것은 항상 아낌없이 지원해 주시고 응원해 주시는 부모님과 남동생 덕분입니다. 마음적으로나 지식적으로 성장할 수 있게 도와주셔서 항상 감사드린다는 말을 전하고 싶습니다. 감사합니다.

강규림

[역자 서문 2]

    먼저, 저를 음악치료의 길에 발을 내딛게 하신 하나님께 감사합니다. 더불어 음악을 사용하여 환자의 삶을 회복시키는 신경학적 음악치료 분야를 소개할 수 있는 귀한 기회를 주셨음에도 감사합니다.

    임상 현장과 연구를 통해 많은 환자를 만나면서 신경학적 음악치료의 효과를 경험하고 음악의 치료적 원리에 대해 탐구하는 시간 동안 이 분야에 대해 관심을 갖는 분들이 생각보다 많다는 것을 알게 되었습니다. 이 책은 음악이 우리에게 주는 혜택을 막연하게 느끼는 것을 넘어, 음악이 환자의 재활에 어떻게 치료적으로 작용하는지에 대해 궁금해하는 독자들에게 필요한 설명을 해 줄 수 있을 것이라고 생각합니다. 그런 점에서 이 책의 출판이 신경학적 음악치료 분야의 활성화와 발전의 계기가 되었으면 하는 바람이 있습니다.

    저의 학위 과정부터 지금까지 연구자로서의 원칙과 중심을 잃지 않도록 늘 함께 고민해 주고 계시는 김수지 교수님, 음악치료라는 쉽지 않은 학문을 하는 동안 아낌없는 조언과 지지로 저를 여기까지 오게 하신 정현주 교수님께 이 기회를 빌려 감사의 말씀을 드립니다. 또한 선임이신 유가을 교수님, 이화음악재활센터의 연구원과 인턴들에게도 감사의 마음을 전합니다. 무엇보다도 번역하는 과정을 함께 했던 강규림 박사님, 정

말 수고하셨고 앞으로 같이 연구할 기회가 있다면 참 좋겠습니다.

앞으로 신경학적 음악치료를 통해 더 많은 환자가 음악의 혜택을 얻고, 음악의 힘을 새롭게 발견하여 치료적 원리를 정립해 가는 훌륭한 연구자들이 더 많이 양성되기를 바라며, 저 또한 임상 근거 기반 음악치료 연구의 틀을 다지는 데 기여할 수 있는 연구자가 될 것을 한 번 더 다짐하면서 이 글을 마칩니다. 감사합니다.

여명선

[한국어판 서문]

안녕하세요, 『신경학적 음악치료 핸드북』 독자 여러분.

먼저, 이 책의 한국어 번역본이 출판되어 매우 기쁩니다. 『신경학적 음악치료 핸드북』 한국어판의 출간은 임상 및 연구 방면에서 지속적으로 성장해 온 한국 NMT 커뮤니티 동료들의 헌신과 노력을 보여 주는 것 같습니다. 부디 이 책이 한국에서 NMT가 더욱 성장하고 확실하게 자리매김하는 데 좋은 기반이 되기를 바랍니다.

특별히 이 책을 번역해 준 저의 제자 강규림 박사와, 공역자인 여명선 박사에게 감사의 말을 전하고 싶습니다. 이 기회를 빌려 글로벌 NMT 커뮤니티와 한국 NMT 커뮤니티의 지속적인 협력이 이루어지기를 기대합니다.

감사합니다.

2021년 10월

Michael H. Thaut PhD

Professor

Faculty of Music

Faculty of Medicine, Institute of Medical Sciences and

Rehabilitation Science Institute

Director, Music and Health Science Research Collaborative and Graduate Programs

Collaborator Scientist CAMH Neuroimaging

Affiliate Scientist St. Michael's Hospital

CANADA RESEARCH CHAIR TIER I

University of Toronto

www.mahrc.music.utoronto.ca

[편저자 서문]

　신경학적 음악치료(NMT)는 신경계 질환으로부터 발생한 인지, 감각 또는 운동 기능 저하의 회복을 위해 발전된 음악치료의 한 분야입니다. 이 책을 통해 소개된 다양한 NMT 중재 기법들은 뇌졸중, 외상 후 뇌손상, 파킨슨병 및 헌팅턴병, 뇌성마비, 알츠하이머성 치매, 자폐 범주성 장애 또는 기타 신경학적 손상에 의한 질환 등(예: 다발성 경화증 등)을 위해 적용될 수 있습니다.

　『신경학적 음악치료 핸드북』은 재활, 치료 및 의학 분야에 적용되는 음악치료 분야의 새롭고 혁신적인 종합적 지침서로서 과학적으로 타당하다고 검증된 이론과 임상 절차에 대해 기술하였습니다. 각 장에는 20여 종류의 중재 기법에 대한 상세한 훈련방법 및 적용절차와 연구 및 임상 정보에 대한 배경이 제시되어 있습니다.

　이 책은 신경학적 음악치료사뿐만 아니라 향후 환자를 위해 NMT를 적용하고자 하는 임상가, 교육자 및 학생들에게 '필수 지침서'가 될 것입니다. 또한 의료 분야를 비롯한 관련 분야의 전문 치료사들에게도 신경 재활에 대한 음악의 치료적 기능에 관한 새로운 통찰을 제공하고, 신경학적 음악치료사들과의 학제 간 협업을 효율적으로 진행할 수 있도록 하는 안내자의 역할을 할 것입니다.

[약어]

AAC(alternative and augmentative communication): 보완 · 대체 의사소통

ADD(attention deficit disorder): 주의력결핍장애

ADHD(attention deficit hyperactivity disorder): 주의력결핍 과잉행동장애

ADL(activities of daily living): 일상생활 활동

AMMT(associative mood and memory training): 연상적 기분과 기억 훈련

AMTA(American Music Therapy Association): 미국음악치료협회

AOS(apraxia of speech): 말실행증

APT(auditory perception training): 청지각 훈련

ASD(autism spectrum disorder): 자폐 범주성 장애

BATRAC(bilateral arm training with rhythmic auditory cueing): 리듬 청각 신호와 함께 제공되는 반복적인 양측성 상지 훈련

BIAB(Band-in-a-Box): 밴드 인 어 박스

bpm(beats per minute): 분당 비트 수

CBMT(Certification Board of Music Therapy): 음악치료자격위원회

CIMT(constraint-induced movement therapy): 강제 유도 운동치료

CIT(constraint-induced therapy): 강제 유도 치료

COPD(chronic obstructive pulmonary disease): 만성 폐쇄성 폐질환

CPG(central pattern generator): 중추 패턴 발생기

CVA(cerebrovascular accident): 뇌혈관장애

DAS(developmental apraxia of speech): 발달성 말실행증

DMD(Duchenne muscular dystrophy): 듀센형 근위축증

DSLM(developmental speech and language training through music): 음악을 통한 발달적 말하기와 언어 훈련

EBM(evidence-based medicine): 근거 기반 의학

EEG(electroencephalography): 뇌전도

EF(executive function): 집행 기능

EL(errorless learning): 착오(오류) 없는 학습

EMG(electromyography): 근전도

FFR(frequency following response): 주파수 탐지 반응

FMA(Fugl-Meyer Assessment): 푸글-마이어 평가

FOG(freezing of gait): 보행 동결

fMRI(functional magnetic resonance imaging): 기능적 자기공명영상

LITHAN(living in the here and now): 지금-여기의 삶

MACT(musical attention control training): 음악적 주의 조절 훈련

MACT-SEL(MACT for selective attention skills): 음악적 주의 조절 훈련-선택 주의 기능/기술

MAL(motor activity log): 운동 활동 기록

MD(mean difference): 평균차

MEFT(musical executive function training): 음악적 집행 기능 훈련

MEG(magnetoencephalography): 뇌자기도

MEM(musical echoic memory training): 음악적 음향 기억 훈련

MET(metabolic equivalent): 신진대사 해당치/대사당량

MIDI(musical instrument digital interface): 음원 디지털 변환 입력 장치

MIT(musical intonation therapy): 멜로디 억양 치료

MMIP(musical mood induction procedures): 음악적 기분 유도 과정

MMT(mood and memory training/musical mnemonics training): 기분과 기억 훈련/음악적 기억술 훈련

MNT(musical neglect training): 음악적 무시 훈련

MPC(music in psychosocial training and counselling): 음악 심리사회적 훈련과 상담

MPC-MIV(MPC mood induction and vectoring): 음악 심리사회적 훈련과 상담-기분 유도 및 벡터링

MPC-SCT(MPC social competence training): 음악 심리사회적 훈련과 상담-사회적 역량 훈련

MRI(magnetic resonance imaging): 자기공명영상

MSOT(musical sensory orientation training): 음악적 감각 지남력 훈련

MUSTIM(musical speech stimulation): 음악적 말하기 자극

NMT(neurologic music therapy): 신경학적 음악치료

OMREX(oral motor and respiratory exercise): 구강 운동과 호흡 훈련

PD(Parkinson's disease): 파킨슨병

PECS(Picture Exchange Communication System): 그림 교환 의사소통 체계

PET(positron emission tomography): 양전자 단층촬영

PNF(proprioceptive neuromuscular facilitation): 고유 감각 신경 근육 촉진

PROMPT(prompts for restructuring oral muscular phonetic targets): 구강 근육 음성 촉진법

PRS(perceptual representation system): 지각적 표상 체계

PSE(patterned sensory enhancement): 패턴화된 감각 증진

QoL(quality of life): 삶의 질

QUIL(quick incidental learning): 빠른 우연 학습

RAS(rhythmic auditory stimulation): 리듬 청각 자극

RCT(randomized controlled trial): 무선 통제 연구

RMPFC(rostral medial prefrontal cortex): 전측내측 전전두 피질

ROM(range of motion): 관절 가동 범위

RSC(rhythmic speed cueing): 리듬적 말하기 신호

RSMM(rational scientific mediating model): 합리적 과학적 중재 모델

SLI(specific language impairment): 단순언어장애/특수언어장애

SLICE(step-wise limit cycle entrainment): 단계적 한계 주기 동조화

SMD(standardized mean difference): 표준화된 평균차

SPT(sound production treatment): 말소리 산출 치료/음성 산출 치료

SYCOM(symbolic communication training through music): 음악을 통한 상징적 의사소통 훈련

TBI(traumatic brain injury): 외상성 뇌손상

TDM(transformational design model): 전환 설계 모델

TIMP(therapeutical instrumental music performance): 치료적 악기 연주

TME(therapeutic music exercise): 치료적 음악 훈련

TMI(therapeutic music intervention): 치료적 음악 중재

TS(therapeutic singing): 치료적 노래 부르기

TUG(Timed Up and Go test): 일어서서 걷기 검사

UNS(Untersuchung neurologich bedingter Sprech-und Stimmstörungen): 신경학적 음성 및 음성장애 검사

UPDRS-II(Unified Parkinson's Disease Rating Scale-II): 통합형 파킨슨병 평가 척도

VAM(vigilance and attention maintenance): 경계 및 주의 유지

VIT(vocal intonation therapy): 음성 억양 치료

VMIP(Velten Mood Induction Procedure): 벨텐 감정 유도 설명서

WMFT(Wolf Motor Function Test): 울프 운동 기능 검사

[차례]

- 역자 서문 1 ⋯ 3
- 역자 서문 2 ⋯ 5
- 한국어판 서문 ⋯ 7
- 편저자 서문 ⋯ 9
- 약어 ⋯ 11

Chapter 01   신경학적 음악치료(NMT): 사회과학에서 신경과학까지   23

1.1 서론   23

1.2 합리적 과학적 중재 모델(RSMM)   25

1.3 요약   29

Chapter 02   신경학자의 관점에서 본 신경학적 음악치료   31

Chapter 03   신경학적 음악치료를 위한 음악 테크놀로지   39

3.1 서론   39

3.2 음원 디지털 변환 입력 장치(MIDI)   40

3.3 하드웨어   42

3.4 소프트웨어   48

3.5 재활 현장에서의 뇌–컴퓨터 음악 인터페이스와 음악 비디오 게임   50

Chapter 04 신경학적 음악치료에서의 임상적 즉흥 연주 **53**

4.1 서론 53

4.2 음악적 개념과 자료 55

4.3 음악적 집행 기능 훈련(MEFT) 69

4.4 음악 심리사회적 훈련과 상담(MPC) 70

4.5 마무리 75

Chapter 05 패턴화된 감각 증진(PSE)과 강제 유도 치료(CIT):
작업치료사 및 학제 간 상지 재활 치료 관점 **77**

5.1 서론 77

5.2 강제 유도 치료(CIT) 78

5.3 강제 유도 치료(CIT)와 운동 조절 80

5.4 패턴화된 감각 증진(PSE)과 움직임의 질 82

5.5 PSE의 임상 적용 87

5.6 PSE와 CIT의 복합 적용 88

Chapter 06 평가 및 전환 설계 모델(TDM) **93**

6.1 평가 원칙 93

6.2 전환 설계 모델(TDM)에서의 평가 95

6.3 평가 도구 99

Chapter 07 파킨슨병 환자를 위한 보행 재활에서의 리듬 청각 자극(RAS):
연구 관점 **105**

7.1 서론 105

7.2 배경 106

7.3 RAS의 정의 107

7.4 RAS 이해하기 108

7.5 보행 및 보행 관련 활동에서 적용되는 RAS의 효과   109

7.6 파킨슨병 환자의 보행과 RAS 효과의 체계적 문헌 고찰   118

7.7 RAS의 새로운 적용   123

7.8 마무리 및 미래 연구 제안   127

Chapter 08 리듬 청각 자극(RAS)   **137**

8.1 정의   137

8.2 대상군   137

8.3 연구 요약   139

8.4 치료적 메커니즘   139

8.5 임상 프로토콜   141

8.6 RAS 프로토콜 단계   144

8.7 다양한 대상군을 위한 RAS의 적용   149

Chapter 09 패턴화된 감각 증진(PSE)   **153**

9.1 정의   153

9.2 대상군   154

9.3 연구 요약   155

9.4 치료적 메커니즘   155

9.5 임상 프로토콜   156

9.6 PSE 훈련과 적용 요약   163

Chapter 10 치료적 악기 연주(TIMP)   **167**

10.1 정의   167

10.2 대상군   168

10.3 연구 요약   170

10.4 임상 프로토콜   188

Chapter 11 **멜로디 억양 치료(MIT)**   **195**

11.1 정의   195
11.2 대상군   195
11.3 연구 요약   196
11.4 치료적 메커니즘   197
11.5 임상 프로토콜   198

Chapter 12 **음악적 말하기 자극(MUSTIM)**   **203**

12.1 정의   203
12.2 대상군   203
12.3 연구 요약   204
12.4 치료적 메커니즘   205
12.5 임상 프로토콜   205

Chapter 13 **리듬적 말하기 신호(RSC)**   **209**

13.1 정의   209
13.2 대상군   210
13.3 연구 요약   212
13.4 치료적 메커니즘   213
13.5 치료 절차   214
13.6 5단계 훈련 계획   218
13.7 일반적인 방법   220
13.8 파킨슨병 환자에 대한 치료 적용   220
13.9 경직형, 실조형 및 혼합형 마비말장애 환자에 대한 치료 적용   221
13.10 말더듬 환자에 대한 치료 적용   221

Chapter 14 구강 운동과 호흡 훈련(OMREX) 225

14.1 정의 225

14.2 대상군 225

14.3 연구 요약 229

14.4 치료적 메커니즘 231

14.5 임상 프로토콜 232

Chapter 15 음성 억양 치료(VIT) 247

15.1 정의 247

15.2 대상군 247

15.3 연구 요약 248

15.4 치료적 메커니즘 249

15.5 임상 프로토콜 249

15.6 요약 252

Chapter 16 치료적 노래 부르기(TS) 255

16.1 정의 255

16.2 대상군 256

16.3 연구 요약 257

16.4 치료적 메커니즘 259

16.5 임상 프로토콜 260

16.6 마무리 266

Chapter 17 음악을 통한 발달적 발하기와 언어 훈련(DSLM) 271

17.1 정의 271

17.2 대상군 271

17.3 연구 요약 273

17.4 치료적 메커니즘 275

17.5 임상 프로토콜 276

17.6 마무리 292

Chapter 18 음악을 통한 상징적 의사소통 훈련(SYCOM) 297

18.1 정의 297

18.2 대상군 298

18.3 연구 요약 298

18.4 치료적 메커니즘 299

18.5 임상 프로토콜 299

18.6 마무리 301

Chapter 19 음악적 감각 지남력 훈련(MSOT) 303

19.1 정의 303

19.2 대상군 303

19.3 연구 요약 304

19.4 치료적 메커니즘 304

19.5 임상 프로토콜 306

Chapter 20 청지각 훈련(APT) 311

20.1 정의 311

20.2 대상군 311

20.3 연구 요약 313

20.4 치료적 메커니즘 315

20.5 임상 프로토콜 316

Chapter 21 음악적 주의 조절 훈련(MACT) 341

21.1 정의 341

21.2 대상군 343

21.3 연구 요약 343

21.4 치료적 메커니즘 345

21.5 임상 프로토콜 346

Chapter 22 음악적 무시 훈련(MNT) 359

22.1 정의 359

22.2 대상군 359

22.3 연구 요약 361

22.4 치료적 메커니즘 363

22.5 임상 프로토콜 364

22.6 평가 367

Chapter 23 음악적 집행 기능 훈련(MEFT) 371

23.1 정의 371

23.2 대상군 372

23.3 연구 요약 372

23.4 치료적 메커니즘 374

23.5 임상 프로토콜 375

Chapter 24 음악적 기억술 훈련(MMT) 389

24.1 전의 389

24.2 대상군 390

24.3 연구 요약 391

24.4 치료적 메커니즘 395

24.5 임상 프로토콜 396

Chapter 25 **음악적 음향 기억 훈련(MEM)** 411

25.1 정의 411

25.2 대상군 412

25.3 연구 요약 412

25.4 치료적 메커니즘 413

25.5 임상 프로토콜 413

Chapter 26 **연상적 기분과 기억 훈련(AMMT)** 417

26.1 정의 417

26.2 대상군 418

26.3 연구 요약 420

26.4 치료적 메커니즘 423

26.5 임상 프로토콜 425

Chapter 27 **음악 심리사회적 훈련과 상담(MPC)** 441

27.1 정의 441

27.2 대상군 444

27.3 치료적 메커니즘 444

27.4 연구 요약 447

27.5 임상 프로토콜 453

■ 찾아보기 / 479

13장에 제시된 오디오 샘플은 www.oup.co.uk/companion/thaut 참조

Chapter 01

신경학적 음악치료(NMT): 사회과학에서 신경과학까지

●

Michael H. Thaut, Gerald C. McIntosh, and Volker Hoemberg

1.1 서론

20세기 중반 무렵부터 시작된 현대의 음악치료는 주로 사회과학적 개념에 기반하여 발전되었다. 음악은 오래전부터 감정의 표현, 사회의 구성 및 통합, 신념이나 사상의 표현, 그리고 교육적인 목적을 위해 사용되어 왔다. 이 중 치료적 도구로서의 음악의 가치는 개인의 삶과 사회적 문화에서의 다양한 감정 및 사회적 역할에서 비롯되었다.

1990년대 초반에 이르러 음악과 뇌 기능에 관한 새로운 연구 결과들이 발표됨에 따라 치료 분야에서 음악의 역할에 급격한 변화가 나타났다. 특히 인지신경과학 분야의 뇌 영상 및 뇌파 측정과 같은 기술적 발전에 의해 인지 기능 및 뇌 활동에 대한 직접적인 관찰이 가능하게 되면서, 음악과 관련된 두뇌의 복잡한 과정을 보다 자세하게 이해할 수 있게 되었다. 예를 들면, 음악의 창작과 지각에 관여하는 고도화된 구조적 뇌 활동이 발견되었으며, 음악이 복잡한 인지, 정서 및 감각 운동 과정을 자극하는 자극제로서 뇌 활동에 영향을 미친다는 결과도 보고되었다. 또한 임상의학자들의 연구를 통해 음악이 지각, 인지, 운동 능력 조절과 관련되는 청각적 정보일 뿐만 아니라, 손상된 뇌를 재교육하는 데 효과적으로 사용될 수 있는 도구가 될 수 있다는 사실도 발견되었다.

이러한 결과들은 음악이 단순한 '웰빙'의 수단이 아니라 보다 강력하고 구체적인 치료적 효과를 기대할 수 있는 새로운 신경과학 연구의 대상이라는 점을 의미하였고, 이후에도 다양한 분야의 연구를 통해 음악의 치료적 효과성을 입증하는 결과들이 지속적으로 보고되었다.

이와 관련하여 음악을 적용한 임상의학 연구에서도 특정 음악 중재 기법의 효과를 뒷받침하는 '다수의' 과학적 근거가 보고되었으며, 1990년대 후반에는 음악치료, 신경과학 및 뇌과학 분야의 연구자들과 임상가들이 모여 근거 기반의 음악치료 중재 기법을 체계적으로 분류하여 발전시켰다. 이러한 모든 과정은 신경학적 음악치료(neurological music therapy: NMT)를 자리 잡게 하고, 과학적 근거를 기반으로 한 표준화된 임상 중재 기법을 통해 체계적으로 발전하게 하는 근간이 되었다. NMT 중재 기법은 ① 진단 목표, ② 치료 목표를 달성하기 위한 음악의 지각과 산출 과정에 관련된 메커니즘을 기반으로 하는 스무 가지 기법으로 이루어져 있다. 이 책에서는 각 중재 기법에 대한 정의, 진단적 적용, 연구의 배경, 그리고 가장 중요한 내용인 실제 임상에 적용되는 프로토콜의 예시 등을 임상가의 관점에서 제시하고자 한다. 이 기법들은 새로운 연구와 지식을 바탕으로 거듭 발전하게 될 것이다.

이러한 변화는 치료 및 의료 분야에서 음악의 역할을 결정짓는 중요한 단계가 된다. 즉, 다른 치료 분야에서의 목표 달성을 위해 음악을 보조적 수단으로 사용하는 것이 아니라, 신경과학적 원리를 적용한 치료적 음악 훈련(therapeutic music exercises: TMEs)과 같이 대상자의 운동·언어·인지 기능의 효과적 개선을 위한 재활 및 훈련에 음악을 '주요한' 수단으로 적용하는 것이다.

치료 환경 내에서의 음악의 개념이 사회문화적 가치를 갖는 매개체의 역할로부터 인지 및 감각 운동 기능에 영향을 주는 신경생리학적 자극제로 변화함으로써, 음악치료에 대한 접근 역시 과학적 데이터와 함께 음악과 뇌에 대한 통찰력을 기반으로 하는 패러다임으로 전환되었다. 이러한 패러다임을 기반으로 하여 음악이 운동 조절, 주의, 말 산출과 학습 및 기억 등을 위한 뇌 활동과 밀접하게 관련되어 있음이 규명되었고, 이에 따라 손상된 뇌를 재활하고 회복시키는 데 음악을 효과적으로 사용할 수 있다는 사실을 이해할 수 있게 되었다.

다음은 NMT의 중요한 여섯 가지 기본 원리이다.

① NMT는 신경계 질환이나 손상 등에 의한 인지, 정서, 감각, 언어, 운동 기능 장애

를 위해 음악을 치료적으로 적용한다.

② NMT는 음악 지각 및 산출의 신경과학적 모델과 음악에 의한 비음악적인 행동 및 뇌 기능 변화를 기초로 한다.

③ 중재 기법들은 표준화된 용어와 적용 절차를 사용하며, 환자의 필요에 맞게 TMEs의 관점에서 적용된다.

④ 중재 기법들은 과학적 연구를 바탕으로 하여 비음악적 치료 목표(예: 운동 기능 향상)를 달성하기 위해 사용된다.

⑤ NMT를 시행하는 치료사들은 음악을 활용한 훈련 방법이나 NMT 외에도 신경해부학, 생리학, 신경병리학, 의학용어, 인지·운동·언어 기능의 재활 등에 대해 이해하고 있어야 한다.

⑥ NMT는 학제 간 연구로 이루어지며, 치료사들은 효과적인 치료를 위해 적극적으로 팀에 기여할 수 있어야 한다. 또한 다른 분야의 전문가들은 각자의 분야에 NMT를 효과적으로 적용할 수 있도록 제시된 내용과 원리를 이해하고 적절하게 활용할 수 있어야 한다.

1.2 합리적 과학적 중재 모델(RSMM)

음악은 인간의 뇌 활동을 통해 이루어지는 생태학적 소통 수단이다. 심미적으로 복잡한 수준의 설명을 통해 표현되는 '현대'의 미술 작품들(예: 조각상, 그림, 장신구 등)도 그 기원을 거슬러 올라가면 약 10만 년 전 인간의 진화된 두뇌활동의 시작과 함께 출현한 것으로 기록되어 있는데, 음악은 그 이전, 심지어 언어나 수리의 기록과 관련된 유물보다도 훨씬 이전에 등장하였다.

최근 연구들은 음악과 뇌 활동 사이의 흥미로운 관계를 보여 주고 있다. 예를 들면, 음악은 뇌 활동에 의해 만들어지는 동시에 뇌를 변화시키기도 한다. 음악 교육이나 연주가 뇌의 변화에 영향을 준다는 것은 이미 알려져 있는 사실인데, 실제로 음악은 뇌의 매우 넓은 영역에 걸쳐 단계적으로 처리되어 피질 하부로부터 대뇌의 피질 영역에 이르기까지 영향을 미친다. 그뿐만 아니라 인지, 운동, 언어 기능 등의 비음악적인 행동을 처리하는 신경망에도 광범위하게 연관되어 있다. 이는 치료 과정에서 음악이 담당하는 '중재적 언어'로서의 역할에 대한 중요한 근거가 될 수 있다. 즉, 뇌에서 일어나는 음악 정보의 처리가 비음악적인 행동에도 관련된다는 사실을 통해 음악을 활용한 훈련을 통한 기능적 재활을 기대할 수 있는 것이다.

이러한 사실은 음악이 치료적 개념으로 발전되기 전부터 있었던 음악 인지와 관련된 이론적 모델에 대한 이해를 바탕으로 한다는 점에서 치료적 음악 사용에 대한 중요한 근거가 될 수 있다. 이처럼 음악이 치료 및 재활의 중재적 수단으로 전환되는 과정은 '합리적 과학적 중재 모델(rational scientific mediating model: RSMM)'을 기반으로 확립되었다(Thaut, 2005).

심리생리학적 모델을 바탕으로 음악 행동을 설명하는 음악치료학은 Gaston(1968), Sears(1968), Unkerfer와 Thaut(2002) 등의 여러 학자에 의해 과학적으로 발전되었다. NMT의 임상적 체계 역시 이러한 학자들의 초기 연구들로부터 보고된 과학적 이론에 의해 구축되었다.

RSMM은 음악과 치료를 연결해 주는 인식론적 모델을 기반으로 한다. 이는 우리가 음악치료를 배우고 이해하는 방법에 대해 방향을 제시하는 역할을 한다. 치료적 효과를 유도하는 음악의 메커니즘은 각각의 기본적 원리가 단계적으로 연결되는 과정을 통해 일관적인 이론의 형태로 완성되는 것이다. 따라서 RSMM에서 음악치료의 과학적 근거를 제시하는 과정은 음악의 지각 및 산출에 대한 신경학적 · 생리학적 · 심리학적 관점에서 다음과 같은 단계에 따라 진행된다.

① 음악적 반응 모델: 인지, 정서, 운동 조절 및 말하기와 언어 기능에 관련된 신경생리학적 · 심리적 · 음악적 행동에 대한 연구나 조사. 음악 감상 및 표현 시 운동, 언어, 인지, 정서 영역에서 일어나는 신경생리학적 · 심리적 · 음악적 반응 및 행동에 대한 연구 및 조사

② 비음악적 병행(평행) 모델: 인지, 언어 및 운동 조절과 유사한 영역에 대한 음악과 비음악적 뇌/행동 기능 사이의 공유 및 평행적인 과정 연구. 1단계에서 언급된 음악 자극에 대한 신경계 반응과의 유사점 및 차이점 비교 분석

③ 중재 모델: 두 번째 단계(공유되고 겹치는 과정)를 바탕으로 음악이 비음악적인 뇌 활동과 행동 기능에 영향을 미칠 수 있는지 조사. 음악 감상 및 표현이 특정 기능 영역을 담당하는 뇌 영역과 특정 행동의 변화에 미치는 영향에 대한 연구 및 조사

④ **임상 연구 모델**: 중재 모델에서 연구한 내용을 바탕으로, 음악이 치료와 재활에서 (재)학습과 (재)훈련에 영향을 미칠 수 있는지에 대한 여부를 조사. 음악의 치료적 사용이 특정 대상군의 기능 영역별 행동에 미치는 효과에 대한 연구

1.2.1 1단계: 음악적 반응 모델

1단계에서는 음악 지각 및 산출의 기초가 되는 인지, 운동 제어 및 말하기/언어 분야에 대한 신경 생물학 및 행동 과정에 대한 연구가 필요하다.

관련 연구 문제는 다음과 같다.

- 음악 학습 과정에서 음악을 효과적으로 기억하게 하는 요소는 무엇인가?
- 음악적 주의와 억제는 어떠한 과정을 통해 이루어지는가?
- 음악 지각과 수행은 집행 기능(executive function)과 어떠한 연관이 있는가?
- 음악은 어떠한 과정을 통해 정서적 반응과 기분 변화를 유도하는가?
- 음악은 어떠한 작용을 통해 음성 산출의 조절을 가능하게 하는가?
- 운동 기능 조절에 적용되는 음악의 원리는 무엇인가?

1.2.2 2단계: 비음악적 평행 모델

이 단계에서는 각 단계가 서로 논리적으로 합의될 수 있는 두 단계의 과정이 필요하다. 첫 번째로는 인지, 운동 조절 및 말하기/언어 기능과 같은 비음악적 과정에 대한 기본적인 개념과 메커니즘의 구조 및 형성 과정에 대한 탐색이 필요하다. 두 번째로는 이러한 비음악적 기능의 형성 과정에 1단계(음악적 반응 모델)와 공유되는 음악적 기능이 있는지의 비교가 필요하다.

관련 연구 질문은 다음과 같다.

- 음악 활동과 비음악적 활동에서의 주의와 억제, 기억 형성, 집행 기능, 정서적 경험, 운동 조절, 감각 지각, 말하기/언어 지각 및 산출 과정은 어떤 기제를 공유하는가?
- 음악 기능을 통해 비음악적 기능을 향상시키거나 최적화하는 것이 가능한가?

음악을 통해 비음악적 기능을 향상하거나 최적화할 수 있는 공유 기제가 존재한다면 잠재적인 효과를 연구하는 RSMM의 세 번째 단계로 진행될 수 있다.

다음은 앞서 언급된 공유 과정의 예를 보여 준다.

- 최적화된 타이밍은 비음악적 행동과 음악적 행동 모두에 있어 중요하다. 음악에서의 운동적 타이밍이 음악의 청각적 리듬 구조에 의해 유도된다면, 청각적으로 전달되는 리듬은 음악을 연주할 때의 동작뿐 아니라 비음악적 기능인 상/하지 동작의 신경근 조절이나 운동 계획에도 관여하는가?
- 음악(그중에서도 특히 노래 부르기)과 말하기는 청각적 · 음향학적 · 시간적 · 신경적 · 소통적 및 표현적으로 다양한 부분을 공유하는데, 그렇다면 ① 음악은 언어/말하기 지각 및 산출에 도움을 줄 수 있는가?(예: 대체 음성 경로 접근, 음성 운동 출력의 타이밍 조절, 호흡기 및 신경근 음성 조절 강화), ② 음악이 의사소통 기호 및 언어 학습에 대한 이해도를 높이거나 음의 높낮이 및 소리의 세기와 같은 말소리의 음향적 요소를 변화시킬 수 있는가?
- 시간적 처리 과정(순서)은 주의, 기억, 집행 기능과 같은 인지 행동에 있어 중요한 역할을 한다. 음악 역시 시간적 구조를 통해 진행되는 추상적 언어 기호이다. 그렇다면 이 공통점을 바탕으로 음악적 구조가 비음악적 정보의 주의, 기억 등에 영향을 준다고 할 수 있는가?

1.2.3 3단계: 중재(연계) 모델

연계 모델 단계는 두 번째 단계의 내용과 가설을 바탕으로 한다. 이 단계에서는 음악이 비음악적 행동과 뇌 기능 향상에 효과적이라는 근거를 제시하기 위해 일반인과 환자를 대상으로 연구가 진행되며, 향후 임상 적용에 대한 가능성을 제공하기 위해 주로 중재의 메커니즘이나 단기적 효과에 대한 연구가 주요하게 시행된다. 예를 들어, 리드미컬한 음악적 신호가 보행이나 상지 운동 등과 같은 운동 조절에 어떠한 영향을 주는지, 또는 악기 연주가 팔이나 손 등의 기능적인 동작을 포함하는 상지 재활에 효과가 있는지 등에 관한 것이다. 또한 리드미컬한 음악적 신호가 말의 유창성이나 명료도 향상에 관여한다는 것, 음악이 연상적 장치(예: 'ABC 노래')로 사용될 수 있는지와 같은 인지 영역의 연구도 이에 포함된다. 이와 같이 음악이 비음악적 행동의 변화에 중요한 영향을 미친다는 근거를 확인하고 나면, RSMM의 마지막 단계로 이동하게 된다.

1.2.4 4단계: 임상 연구 모델

이 단계에서는 세 번째 단계에서 진행된 연구 결과를 임상 현장에 적용하는 연구가 진행된다. 이때의 연구는 환자를 대상으로 이루어지며, 음악을 통한 행동 기능 훈련 및 재활에서의 치료 효과에 대해 관찰하는 연구가 주로 시행된다. 또한 이 단계에서는 음악 중재 기법들의 장기 효과 및 훈련의 다양한 시행 방법에 의한 적용 효과를 연구한다. 여기서 중요한 점은 NMT의 대부분이 음악의 구조적 및 지각적 특성을 활용하거나 음악에 의한 신경의 회복 및 뇌 가소성 촉진을 목표로 재활 기능 수행 및 대체 경로 접근 방식을 활용하고 있다는 것이다. NMT 중재 기법 중 해석적이고 감정적인 표현 기능의 음악적 반응을 치료를 위해 사용하는 기법은 음악 심리사회적 훈련과 상담(psychosocial training and counseling: MPC)이 유일하며, 연상적 기분과 기억 훈련(associative mood and memory training: AMMT)은 고전적인 조건화(Hilgard & Bower, 1975)와 기분과 기억 향상을 연결하는 기억의 연결망 이론(Bower, 1981)을 통하여 학습하고 기억하는 패러다임을 바탕으로 한다.

1.3 요약

근거 기반 의학, 신경과학적 접근 중심의 재활, 객관적 데이터와 근거 제시 등을 통해 치료 및 재활 분야를 배경으로 급속히 성장한 NMT는, 음악을 단순한 문화적 매체로 보는 것이 아니라 음악이 갖는 구조적·감각적·표현적 특성을 통해 인간의 활동에 복잡한 방식으로 연관되어 뇌 활동 전반을 지극하는 생물학적 언어로 간주한다. 따라서 음악은 손상된 뇌의 기능을 재훈련시키는 도구가 되며, 치료사, 과학자 및 음악가 모두가 적용하고 평가할 수 있다. NMT는 과학적 근거를 기반으로 발전된 음악 중재 기법인 동시에 음악과 뇌에 관련되는 신경생물학적 요소를 바탕으로 하기 때문에, 음악이 재활 분야의 학제 간 맥락을 전제로 공유될 수 있다.

참고문헌

Bower, G. H. (1981). Mode and memory. *American Psychologist, 36*, 129-48.

Gaston, E. T. (1968). *Music in Therapy*. New York: MacMillan Company.

Hilgard, E. L. and Bower, G. H. (1975). *Theories of Learning*. Englewood Cliffs, NJ: Prentice Hall.

Sears, W. W. (1968). Processes in music therapy. In: E. T. Gaston (ed.), *Music in Therapy*. New York: Macmillan Company. pp. 30-46.

Thaut, M. H. (2005). *Rhythm, Music, and the Brain: scientific foundations and clinical applications*. New York: Routledge.

Unkefer, R. F. and Thaut, M. H. (2002). *Music Therapy in the Treatment of Adults with Mental Disorders*. St Louis, MO: MMB Music.

Chapter 02
신경학자의 관점에서 본
신경학적 음악치료

•

Volker Hoemberg

모든 재활은 환자의 신체적·심리적 기능의 회복을 통해 독립적인 일상생활 수행과 사회적인 참여 기회를 증진시키는 것을 목표로 한다. 이를 위해서는 특히 환자가 의사, 간호사, 치료사 및 간병인 등과 소통하는 데 도움을 줄 수 있는 감각 자극이 매우 중요한데, 음악이 언어의 의미적·통사적 구조와 유사한 기제를 공유하는 특성이 있다는 사실이 보고되면서, 많은 연구자가 신경 재활에 음악을 사용하는 방법에 대해 관심을 갖게 되었다.

리듬은 음악의 주요한 요소로, 신경과학 분야에서도 역시 리드미컬한 진동 (oscillations)이 중요한 역할을 한다. 예를 들어, 뇌전도(electroencephalography: EEG)와 뇌자기도(magnetoencephalography: MEG)를 통해 측정되는 인간의 뇌파에서 감마밴드 (40Hz) 이상의 고주파수 진동은 인지 및 지각 과정에서의 기본 메커니즘에 대한 단서를 제공한다(Engel et al., 1999; Gold, 1999).

뇌간(brainstem) 및 척수(spinal cord)에 있는 중추 패턴 발생기(Central Pattern Generator: CPG)는 척추동물의 운동 기능 조절에 필수적이다(Duysens & van de Crommert, 1998; Grillner & Wallen, 1985).

이러한 맥락에서 예상되는 질문은 시·공간적으로 구성된 리드미컬한 음향적 특성을 가진 음악과 같은 감각 자극이 인지, 지각, 그리고 운동 기능에 기초하는 고유의 리드미컬한 두뇌 진동을 형성할 수 있는가이다(Crick & Koch, 1990).

지난 10년간 신경 재활 분야의 운동 중재에 대한 설계 및 효과성 평가에 대한 관점에 큰 변화가 있었다. 이는 세 가지 패러다임으로 설명할 수 있다. 첫째, 증명되지 않은 이론적 가정을 통한 직관적인 '고백'의 형태에서 근거와 전문성에 기반한 규명의 형태로 변화하였다. 둘째, 'hand-on' 방식의 접근에서 'hand-off' 방식의 근거 기반 접근으로 변화하였다. 이러한 치료적 관점의 변화는 내담자에 대한 치료사의 역할이 '중재자'에서 '교사' 혹은 '감독'으로 변화되었다는 점에서 치료사가 자신에 대해 이해하는 부분에도 크게 영향을 주었다. 셋째, 언급된 두 가지의 변화 모두 직관적 접근에 의한 일대일 개인치료부터 그룹치료로까지 확장되었다.

신경과학과 행동과학의 발전이 병행하는 기간 동안 근거 기반 의학(evidence-based medicine: EBM)의 틀 안에서 자료의 통계적 분석 및 생리적 반응 분석을 기반으로 하는 새롭고 다양한 접근이 시도되고 있다. 대표적인 예로서, 신경 재활 분야의 효과성을 입증하기 위해 시행되는 EBM의 주요한 방법으로 무선 통제 연구(randomized controlled trials: RCTs)가 사용되는 것을 들 수 있다(Hoemberg, 2013 참조).

- 보바스(Bobath) 치료법이나 고유 감각 신경 근육 촉진(proprioceptive neuromuscular facilitation: PNF)과 같은 고전적 물리치료 기법은 다수의 제한점이 제기되었으며, 특히 신경생리학적 원리를 근거로 한다는 주장은 많은 비판을 받아 왔다.
- 이에 따라 EBM 개념의 사용은 운동 신경 재활 분야에서의 치료 과정 선택에 특별히 많은 영향을 끼쳤으며, 모범적 사례로 소개되었다.
- 근거 기반 개념의 사용에는 여러 가지 장점이 있다. 특히 거짓을 참이라고 하는 결과(제1유형 오류)를 줄일 수 있는 높은 신뢰도를 특징으로 한다. 또한 이러한 틀 안에서 여러 RCTs의 결과는 메타분석으로 수렴될 수 있으며, 그 결과는 특정 치료 효과에 대한 효과성을 평가할 때 치료사와 임상가들에게 결정적인 도움을 줄 수 있다.

그러나 RCTs에 크게 의존하는 것에도 또한 몇 가지 단점이 있으며, 신경 재활에서 치료 방법을 결정할 때 이를 이론적 근거로 적용하는 것에 반대하는 주장이 있다. RCTs 개념은 본래 많은 수의 환자가 참여하는 약리학 분야를 위해 설계되어 왔고, 현재 널리 사용되고 있다. 이러한 연구들을 수행하기 위해서는 대개 큰 비용이 들고, 일반적으로 제약 회사의 후원에 의해 진행되는 경우가 많다. 따라서 EBM 개념은 신경 재활 연구에 주로 사용되는 적은 표본 크기 및 이질적인 임상 모집단에는 쉽게 적용될 수 없다. 또한 치료 결정을 내릴 때 메타분석에 의존하게 된다면 추가적인 오류와 표본 편향이 생길 수 있다. 마지막으로, 유전적 소인과 같은 개별 치료 반응성은 적절하게 다뤄지지 않을 수 있다.

따라서 치료법을 선택할 때 EBM 개념에 의존하는 수준을 고려해야 한다. 임상 실습을 위해서 이러한 딜레마를 해결할 수 있는 다른 접근법이 있는지를 고려해야 하며, 통계에서의 제2유형 오류(거짓을 부정하는 결과)를 줄이기 위해서 RCTs 및 관련 메타분석의 결과를 매우 주의하여 읽고 해석해야 한다. 따라서 부정적인 메타분석 결과보다는 긍정적인 측면에 더욱 의존해야 할 것이다.

그러나 임상가는 근거 기반의 치료 결정을 내리거나 치료법을 고안할 때 사용될 수 있는 다른 중요한 과학적 정보가 있다는 것 역시 고려해야 한다. 신경과학 및 신경행동 연구에서 유래된 뇌 기능의 기본 원리 및 메커니즘에 대한 통찰력을 제공하는 충분한 과학적 정보가 제공될 수 있는데, 이는 EBM 체계에서 제공하는 근거가 뒷받침되지 않더라도 합리적인 형태의 치료법을 모색하는 데 도움이 될 수 있다. 예를 들어, 운동 재활에서 대부분의 접근법은 운동 학습과 관련되어 있으므로 신경과학과 행동과학으로부터 파생된 운동 학습에 대한 기본 지식을 통해 새롭고 효과적인 치료법을 설계할 수 있도록 한다.

[글상자 2-1]은 운동 학습 관련 연구의 결과에 따른 기본적인 규칙들로, 운동 재활에서 치료 방법을 고안하고 개선하는 데 사용될 수 있다. 운동 학습에서 가장 중요한 기본 규칙 중 하나는 '반복'이다. 이동 범위를 최적화하기 위해서는 많은 반복이 필수적이다. 이 규칙은 건강한 사람(Fitts & Posner, 1967)뿐 아니라 환자들(Bütefisch et al., 1995; Sterr et al., 2002)에게도 적용되는 것으로 나타났다.

다음으로 중요한 요소는 '피드백' 사용이다(학습자 또는 환자에게 그들의 운동 행동의 질과 정확성을 알려 준다). 이 원리 역시 양질의 실험적 연구들을 통해 입증되어 왔다(좋은 예는 Mulder & Hulstijn, 1985 참조).

외부 신호(external cue, 특히 움직임을 제어하기 위한 충분한 내재적 신호가 없는)는 환자의 움직임을 유도하는 데 중요한 단서이다. 특히 움직임을 계획하는 데 중요한 정보를 제공하는 신호는 더욱 중요하다. 따라서 리듬에 의한 시간적 신호는 매우 중요한 역할을 한다(Thaut et al., 1999a).

더욱이 최적의 학습을 위해서는 학습자에게 최적의 동기 부여 환경을 제공하는 것이 중요하기 때문에 학습자의 기능 수준과 균형을 맞추기 위해 과제 난이도를 적절하게 적용하거나 '형성'해야 한다. 치료사는 너무 쉬운 과제로 인해 학습자가 지루해하거나, 반대로 너무 어려운 과제 때문에 좌절감이 조성되지 않도록 주의해야 한다. 이러한 의미에서 적절한 수준의 과제 난이도를 선택하는 것은 치료사의 중요한 역할이라 할 수 있다.

[글상자 2-1] 학습 지향 운동치료(learning-oriented motor therapy)를 위한 기본 원칙

- 반복
- 피드백(결과에 대한 지식)
- 신호
- 과제 지향
- 능동적 학습
- 생태학적 타당도
- 조형(환자의 기능 수준에 맞는 과제 난이도 적용)
- 동기 부여

또한 선택된 과제는 환자가 원하고 그들의 일상적인 생활에 효과적으로 적용될 수 있도록 실제 상황에 맞춰져야 한다. 이는 너무 '추상적'이거나 '비현실적'인 과제를 피하고, 더욱 기능적인 운동 동작 과제를 선택해야 한다는 것을 뜻한다.

NMT의 기법과 원리는 EBM 접근 방식과 기초 운동 학습 원리에 기본을 두고 있는 운동 재활의 새로운 개념 모두와 조화를 이루고 있다. 운동 기능 장애가 있는 환자들의 치료에서 신경생물학에 기반하여 음악을 사용하는 데 대한 가장 중요한 첫 번째 단계는 리듬 청각 자극(rhythmic auditory stimulus: RAS)의 과학적 발전이었다.

치료 원리와 신경생리학 메커니즘은 Michael Thaut와 그의 동료들에 의해 콜로라도 주립대학교 연구실에서 발전되었다. 개념의 기본 원리는 반복적인 리듬 음향 감각 신호가 리드미컬한 움직임을 동조화하고(entrain) 촉진하는 것을 바탕으로 한다.

RAS는 파킨슨병(Thaut et al., 2001), 헌팅턴병(Thaut et al., 1999b) 및 뇌졸중(Thaut et al., 1993a, 1993b, 1997)과 같은 다양한 운동장애가 있는 환자의 운동 기능을 향상시키는 데 도움이 되는 것으로 나타났다. 이러한 결과를 바탕으로, Thaut 박사와 동료들의 연구는 다른 그룹 연구의 기초가 되어 광범위하게 확장되었다.

뇌 영상 기술의 발전으로 두정엽, 전두엽 및 소뇌 영역이 리듬 처리에 관여한다는 사실이 보고되었다(Thaut et al., 2009). 상지 운동이나 전신 협응을 연속적인 패턴화된 움직임으로 구성하여 각 움직임들을 리드미컬한 신호를 통해 유도할 수 있다. 이러한 접근법의 한 예로, 청각 리듬 신호를 사용한 패턴화된 감각 증진(patterned sensory enhancement: PSE)이 뇌졸중 환자의 마비된 팔 움직임 향상에 도움이 된다는 연구를 들 수 있다(Thaut et al., 2002).

운동의 구성과 조절을 촉진하는 데 관련되는 기본 메커니즘은 리듬 동조화 (entrainment) 이론에 기초한다. 여기서 리듬 동조화는 음향 리듬이 청각 및 운동 구조에서의 신경 반응과 동조화됨을 뜻하며, 보행 신호가 뇌간 및 척수의 중추 패턴 발생기의 신경 반응을 유도한다는 것을 의미한다(Duysens & van de Crommert, 1998).

지난 10년 동안 음악 및 뇌 기능에 관한 NMT 연구는 운동 기능뿐 아니라 인지, 지각, 언어 및 정서의 분야로 확장되어 왔다. 음악은 고유한 특성과 시간적 구조를 갖는 청각적 정보를 제공함으로써 다음과 같은 효과적인 자극의 역할을 한다. ① 청각적 주의 집중을 형성하고, ② 시각 무시(visual neglect)를 극복하게 하고, ③ 의식의 각성을 위한 기본 감각 자극을 제공하고, ④ 기억력 훈련을 위한 연상 기억(mnemonic)의 단서를 제공하고, ⑤ 뇌에서 대체 언어로써 접근하여 훈련하게 하거나, ⑥ 집행 기능 향상에 도움이 되는 '창조적인 추론 전략'을 훈련한다.

NMT에 대한 연구, 기법 및 훈련의 이론적 근거는 재활이나 치료 관련 분야와 마찬가지로 입증된 근거에 의해 뒷받침되어야 한다. NMT 분야의 임상가들은 진단을 내리거나 특정 인지 및 운동 행동 치료에 특화되어 있지는 않지만, 광범위한 발달, 행동 및 신경학적 장애를 위한 기법이나 자극을 제공하는 것에 전문성을 갖추어야 하며, 이러한 맥락에서 신경학적 음악치료사들은 효율적인 학제 간 환자 중심의 치료 팀에서 핵심 구성원들을 '연결'하는 데 매우 중요한 역할을 담당할 수 있어야 한다.

참고문헌

Bütefisch, C., Hummelsheim, H., Denzler, P., and Mauritz, K. H. (1995). Repetitive training of isolated movements improves the outcome of motor rehabilitation of the centrally paretic hand. *Journal of the Neurological Sciences, 130,* 59–68.

Crick, F. and Koch, C. (1990). Towards a neurobiological theory of consciousness. *Seminars in the Neurosciences, 2,* 263–75.

Duysens, J. and van de Crommert, H. W. A. A. (1998). Neural control of locomotion; Part 1: The central pattern generator from cats to humans. *Gait and Posture, 7,* 131–41.

Engel, A. K. et al. (1999). Temporal binding, binocular rivalry, and consciousness. *Consciousness and Cognition, 8,* 128–51.

Fitts, P. and Posner, M. (1967). *Human Performance.* Belmont, CA: Brooks/Cole Publishing Co.

Gold, I. (1999). Does 40-Hz oscillation play a role in visual consciousness? *Consciousness and Cognition, 8,* 186–95.

Grillner, S. and Wallen, P. (1985). Central pattern generators for locomotion, with special reference to vertebrates. *Annual Review of Neuroscience, 8,* 233–61.

Hoemberg, V. (2013). Neurorehabilitation approaches to facilitate motor recovery. In: M. Barnes and D. Good (eds), *Handbook of Clinical Neurology. Volume 10.* New York: Elsevier. pp. 161–74.

Mulder, T. and Hulstijn, W. (1985). Sensory feedback in the learning of a novel motor task. *Journal of Motor Behavior, 17,* 110–28.

Sterr, A., Freivogel, S., and Voss, A. (2002). Exploring a repetitive training regime for upper limb hemiparesis in an in-patient setting: a report on three case studies. *Brain Injury, 16,* 1093–107.

Thaut, M. H., McIntosh, G. C., Rice, R. R., and Prassas, S. G. (1993a). The effect of auditory rhythmic cuing on stride and EMG patterns in persons residing in the community after stroke: a placebo-controlled randomized trial. *Archives of Physical Medicine and Rehabilitation, 84,* 1486–91.

Thaut, M. H., McIntosh, G. C., Rice, R. R., and Prassas, S. G. (1993b). The effect of auditory rhythmic cuing on stride and EMG patterns in hemiparetic gait of stroke patients. *Journal of Neurologic Rehabilitation, 7,* 9–16.

Thaut, M. H., McIntosh, G. C., and Rice, R. R. (1997). Rhythmic facilitation of gait training in hemiparetic stroke rehabilitation. *Journal of the Neurological Sciences, 151,* 207–12.

Thaut, M. H., Kenyon, G., Schauer, M. L., and McIntosh, G. C. (1999a). The connection between rhythmicity and brain function: implications for therapy of movement disorders. *IEEE Engineering in Medicine and Biology Magazine, 18,* 101–8.

Thaut, M. H. et al. (1999b). Velocity modulation and rhythmic synchronization of gait in Huntington's disease. *Movement Disorders, 14,* 808–19.

Thaut, M. H., McIntosh, G. C., McIntosh, K. W., and Hoemberg, V. (2001). Auditory rhythmicity enhances movement and speech motor control in patients with Parkinson's disease. *Functional Neurology, 16,* 163–72.

Thaut, M. H. et al. (2002). Kinematic optimization of spatiotemporal patterns in paretic arm training with stroke patients. *Neuropsychologia, 40,* 1073–81.

Thaut, M. H. et al. (2009). Distinct cortico-cerebellar activations in rhythmic auditory motor synchronization. *Cortex, 45,* 44–53.

Chapter 03

신경학적 음악치료를 위한 음악 테크놀로지

●

Edward A. Roth

3.1 서론

음악 테크놀로지는 정교하고 높은 수준의 음질과 사용자 편의성 등의 장점이 있어 지난 10~15년간 보급이 점점 확대되어 왔으나, 음악치료사들이 기존 악기 사용을 선호하는 경우가 많아 임상 현장에서는 과소평가되는 경향이 있었다. 신체적 기능에 제한이 있는 환자들과의 상호작용을 촉진하거나 최소한의 움직임을 통해 최대의 음악 반응을 유도할 필요가 있을 때 보조적 역할로 활용되는 경우가 있기는 했지만, 아이러니하게도 이러한 예들이 일부 치료사에게는 테크놀로지 사용을 기피하는 이유가 되기도 하였으며, 기기 구입에 필요한 비용 역시 보급이 제한되는 요인이 되었다.

Wendy Magee에 따르면 영국과 미국의 음악치료사들은 헬스케어 분야에서 음악 테크놀로지 사용의 핵심 요소에 동의하며, 일반적으로 전자 음악 기술이 환자와 치료사 모두에게 쉽게 이용될 수 있다고 하였다(Magee, 2006, 2011; Magee & Burland, 2008). Magee는 음악치료사들이 적절한 대상자, 다양한 도구의 적용 및 선택 방법들을 잘 고려한다면, 더 많은 음악치료사가 다양한 테크놀로지를 활용하게 될 것이라고 주장하였다. 이 장에서는 모든 테크놀로지에 대해 방대한 설명을 제공하기보다는 하드웨어, 소프트웨어 및 휴대용 디지털 기기에 대해 간단히 소개하고자 한다.

3.2 음원 디지털 변환 입력 장치(MIDI)

사용 가능한 하드웨어와 소프트웨어에 대해 설명하기 전에 두 장치를 서로 소통하게 하는 장치 또는 '언어'에 대한 정보를 설명할 필요가 있는데, 음악 응용 프로그램을 검색해 본 경험이 있다면 음원 디지털 변환 입력 장치(musical instrument digital interface: MIDI, 미디)에 대해 들어 본 적이 있을 것이다. 미디는 지난 15~20년간 음악 테크놀로지 발전을 주도하는 데 큰 영향을 준 장치로, 초보부터 전문가를 비롯한 모든 수준의 기술자가 연주 및 작곡을 위하여 전자 악기를 활용할 수 있도록 하는 역할을 하였다. 1980년대 초 미디의 초기 목표는 전자 기기를 다양한 음, 타이밍, 패치(악기) 및 페달을 제어할 수 있도록 하기 위해 다른 악기 제조사들의 동일한 전자 코딩으로 변환하여 연결할 수 있도록 하는 것이었다. 이는 원래 다른 기기들과 단일 제어 장치에 단순하게 연결하는 방식으로 제작되었으나 컴퓨터의 대중화와 함께 보다 다양한 형태로 발전되었다.

3.2.1 기본 원리

미디 사용자들이 가장 먼저 직면하는 문제는 악기, 컴퓨터, 인터페이스 및 사운드 출력/증폭 장치 등의 장비들을 미디에 연결하는 방법일 것이다. 모든 미디 악기는 다른

[그림 3-1] 사운드 소스(위: 미디 인터페이스, 아래: 미디 키보드)의 연결

악기, 제어 장치, 사운드 모듈 및 컴퓨터로부터 정보를 주고받을 수 있는 여러 개의 포트로 구성되어 있다. 악기들은 MIDI IN, MIDI OUT, 그리고 MIDI THRU 포트(또는 잭/소켓)를 통하여 서로 연결된다. MIDI IN 포트는 정보를 받는 기능, MIDI OUT 포트는 정보를 보내는 기능, 그리고 MIDI THRU 포트는 여러 악기를 서로 연결시켜 주는 기능을 한다. 미디 종류에 상관없이 미디 악기, 인터페이스, 또는 서로 다른 장비를 연결할 때는 항상 MIDI IN과 MIDI OUT을 사용하는데([그림 3-1] 참조), 쉽게 말해 두 가지 장비 사이에서는 정보를 보내고 받는 기능이 동시에 필요하므로 각각의 기능을 하는 MIDI IN과 MIDI OUT을 통한 연결이 필수적이다. 물론 예외도 있다.

한 예로, 컴퓨터와 단일 장치(예: 전자 키보드 악기)를 연결할 경우에는 컴퓨터의 USB 포트와 미디 또는 전자 키보드의 USB 포트를 케이블로 연결하면 된다. 그러나 미디 키보드, 드럼 세트, 전자 기타 및 말렛과 같은 악기를 사용해야 하는 경우에는 컴퓨터와 악기를 연결하는 중간 장치 역할인 '미디 인터페이스'가 필요하다. 이 경우, 먼저 컴퓨터의 USB 포트를 미디 인터페이스 USB 포트로 연결한 다음, 인터페이스에 사용하고자 하는 여러 악기를 연결하면 된다([그림 3-2] 참조).

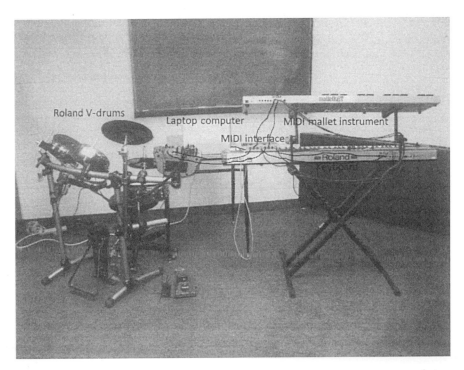

[그림 3-2] 미디 워크스테이션(미디 인터페이스에 연결된 랩톱 컴퓨터, 키보드 드럼 세트, 말렛)

3.3 하드웨어

3.3.1. 악기와 트리거

대부분의 미디 기반 악기는 하나의 형식 또는 트리거(trigger)로서 작동한다. 즉, 악기 연주자들이 미디 악기를 연주하는 것은 일련의 악기 내부 센서에 힘을 가하거나 공기압을 공급함으로써 소리를 생성하게 된다. 악기의 모양이나 형태에 상관없이 소리 산출에 필요한 신호를 보내게 된다(보통 컴퓨터나 전자 키보드로 신호를 보낸다). 또한 악기의 종류(전자 키보드, 현악기, 말렛, 또는 관악기 기반 장치)에 상관없이 주어진 소리의 다양한 음, 음색, 속도, 지속 시간 및 진폭을 숫자 데이터로 기록할 수 있으며, 이 데이터들을 연주자나 치료사가 선택한 소리로 전환시킬 수도 있다. 미디 악기의 종류에 따라 힘에 반응하는 정도가 다르기 때문에, 환자들의 치료적 필요 및 목적에 따라 입력하는 힘의 크기를 조절하여 생성되는 소리의 진폭을 조절할 수 있다. 이러한 원리로, 동작의 강도나 운동 범위가 제한적인 환자들이 약한 강도로 연주하더라도 큰 소리를 낼 수 있으며, 반대의 경우 역시 가능하게 된다. 예를 들어, 동작에 필요한 힘을 증가시키기 위한 훈련에서는 미디 악기를 더욱 세게 연주해야만 소리가 나도록 장치를 조정할 수 있다.

3.3.1.1 키보드

컴퓨터와 전자 키보드는 대부분의 미디 작업 스테이션에서 핵심 작동 장치 역할을 한다. 몇몇 세팅에서는 전자 키보드가 독립적인 중앙 장치로서 음악을 제공하여 치료적 훈련을 가능하게 한다. 미니 키보드의 기능과 가격대는 매우 다양한데, 대략 2.5~4 옥타브의 음역으로 구성되어 휴대가 가능하도록 가벼운 무게로 제작된 전자 키보드의 경우 10만 원 이하의 금액으로 구입할 수 있는 반면, 다양한 소리를 낼 수 있는(한 가지 악기 소리, 밴드 또는 오케스트라 반주, '자연'의 소리, 음향 효과 등) 전자키보드를 구입하려면 훨씬 고가의 비용이 요구된다. 키보드를 구입할 때는 먼저 용도를 고려해야 한다. 전자 키보드를 방에서 방으로 이동할 필요가 있는가? 환자가 치료에 참여하기 위해 치료실로 올 수 있는가? 키보드를 자동차로 운반해야 하는가? 환자가 실제로 키보드를 연주할 것인가 또는 단순히 다른 미디 악기의 사운드 소스로 사용할 것인가? 만약 환자가 키보드를 연주한다면, 어떠한 목적으로 연주할 것인가? 치료적 악기 연주(therapeutic instrumental music performance: TIMP)와 같이 움직임의 강도나 기민성을 위한 훈련인가? 음악적 주의 조절 훈련(musical attention control training: MACT), 음악적 집행 기능 훈련(musical executive function training: MEFT), 음악 심리사회적 훈련과 상담(music in psychosocial training and counseling: MPC)과 같은 인지, 감정 또는 사회 능력을 향상시키기 위한 훈련에 사용할 것인가? 이와 같은 다양한 측면을 고려해야 한다. 만약 환자가 움직임의 강도와 조절 능력을 향상하기 위해 키보드를 연주하는 것이라면, 무거운 건반으로 이루어진 키보드가 재활운동에 유용할 것이다. 반대로, 휴대를 해야 하거나 최소한의 음악 입력만 필요하다면, 보다 가볍고 적은 건반 수로 이루어진 키보드를 사용하는 것이 적절할 것이다. 시중에는 Casio, Kawai, Korg, Kurzweil, M-Audio, Roland, Yamaha 등과 같은 다양한 브랜드의 키보드가 있다.

클리닉에서 세션을 진행하거나 키보드를 휴대할 필요가 없고 충분한 예산이 뒷받침된다면, Yamaha의 Dislavier 모델이 재활치료에 유용한 도구가 될 수 있을 것이다. 이 기기는 '스스로 연주'할 수 있는 어쿠스틱 악기라는 점에서 피아노의 현대적 버전이라 할 수 있지만, 이러한 간단한 설명을 능가하는 훨씬 많은 기능을 가지고 있다. 임상 현장에서의 활용 방법을 예로 들면, 신경학적 음악치료사들이 치료적 악기 연주(Therapeutic Instrument Music Performance: TIMP)와 패턴화된 감각 증진(patterned sensory enhancement: PSE) 훈련을 진행할 때 연속적으로 제공되는 신호(cueing)를 기록할 수 있다. 또한 이 기기는 실시간으로 치료사의 연주를 녹음하여 재생할 수 있기 때문에, 필요한 경우 세션 중 치료사가 신체적인 도움을 추가적으로 제공할 수 있고, 정보가 디지털 방식으로 저장되기 때문에, 치료사가 세션 중에 따로 정보를 기록하지 않아도 된다. 키보드는 '실제' 피아노와 비슷한 소리를 생성하면서도 테크놀로지 기능을 탑재한 악기지만, 치료를 위한 키보드(Dislavier) 구입은 총 치료 부서의 연간 비용과 비슷하거나 개인 치료센터 운영의 많은 예산을 차지할 정도로 부담될 수 있다.

3.3.1.2 드럼과 타악기
드럼 세트, 드럼 모듈, 핸드 드럼 및 말렛을 포함한 여러 가지 전자 및 디지털 타악기가 있다.

- 드럼: 드럼 세트는 Alesis, Roland, Simmons, Yamaha 등과 같은 다양한 브랜드에서 생산되고 있으며, 대략 수십만 원에서 수백만 원 대까지 다양하게 판매되고 있다. 악기 소리, 내장 레코딩, 드럼 및 심벌즈 패드의 개수, 하드웨어의 품질, 타격 강도 조절 가능 여부에 따라 악기를 선택할 수 있으며, 부드러운 고무에서부터 나일론 소재의 '헤드', 또는 실제 드럼 쉘과 헤드의 품질에 따라서 기능 차이를 보인다. 드럼 세트는 공간 구성을 조성하고, 악기의 각도 조정도 가능하므로 상·하지 및 체간 조절을 목표로 하는 TIMP 훈련 시 유용하다.

- 핸드 드럼: Roland에서는 V-Drums 드럼 세트에 적용된 기술을 포함한 디지털 핸드 드럼('HandSonic')도 생산하고 있다. HandSonic은 15개의 패드로 구성되어 있으며, 15개의 다른 소리를 동시에 낼 수 있어 개인 및 소그룹 치료 모두에서 사용할 수 있다. HandSonic은 15개에서 300개가 넘는 타악기의 소리를 낼 수 있으며, 일반적인 밴드와 오케스트라 악기뿐 아니라 세계 전통 악기 소리들도 포함되어 있다. 음질도 훌륭하지만, 다른 타악기와 함께 연주할 때 증폭 시스템의 사양에 따라 어쿠스틱 악기와 HandSonic으로 연주된 음색의 차이를 구분하기 어려울 정도로 구현되는 소리의 정확성도 뛰어나다. 일반 드럼(예: V-drums)과 유사한 패드 민감성을 갖추고 있어 소리의 표현력이 뛰어나기 때문에 환자의 재활 목표와 필요성에 따라 TIMP 훈련용으로 적합하다(힘의 강도가 매우 약한 사람들에게 HandSonic 및 기타 미디 타악기는 환자들이 연주할 때 소리가 지연될 수 있는 잠재적인 가능성이 있다). HandSonic은 MIDI IN/OUT 잭을 포함하고 있어 환자들의 연주를 기록하고 분석할 수 있으며, 컴퓨터나 다른 기기로부터의 미디 신호를 받을 수 있다. 가격은 대략 150만 원대이다(원서 출판 당시인 2014년 기준).

- 말렛 악기: MalletKat은 비브라폰 외관을 가진 미디 기반 말렛 악기이다. 어쿠스틱 실로폰이나 마림바와 다른 점은 '검은 건반'과 '흰 건반'의 구성이 다르게 되어 있다는 점이다. 일반적으로 3개의 옥타브로 구성되어 있으며, 추가로 기기를 구입하여 4개 또는 5개의 옥타브까지 확장시킬 수 있다. 패드는 부드러운 고무와 같은 재질로 만들어졌으며, 마림바 또는 비브라폰 말렛으로 연주할 수 있게 고안되었다. 이 악기는 어깨, 팔꿈치 및 손목의 관절 가동 범위를 향상시키는 운동 훈련에 효과적일 수 있다. MalletKat은 다른 미디 트리거들과 같이 사운드 소스로부터 모든 소리를 만들어 낼 수 있어 치료 목적에 따라 다양하게 이용될 수 있다.

3.3.1.3 관악기

미디 기반 관악기 제어 장치는 다른 미디 기반 타악기와 유사한 방식으로 작동되고, 음향 데이터 형식으로 미디 키보드나 컴퓨터에 저장될 수 있다. 관악기는 타악기처럼 건반이나 패드를 연주하는 것이 아니라 압축된 형태의 민감한 센서를 통해 공기를 통과시키면서 소리를 생성해 낸다. 이 악기는 TIMP(손가락 유연성, 강도 및 조절 능력을 위한)와 구강 운동과 호흡 훈련(oral motor and respiratory exercise: OMREX)을 적용할 때 유용하게 사용될 수 있다. 대부분의 모델은 환자 개인의 필요에 따라 조절이 가능한 다양한 손가락 운지법을 적용할 수 있도록 구성되어 있다. 다른 미디 트리거들과 같이 '연주' 데이터가 수치화될 수 있으므로 환자들의 변화 양상을 보여 줄 수 있지만, 데이터들은 임상 언어가 아닌 디지털 매개 변수들로 표현되기 때문에, 음악적 데이터(예: 날숨의 지속 시간 및 속도)를 임상과 관련된 결과로 전환하는 것은 치료사들이 해결해야 하는 과정 중 하나이다. Akai와 Yamaha에서 다양한 모델을 생산하고 있으며, 가격대는 20만 원에서 50만 원 정도이다(원서 출판 당시인 2014년 기준).

3.3.2. 움직임 센서

3.3.2.1 사운드빔

사운드빔(soundbeam)은 공간 안에서의 물리적·신체적 움직임을 소리로 변환하는 모션 센서를 기반으로 한 시스템이다. 다른 장치들은 비디오 기반의 소니피케이션 시스템을 사용하지만(Lem & Paine, 2011), 사운드빔은 장치에서 생성된 신호(또는 빔)의 변화를 추적하여, 이를 다시 미디 또는 가능한 사운드 모듈을 통해 소니피케이션을 위한 센서로 다시 전송한다. 다른 미디 트리거 기기들과 같이 데이터를 오디오 출력으로 변환하기 위해 자체 사운드 모듈 또는 컴퓨터로 다시 보낸다. 또한 다른 미디 악기들과 마찬가지로, 사운드빔에서 생성되는 사운드는 연결된 모듈, 키보드 또는 컴퓨터에서 사용할 수 있는 사운드를 기반으로 한다. 몸 전체, 신체 부위 또는 드럼 스틱이나 말렛을 공간에서 움직이면 센서는 그 움직임을 추적하고, 소리를 변환하고 생성하기 위해 공간적 데이터를 사운드 소스로 되돌려 보냄으로써 움직임과 소리 생성이 거의 동시에 이루어질 수 있다. 전체 소리 스펙트럼을 사용하는 데 필요한 움직임의 거리와 양이 조절 가능하므로, 이동이 제한된 환자뿐 아니라 공간을 자유롭게 사용할 수 있는 환자들이 몇 센티미터 또는 몇 미터의 움직임만으로도 여러 옥타브의 스펙트럼을 경험할 수 있다. 사운드빔은 음악적 감각 지남력 훈련(musical sensory orientation training: MSOT), TIMP, PSE 및 MPC를 적용할 때 유용한 장치이다.

의식을 회복한 환자는 MSOT 경험을 통해 자신의 움직임을 청각 피드백으로 제공받음으로써 외부 세계와 다시 연결될 수 있다. 소리는 전자 전달 방식으로 제공되기 때문에 임상 환경에 따라 적절한 볼륨 조정이 가능하며, 원하는 화음 구조, 음높이 및 시퀀스로 조절할 수 있다.

사운드빔은 TIMP 훈련에서 효과적으로 사용될 수 있는데, 치료사와 환자들이 선택한 악기에 따라 센서를 조절할 수 있고, 움직임과 유사한 음향을 생성할 수 있으며, 음향을 조절함으로써 최소의 움직임으로 최대의 소리를 생성할 수도 있다. 치료사들은 사운드빔을 유용한 목적으로 사용하되 과다 보상 작용이 일어나지 않도록 지속적인 관찰과 개선이 필요하다.

사운드빔은 주로 PSE에서 청각 신호의 시퀀스를 만드는 데 유용하게 사용된다. 치료사는 사운드빔과 컴퓨터를 연결하여 환자들이 앉고 서는 훈련과 같은 움직임의 시퀀스를 기록할 수 있고, 공간적 · 시간적 움직임을 사운드빔 센서로부터 포착하여 최적의 청각 신호 시퀀스를 생성할 수 있다. 그러나 사운드빔은 주어진 운동 시퀀스의 강도 특성을 포착하고 재현하는 데에는 한계가 있어, 근육 수축 및 이완의 시퀀스 신호가 소리의 동적 표현을 통해 적절하게 전달되도록 소프트웨어를 조절하는 과정이 필요하다.

운동 기능이 제한된 환자가 치료를 위해 즉흥 연주를 해야 하는 경우, MPC에서 사운드빔을 적용하면 다른 참여자들과 '동등한' 음악적 보상을 통해 유쾌하고 즐겁게 참여할 수 있도록 도와줄 수 있다.

3.3.3 휴대용 디지털 기기

휴대용 디지털 기기는 대중이 가장 보편적으로 사용하고 있는 음악 테크놀로지로, 치료에 적용할 때 가장 익숙하게 인식할 수 있다(Nagler, 2011).

3.3.3.1 iPod/iPad
두 가지 기기 모두 휴대용 재생 장치로서 리듬 청각 자극(rhythmic auditory stimulus:

RAS), TIMP 및 MPC-MIV(음악 심리사회적 훈련과 상담-기분 유도 및 벡터링)와 같은 여러 음악치료 기법 전달에 유용할 수 있다. iPod은 보행 훈련 연습에 유용한 도구로 사용되어 왔다. 청각-운동 신호(cueing)로 사용된 노래들을 여러 수준의 속도(예: 60bpm, 63bpm, 66bpm)로 재생 목록에 저장하고, 환자들의 현재 기능 및 재활 진행 상태를 바탕으로 조절하면서 제공할 수 있다. 상황에 따라 헤드폰을 사용할 수도 있으며, 헤드폰 스플리터(splitter)를 통하여 환자와 치료사가 동시에 음악을 들을 수도 있다. 특히 환자가 보행 중 치료사의 직접적인 도움을 필요로 하거나, 신경학적 음악치료사가 실시간으로 신호(cue)를 제공해야 할 때 유용하다.

또한 iPad나 iPod에 설치하여 사용할 수 있는 음악 기반 애플리케이션들이 있다. 이 애플리케이션들은 iPad나 iPod을 전자 시퀀서, 루프 생성기/기록기, 작곡 보조 장치 및 악기 등의 역할로 사용할 때 활용될 수 있다. 몇몇 애플리케이션은 이 모든 기능이 가능하다. 예를 들어, 환자가 화음을 만들어 내고, 사전에 설치하거나 녹음된 루프를 추가하기도 하고, 악기 사진을 터치하여 관련 음색을 표현할 수도 있다. 이러한 장치는 운동, 말하기 및 인지 기능과 같은 주요 목표 달성에 유용할 뿐 아니라, 장기간의 치료와 입원으로 인해 사회적으로 고립된 환자들을 위해서도 성공적으로 활용될 수 있다.

3.3.3.2. 카오실레이터

Korg에서 제작된 카오실레이터(Kaossilator)는 터치 패드를 조작함으로써 여러 소리를 생성해 낼 수 있다. '연주자'가 터치 패드를 터치하고, 베이스, 실제 악기 소리, 전자 악기 소리 및 타악기의 시퀀스 또는 드럼 비트를 통해 사운드 시퀀스를 생성하는 방식으로 음악이나 및 리듬 패턴을 만들어 낼 수 있다. 이 기기는 터치식 신시사이저(synthesizer)로서의 기능을 할 뿐만 아니라, 1, 2, 4, 6 또는 16비트의 길이를 가진 여러 트랙의 층을 겹쳐 풍부한 그루브, 박자 및 효과를 만들어 내는 루프 레코더(loop recorder)로서의 기능을 한다. 이러한 점을 활용하여 카오실레이터는 결정과 조절 기능을 향상시키기 위한 MEFT 작곡 훈련에 유용하게 사용될 수 있다. 이 기기는 사운드빔과 유사하게 움직임, 강도 및 유연성이 부족한 환자들이 터치 패드에서 미세한 손가락 움직임으로도 적절한 소리를 만들게 할 수 있으며, 일부 환자에게 작곡 훈련을 통해 동기를 부여할 수 있고, 기분 전환을 목적으로 MPC를 적용할 때도 유용하게 사용될 수 있다. 가격은 약 10만 원대에서 30만 원대로 알려져 있다.

3.4 소프트웨어

3.4.1 가라지밴드

가라지밴드(GarageBand)는 애플에서 만든 맥 전용 소프트웨어로, 재활치료에서 음악을 사용할 때 필요한 여러 가지 응용 프로그램이 있는 iLife 제품 중 하나이다. 이 제품은 여러 가지 기능을 포함하는데, 수백 개의 디지털 및 사전 녹음된 오디오 루프를 포함하는 음악 시퀀싱이 포함되어 있을 뿐 아니라 라이브 어쿠스틱 악기를 위한 온 보드 믹서(on-board mixer) 및 녹음 기능이 있다. 치료사들과 환자들은 기본 소프트웨어와 함께 제공되는 루프와 부가적으로 구매 가능한 루프를 활용함으로써 '트랙' 안에서 작곡 음악 시리즈를 만들어 낼 수 있다. 예를 들어, MEFT를 적용할 때는 환자들이 작곡 활동을 하면서 관련 테마 또는 시나리오를 만들 수 있다. 또한 환자들의 추상적 사고 및 의사결정 수행 능력을 목표로 하는 훈련에서는 가능한 루프(사운드 효과 시리즈를 포함한)로부터 선택된 테마나 일부 장면에 대해 적절한 음악을 표현하게 하는 방법이 가능하다. 다른 트랙들과 음색을 층으로 쌓는(layering) 작업을 할 때는 환자들이 선택한 작곡 테마에 따라 가장 적합한 구성을 표현하는 과정을 통해 시퀀싱이나 구성 능력을 훈련하는 데 도움을 줄 수 있고, 어쿠스틱 악기나 목소리의 라이브 녹음을 작곡된 트랙 위에 직접 추가시켜 음악적인 확장을 시도할 수도 있다. 이와 같은 활동은 하나의 예시에 불과하며, 녹음, 연주 및 즉흥 연주 목적을 위하여 쉽게 배울 수 있는 다양한 응용 방법은 소프트웨어를 통해 제공받을 수 있다.

3.4.2 밴드 인 어 박스

밴드 인 어 박스(Band-in-a-Box: BIAB)는 PG Music에서 만든 작곡을 위한 소프트웨어로, 윈도우와 맥 모두에서 실행할 수 있고, 작곡을 위한 리드 시트 비주얼 인터페이스(lead-sheet visual interface)를 사용한다. 사용자는 단순히 재즈/팝/록 리드 시트(C, F7, Dm, G13b9)에 기록하는 것과 같이 코드를 입력하고, 수백 가지 스타일 중에서 원하는 것을 선택할 수 있다. BIAB는 일반적으로 피아노, 베이스, 드럼, 기타 및 현악기 또는 금

관악기와 비슷한 스타일의 소리를 생성한다. 지속적인 기술개발을 통해 악기 음색의 질이 향상되고 있으며, 현재는 디지털로 녹음된 음원 샘플이 포함되어 있을 뿐 아니라, 오디오 출력의 질적 수준도 향상되었다. 이와 같이 간단한 테크닉 사용만으로도 임상 현장에서 작곡 작업이 가능하다. 예를 들면, 즉흥 연주 중 '트레이드 4's'가 가능하고, 실시간으로 빠르기를 변경하며, 개별적으로 반복 구간을 지정할 수 있는 기능들은 악기 연주와 즉흥 연주 경험을 위해 유용하게 쓰인다. 이 소프트웨어는 컴퓨터의 온 보드 사운드를 사용하고 미디와 호환 가능하기 때문에 미디 키보드 사운드에 접근하여 사용할 수 있다. 또한 미디 포맷(.mid)으로 저장 가능하며, 다른 애플리케이션(예: 가라지밴드)으로 출력하여 편집할 수 있고, 이를 mp3 또는 AAC로 변환하여 휴대용 음악 기기에도 저장할 수 있다.

3.4.3. 에이블톤 라이브

에이블톤 라이브(Ableton Live)는 사전에 녹음된 음악을 조정할 수 있어 작곡이나 즉흥 연주 시 매우 유용하게 쓰이고 있는 소프트웨어 애플리케이션이다. 예를 들어, 보행 기능 훈련 중에 환자가 선호하는 음악을 활용하고 싶을 때(RAS), 미디 기반 또는 라이브 버전의 원곡 레코딩을 통해 환자들이 선호하는 음악을 보다 생생하게 제공할 수 있기 때문에 임상적으로 유용하다. 환자의 선호곡이나 치료에 가장 적합한 음악을 결정한 후 에이블톤 라이브를 통해 노래를 재생하면 주파수의 변화 없이(음정의 변화 없이) 속도를 조절할 수 있다. 다른 애플리케이션에서도 이러한 기능이 있지만, 에이블톤 라이브는 훨씬 유용하다. 예를 들어, 보행 훈련 시 발꿈치 딛기(heel strike)에 신호를 주기 위해 사용자가 선택한 음색(클라베, 우드 블록, 카우벨)을 활용하여 강한 비트를 줄 수 있으며, 음악의 강한 비트가 강조되도록 진폭 변조 패턴을 생성할 수 있다. 또한 움직임 동조화에 최적화된 신호가 제공되지 않더라도 환자들과 심미적으로 소통할 수 있는 음악을 재생할 수 있다.

3.5 재활 현장에서의 뇌
‒컴퓨터 음악 인터페이스와 음악 비디오 게임

지난 몇 년 동안 뇌전도(electroencephalography: EEG)로 뇌의 활동을 감지하고 분석하여 음악을 만드는 시도가 지속되었다. 이는 청각적 바이오피드백을 통해 수신된 뇌활동을 음악 아날로그 형식으로 전환하는 과정을 통해, EEG 신호를 음악 시퀀스로 변환하는 것이다. 이는 환자들이 기능이나 행동(예: 눈으로 응시하기, 각성 수준, 집중 상태)을 제어할 수 있다면 뇌 활동과 그에 따른 음악적 결과에 대한 통제가 가능하다는 것이다. Miranda와 그의 동료들(2011)의 연구에서는 뇌졸중 환자에게 이러한 시스템이 성공적으로 적용된 사례를 보고하였는데, 환자는 행동에 따라 음악이 산출되는 절차를 이해하고 활용할 수 있었다. 이 연구에서 Miranda와 그의 동료들(2011)은 중추신경계 손상으로 신체적 기능이 저하된 환자들에게 뇌‒컴퓨터 음악 인터페이스(brain-computer music interfacing)를 사용하여 인지적 및 정서적 재활을 위한 음악 만들기 훈련을 적용하면, 일상생활 수행 기능의 향상에 도움을 줄 수 있을 것이라고 제안하였다. 이들은 또한 사회성 향상을 목표로 한다면, 그룹 세션에도 이 시스템을 적용할 수 있다고 하였다.

신경학적 손상 환자들은 신체 기능의 저하로 인해 정서적 안정감이나 자존감에도 영향을 받는 경우가 많다. Benveniste와 그의 동료들(2012)의 연구에서는 알츠하이머 환자들과 인지, 사회 고립, 정서적 박탈감이나 자존감과 관련된 인지 저하를 보인 대상군을 대상으로 음악을 사용한 비디오 게임[닌텐도 위(Nintendo Wii)]을 진행했는데, 그것이 초기 및 중기 치매 단계 환자의 정서적 지원을 위한 연주 활동에 유용하게 사용될 수 있다는 것을 확인하였다. 환자들이 치료사들의 도움을 받아 Wiimote(손에 쥐고 있는 리모컨)로 모니터에 보이는 8개 또는 12개의 미리 선택된 음으로 이루어진 흰색 점을 가리키면, Wiimote를 클릭하는 음에 따라 다른 소리가 생성되었다. 연구팀은 이들이 많은 도움을 필요로 하지만, 음악을 만드는 과정에서 높은 수준의 보상감을 경험함으로써 이루어지는 긍정적 상호작용을 발견하였다. 이러한 접근은 과제 수행 범위, 오디오 출력 및 스크린의 이미지에 따라 환자가 음악적 보상 및 성공을 경험할 수 있는 동기를 부여하며, 사회성을 향상시킬 수 있다. 게임을 통한 이러한 활동을 '실패 없는 게임 플레이'라 표현했으며, 게임을 통해 얻어지는 음악적 상호작용 측면을 강조하였다.

음악 테크놀로지를 임상 환경에 적절하고 유용하게 적용시키는 방안에 대해 많은 연구가 진행되었지만, 치료적 음악 중재의 전달 측면에서 음악의 예술적 영역을 보존하는 동시에 효과를 입증할 수 있는 임상적 근거를 갖추기 위해서는 좀 더 세분화된 연구가 필요하다. Ramsey(2011)는 재활 현장에서의 음악 하드웨어 및 소프트웨어 사용의 발전에 대해 몇 가지 시사점을 제시했는데, 이는 운동재활치료의 특정 목적을 위해 개발되었다는 점에서 사용 가능한 미디 및 다른 전자 기기들과 다른 악기 및 소프트웨어 응용 프로그램에 대한 설명과 관련되어 있고, 프로토타입 수준의 개발 단계에 있는 것처럼 보이지만 지난 연구 결과들은 다양한 가능성을 보여 주고 있다. 이러한 소프트웨어와 악기들의 발전이 더욱 확대되고 보급될 때까지 미디 하드웨어 및 소프트웨어 애플리케이션이 음악치료 서비스 용도로서 개발될 수 있도록 음악치료사들은 지속적인 사용을 통해 수정 및 보완에 대한 의견을 제시해야 할 것이다.

치료와 의료 현장에서 음악 테크놀로지의 사용을 여전히 반대하는 입장도 있지만(Whitehead-Pleaux et al., 2011), 임상적 기술을 다양하게 구현하는 측면에서는 치료 원리에 근거하여 임상적 경험을 전달하는 역할로 볼 수도 있다. 신경학적 음악치료사들은 치료적 과정을 가장 우선으로 하여 기술 중심의 접근이 아닌 치료 목표를 중심으로 테크놀로지 기술을 활용할 수 있어야 한다(Magee et al., 2011).

참고문헌

Benveniste, S., Jouvelot, P., Pin, B., and Péquignot, R. (2012). The MINWii project: renarcissization of patients suffering from Alzheimer's disease through video game-based music therapy. *Entertainment Computing, 3,* 111-20.

Lem, A. and Paine, G. (2011). Dynamic sonification as a free music improvisation tool for physically disabled adults. *Music and Medicine, 3,* 182-8.

Magee, W. L. (2006). Electronic technologies in clinical music therapy: a survey of practice and attitudes. *Technology and Disability, 18,* 139-46.

Magee, W. L. (2011). Music technology for health and well-being: the bridge between the arts and science. *Music and Medicine, 3,* 131-3.

Magee, W. L. and Burland, K. (2008). An exploratory study of the use of electronic music technologies in clinical music therapy. *Nordic Journal of Music Therapy, 17,* 124-41.

Magee, W. L. et al. (2011). Using music technology in music therapy with populations across the life span in medical and educational programs. *Music and Medicine, 3,* 146-53.

Miranda, E. R. et al. (2011). Brain-computer music interfacing (BCMI): from basic research to the real world of special needs. *Music and Medicine, 3,* 134-40.

Nagler, J. C. (2011). Music therapy methods with hand-held music devices in contemporary clinical practice: a commentary. *Music and Medicine, 3,* 196-9.

Ramsey, D. W. (2011). Designing musically assisted rehabilitation systems. *Music and Medicine, 3,* 141-5.

Whitehead-Pleaux, A. M., Clark, S. L., and Spall, L. E. (2011). Indications and counterindications for electronic music technologies in a pediatric medical setting. *Music and Medicine, 3,* 154-62.

유용한 웹사이트

Ableton Live. www.ableton.com/live

Alternate Mode MalletKAT. www.alternatemode.com/malletkat.shtml

Apple Inc. www.apple.com

Korg Kaossilator. www.korg.com/KAOSSILATOR

PG Music Band-in-a-Box. www.pgmusic.com

Roland. www.roland.com

Soundbeam. www.soundbeam.co.uk

Chapter 04

신경학적 음악치료에서의
임상적 즉흥 연주

•

Edward A. Roth

4.1 서론

즉흥 연주는 음악치료사들이 다양한 치료 결과를 광범위한 임상 대상군에 적용하기 위해 일반적으로 사용된다. 즉흥 연주의 치료적 적용은 다양한 신경학적·심리적 및 생리학적 장애를 가진 환자의 평가, 치료 및 재평가에도 도움이 되며, 인지, 정서, 감각 운동 및 의사소통 발달을 위한 개인 및 그룹 세션에도 효과적으로 사용된다. 특히 즉흥 연주는 자기표현의 매개체로 활용되고, 적절한 사회정서적 기능의 발달 또는 재활을 위한 수단으로 사용된다(Davis & Magee, 2001; Gooding, 2011; Hilliard, 2007; McFerran, 2010; Silverman, 2007; Wigram, 2004). 치료와 의학 분야에서는 즉흥 연주에 대한 이론, 연구와 예시뿐 아니라 이와 관련된 논쟁 역시 활발하다. Hiller(2009)에 따르면 임상가들이 현장에서 즉흥 연주를 많이 사용하고 있지만, 학부 과정 단계에서 이루어지는 즉흥 연주에 대한 제시 방향(수업)은 일관성이 없고 미국 학교 교육 프로그램 전반에 걸쳐 제한되어 있다는 점을 지적하였다. 임상적 즉흥 연주는 신경학적 음악치료(neurologic music therapy: NMT)에서 중요한 기법이며, 다양한 치료적 음악 중재(therapeutic music interventions: TMIs) 중 하나로서 활용되고 있다.

이 장에서는 NMT에서의 음악적 자료와 임상적 즉흥 연주의 기본적인 예를 제공하며, 임상 목적을 위한 음악의 기본 구조를 중심으로 설명할 것이다. 즉흥 연주의 정의 중 한 가지를 소개하면 다음과 같다.

> 악기, 목소리 또는 다른 매체를 통한 즉흥 연주와 움직임은 치료사와 참여자(환자, 내담자), 또는 그룹 구성원들 사이의 평가 및 치료적 경험을 목적으로 하는 상호작용의 과정을 보여 준다. 즉흥 연주는 일반적으로 참여자의 필요와 이에 대한 충족의 경험을 목표로 하여 지속적 · 반복적으로 구현된다. 임상적인 목적으로 사용되는 즉흥 연주의 주요한 기능 중 하나는 비음악적 목표를 위한 기능과 행동을 경험하고 연습할 수 있는 기회를 참여자들에게 제공하는 것이다.

전환 설계 모델(transformational design model: TDM; Thaut, 2008)에서 기능적 비음악 행동과 훈련(평가 및 목표와 목적 다음 단계)의 설계는 임상적 즉흥 연주 경험을 창출하는 과정에서 중요한 단계이다. 이 과정 후에는 기능적인 비음악 자극 및 경험에서 기능적인 치료적 음악 자극과 훈련으로 전환되는 TDM의 네 번째 단계로 넘어갈 수 있다. 이 전환 과정에서 다양한 비음악적 행동을 위한 적절한 음악의 선택은 치료의 효과와 효율성에 직접적인 영향을 미칠 수 있다. 물론 이러한 특성들은 진단, 증상, 전달 형식, 치료 목표 및 목적, 나이, 그리고 환자의 다른 여러 특성에 따라 광범위하고 다양하게 나타나므로, 임상적 즉흥 연주 활동을 구성할 때는 이러한 점들을 구체적으로 고려해야 한다. 예를 들어, 사회적 상호작용 경험(비음악적 경험)을 임상적 음악 활동(기능적 치료 음악 자극)으로 전환할 때, 적절한 즉흥 연주를 통해 적절한 상호작용이 이루어지도록 연주의 형식을 고려해야 한다. 또한 환자가 즉흥 연주 내에서 차지하는 비음악적 역할, 음악의 다양한 조성(tonal), 음색(timbre), 음의 세기(dynamic) 및 시간적(temporal)인 특징을 활용하여 목표하는 비음악적 행동 및 경험을 촉진하는 방법을 고려해야 한다. 음악적 행동과 비음악적 행동 간의 관계, 즉 즉흥적 경험과 구조 및 기능적인 비음악적 행동의 평행적 관계는 치료 효과뿐 아니라 치료 후 환자의 일상생활로의 전이 단계에서 중요한 영향을 미칠 수 있다.

4.2 음악적 개념과 자료

4.2.1 시간적 구조

즉흥 연주에서의 주요 시간적 구조는 펄스(pulse), 템포(tempo), 박(meter) 및 리듬 (rhythm)을 포함한다. 이 모든 요소는 음악에서의 시간을 정의하고 구성하는 역할을 하며, 구문 구조(음절), 정서적 형태, 에너지 및 동적 변수를 포함함으로써 전반적인 음악 인지에 기여한다. 따라서 즉흥 연주에서 이루어지는 소통은 그룹이나 개인 참여자에게 음악적인 '의미'를 상당 부분 전달할 수 있다.

4.2.1.1 펄스

음악의 요소 중 시간적 특성으로 대표되는 펄스(pulse)는 '기본 비트(beat)'의 개념으로 표현되기도 한다. '펄스'와 '비트'를 세부 요소로 구분하면, '펄스'는 반복적이고 시간상 같은 간격으로 일어나는 소리가 아닌 '느낌'으로서 형성되는 감각이고, '비트'는 단일 음향 현상으로 묘사된다. 음악에서 가장 기본적인 시간적 구조는 안정적이고 주기적으로 반복되는 진폭의 패턴을 기반으로 하는데, 펄스는 단순한 현상 자체의 인지(예: 비트)보다는 각 음향 현상 사이의 시간적 간격을 통한 예측 가능성을 제공한다. 감각적 펄스를 구성하는 개별 비트는 시간 안에서의 일반적인 기준점을 제공하지만, 일부 현상에서의 안정성, 예측 가능성 및 익숙한 감각은 각 비트 사이의 동일한 간격에서 파생되었다는 점에서 구분된다.

4.2.1.2 박

진폭 변조(또는 다른 유형의 악센트)의 위치에 따라 짧은 반복 주기를 갖는 펄스의 한 예로 '박(meter)'을 들 수 있다. 기본 비트 내에서 진폭 변형의 예측이 가능하고, 반복적인 사용을 통하여 소리가 두 가지(2/4) 또는 세 가지(3/4) 그룹으로 구성될 때 박이 생성된다. 악센트는 (일반적으로, 그룹의 첫 번째 비트에서) 반복되는 2비트, 4비트 및 3비트 시퀀스의 느낌을 구성하기 위해 사용된다. 이는 주로 긴 리듬 구로 구성되는 펄스가 많은 서양 음악에서 더 분명하게 나타나는데, 여러 가지 조합과 시퀀스로 구성된 리듬 패턴을 통해 2차로 시간적 배열이 형성된다.

4.2.1.3 리듬

리듬(rhythm) 또는 리듬 패턴은 주어진 노래 및 즉흥 연주의 메트릭(metric) 구조 안에서 작게 세분화된 것이다. 이는 각 이벤트 또는 음표의 지속 기간, 각 음 사이의 간격 및 특정 시퀀스 안에서 배치된 악센트에 따른 변동에 의해서 형성된다. 리듬의 복잡성(또는 단순성)은 펄스의 미세한 세분화부터 박의 다양한 세분화 수준까지의 복잡한 시퀀스뿐만 아니라, 메트릭 구조의 펄스와 별개의 악센트 패턴과 수치 구조까지 연속적으로 존재한다. 리듬은 펄스 및 박보다도 즉흥 연주의 '느낌' 또는 '그루브'를 형성하고, 박 내에서의 악구(phrases)에 대한 인지적 영향을 미친다. 리듬은 또한 동작 신호(cue)로부터 문화적 정체성(라틴아메리카 문화와 연결된 리듬을 고려할 때, 예: 보사노바, 맘보, 룸바, 메렝게)에 이르는 다양한 정보 전달에 기여할 수 있다([그림 4-1] 참조).

4.2.1.4 템포

템포(tempo)는 보편적으로 음악의 '빠르기(speed)' 또는 '속도(velocity)'로 알려져 있으며, 제공된 시간에서 비트가 반복되는 빈도에 따라 결정된다. 이를 bpm(분당 비트 수, beats per minute)이라고 하는데, 일반적으로 40~200bpm 범위에 있다. 템포는 운동 활동에서 각성 및 동기 부여와 같은 음악의 감정 지각에 이르기까지 다양한 반응에 영향을 미친다. 빠르게 변하는 템포는 근육 수축을 증가시키고 유도하는 경향이 있는 반면, 느리게 변하는 템포는 근육 이완과 관련이 있다. 템포는 또한 음악에서의 감정, 정서 및 인지 감각에 영향을 미치기도 한다. 즉, 감정은 템포에 의한 각성으로 조절될 수 있다. 템포는 우리가 경험하는 감정 상태에 부분적으로 영향을 미치는 일종의 증폭기로서의 기능을 하는 것처럼 보이지만, 음악의 조성(tonal)적인 측면, 특히 선법(mode) 또는 음계(scale)에 의해 더욱 영향을 받는 것으로 나타났다.

4.2.2 조성 구조

음의 높낮이, 피치(pitch)의 수직적(동시에 연주했을 때) 또는 수평적(순차적으로 연주했을 때) 구성은 일반적으로 멜로디, 하모니, 양식(modality) 및 조성(tonality)으로 이루어

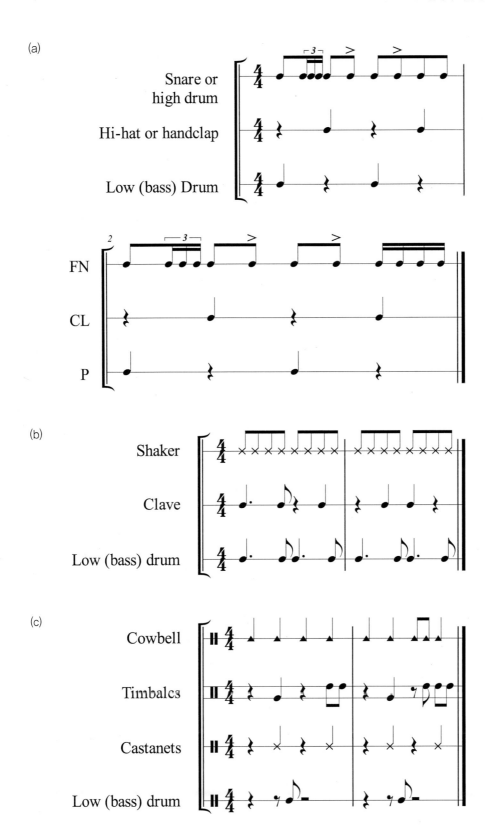

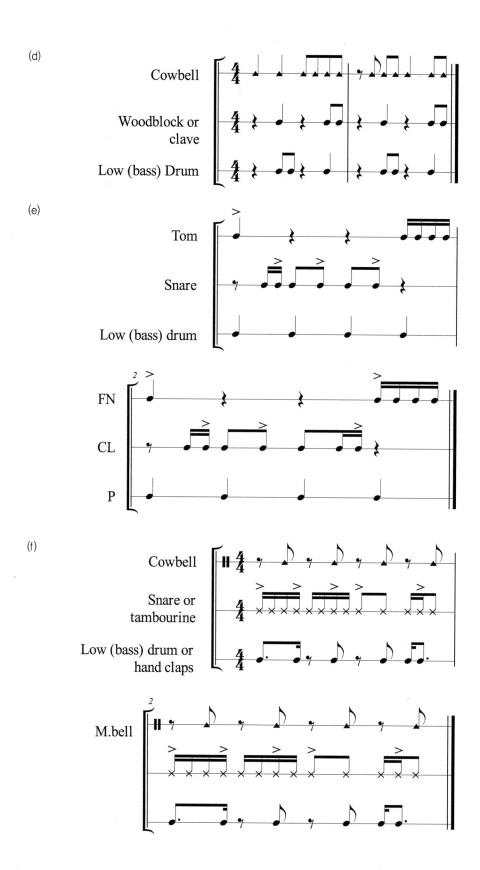

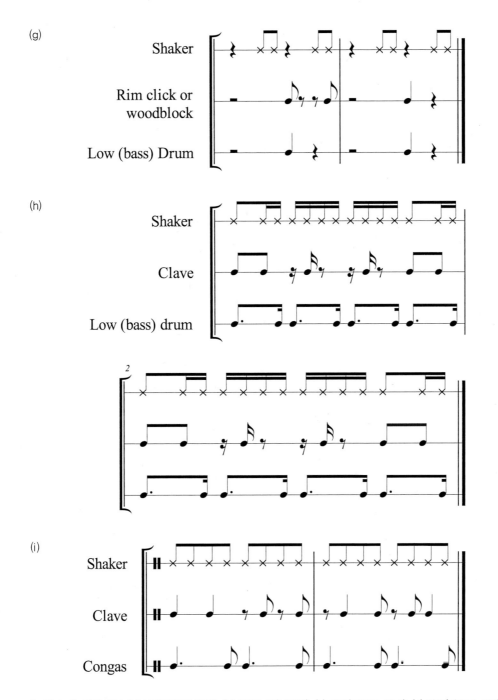

[그림 4-1] 라틴 리듬. (a) 볼레로(볼룸 룸바), (b) 보사노바(브라질), (c) 차차(아프로−쿠반), (d) 맘보(아프로−쿠반), (e) 메렝게(도미니카공화국), (f) 뉴올리언스(두 번째 줄), (g) 레게(자메이카), (h) 삼바(브라질), (i) 삼바 II(브라질)

지고, 즉흥 연주에서 사용하는 음색의 특성을 결정한다.

4.2.2.1 선법

선법적 음계(modal scale)와 선법적 다성음악(modal polyphony)은 임상적 즉흥 경험에서의 음색 특성을 구조화할 때 장점으로 이용된다. 역사적으로, 음악에 대한 일관된 참조적 의미와 추론(Berlyne, 1971; Meyer, 1956), 특히 다양한 음악 선법을 도입하는 시도는 성공적이지 못했지만, 인지적으로 관찰 가능한 패턴은 서구 음악 구조에 적응되어 발전하였다. 이와 관련하여, Brown과 Jordania(2011)는 음악적 행동에서 여러 문화에서 공통적으로 발견되는 추정적 특성의 음악의 보편적인 목록과 설명을 제공하였다. 음악은 본질적으로 음악 외적인 의미를 전달하지 않는다는 특이한 차이점 또는 사례가 존재함에도 불구하고 많은 인지적 유사성이 존재한다는 것과, 최소한 훈련된 음악가들의 경우에는 다양한 음의 높낮이 선법 구성에 대해 변별적인 반응이 나타난다는 사실이 보고되었다. 〈표 4-1〉은 2009년부터 2012년까지 8학기 동안 임상적 즉흥 연주 수업에 참여한 음악치료학과 학생들을 대상으로 개인 및 그룹으로 피아노 즉흥 연주 경험에 대한 생각, 느낌, 이미지에 대해 기술하도록 하여 수집한 자료들이다. 이 자료들은 연구 목적으로 수집한 것은 아니었으나, 이 장의 내용과 관련이 있어 제공한다.

Gardstrom(2007)은 레(D)로 시작하는 모드와 음계에 대한 유용한 표를 제시하였다. 논리적으로 D 음조의 모드/음계를 표시하는 것은 대부분의 반음계 타악기에서 사용 가능한 다양한 음의 높낮이(pitch) 범위를 포함한다. 오르프 실로폰 및 메탈로폰은 일반적으로 가장 낮은 첫 번째 음색으로 '도(C)'를 기본으로 하고, 다양한 음계와 모드를 만들기 위해 추가적으로 구입할 수 있으며, 도(C) 음조를 기반으로 한 개정된 표는 다음에 제시되어 있다(〈표 4-2〉와 [그림 4-2] 참조).

즉흥 연주에서 모드를 다양하게 사용하여 얻게 되는 가장 큰 장점은, 음이 없거나 소거해야 할 때, 혹은 환자들이 '틀린' 것으로 또는 불협화음으로 인식하는 음의 조합을 사용한다는 점이다. 물론 환자가 즉흥 연주의 음악적 특성에 대해 긍정적으로 반응할 것이라고 예측할 수는 없지만, 선법 프레임의 사용은 환자들의 음악적 표현을 가능한 한 쉽게 접근할 수 있도록 하는 음조 형식 안에서 구성하고 안내하며 해석할 수 있게 하는 구조를 제공한다. 이 과정에는 화음에 대한 기준이 없기 때문에, 환자들은 다른 환자들과 음악적으로 불편감을 느끼지 않고 치료적으로도 유용한 다성 음악을 함께 만들

표 4-1 선법 특징 비교

도리안	프리지안	리디안	믹소리디안	에올리안	로크리안	로니안
Minor scale, ominous, earthy, depressing, urgent, feels like more minor-scale sound	Regal, imposing, intimidating, dark, angry, resolves, powerful, drive, powerful, morbid, mysterious, foreboding, angst	Happy, alive, slower, thoughtful, hopeless, loneliness, contemplative, bright	On a journey(turning point), looking forward, positive	Empty, intensity, dark, journey	Flat, centerless, without resolution, void of substance, no foundation	Train moving through hills, wheelbarrows, rolling fields, sunrise, long winding roads, dandelions blowing in the wind
Slower, thoughtful, hopeless, loneliness, contemplative, dream-like, sad	Powerful, like being pushed forward, morbid, sharp, stirging, piercing, mysterious	Sweet, mellow, light, positive, uplifting, touch of melancholy	Insistent, walking fast, light, dancing, unfazed, single-minded, in motion, neutral	Arabian nights, on a chase, dark Christmas carols, traveling	Ethereal, sad, unsettled, even emptier	Church, Bach, calmness, empty, walking, spaciousness
Somber, deliberate, determined, troubled, feels like minor scale, ominous	Morbid, marching to gallows, chant from church, cold, ice, pain, heartache, alone, homeless, despair	Happy, alive, freedom, purpose, journey, hard times in between	Forgiving, new beginning, fresh, fixing screw ups, hope not manifested but insistent, unfazed, in motion	Empty feeling, alone in an unknown place	Tranquil, (uncomfortably) warm, calm, melancholy, bittersweet	Light-hearted, chipper, skipping, having fun, bells in a church, meeting of lovers, light-hearted
Ominous, intensify, darkness with moments of light, night, ice, driven, seriousness	Unsettled, unresolved, melancholy, wistful, nostalgic, someone alone, moments of uplift	More bright sound, sounds like a little child jumping all around	Ireland, warm, light, carefree, on a path, hopeful	Not happy but not depressing either, mature, independent; but still sad, resolved pain, tolerable pain	Creepy and haunting, horror film, very uncomfortable but no desire to quit	Happy, warm, and calm; pictured a park that was very green and had balloons
Mixed major/minor feelings, moments of excitements and energy, mellow feeling, uncertainty/ wonder	Agitation, aggression, annoyance, at some points passive aggressive, feelings of war	Pretty, ballet-like, folk song	Taking a trip, dreamlike, bubbly, walking(skipping) through a field	Serious, hard to breathe, sad, empty	Chaotic; anxiety and it sounds very intense, like it's building toward something. Reminds me of a scary movie soundtrack	Peaceful and calming, sounds like reminiscent music; religious

Escaping, running away, time pressure, passion, earthy, dirt, blue, moody, relaxed, depressed, stuck, closed, brown, melancholy						
Depressing, urgent, sense of change, dragging, shift of content to discontent or vice versa	Angry, resolves, letting emotions out, aggressive energy, aggressive driving	Debussy-esque, peaceful, hopeful, whimsical, spacious peaceful feeling, jazzy				
Depressing at slow tempo, more thoughtful, steady bass line, rainy-day imagery, reliable, steady, hopeless, deep loneliness, methodical	Morbid, dark, foreboding, intense, driven, resolves, melodic motive	Interest, change in routine, uncomfortable at times, uncertainly, positive, movement overall, open, fun, running in field, peaceful, spacious				
Unfinished, contemplative with underlying optimism, ethereal, striving toward rhythmic consistency	Angst, black, tired, frustration, abandonment/alone, cry for help, inner conflict—OK to be angry	Gray, empty, apathetic, numb, aimless, floating, soulless, no foundation, playful, fun, enlightening, liberating				
	Jewels, mysterious, energy, dark and beautiful, foreboding, demands attention, dark eroticism	Space, ungrounded, high-school band, floating, aiming		When rhythmic drive was slower: sad, tragic, melancholy, depressed, mournful	Ominous, sneaky, abrasive, curious, unresolved, at times evil, haunting, frightening	Cheerful, majestic, at times playful or childlike, happy, content, centered, predictable
			Hiking or biking somewhere in the middle of a trip, loooking forward to the "next stop"	When rhythmic drive was faster: determined, grandiose, epic, important	Dark, menacing, creepy, intense with a hint of anger and aggression	Sounded like a song or something familiar, I think that had to do with the use of chords
						Religious

*역자 주: 원저자의 표현에 대한 왜곡을 피하기 위해 원어 표현 그대로 남겨 두었습니다.

표 4-2 다(C) 조성의 음계 및 선법

	C	C#/Db	D	D#/Eb	E	F	F#/Gb	G	G#/Ab	A	A#/Bb	B	(C)
크로매틱	C	C#/Db	D	D#/Eb	E	F	F#/Gb	G	G#/Ab	A	A#/Bb	B	(C)
아이오니안	C		D		E	F		G		A		B	(C)
도리안	C		D	Eb		F		G		A	Bb		(C)
프리지안	C	Db		Eb		F		G	Ab		Bb		(C)
리디안	C		D		E		F#	G		A		B	(C)
믹소리디안	C		D		E	F		G		A	Bb		(C)
에올리안	C		D	Eb		F		G	Ab		Bb		(C)
로크리안	C	Db		Eb		F	Gb		Ab		Bb		(C)
아랍/집시	C	Db			E	F		G	Ab			B	(C)
이집트	C		D			F		G			Bb		(C)
펜타토닉 1 중국 펜타토닉(1) (펜타토닉 장조)	C		D		E			G		A			(C)
펜타토닉 2	C		D			F		G			Bb		(C)
펜타토닉 3	C			Eb		F			Ab		Bb		(C)
펜타토닉 4 중국 펜타토닉(2)	C		D			F		G		A			(C)
펜타토닉 5 (펜타토닉 단조)	C			Eb		F		G			Bb		(C)
일본 펜타토닉	C	Db				F		G	Ab				(C)
스페인 음계	C	Db		Eb	E	F		G	Ab		Bb		(C)
블루스(단조)	C			Eb		F	F#	G			Bb		(C)
블루스(장조)	C		D	Eb	E			G		A			(C)
온음	C		D		E		F#		G#		A#		(C)

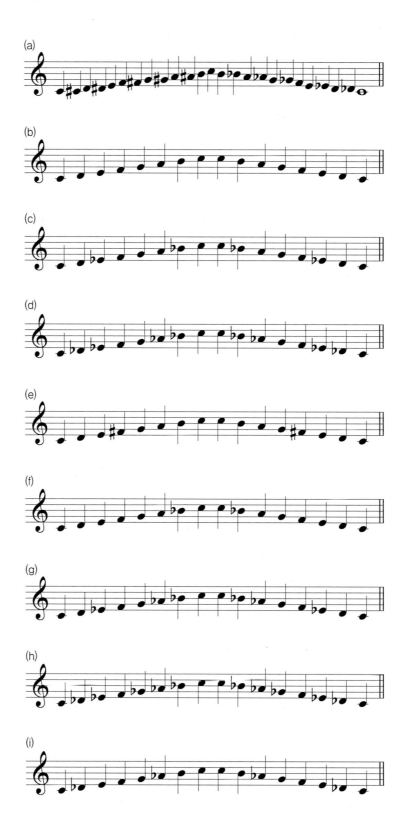

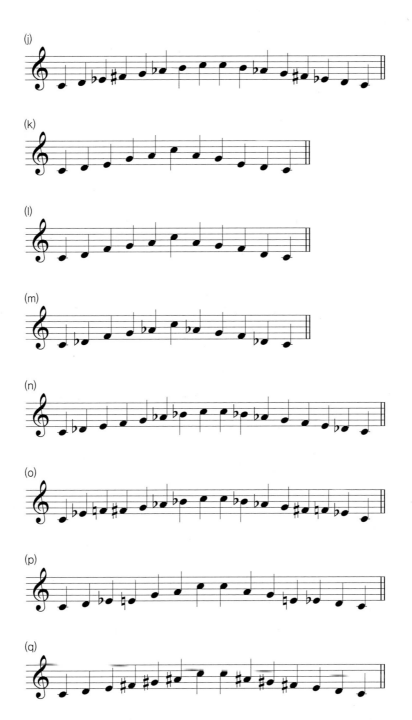

[그림 4-2] 선법 및 음계. (a) 반음계, (b) 아이오니안(Ionian), (c) 도리안(Dorian), (d) 프리지안(Phrygian), (e) 리디안(Lydian), (f) 믹소리디안(Mixolydian), (g) 에올리안(Aeolian), (h) 로크리안(Locrian), (i) 아랍 집시, (j) 이집트, (k) 중국 펜타토닉, (l) 중국 펜타토닉 II, (m) 일본 펜타토닉, (n) 스페인, (o) 블루스(단조), (p) 블루스(장조), (q) 온음

어 낼 수 있다. 펜타토닉 모드(pentatonic)는, 특히 5개의 음으로 범위가 제한되어 있기 때문에 덜 복잡한 연주를 필요로 하는 환자들을 위해 보다 쉽게 접근할 수 있다. 펜타토닉 모드 안에서 아름다움과 간결함을 유지하되 더욱 복잡한 즉흥 연주를 하고 싶다면, 치료사들은 각 모드의 정격(authentic)과 변격(plagal) 구성을 이용하는 것을 고려할 수 있다. '정격'과 '변격'은 선법 음계 및 으뜸음(tonic)과 관련된 멜로디의 범위 또는 정도를 뜻한다. '정격' 구성에서는 음계의 범위가 으뜸음부터 으뜸음(우리가 일반적으로 구성하는 음계)까지이고, '변격'은 딸림음(dominant)부터 딸림음까지의 범위를 말한다(〈표 4-3〉 참조). 정격과 변격 형식을 동시에 연주하는 것은 풍부한 음색 및 더욱 흥미로운 음 조합을 표현하며, 보다 많은 각성, 주의력 및 전반적 인지 자극을 유도한다.

표 4-3 정격(authentic)과 변격(plagal) 구성에서의 펜타토닉 음계

선법	으뜸음(tonic)	배열		배열	
1	C	정격	C D E G A C	변격	G A C D E G
2	D	정격	D E G A C D	변격	A C D E G A
3	E	정격	E G A C D E		
4	G	정격	G A C D E G	변격	D E G A C D
5	A	정격	A C D E G A	변격	E G A C D E

펜타코딕(pentachordic) 모드는 또한 온음계로부터의 5개 음표로 이루어져 있다: 도-레-미-파-솔, 레-미-파-솔-라, 미-파-솔-라-시, 파-솔-라-시-도, (솔-라-시-도-레), (라-시-도-레-미), 시-도-레-미-파. 펜타코딕 모드는 5개의 독특한 음계로 이루어져 있다(괄호 안에 표기된 두 그룹은 처음 두 그룹과 동일한 간격으로 구성되었다; 〈표 4-4〉 참조). 펜타토닉의 정격과 변격 형식 조합과 유사하게, 펜타코딕 모드에 복잡함과 흥미로움을 더할 수 있고, 5개의 음표 범위를 유지하며 활용할 수 있다. 이는 고정된 음을 가진 악기(예: 피아노, 키보드, 음이 존재하는 타악기), 단일음(key) 이상으로 필요한 동작을 수행하는 데 어려움이 있거나, 관절 이동 범위가 제한된 환자들이 즉흥 연주를 해야 할 때 유용하게 사용될 수 있다.

표 4-4 | 펜타코딕 모드

C	D	E	F	G
D	E	F	G	A
E	F	G	A	B
F	G	A	B	C
G	A	B	C	D
A	B	C	D	E
B	C	D	E	F

4.2.3 형식

사회적 행동 및 대인관계 형성에 대한 가장 논리적인 음악적 유사점은 복잡한 형태의 음악적 형식(form)일 것이다. 특정 과정 안에서 예상되는 기간 동안 발생하는 사회적 패러다임처럼, 즉흥 연주 내에서의 음악적 형식 또한 다양한 시간에 걸쳐 활용될 수 있다. 즉흥 연주에서의 형식은 단일 경험과 관련이 있으며, 진행 중인 치료 과정으로부터 사회적 행동과의 유사점 및 차이점이 나타난다. Wigram(2004)은 소나타 형식이 단일 즉흥 연주, 치료적 관계 형성 및 전반적인 치료 과정에 관련된 구조 및 진행 과정과 유사하다고 제시하였다. 예를 들어, 단일 즉흥 연주와 소나타 형태의 상징적 유사성을 고려해 보면, 초기 단계의 소리 탐색은 참여자가 그들의 음성이나 악기의 다양한 음향 기능을 탐색하는 도입부(introduction) 부분과 비슷하게 볼 수 있다. 제시부(exposition) 단계에서는 치료사와 참여자 또한 참여자들 간의 초기 단계의 음악적 아이디어를 표현할 수 있다. 이러한 음악적 아이디어들은 본래의 모티브를 기본으로 새로운 방향을 탐색하고, 그룹 내에서 각 개인이 즐겁고, 의미 있고, 보람을 느끼는 것을 적어 나가는 방식과 유사한 발전부(development) 단계로 발전시킬 수 있다. 재현부(recapitulation) 단계에서는 본래의 음악적 개념으로 돌아가고, 코다(coda) 부분은 즉흥 연주를 심미적으로 종결시키는 데 이용할 수 있다.

신경 재활을 필요로 하는 사람들은 개인 정체성의 변화된 감각을 포함하는 '흔들린' 자아 감각을 가진 것으로 묘사되며, 이로 인해 사회적으로 어려움을 겪기도 한다. 앞에서 설명된 바와 같이, 음악적 형식의 사용(특히 상호작용과 관련된)은 임상적 즉흥 연주 경험에서 중요하게 고려되는 사항이다. 안전하고 예측 가능한 일과 같은 사회 기능의 다양한 측면을 연습하기 위한 유용한 구조 중 하나는 **론도**(rondo) 형식(ABACA–DAEAF 등)이다. 'A'는 그룹 즉흥 연주를 나타내며, 다른 순서들은 그룹 내에서 개인을 나타낸다. 론도 형식은 참여자들에게 추후에 일어나게 될 일을 파악하는 것에 대해 개인적으로 탐색할 기회를 준다(예: 음악 만들기를 통해 안전한 방법으로 반복되는 사회정서적 측면을 지지하는 구조 안에서).

4.2.4 음색

임상 현장에서 즉흥 연주를 사용할 때 중요하게 고려해야 할 다른 요소는 음색 (timbre)의 사용과 더불어 그 음색이 운동, 인지, 정서 및 사회적 반응에 미치는 영향이다. 예를 들어, 부드러운 음색에서 거친 음색으로 변화하는 운동 발달이나 재활을 돕기 위한 즉흥 연주를 통해 근육 수축 등의 여러 상태를 촉진하는 데 활용될 수 있다.

다른 음색 사용의 예는 선택 주의 기술을 위해 사용되는 음악적 주의 조절 훈련 (musical attention control training: MACT, MACT-SEL)과 같은 선택적 집중 행동을 훈련하고 연습하기 위한 청각 관련 훈련이다. 개인 또는 그룹 세션에서 1명의 참여자가 큰 드럼 또는 낮은 음의 톤바(tone bar)를 말렛으로 부드럽고 조용하게 연주함으로써 지속적이고 안정적인 구조를 제공할 수 있다. 이때 다른 1명이나 그 이상의 다른 참여자(들)는 주요 구성 요소로서의 기능을 할 수 있는데, 대조적인 음색을 가진 악기들(예: 트라이앵글, 소프라노 오르프 실로폰, 칼림바, 아고고벨)이 부분적으로 기본 음색과 다른 음색의 차이를 이용하여 구분되도록 함으로써 그룹의 다른 참여자가 악기를 선택하고 반응할 수 있는 청각적 정보를 제공한다.

4.2.5 다이내믹

음악에서 다이내믹(dynamic)은 일반적으로 '큰 소리' 및 '작고 부드러운 소리'와 같이 표현되며, 음악의 강도나 세기의 변화를 뜻한다. 대부분의 즉흥 연주는 피아노와 같은 타악기를 사용하며, 다이내믹의 범위는 악기들에 적용하는 힘의 변화에 의해 형성된다. 드럼, 오르프 실로폰 또는 트라이앵글을 강하게 연주할수록 강한 진폭을 만들어 낸다. 다이내믹은 시간의 흐름에 따라 조절될 수 있으며, 크레센도나 데크레센도로서 표현할 수도 있지만 한 음에서 다른 음의 순간적인 변화로도 나타낼 수 있다. 다이내믹은 근육 활성화(예: 강한 진폭은 강한 근육 수축) 및 감정 반응(예: 점차적인 데크레셴도는 감정이 가 라앉는 부분을 표현)을 포함한 여러 영역에서 반응을 유도하기 위해 활용될 수 있다.

또한 박자의 간격을 일정하게 유지하기 어려운 환자의 경우 다이내믹을 주요 요소로 이용할 수 있다. 템포, 음역대, 글리산도(glissando), 도입 및 종료의 조합과 변형으로 생 성되는 구조화된 소리 환경(사운드스케이프, soundscapes)의 사용을 통해, 여러 연주자 는 '비트를 유지'할 필요 없이 시간적 구성을 유지하는 방식으로 즉흥 연주를 활용할 수 있다[음악적 집행 기능 훈련(MEFT) 경험의 맥락에서 4.3에 제시된 예를 참조].

4.3 음악적 집행 기능 훈련(MEFT)

음악적 집행 기능 훈련(musical executive function training: MEFT)에서의 즉흥 연주 는 개인 및 그룹 형식에 추상적 사고, 조직력, 추론 능력, 계획, 작업 기억(working memory) 사용 및 문제해결과 같은 집행 기능 기술(executive function skills)을 훈련하는 데 성공적으로 적용되었다. 다른 영역에서는 적절한 행동과 부적절한 행동의 억제, 오 류 감지 및 중간 과정의 교정, 자동적인 반응이 아닌 새로운 반응의 사용 및 습관적인 반응의 극복을 필요로 하는 행동들이 포함된다.

이러한 행동과 기능 영역은 앞에서 언급했듯이 다이내믹하게 변화하는 소리 환경 (soundscapes)의 맥락에서 실행될 수 있다. 이를 그룹에 적용할 수 있는 방법 중 하나는, 한 참여자는 감독(리드)의 역할을 맡도록 하고, 다른 참여자들은 사용 가능한 악기들 로 특정 장면이나 시간에 따라 변화되는 환경의 청각적 유사체(auditory analog)를 만들 어 내는 활동을 유도하는 것이다. 예를 들어, 바다 장면의 경우 일부 구성원은 오션 드 럼으로 파도 소리를 재현하고, 다른 구성원들은 윈드차임을 이용하거나 손바닥을 비벼 바람 소리를 만들며 또 다른 구성원들은 오르프 실로폰으로 글리산도를 연주함으로써 그 장면에 대한 감정/분위기를 더욱 풍부하게 형성한다. 시간이 흐르고 장면이 변화하 면 일부 구성원은 천둥소리를 내는 종이 또는 큰 드럼을 이용하여 천둥소리를 만들어 내며, 다른 구성원은 레인 스틱을 이용하여 빗소리를 만들어 낸다. 몸동작 신호를 통해 그룹 및 그룹 내 구성원이 폭풍이 다가오는 것과 시간의 변화를 나타내기 위해 연주 다이내믹을 변화시킬 수 있다. 눈 맞춤 및 고개 끄덕임, 동작 따라 하기 등을 통해 악기 연주를 시작하고, 정지 신호를 통해 환자들이 연주를 멈추는 신호를 전달할 수 있다. 손바닥을 위쪽으로 움직이거나 바깥쪽으로 움직이는 것은 원하는 소리의 크기나 강도를 증가시키는 데 사용될 수 있고, 반대로 손바닥을 아래쪽으로 움직이거나 안쪽으로 움직이는 것은 소리의 크기나 강도를 감소시키는 데 사용될 수 있다. 이러한 방법으로, 그룹은 시간적 구조 안에서 어떠한 리듬이나 음조 형식의 제한 없이 여러 가지 구조를 변화시키면서 (음악 형식과 비슷하게) 다이내믹한 즉흥 연주를 할 수 있다.

　즉흥 연주를 구성할 수 있는 다른 방법은, 이 장에서 앞서 설명된 음악 재료를 이용하여 여러 층(layers)을 만드는 것이다. 다음 [그림 4-3]에 그려진 악보는 즉흥 연주를 시작하기 위한 악보로 사용될 수 있으며, 리듬과 음조를 이용하여 즉흥 연주를 하기 위해 쓰인다. 위에서 다섯 번째까지는 조성을 활용한 악보이고(하단에서 상단으로 갈수록 복잡해짐), 나머지 7개는 리듬을 활용한 악보이다(상단으로 갈수록 복잡해짐). 악보를 사용하는 방법 중 하나는, 기능적 제한이 많은 참여자들에게는 리듬 및 음조의 난이도가 낮은 부분을 연주하게 하고, 비교적 기능적 제한이 없는 참여자에게는 더욱 복잡한 부분을 연주하도록 하는 것이다. 참여자들은 신체적 신호(cue)를 통해서 연주를 시작하거나 멈추고, 시범 연주를 통해 훈련받을 수 있다. 악보는 즉흥 연주 시작 단계에서 사용하며, 사용 가능한 악기들을 결정하기 위해 치료사는 필요에 따라 절차를 수정한다. 참여자들에게 가장 적절한 즉흥 연주를 시행하기 위해서 치료사는 참여자들에게 가장 적절한 음색, 리듬, 멜로디 및 다이내믹 변화가 무엇인지 고려해야 한다.

4.4 음악 심리사회적 훈련과 상담(MPC)

　음악 심리사회적 훈련과 상담(music in psychosocial training and counseling: MPC)에 사용되는 즉흥 연주는 기분 안정, 감정 표현, 생각의 구체화 및 적절한 사회적 기능 향상을 돕기 위해 활용된다. 이 중재 기법은 개인과 그룹 참여자의 필요와 어려움에 대해 신중하게 고려하고 계획하여 제공되어야 한다. 실제로 음악은 역사를 통해서도 개인의 감정과 기분에 강한 영향을 미친다고 알려져 왔으며, 아리스토텔레스는 다른 사람의 기분을 조종할 수 있는 음악가를 위협적인 직업이라 말하였다. 즉흥 연주의 역동적 특

Arabic Mode with Bolero Rhythm

(a)

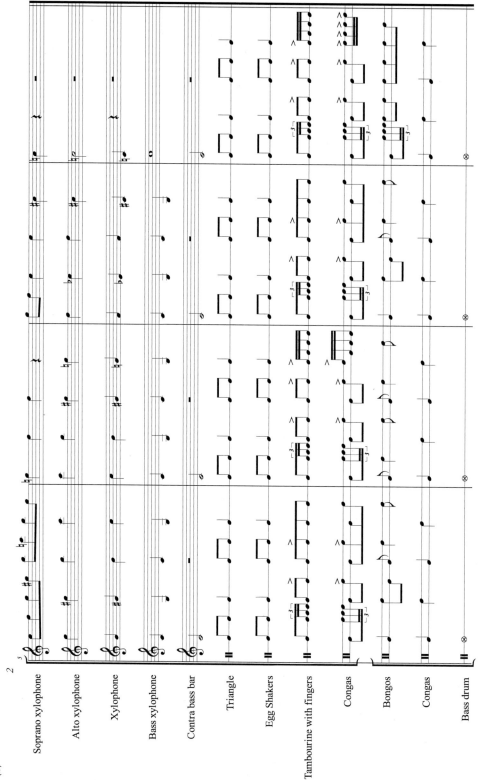

[그림 4-3] 볼레로 리듬으로 구성된 아랑 선율

(b)

성과 그 기본 원리를 이해하는 것은 임상 현장에서 치료사가 즉흥 연주를 계획하고 적용하는 데 도움이 된다. 많은 음악가와 음악치료사가 생각, 개념 및 감정 상태를 표현하기 위해 즉흥 연주를 사용하지만, 이에 대한 기본 신경 메커니즘에 대해서는 거의 알려지지 않았다.

Limb과 Braun(2008)의 전문 재즈 피아니스트를 대상으로 한 연구에서 학습된 음악 연주와 즉흥 연주에 관련된 신경 활동의 패턴이 다르다는 것이 나타났다. 기능적 자기 공명영상(functional Magnetic Resonance Imaging: fMRI)을 통해 즉흥 연주는 내측 전전두 피질(medial prefrontal cortex)에서 활성화가 일어났으나, 배외측 전전두엽(dorso-lateral prefrontal) 및 외측 안와 피질(lateral orbital cortices)에서는 활성화되지 않은 것으로 나타났다. 행동 평가와 관련하여 활성화된 영역은 자기표현에 관여하는 부분이며, 비활성화된 영역은 자가 모니터링 및 억제와 관련된 부분이라고 주장하였다. 또한 Limb과 Braun의 다른 연구에서는 'trading 4's'라 알려진, 재즈에서 일반적으로 이루어지는 2명의 연주가가 즉흥적으로 주고받는 연주를 할 때, 좌측 후두하전두회(posterior inferior frontal gyrus)가 활성화되었는데, 이는 다른 연구자들의 연구 결과와 같은 맥락으로 설명된다(Patel, 2010). 이 외에도 일반적으로 말산출과 연관되어 있는 브로카(Broca) 영역의 활성화는 참여자들의 사회적 의사소통 경험을 지지하는 연구 결과와 일치한다.

4.4.1 MPC 사회적 역량 훈련(MPC-SCT)

MPC 사회적 역량 훈련(MPC-social competence training: MPC-SCT)은 적절하고 유용한 사회적 상호작용에 필요한 능력을 돕는 방법으로, 참여자들에게 음악을 활용하는 기회를 제공한다(Gooding, 2011). 음악적 요소를 바탕으로 한 심리사회적 기능의 은유적 사용보다는 다른 사람들과 상호작용하는 동안 사용되는 다양한 비음악적 행동을 내담자들이 직접 연습할 수 있도록 한다. 이에 대한 예시는 다음과 같다.

- 목표 영역: 사회성
- 특정 훈련 목표: 시작 및 반복
- 행동 결과: 각 구성원들은 다른 구성원들과 적절한 관계를 시도하고 이를 유지할 수 있다.

- 도구/악기: 타악기(젬베, 튜바노, 덤백 등) 및 오르프 실로폰/메탈로폰
- 세팅: 그룹(2~10명)
- 절차

　① 참여자들은 가장 잘 반응할 수 있는 인사말의 특성을 고려해야 한다. 필요한 경우, 더욱 다양한 전달 방법(예: 크기, 음성 억양 사용, 길이, 속도, 고르지 않거나 매끄러운 문구 사용 등)에 대해서 고려해야 한다.

　② 다음으로 음악적 평행 및 유의성을 확인한다(예: 볼륨, 음의 높낮이, 길이, 템포, 리듬).

　③ 만족스러운 반응이 관찰된 악절 및 관련 음악적 유사성을 확인하기 위해 같은 과정이 반복된다.

　④ 확인된 비음악적 특성과 인사 및 만족스러운 반응을 유도하는 관련 음악 요소들을 사용하여, 그룹의 각 참여자들은 음악적으로 반응하는 간결한 음악을 연주한다. 이 연주는 각 참여자가 적어도 한 번씩 연주하도록 진행된다.

　⑤ 적절한 정지 시점을 결정하기 위해 그룹은 반응을 유도하는 데 가장 많이 기여한 음악적 특성을 변별하도록 한다. 가장 만족스러운 반응의 성격과 특성에 관한 2차 질문이 제기될 수도 있다.

　⑥ 가장 효과적인 인사말의 음악적 특성과 만족스러운 반응을 확인한 후 즉흥 연주의 두 번째 라운드가 시작되어야 한다.

　⑦ 연주 경험 후 말로 표현하는 것이 적절하다고 간주되면, 참여자들은 비음악적 상호 관계의 맥락에서 그들의 음악적 경험을 즉각적인 목표와 관련지을 수 있다. 치료적인 음악 경험과 비음악적 행동 사이의 연결은 참여자들이 임상적인 즉흥 연주 경험을 그들의 장기적 목표 및 세션 후 일상생활에 연결시킬 수 있도록 도움을 줄 수 있다.

4.4.2 MPC 기분 유도 및 벡터링(MPC mood induction and vectoring: MPC-MIV)

앞의 〈표 4-1〉에 제시된 음악 외적인 연상은 기분 변화, 의사소통, 감정 표현과 같은 사회 및 정서적 기능의 발달을 돕기 위해 사용되는 임상적 즉흥 연주를 구성할 때 유용할 수 있다. 이에 대한 예시는 다음과 같다.

- 목표 영역: 정서적 표현
- 특정 훈련 목표: 기분 변화
- 행동 결과: 각 참여자들은 편안한 상태와 관련된 감정을 경험하고 구분하며 표현할 수 있다.
- 도구/악기: 드럼, 오르프 실로폰, 메탈로폰, 보조 효과 악기(예: 오션 드럼, 레인 스틱, 윈드차임, 천둥소리를 낼 수 있는 종이, 템플 블록)를 포함하는 다양한 타악기
- 세팅: 그룹(2~10명)
- 절차
  ① 음조를 표현할 수 있는 타악기들을 통해 참여자들에게 프리지안이나 믹소리디안 모드 중 한 가지를 제공한다. 음조가 없는 악기는 기분 유도나 표현을 촉진시키기 위해 사용된다.
  ② 프리지안 모드를 연주하도록 지정된 참여자들은 해당 음정 내에서 만들어 낼 수 있는 개별적 소리 및 소리의 조합을 탐색한다. 이는 리듬 흐름 내에서 즉흥 연주가 계속 발전되면서 합쳐지는 것 또는 리듬 구성의 외적인 것들로 이루어진다. 모든 그룹의 참여자는 즉흥 연주를 하거나 듣는 동안 일어날 수 있는 생각, 감정 및 장면들을 기록한다.
  ③ 앞의 과정이 완성되면, 다른 그룹은 믹솔리디안 안에서 사전에 준비된 악기를 선택하거나, 지시받은 참여자는 조용하게 즉흥 연주를 시작하고, 그 음색 안에서의 경쾌한 연주를 탐색하여 점차 프리지안 모드를 연주하는 즉흥 연주자들과 일치되도록 볼륨을 높인다.
  ④ 즉흥 연주에서 두 가지 모드가 모두 연주되면, 프리지안 모드에서 연주하는 참여자는 믹솔리디안 모드의 악기와 일치하거나 듣기 좋은 악기 톤을 탐색하고, 점차 다양한 음색을 사용한다.

4.5 마무리

앞서 언급했듯이, 이 장의 목적은 NMT에서 활용하는 임상적 즉흥 연주의 간단한 예시와 음악 자료를 제공하는 것이다. 임상적 원리와 비음악적 행동에 대한 즉흥 연주 연

습의 유사성과 평행성은 치료적 경험을 계획하고 적용하기 위해 고려되어야 한다.

참고문헌

Berlyne, D. E. (1971). Perception. In: *Aesthetics and Psychobiology.* New York: Meredith Corporation. pp. 96-114.

Brown, S. and Jordania, J. (2011). Universals in the world's musics. *Psychology of Music, 41,* 229-48.

Davis, G. and Magee, W. L. (2001). Clinical improvisation within neurological disease: exploring the effect of structured clinical improvisation on the expressive and interactive responses of a patient with Huntington's disease. *British Journal of Music Therapy, 18,* 78-9.

Gardstrom, S. C. (2007). *Music Therapy Improvisation for Groups: essential leadership competencies.* Barcelona: Gilsum (NH).

Gooding, L. F. (2011). The effect of a music therapy social skills training program on improving social competence in children and adolescents with social skills deficits. *Journal of Music Therapy, 48,* 440-62.

Hiller, J. (2009). Use of and instruction in clinical improvisation. *Music Therapy Perspectives, 27,* 25-32.

Hilliard, R. (2007). The effect of Orff-based music therapy and social work groups on childhood grief symptoms and behaviors. *Journal of Music Therapy, 44,* 123-38.

Limb, C. J. and Braun, A. R. (2008). Neural substrates of spontaneous musical performance: an fMRI study of jazz improvisation. *PLoS One, 3,* e1679.

McFerran, K. (2010). *Adolescents, Music and Music Therapy: methods and techniques for clinicians, educators and students.* London: Jessica Kingsley Publishers.

Meyer, L. (1956). *Emotion and Meaning in Music.* Chicago: University of Chicago Press.

Patel, A. (2010). *Music, Language, and the Brain.* New York: Oxford University.

Silverman, M. J. (2007). Evaluating current trends in psychiatric music therapy: a descriptive analysis. *Journal of Music Therapy, 44,* 388-414.

Thaut, M. H. (2008). *Rhythm, Music, and the Brain: scientific foundations and clinical applications.* New York: Routledge.

Wigram, T. (2004). *Improvisation: methods and techniques for music therapy clinicians, educators, and students.* London: Jessica Kingsley Publishers.

Chapter 05

패턴화된 감각 증진(PSE)과 강제 유도 치료(CIT): 작업치료사 및 학제 간 상지 재활 치료 관점

●

Crystal Massie

5.1 서론

지난 수십여 년에 걸쳐 뇌손상 이후의 뇌신경 가소성에 대한 연구들이 진행되면서 신경학적 재활 접근 개념에도 변화가 나타났다. 뇌신경 가소성을 촉진하기 위해서는 뇌졸중 회복에 기본적으로 요구되는 상지 재활의 사용 의존적 가소성(use-dependent plasticity) 메커니즘에 대한 충분한 설명이 필요하다. 뇌졸중으로 인해 상지 기능의 향상이 필요한 신경 재활 환자에게는 동작 패턴의 학습 및 조절을 위한 신경생리학적 원리에 의해 구조화된 기법을 적용하여 집중적으로 훈련이 진행되어야 한다. 이는 훈련된 치료사와 재활 전문가에 의해 시행되어야 하며, 전문가의 역량에 따라 결과에 다른 영향을 미칠 수 있다. 강제 유도 치료(constraint induced therapy: CIT)는 환측(손상된 부위)을 강제적으로 사용하는 것을 기본적인 전제로 하여 다양한 기능적 과제를 통해 통합적 중재를 시행하는 접근 방법 중 하나이다. 신경학적 음악치료(NMT)는 청각-운동 동조화(auditory-motor entrainment)와 반복을 기본으로 한다. 이 장에서는 치료사를 위한 고려 사항 및 청각 신호의 효과에 대한 여러 단일 세션 연구와 훈련 기법이 제시된다.

5.2 강제 유도 치료(CIT)

현재 뇌졸중 후의 재활은 사용 의존적 가소성 원리를 적용하여 높은 강도로 구조화된 중재 방법에 초점을 두고 있다. 훈련의 강도와 구조에 따라 다양한 방법이 시도되고 있는데, 이 중 강제 유도 치료(CIT)에 대한 다수의 연구가 진행되어 왔다(Wolf et al., 1989, 2006). CIT는 학습된 미사용(손상된 지체를 의도적으로 사용하지 않는 방법이 점차 습득되는 것)이 운동의 조건적 억제이자 전형적인 행동적 현상이라는 행동신경과학적 주장을 기반으로 하여 발전되었다(Taub & Uswatte, 2003). 이와 같이 손상되지 않은 부분의 움직임을 억제하고 손상된 부분을 강제적으로 사용하게 하는 방법을 뇌졸중 환자에게 적용했을 때 손상된 부분의 움직임이 향상되었으며, 이는 CIT의 발전으로 이어졌다. CIT는 다양하게 변형되었지만, 일반적인 프로토콜은 하루에 6시간씩 열흘 동안 진행된다(Page et al., 2008; Wu et al., 2007a). CIT에 적용되는 주요한 원리들은 다음과 같다.

- 통제(restraint): 덜 손상된 쪽의 사용을 통제하기 위해 주로 보조 기기나 벙어리장갑을 착용하게 한다. 대부분의 프로토콜은 안전을 위해 보행 보조 기구 또는 지팡이를 사용하는 등의 예를 제외하고 깨어 있는 시간의 90%까지 덜 손상된 부분의 사용을 제한한다.
- 과제 훈련(task practice): 환자들은 15~20분 단위의 반복적 훈련을 통해 개별적인 기능 과제를 수행한다.
- 조형(shaping): 수행의 향상 정도에 따라 훈련 과제의 난이도를 점차 증가시킨다 (Uswatte et al., 2006a).
- 강도 높은 훈련(massed practice): 가능한 한 여러 번 집중적인 훈련을 지속한다. 환자들이 피로감을 느낄 때만 휴식하도록 하고 훈련에 집중하도록 한다.

이와 같은 원리를 기반으로 하여 훈련이 진행되지만, 특정 치료 과제는 환자 개개인의 목표와 기능에 따라 다르게 제공된다. 전형적인 CIT 훈련의 한 예시는 〈표 5-1〉에 제시되어 있다. 과제 수행 및 조형 정도는 환자마다 다르지만, 훈련은 일반적으로 이 두 가지 모두의 조합으로 구성된다. 훈련 진행상의 어려운 점은 덜 손상된 쪽의 사용을

표 5-1 | 전형적 CIT 훈련을 위한 일상 활동 예시. 환자들은 CIT 원리를 적용한 활동들을 수행하기 위해서 트레이너와 일대일로 훈련한다. 각 활동들은 과제의 높은 반복률을 위해 15~20분 간격으로 완성된다.

시간	활동
9:00 ~ 9:15 am	오늘의 할 일 검토하기
9:15 ~ 9:30 am	테라피 볼을 사용하여 튕기거나 스트레칭 하기
9:30 ~ 10:00 am	도미노 게임을 통한 소근육 운동
10:00 ~ 10:20 am	통조림 캔을 찬장에 정리하기
10:20 ~ 10:30 am	휴식
10:30 ~ 11:00 am	화단 꾸미기, 도구 사용하기
11:00 ~ 11:20 am	롤로덱스(Rolodex) 명함정리기 사용하기
11:20 ~ 11:40 am	손가락과 손을 이용한 플레이도(play-Doh™) 만들기
11:40 ~ 12:00 pm	점심 준비
12:00 ~ 12:30 pm	점심
12:30 ~ 1:00 pm	식탁 치우기 및 정리
1:00 ~ 1:20 pm	조각 맞추기 및 손으로 조작할 수 있는 작은 나무 재질의 조각을 사용한 활동
1:20 ~ 1:50 pm	보체 볼(Bocce ball) 게임
1:50 ~ 2:00 pm	휴식
2:00 ~ 2:30 pm	카드 게임
2:30 ~ 2:50 pm	옷걸이에 옷 걸기
2:50 ~ 3:00 pm	마무리

제한하여 환측만 사용하도록 한다는 것이다. 한쪽만을 사용하여 과제를 수행하지 못하는 경우에는 추가로 보조 기구를 이용하거나(예: 받침대) 치료사들의 보조와 같은 대체 방안을 고려해야 하지만, 최대한 환자가 수행할 수 있는 범위 내에서 과제를 마칠 수 있도록 해야 한다. 재활 환자의 손상 기능 및 수준에 따라 다른 훈련 방법이 적용되고, 대근육 및 소근육 운동의 조합을 포함하는 다양한 활동이 사용된다. CIT 훈련에서 조형 (shaping)은 환자의 기능이 향상될수록 훈련 과제의 난이도와 강도를 점진적으로 증가시키는 구체화 기법이다. 치료사는 훈련 기간 동안 점차 과제 난이도를 조정하고, 기능적 동작의 회복을 위해 적절한 피드백을 제공함으로써 환자의 특성에 맞는 훈련이 진행되도록 해야 한다. 예를 들어, 목표 행동이 찬장에 통조림 캔을 놓는 것이라면, 작은 캔을 테이블 위로 올려놓는 훈련부터 시작할 수 있다. 목표를 성공적으로 달성하면 캔

을 옮기는 수직 거리를 늘릴 수 있고, 이동 거리에 대한 환자의 수행이 점차 향상되면 캔의 크기나 무게를 조정한 훈련도 가능하다. 치료사들은 환자들이 좌절하지 않을 정도의 범위 내에서 약간 어렵다고 느낄 만한 강도의 훈련을 제공해야 한다. 또한 치료사들은 훈련의 강도와 구조를 정확한 수준과 범위로 결정해야 한다.

5.3 강제 유도 치료(CIT)와 운동 조절

CIT는 학습된 미사용을 전제로 고안된 중재 기법이다. 관련 연구를 통해 환자의 마비 측 팔 기능이 향상되고 1년 이상 중재 효과가 지속되었다는 결과가 보고되기도 하였으나(Wolf et al., 2006), 운동 전략이나 중재의 질적 효과를 입증하는 연구는 비교적 많지 않았다. 회복과 보상에 대한 논쟁은 신경재활치료를 평가하는 데 있어 중요한 측면으로 간주되어 왔다(Levin et al., 2009). 운동학적 동작 분석(kinematic motion analysis)은 집중치료를 마친 뇌졸중 환자들의 운동 전략을 파악하기 위해 환자의 기능 변화를 양적으로 정량화하는 기술이다. 이 기술은 치료사들이 관찰하지 못하는 운동 전략을 수량화할 수 있으며 동작 분석 기법을 이용하여 훈련 전후의 기능 수준을 비교할 수 있어, 지난 몇 년 동안 이와 관련된 연구들이 증가하는 추세에 있다(Malcolm et al., 2009; Massie et al., 2009; Michaelsen et al., 2006; Woodbury et al., 2009; Wu et al., 2007b).

Massie 등(2009)은 운동 전략에 대한 CIT 훈련의 효과를 입증하기 위해 운동학적 동작 분석을 사용하였다. 연구자들은 참여자에게 2개의 목표 지점까지 반복하여 팔 뻗기 과제를 수행하게 하여, 각 환자의 운동 범위를 녹화 영상으로 기록하였다. 또한 동작 수행에 사용된 보상적 움직임인 체간(trunk)의 움직임, 어깨 굴곡(flexion) 및 팔꿈치 신전(extension)뿐 아니라 뻗기에 소요되는 시간 및 속도를 정량화하기 위해 움직임을 수량화하였다. 연구 결과, CIT는 체간의 보상적 움직임 개선에는 영향이 없었으나, 어깨 외전(abduction) 향상에는 도움을 준 것으로 나타났다. 어깨 굴곡의 각도는 팔 뻗기(reaching) 동작의 수행 시 사용되어 CIT 이후 현저하게 증가하였지만 팔꿈치 신전에는 변화가 없었다. [그림 5-1]은 CIT 전후의 체간, 팔꿈치 및 어깨 관절 가동 범위의 변화를 보여 주고 있다. 이 연구에서는 일상생활에서의 상지 기능 평가를 위해 운동 동작 분석 이외에도 운동 활동 기록(Motor Activity Log: MAL; Uswatte et al., 2006b)과 울프 운

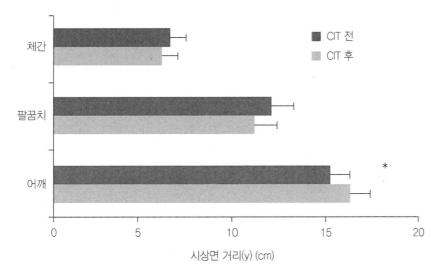

[그림 5-1] 상단의 막대그래프는 체간 전방 움직임의 거리를 나타낸다. CIT 훈련 전(검은 막대)과 후(회색 막대)의 체간의 보상적 움직임의 변화량에는 유의한 차이가 없었다. 중간의 막대그래프는 팔꿈치 신전을 통한 전방 도달 거리이다. CIT 훈련 후(회색 막대)에 팔꿈치 신전 범위가 약간 감소한 것으로 나타났으나 통계적으로 유의한 차이는 나타나지 않았다. 하단의 막대그래프는 어깨 굴곡 범위를 나타낸다. CIT 후에 어깨 굴곡 범위가 유의하게 증가한 것으로 보였다(별표로 표시).

출처: Massie, C., Malcolm, M. P., Greene, D., and Thaut, M. (2009). The effects of constraint-induced therapy or kinematic outcomes and compensatory movement patterns: an exploratory study. *Archives of Physical Medicine and Rehabilitation*, 90, 571-9.

동 기능 검사(Wolf Motor Function Test: WMFT; Wolf et al., 2001)를 사용하였다.

　　MAL은 뇌졸중으로 인해 손상된 일상생활 수행 기능을 평가하는 자가보고 형식의 평가 도구이다. WMFT는 운동 기능 수행력을 측정하는 평가 도구로, 손을 테이블에 올리는 동작부터 연필 집기, 수건 접기 등의 다양한 과제를 평가하도록 구성되어 있다. Massie 등(2009, 2012)의 연구에서는 운동량과 기능적 운동 기능 향상 면에서 다른 연구들과 유사한 결과가 나타났는데, 이는 CIT가 보상적 움직임을 향상시키지는 않는다는 것을 밝혀낸 최초의 연구였다. 이러한 결과는 CIT가 운동 사용의 질보다는 사용량을 증가시키기 위해 고안된 중재법이므로 예상된 결과일 수 있다(환자들의 과제 완성 여부보다는 사용량에 초점이 맞춰져 있다). CIT는 운동량보다는 운동의 질에 초점을 두지는 않았기 때문에 이를 보완하거나 대체하기 위한 다른 기법들이 발전하게 되었다. 비록 운동의 질이 기능적 운동 향상에 영향을 미치는지에 대한 여부는 논쟁의 여지가 있지만, 뇌졸중 환자의 운동에서 질적인 면은 여전히 중요하게 고려해야 한다. 이는 기법의 심층적 분석을 위한 고찰 연구에서도 보고되었다(Levin et al., 2009).

5.4 패턴화된 감각 증진(PSE)과 움직임의 질

CIT 관련 연구들이 지속적으로 발표됨에 따라 과제 수행에 대한 양적 변화뿐 아니라 운동의 질 향상을 위한 기법을 주제로 한 연구의 필요성이 제기되면서, 뇌졸중 환자들의 상지 신경 재활을 위한 신경학적 음악치료(NMT) 기법들을 체계화하는 작업이 진행되었다. NMT 기법 중 하나인 리듬 청각 자극(rhythmic auditory stimulation: RAS)은 뇌졸중 후의 보행 대칭(stride symmetry) 및 활보장(stride length)과 같은 보행의 질을 향상시켰다(Thaut et al., 1997). RAS가 자연스러운 보행 리듬과 보행 주기를 이용하는 것과 비교하여, 뻗기 동작은 주기적인 동작이라기보다는 일상생활에서의 많은 상지 활동과 관련되는 복잡한 움직임에 포함된다. 물론 일상생활에서 양치를 하거나 테이블을 닦고 휘젓는 것과 같은 행동들은 어느 정도의 주기성을 포함하는 뻗기 동작이라 할 수 있지만, 대부분의 상지 동작의 경우는 과제의 복잡성 때문에 패턴화된 감각 증진(patterned sensory enhancement: PSE)이 더욱 적절하게 적용된다. PSE는 반복성과 관련된 피드백 요소를 사용함으로써 운동을 재학습할 수 있는 기회를 제공한다.

뇌졸중 환자들을 위한 PSE를 개발하는 과정에서 리듬 청각 신호의 효과뿐 아니라 불연속적인 뻗기와 주기적인 뻗기 동작에 사용하는 독특한 전략에 대한 연구를 수행하였다. 그중 한 연구(Thaut et al., 2002)에서는, 뇌졸중 환자들에게 자신이 선택한 속도로 리듬 청각 신호가 제공되었을 때 뻗기 기능이 향상되는 즉시 효과가 나타났다고 보고하였다. 이 연구에서는 총 21명의 환자에게 시상면에 놓인 두 가지 표적 사이(좌우)를 이동하며 뻗기 과제를 30초 동안 수행하게 하였다. 뻗기 과제를 지속적으로 수행하는 동안, 평가자는 운동 궤적(trajectory) 변이성과 팔꿈치 운동 범위를 측정하였다. 측정 결과, 메트로놈 신호에 맞춰 뻗기 동작을 했을 때 손목 궤적의 변이성이 현저하게 감소하였고, 팔꿈치 운동 범위가 증가하였다. 이러한 결과들은 뇌졸중 환자들에게 청각 신호가 상지 운동 기능에 영향을 주어 뻗기 동작을 향상시킨다는 근거를 제시하였다. 이러한 즉각적인 효과들은 PSE가 뇌졸중 환자들에게 음악 중재 기법으로 적용될 수 있는 기반이 되었다. Massie 등(2012)의 연구에서는 뻗기 동작의 기본적 특성에 따라 변화되는 운동 생성 방법에 대한 연구를 위해 17명의 뇌졸중 환자에게 불연속적으로 뻗기, 주기적으로 뻗기 등의 두 가지 과제를 수행하도록 하여 (리듬 청각 신호가 없는 5회의 주기적인 뻗기와 5회의 불연속적인 뻗기 동작), 참여자들에게 35cm 떨어진 방시상면 (parasagittal plane)에서 두 가지 표적 사이를 가능한 한 빠르고 정확하게 도달하도록 하였다. 이 연구를 통해 발견된 한 가지 흥미로운 점은, 주기적인 뻗기 과제에서 불연속적인 뻗기보다 더 많은 체간 회전(truck rotation)이 관찰된다는 것이었다. 연구자들은 이와 같은 결과에 대해 체간 회전의 증가가 환측의 주기적 뻗기 동작을 위한 보상적 전략이기는 하지만 덜 손상된 쪽을 사용하여 뻗었을 때의 회전 정도와 크게 다르지 않은 것으로 보아 부정적인 영향을 주는 보상 전략이라고 하기는 어렵다고 해석하였다. 또 다른 흥미로운 점은, 참여자들이 주기적인 뻗기 동작을 수행할 때 동작 정확도에서 크게 다른 점을 보이지 않았다는 것이다. 종합하자면, 뇌졸중 환자들이 주기적인 뻗기 동작을 수행할 때 독특한 운동 조절 전략을 사용하고, 리듬 청각 신호가 제공되었을 때 뻗기 동작이 향상되었음을 나타낸다.

Malcolm 등(2009)의 연구에서는 리듬 신호의 유무에 따른 뻗기 동작 기능을 비교한 연구들을 바탕으로 치료 세션과 재가 훈련 프로그램의 조합으로 이루어진 PSE 훈련을 고안하였다. 환자들은 주 3회, 1시간씩 클리닉에 방문하여 훈련을 진행하였는데, 1회기는 환자들에게 대략적인 프로그램에 대한 소개와 프로그램에 익숙해지는 시간으로 진행되었고, 다음 회기에는 1시간 동안의 PSE 훈련이 치료사의 감독 아래 진행되었다. 환자들은 당일에 2시간의 추가 훈련을 하고, 그다음 날에 추가적으로 3시간의 훈련을 마쳤다. 치료사들은 주중에 환자들의 진행 상황을 확인하고, 그들이 '쉬는 날'에 프로그램을 수정할 필요가 있을 때는 경우에 따라 전화를 이용하였다. 주말에는 훈련 일정이 없었으며, 2주에 걸쳐 총 30시간의 훈련이 진행되었다.

이 연구를 위해서 표적 매트릭스([그림 5-2] 참조)가 사용되었으며, 재가 훈련에서도 동일한 매트릭스가 사용되었다. 가로 36인치, 세로 18인치의 28개의 연속적으로 번호가 매겨진 표적으로, 표적 간격은 6인치로 구성되어 있다. 매트릭스 가운데에 그려진 화살표는 환자들의 몸의 중심에 오는 표시를 뜻한다. 각 가정의 표준 높이와 크기의 테이블 위에 매트릭스를 놓고, 의자는 가운데 그려진 화살표에 맞춰 자리한다. 메트로놈은 뻗기 빈도수를 파악하는 데 사용되었으며, 초기의 메트로놈 주기는 연습 훈련 중 메트로놈 신호가 제공되지 않은 상태에서 뻗기 동작 수행 시 관찰된 본인의 주기와 일치하도록 설정되었다.

환자들에게 주어진 과제는 표적 배열에 도달하는 5~10회의 시도를 30초 안에 수행

[그림 5-2] PSE에 사용된 훈련 양식 도표. 치료사는 각 환자들을 위해 특정 목표 동작을 훈련하기 위한 두 가지의 목표물을 설정한다. 〈표 5-2〉에 제시되어 있는 것과 같이 움직임의 주기도 치료사에 의해 설정되었다.

하는 것으로, 훈련은 총 1시간 동안 이 과제를 반복하는 과정으로 구성되었다. 이는 재학습의 중요한 요소인 '반복'을 적용한 것으로, 여러 번 시도를 반복하기 때문에 각 시도 사이에 15~20초의 휴식이 제공되었으며(즉, 환자들은 휴식보다 과제를 더 많이 수행하였다), 각 동작 훈련 사이에는 1~2분이 허용되었다. 각기 다른 표적 배열을 훈련할 때마다 메트로놈 주기의 변경도 가능하였다. 〈표 5-2〉에는 치료 세션의 진행 상황이 제시되어 있다. 이 훈련 프로그램의 독특한 점 하나는, 뻗는 동작을 공간뿐 아니라 시간적으로도 변경할 수 있다는 것이다. 표적 세션들은 뻗는 동작의 방향을 변경할 수 있도록 구성되어 있다. 예를 들어, 한 세트의 표적은 시상면(sagittal), 정면 또는 대각선면으로 위치할 수 있으며, 보다 어려운 움직임이나 특정한 움직임의 재교육이 필요한 동작을 목표로 할 수 있다. 뻗기 방향을 바꾸는 훈련뿐만 아니라 장·단거리의 뻗기 동작 훈련도 가능하다. 또한 메트로놈의 빠르기를 조절함으로써 시간적으로도 변화를 줄 수 있다. 개별 환자의 특정 운동 기능에 따라 다양한 목표로 진행될 수 있지만, 이 연구의 근본적 목표는 환자 개개인이 매 회기 훈련을 통해 운동 거리와 속도를 향상시키는 것이다.

표 5-2 PSE 훈련 예시: 환자들은 특정 메트로놈 속도에 맞춰 목표물 사이를 왕복한다. 이때 환자들의 수행 수준에 따라 목표물 사이의 거리를 증가시키거나 메트로놈 속도를 빠르게 할 수 있다.

훈련 날짜	세트	시도 횟수	완성 횟수	메트로놈 주기(bpm)	목표물
1	1	5	XXXXX	45	3, 10
	2	10		40	2, 11
	3	10		40	4, 11
	4	10		50	2, 9
	5	–			
2	1	10		50	3, 10
	2	5		40	2, 11
	3	5		40	2, 18
	4	5		45	4, 10
	5	5		50	4, 10
	6	–			

훈련 전후로 환자의 기능 평가가 시행되었다. 반사 작용, 시너지 효과, 내외의 움직임, 소근육 운동 기능 및 협응(coordination)을 수량화하는 감각 운동 평가인 푸글-마이어 평가(Fugl-Meyer Assessment: FMA)를 사용하여 환자들의 손상 정도를 평가하였는데, FMA 점수가 높을수록 손상 정도가 낮은 것을 의미한다(Fugl-Meyer et al., 1975). 기능적 운동 평가는 상지 운동의 빠르기를 정량화한 울프 운동 기능 검사(WMFT)로 진행되었는데, 훈련 기간 후에 참여자들의 과제 수행 속도가 증가한 것으로 나타났다.

또한 리듬 청각 신호가 제공되지 않았을 때 2개의 표적에 대해 연속적·주기적으로 진행되는 뻗기 동작 과정에서의 체간의 보상적 움직임, 어깨 굴곡 및 팔꿈치 신전 정도와 동작 시간 및 도달 속도를 운동 동작 분석을 사용하여 측정하였다([그림 5-3] 참조). 분석 결과, PSE 훈련 이후에 환자들의 보상적 체간 움직임이 현저하게 감소하였고, 뻗기 동작의 속도가 매우 증가한 것으로 나타났다. 보상적 체간 움직임의 감소는 어깨 신전 증가에 의한 결과로 해석되었다. 연구 결과, 주기적인 뻗기 동작은 불연속적인 뻗기 동작과 명확하게 구분되며, PSE와 함께 제공된 주기적인 뻗기 훈련은 운동 전략을 향상시키고, PSE 없이도 일반화될 수 있으며, 보다 나은 기능적 수행을 향상시키는 데 도움이 되는 것으로 나타났다.

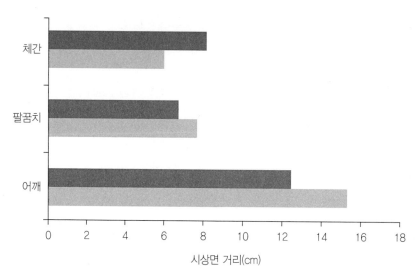

[그림 5-3] [그림 5-2]에 제시된 도표와 유사하게 체간 변화, 팔꿈치 신전(extension) 및 어깨 굴곡(flexion) 정도에 의해 생성된 직선 거리의 정도를 나타낸다. 상단 막대는 PSE 훈련 전(검은색)과 후(회색)의 팔의 움직임이 가까운 곳과 먼 곳에 있는 2개의 목표물 사이를 왕복할 때 체간이 앞으로 구부러지는 정도를 나타낸다. 훈련 후 체간의 보상적 움직임이 유의하게 감소하였는데, 이는 하단 막대로 표시된 어깨 굴곡의 움직임 증가가 유의하게 증가한 결과와 같은 맥락으로 해석된다. 통계적으로 유의하지는 않지만 팔꿈치 신전 증가도 관찰되었다. 체간의 보상적 움직임이 증가한 결과는 어깨 굴곡과 관련 있는 것으로 나타났다.

출처: Malcolm, M. P., Massie, C., and Thaut, M. (2009). Rhythmic auditory-motor entrainment improves hemiparetic arm kinematics during reaching movements: a pilot study. *Topics in Stroke Rehabilitation, 16*, 69-79.

 또한 Malcolm 등(2009)의 연구에서 PSE 훈련이 보상적 행동 중 하나인 체간의 움직임을 감소시키고, 뇌졸중으로 인해 손상된 환측 팔이나 손의 기능적 수행력을 증가시키는 것으로 나타났다. 이러한 결과는 훈련 동안 소근육의 기능적 요소를 포함시키지 않았음에도 기능적 수행력을 증가시켰다는 점에서 중요한 발견이라고 할 수 있다. 이 연구에서는 한 가지 기능에 대한 PSE 효과를 제시하였으나, 다른 많은 연구를 통해 주기적인 메트로놈 신호를 사용한 상지 기능 개선의 효과가 보고되었다(Beckelhimer et al., 2011; Richards et al., 2008; Senesac et al., 2010; Whitall et al., 2000). Whitall 등(2000)의 예비 연구에서는 14명의 뇌졸중 환자가 리듬 청각 신호와 함께 제공된 반복적인 양측성 상지 훈련(repetive bilateral arm training with rhythmic auditory cueing: BATRAC)에 6주 동안 참여하였다. 이 훈련은 1회에 20분 동안, 일주일에 세 번씩 진행되었다. 참여자는 개인이 선호하는 속도로 설정된 메트로놈 신호에 맞춰 BATRAC 장치의 손잡이를 미는 과제를 수행하였고, 훈련 후 향상된 기능적 수행력이 중재 후에도 유지되었다고 보고되었다. Richards와 그의 동료들(2008)이 시행한 연구에서는 BATRAC 장치를 이용하였으나, 다른 훈련 매체를 사용하여 연구를 진행하였는데, 선행 연구의 결과만큼 크게 향상된 결과가 나타나지는 않았다. 또 다른 연구(Senesac et al., 2010)에서는 14명의 회복기 뇌졸중 환자를 대상으로 BATRAC 장치를 사용한 연구를 시행하였다. 이 훈련은 회기당 약 2시간씩, 일주일에 4회기의 세션을 총 2주간 진행하였다. 운동학적 동작 분석 결과, 최고 속도가 증가하였고, 뻗기 동작의 연결성이 향상되었으며, 동작에서의 손의 경로가 일직선으로 관찰되었다. BATRAC 장치는 뻗는 동작 범위 내 제한된 움직임에 초점이 맞춰져 있지만, 이 훈련은 기능이 회복된 뇌졸중 환자들이 복잡한 동작의 부분적 연결성을 개선시키는 데 도움이 되는 것으로 나타났다. BATRAC 장치를 이용한 연구들은 리듬 청각적 신호가 상지 운동에 어떻게 이용될 수 있는지에 대한 예시로서 제안될 수 있다. 이는 2명의 뇌졸중 환자를 대상으로 한 치료 예시로서 상업적으로 이용되기도 했지만, 프로토콜의 세부 사항은 거의 제공되지 않았다(Beckelhimer et al., 2011). 관련된 연구들은 주기적인 뻗기 동작과 결합된 리듬 청각 신호 사용의 특성을 제시하였으며, 이러한 유형의 중재는 앞으로도 더욱 확대될 것으로 보인다.

5.5 PSE의 임상 적용

PSE의 장점 중 하나는 환자 개인의 필요에 따라 훈련 요소를 조절할 수 있다는 것이다. 예를 들어, 대근육 기능에 이상이 있는 환자가 손을 사용하는 것과 같은 미세한 과제를 수행하기 위한 중재법으로 사용될 수 있다. 이는 PSE가 신체 중심부(근위)의 대근육 움직임 향상에 초점을 맞출 수 있기 때문이다. 근위 조절 훈련의 이점은 몸 중심부에 필요한 훈련량을 감소시켜 몸 중심에서 먼 곳(원위)을 훈련하는 데 잠재적으로 도움을 줄 수 있다는 것이다. 어깨와 팔꿈치의 잠재적인 대근육 훈련을 통하여 관련된 소근육 운동 기능 범위를 넓혀야 한다.

PSE는 보상 전략을 습득한 뇌졸중 환자들의 운동 기능을 향상시키는 데 도움이 될 수 있다. 보상 전략이나 움직임을 제한하는 방법을 임상적으로 설명하기는 어렵지만, PSE는 치료사의 전문적 역량을 통해 청각 신호와 운동 패턴을 결합하여 훈련에 적용함으로써 더욱 향상된 운동 기능을 기대할 수 있다. 이는 보상적 움직임의 제한을 전제로 하여, 체간이나 어깨 외전과 같은 보상 전략 없이 움직일 수 있는 최대 이동 거리를 제한함으로써 진행할 수 있다. 예를 들어, 대각선 방향의 동작을 목표로 설정한다면, 팔꿈치 신전, 어깨 수평 내전 및 어깨 굴곡 동작들을 훈련할 수 있다. 이때 주의해야 할 점은, 체간의 움직임과 같은 보상 전략을 사용하지 않는 위치에서 시작하고, 보상 전략을 유도하지 않는 상태에서 더욱 큰 동작의 움직임이 가능할 때의 거리를 측정해야 한다는 것이다. PSE의 장점은 움직임 자체가 아니라 움직임이 메트로놈 신호에 동조화되는 과정에 초점을 둔다는 점에서 치료사들에게 매우 흥미로운데, 이는 과제 수행 중 주의 집중 수준에 따라 뻗는 정도가 달라지기 때문이다. Fasoli와 동료들(2002)은 뇌졸중 환자들에게 팔이나 동작 생성 원리에 대한 질문이나 지시 사항을 제공하며 진행되는 훈련은 외부 신호를 제공한 훈련과 비교했을 때 전체적인 동작 기능 향상에 좋지 않은 영향을 미친다고 보고하였다. 외부 신호 제공을 중심으로 하는 PSE는 리듬 청각 신호가 운동 시스템을 동조화할 수 있다는 잠재적인 의식적 자극을 제공함으로써 동작 수행에 긍정적 영향을 미칠 수 있다.

PSE 훈련에서의 목표 동작은 환자의 기능 변화 또는 향상 정도에 따라 다양하게 변경될 수 있다. 예를 들어, 훈련의 목표로 수직면 혹은 보다 복잡한 표적(즉, 두 가지 이상의 표적)과 같이 다양한 운동면(planes)을 사용할 수 있다. 즉, 수평면 움직임에 대한 훈련부터 시작했더라도 이후 수직면으로 목표를 변경할 수 있고, 환자들이 삼각형이나 직사각형 모양과 같은 2개 이상의 목표물을 만들기 위한 움직임을 수행하도록 함으로써 뻗기 운동 능력에 대한 난이도를 조절할 수 있다. 또한 소근육 조절 기능을 위한 훈련에도 PSE를 적용할 수 있는데, 추가 장비 없이 환자가 손가락을 뻗어 목표물과 접촉하도록 함으로써 더욱 세밀하게 소근육을 조절하도록 훈련할 수 있고, 반복적으로 손가락들을 뻗고, 손을 펴거나 쥐는 등의 동작을 할 수도 있다. 이처럼 적용 범위가 넓고 기법의 조절 수준이 다양하다는 점은 PSE를 뇌졸중 환자들에게 적용하기에 적절한 장점 중 하나라고 할 수 있다.

5.6 PSE와 CIT의 복합 적용

PSE는 CIT의 개념과 통합하여 더욱 복잡한 상지 기능에도 적용될 수 있다. 리듬 청각 신호는 어떤 것을 닦거나 휘젓는 것 같은 주기적인 동작을 쉽게 수행하도록 유도할 수 있다. 또한 여러 개로 분산되는 복합적인 동작을 하나의 주기적인 동작으로 통합할 수 있다. 예를 들어, 카드 게임이나 도미노와 같은 활동들은 분산된 움직임이지만 환자들에게 청각 신호와 함께 특정한 위치(목표-표적)로 일정하게 움직이도록 함으로써 주기적인 움직임으로 통합시킬 수 있다. 또 캔을 찬장으로 옮기는 동안에 리듬 청각 신호를 제공하는 예를 들 수 있다. 환자는 메트로놈 박에 따라 캔을 쥐고, 운반하고, 내려놓는 훈련을 진행할 수 있다. 이때 환자들의 기능 수준에 따라 각 움직임에 대한 속도가 달라질 수 있는데, 예를 들면 손에 쥐는 동작을 수행하기 위해서는 상대적으로 느린 주기가 필요할 것이다. 이 외에도 옷장에서 옷걸이를 꺼내어 옷을 거는 작업도 메트로놈 신호와 동조화되도록 하여 수행할 수 있다. 청각 신호를 사용한 이와 같은 훈련은, PSE의 장점 중 하나인 피드-포워드 원리와 CIT 훈련의 수행 연습 원리를 통합하여 적용한 형태로 설명될 수 있다.

뇌졸중 환자들의 상지 훈련을 위해 시행되는 PSE의 임상적 근거는 기초 및 중재 연구를 통해 점차 증가하는 추세에 있다. 지금까지 제시된 근거에 따르면, 뇌졸중 환자들이 주기적인 뻗기 동작을 위해 고유한 조절 전략을 사용한다는 것을 발견하였고, 이러한 움직임 전략들이 패턴화된 감각 신호에 의해 향상될 수 있다는 사실이 연구 결과(Thaut et al., 2002)를 통해 다시 확인되면서 이를 중재 기법으로 확장시키는 방법이 제안되었다(Malcolm et al., 2009). PSE는 임상 현장에서 쉽게 적용할 수 있고, 구조화된 재가 프로그램으로 사용하기에도 적절한 접근이 될 수 있다. 유일하게 요구되는 것은 메트로놈과 같이 청각적 리듬 신호를 재생할 수 있는 속도 조절 장치인데, 이처럼 PSE의 적용에는 비싸고 복잡한 장치가 필요 없다는 또 하나의 장점이 있다. 목표물(표적)이 반드시 있어야 하는 것은 아니지만, 필요한 경우에는 쉽게 구하고 적용할 수 있다. 예를 들면, 두 가지 목표물은 색종이나 플라스틱으로 쉽게 만들어 사용할 수 있으며, 표면에 고정하거나 움직이게 하는 것도 어렵지 않기 때문에, 훈련 과정에서의 조정이나 반복 또한 유연하다는 장점이 있다. PSE 훈련은 운동-청각 동조화를 통해 뇌졸중 환자들의 임상 및 재가 프로그램으로 사용될 수 있으며, 시간 및 공간적 실행 면에서 효율적이라는 장점이 있다.

참고문헌

Beckelhimer, S. C. et al. (2011). Computer-based rhythm and timing training in severe, stroke-induced arm hemiparesis. *American Journal of Occupational Therapy, 65,* 96-100.

Fasoli, S. E., Trombly, C. A., Tickle-Degnen, L., and Verfaellie, M. H. (2002). Effect of instructions on functional reach in persons with and without cerebrovascular accident. *American Journal of Occupational Therapy, 56,* 380-90.

Fugl-Meyer, A. R. et al. (1975). Post-stroke hemiplegic patient. 1. Method for evaluation of physical performance. *Scandinavian Journal of Rehabilitation Medicine, 7,* 13-31.

Levin, M. F., Kleim, J. A., and Wolf, S. L. (2009). What do motor "recovery" and "compensation" mean in patients following stroke? *Neurorehabilitation and Neural Repair, 23,* 313-19.

Malcolm, M. P., Massie, C., and Thaut, M. (2009). Rhythmic auditory-motor entrainment improves hemiparetic arm kinematics during reaching movements: a pilot study. *Topics in Stroke Rehabilitation, 16,* 69-79.

Massie, C., Malcolm, M. P., Greene, D., and Thaut, M. (2009). The effects of constraint-induced therapy on kinematic outcomes and compensatory movement patterns: an exploratory study. *Archives of Physical Medicine and Rehabilitation, 90,* 571-9.

Massie, C., Malcolm, M. P., Greene, D. P., and Browning, R. C. (2012). Kinematic motion analysis and muscle activation patterns of continuous reaching in survivors of stroke. *Journal of Motor Behavior, 44,* 213-22.

Michaelsen, S. M., Dnnenbaum, R., and Levin, M. F. (2006). Task-specific training with trunk restraint on arm recovery in stroke: randomized control trial. *Stroke, 37,* 186-92.

Page, S. J. et al. (2008). Modified constraint-induced therapy in chronic stroke: results of a single-blinded randomized controlled trial. *Physical Therapy, 88,* 333-40.

Richards, L. G. et al. (2008). Bilateral arm training with rhythmic auditory cueing in chronic stroke: not always efficacious. *Neurorehabilitation and Neural Repair, 22,* 180-84.

Senesac, C. R., Davis, S., and Richard, L. (2010). Generalization of a modified from of repetitive rhythmic bilateral training in stroke. *Human Movement Science, 29,* 137-48.

Taub, E. and Uswatte, G. (2003). Constraint-induced movement therapy: bridging from the primate laboratory to the stroke rehabilitation laboratory. *Journal of Rehabilitation Medicine, 35,* 34-40.

Thaut, M. H., McIntosh, G. C., and Rice, R. R. (1997). Rhythmic facilitation of gait training in hemiparetic stroke rehabilitation. *Journal of Neurological Sciences, 151,* 207-12.

Thaut, M. H. et al. (2002). Kinematic optimization of spatiotemporal patterns in paretic arm training with stroke patients. *Neuropsychologia, 40,* 1073-81.

Uswatte, G. et al. (2006a). Contribution of the shaping and restraint components of Constraint-Induced Movement therapy to treatment outcome. *Neurorehabilitation, 21,* 147-56.

Uswatte, G. et al. (2006b). The Motor Activity Log-28: assessing daily use of the hemiparetic arm after stroke. *Neurology, 67,* 1189-94.

Whitall, J., McCombe Waller, S., Silver, K. H., and Macko, R. F. (2000). Repetitive bilateral arm training with rhythmic auditory cueing improves motor function in chronic hemiparetic stroke. *Stroke, 31,* 2390-95.

Wolf, S. L., Lecraw, D. E., Barton, L. A., and Jann, B. B. (1989). Forced use of hemiplegic upper extremities to reserve the effect of learned nonuse among chronic stroke and head-injured patients. *Experimental Neurology, 104,* 125-32.

Wolf, S. L. et al. (2001). Assessing Wolf motor function test as outcome measure for research in patients after stroke. *Stroke, 32,* 1635-9.

Wolf, S. L. et al. (2006). Effect of constraint–induced movement therapy on upper extremity function 3 to 9 months after stroke: the EXCITE randomized clinical trial. *Journal of the American Medical Association, 296,* 2095-104.

Woodbury, M. L. et al. (2009). Effects of trunk restraint combined with intensive task practice on poststroke upper extremity reach and function: a pilot study. *Neurorehabilitation and Neural Repair, 23,* 78-91.

Wu, C. Y. et al. (2007a). A randomized controlled trial of modified constraint-induced movement therapy for elderly stroke survivors: changes in motor impairment, daily functioning, and quality of life. *Archives of Physical Medicine and Rehabilitation, 88,* 273-8.

Wu, C. Y. et al. (2007b). Effects of modified constraint-induced movement therapy on movement kinematics and daily function in patients with stroke: a kinematic study of motor control mechanisms. *Neurorehabilitation and Neural Repair, 21,* 460-66.

Chapter 06

평가 및 전환 설계 모델(TDM)

●

Michael H. Thaut

6.1 평가 원칙

평가는 근거 기반 치료(evidence-based therapy)의 가장 첫 단계로, 환자의 기능 수준과 치료 경과에 대한 추적을 통해 최선의 치료 결과를 기대할 수 있게 하는 전체적 틀과 기본 요소를 제시하기 위해 반드시 필요하다. 따라서 평가는 표준화된 절차에 따라 진행되어야 한다. 여기서 표준화된 절차란, 치료의 효과를 입증한 선행 연구의 결과를 바탕으로 한 근거 기반 임상의 과정을 뜻한다. 이러한 맥락에서 평가를 진단 평가(diagnostic assessment)와 임상 평가(clinical assessment)의 두 가지로 구분하는 것은 의미가 있다.

진단 평가는 의료 전문가나 질병의 원인을 연구하는 연구자들에 의해서 수행되며, 대부분 복잡한 의학적 절차와 테스트를 포함한다. 이와 구분되는 임상 평가에는 두 가지 기능이 있다. 하나는 세션 시작 전부터 종결까지의 치료 전 과정 동안 지속적인 평가를 통해 환자의 기능 상태를 추적하는 것이다. 이때의 평가는 환자들의 치료 효과를 명확하게 증명해 줄 수 있는 데이터 수집 중심의 객관적 절차에 따라 진행되어야 한다. 임상 평가의 두 번째 기능은 환자의 개별적 기능 수준에서 시행 가능한 평가의 데이터를 기반으로 하여 가장 적합한 치료가 무엇인지 제시할 수 있다는 것이다. 예를 들어, 몇몇 연구(Pilon et al., 1998; Thaut et al., 2001)는 리듬적 말하기 신호(rhythmic speech cueing: RSC)가 초기 및 중기의 말장애 환자들에 비해 60% 이하의 말명료도가 관찰되는 중도의 환자들에게 더욱 효과적이라고 보고하였다. 이러한 임상 근거 기반의 말명료도 평가는 RSC가 말장애(speech dysarthria) 환자들에게 효과적인 치료 기법으로 사용되는 데 도움이 되었다.

요약하자면, 임상 평가를 통해 ① 최적의 치료 접근을 선택하고, ② 치료 과정을 통한 환자의 기능 변화 관찰이 가능하다. 이 장에서는 대부분의 치료사가 임상 평가를 진행하고 있음을 고려하여 임상 평가를 위한 원칙과 자료에 대해 집중적으로 소개하고자 한다.

임상 현장에 평가 결과를 적용할 때는 두 가지 기준이 충족되어야 한다. 첫째, 치료 중재(즉, 임상 기법)는 반드시 일관된 치료 프로토콜에 따라 표준화되어야 한다. 둘째, 반드시 임상 적용 효과에 대한 연구 데이터를 근거로 해야 한다. NMT는 연구 데이터를 기반으로 제시된 원리를 임상에 적용하고 평가가 반드시 요구되므로, 이 두 가지 조건을 모두 충족한다.

효과적인 평가는 회복 시기에 새로운 것을 학습하거나 이전에 수행했던 기능을 재훈련하기 위해 환자들의 상태나 과정에 대한 의미 있는 정보를 제공할 수 있어야 한다. 따라서 임상에서는 타당도와 신뢰도가 검증된 표준화된 평가 도구를 사용해야 한다. 이는 단지 환자가 치료적 훈련을 얼마나 성공적으로 수행했는지 평가하기 위한 것이 아니라, 환자의 진단명과 관련된 일반적인 기능 수준에 대한 정보를 얻기 위한 것이다. 다시 말해, 평가는 환자의 상태에 대한 기준(benchmark)을 제공해야 한다. 이러한 이유로 대부분의 NMT 훈련의 평가는 치료적 음악 훈련과는 별개로 이루어진다. RAS를 위한 평가는 임상 실험 프로토콜에 포함되어 있어 중재 중에 기능적 데이터를 얻을 수 있지만, RAS를 위한 평가는 다른 스무 가지의 NMT 기법과는 차이가 있다. 다른 훈련법들은 환자들의 수행 기능에 대한 표준화된 평가를 위해 별도의 절차가 필수적으로 요구된다. 물론 RAS에서도 치료 프로토콜에 포함되지 않은 개별적 평가를 진행할 수도 있다. 예를 들면, 환자의 기능적 움직임에 대한 보다 종합적인 계획을 위해 일반적인 하지 기능 및 보행 적응 능력을 추가적으로 평가할 수 있다.

다행히도, 지난 20년 동안 타당도와 신뢰도가 검증된 임상 평가 도구들이 개발되어 현장 적용이 비교적 용이하게 진행되었다. 음악치료사들은 임상 현장에서 환자를 평가하는 많은 도구가 환자의 기능 상태를 일반화할 수 있는 비음악적 평가 방법이라는 점을 명심해야 한다. 음악에 기반한 신경학 평가로는 시쇼어 음악능력 검사(Seashore Tests of Musical Ability)가 있다. 이 검사는 비언어적 청지각, 청각 정확도, 시간적 (리듬) 패턴 구별 및 청각적 주의력을 평가하는 음악 능력 검사로(Reitan & Wolfson, 2004), 측두엽 손상 환자의 좌우 반구 손상 부위를 구분하지 않고(Boone & Rausch, 1989), 신경심리 검사(Halstead-Reitan Neuropsychological Battery)에서 사용되기도 한다.

대부분의 평가 도구는 특정 전문가에 의해서만 진행되는 것이 아니라 적절한 교육 및 검사 훈련을 받은 임상 전문가에 의해서도 시행된다. 미국의 경우 검사나 평가는 음악치료자격위원회(Certification Board of Music Therapy: CBMT)의 공식적 실무 기준과 미국음악치료협회(American Music Therapy Association: AMTA)의 실무 기준에 포함된다. 음악치료사는 적절한 지식과 함께 운동, 말하기/언어 및 인지 재활과 같은 각 분야에 대한 임상 평가나 환자의 평가에 있어 다른 분야와 협업할 수 있어야 한다. 따라서 학술 교육 및 전문가 교육을 통해 임상 평가 도구에 대한 지식을 습득하는 것은 NMT 교육의 필수 과정이다. 환자들의 음악 선호도, 친밀도 또는 음악 배경 및 수행도에 대한 평가는 효과적인 치료와 적절한 음악적 자극 선택을 위해 매우 중요하지만, 이러한 평가들은 치료 경과를 관찰하거나 최적의 치료를 선택하는 것을 위한 자료를 제공하지는 않는다.

6.2 전환 설계 모델(TDM)에서의 평가

NMT에서 평가 과정은 전환 설계 모델(transformational design model: TDM)의 두 단계에서 중요한 역할을 한다. TDM은 임상가들이 합리적 과학적 중재 모델(rational scientific modiating model: RSMM)에서 조사한 연구들을 기능적 음악치료에 적용하기 위해 개발되었고(Thaut, 2005), RSMM은 신경학 및 행동과학의 음악 기초 연구를 임상 음악 연구로 전환하는 방법에 대한 모델을 제공한다. TDM은 RSMM을 기반으로 한 기본 메커니즘을 통해 음악치료사들이 기능적 음악치료의 응용 프로그램을 고안하는 데 도움을 줄 수 있다. 이 과정은 ① 치료 목표를 일반 음악 활동에 적용하는 활동 기반 접근과 ② 광범위하고 일반적인 기능적 치료 결과의 연관성이 부족한 치료 목표를 다루는 음악 기법 사용에 의해 발생할 수 있는 두 가지의 잠재적 한계성을 방지할 수 있도록 돕는다. 초기 TDM의 다섯 단계(Thaut, 2005)는 다음의 여섯 단계로 확장되었다.

① 환자의 진단 및 기능/임상 평가
② 치료적 목표/목적 개발
③ 기능적 · 비음악적 치료 훈련 구조 및 자극 설계
④ 3단계를 기능적 치료 음악 훈련으로 전환
⑤ 결과 재평가
⑥ 치료를 통해 습득한 기능을 일상적 활동을 위한 기능적 적용으로 전환

TDM에서 4단계를 제외한 모든 단계는 모든 치료 분야에서 일반적으로 사용되고 있는 기본적인 단계이다. 1단계에서는 환자의 진단 및 병리학적 평가를 이해하여 최적의 치료적 접근을 선택하고 환자의 치료 과정을 관찰하기 위한 임상 평가를 적용한다. 2단계는 측정 가능한 치료 목표와 목적을 개발하는 과정으로 구성된다. 3단계에서는 목표 및 목적을 달성하기 위한 치료적 운동, 구조와 과제를 고안한다.

3단계까지는 음악적인 부분이 반영되지 않은 상태로 환자의 기능적 행동에 초점을 둔 과정이다. 이러한 계획은 재활 훈련 분야 전반에 걸쳐 활용되는 치료 과정과 유사하며, 훈련 중심(discipline-centered) 접근보다는 환자 중심(patient-centered) 접근에 가깝다. 환자 중심 접근법은 하나의 치료적 목표를 위해 다양한 분야에서 여러 각도로 접근하는 학제 간 협력을 통해 이루어진다. 훈련 중심 치료는 치료에 대한 협력적인 논의 없이 환자들이 일상 스케줄에 따라 한 종류의 치료 세션에서 다른 세션으로 이동하며 여러 가지 재활 방법으로 치료를 받는 것이다.

신경학적 음악치료사들에게는 4단계가 매우 중요한데, 이 단계에서는 비음악적 요소와 자극으로 구성된 기능 훈련을 신경학적 음악치료사의 전문성을 사용하여 이와 '동등한 구조'의 음악 요소와 자극으로 구성된 치료적 음악 훈련으로 전환한다. 예를 들어, 사회적 상호작용 훈련은 계획되고 의도된 의사소통 상황을 그룹 즉흥 연주 구조의 음악적 역할극으로 전환할 수 있으며, 감정적 소통 훈련은 감정을 표현하기 위한 음악적, 비언어적, 그룹 다이내믹 즉흥 연주 활동을 통해 훈련할 수 있다. 또한 심리치료 및 상담 중 긍정적 인지 연결망의 접근은 음악 감상을 통한 기분 변화를 통해 유도할

수 있다.

말장애 재활에서 말속도는 음악 자극의 리드미컬한 신호를 통해 조절될 수 있다. 소그룹 즉흥 연주를 통한 분할 주의(divided attention) 훈련을 위해서는 2개의 다른 악기가 두 가지의 다른 '행동적' 신호를 동시에 제공함으로써 분할된 주의력을 훈련시킨다[예: 실로폰 신호를 통해 연주를 시작하거나 멈추게 한다. 또는 높거나 낮은 드럼 신호를 통해 높고 낮은 음역대(레지스터)를 제공한다].

기억 훈련은 음악 기반 연상 기호(mnemonic) 장치(노래, 챈트, 라임)로 진행될 수 있다. 동작의 범위나 신체 협응을 향상시키기 위한 훈련은 치료적 악기 연주 훈련 형태로 전환될 수 있다. 기능적인 뻗기 및 잡기 훈련들은 리드미컬하게 구성된 박자 길이 또는 강조되는 리듬 신호에 의해 진행될 수 있다. 보행 훈련 운동은 리듬 동조 및 청각-척수(audio spinal) 자극에 의해 이루어지는데, 여기서 중요한 점은 목표나 목적이 음악의 적용으로 전환되는 것이 아니라 비음악적 자극의 구조, 과정 및 요소로 전환된다는 것이다. 전환 및 변형 과정은 다음의 세 가지 원칙에 따라 결정된다.

- **과학적 타당성**: 전환 과정은 RSMM 과정에서 수집된 과학적 정보와 일치해야 한다. 예를 들어, 음악적 및 비음악적 기억 형성과 관련된 연구 모델은 음악을 인지 재훈련용 연상 기호 장치로 사용함으로써 타당한 중재 기법의 개발로 연결될 수 있다. 만약 음악적 기억이나 이에 상응하는 비음악적 기억 과정에 관련된 기초 및 임상 연구 결과를 고려하지 않고 기억 훈련을 위해서만 음악이 사용된다면 기법의 효율성이 저하될 가능성이 크다.
- **음악적 논리**: 치료에서 사용되는 음악은 적절한 음악 형식을 갖춘 기본적인 단계부터 아름답고 예술적인 심미적 단계까지 모두 구성되어야 한다. 다시 말해, 음악적 경험에 표현적 또는 수용적인 음악 기법이 적용되는 모든 경우(예: 음악 듣기, 즉흥 연주, 리허설, 음악 동작)에 음악적인 완성도 역시 고려되어야 한다는 것이다. 치료 과정에서의 구조화된 음악이 미치는 영향과 지각, 학습 등의 향상을 위한 훈련은 복잡성 정도와 관계없이 최적의 음악 패턴 안에서만 나타날 수 있다. 물론 즉흥 연주와 같은 특정 음악 기술 자체로서는 음악치료의 이론적 모델 구성에 한계가 있다는 것을 염두에 두어야 한다.
- **구조적 동등성**: 치료적 음악 훈련은 치료적 구조와 기능 면에서 비음악적 기능 설

계와 동등하게 이루어져야 한다. 예를 들어, 심리치료의 그룹 다이내믹 구조는 치료적 과정을 강화하고 유도하기 위해 음악적 경험 구조 안에서 실현되어야 한다 (예: 악기 연주를 통해 팔 관절의 가동 범위를 향상시키려면, 반드시 비음악적 치료 목표인 기능적 동작을 포함해야 한다). 따라서 음악치료사는 비음악적 행동과 자극을 음악적 논리 및 창의성, 전환적('비음악적에서 음악적') 사고와 추론을 통해 음악 활동으로 전환할 수 있어야 하며, 이러한 과정은 비음악적 행동의 변화를 위해 음악 행동을 동등한 수준의 치료적 접근으로 구성하기 위한 필수적인 요소가 된다.

5단계에서 음악치료사는 환자의 치료 효과를 비교하고 입증하기 위해 1단계에서 사용했던 평가 도구로 재평가를 시행한다. 5단계에서의 평가는 각 세션 후에 이루어질 수도 있고, 치료 과정 중에 간헐적으로 이루어지거나, 치료가 모두 끝난 후 진행될 수도 있다. 평가 스케줄은 임상 세팅이나 환자들의 필요 및 평가 도구의 특성에 의해 조정될 수 있다. 몇몇 평가는 한 번의 세션 또는 짧은 기간의 치료에서도 나타나는 작은 변화를 감지할 수 있을 만큼 정교한 반면, 어떤 평가들은 큰 변화만 감지할 수 있거나, 환자에게 '연습 효과(test learning effect)'를 유도하여 평가 결과를 오염시킬 수도 있다.

6단계에서는 치료적 훈련 활동을 일상 활동으로 전이하는 훈련을 연습한다. 이때 가장 중요하게 고려해야 할 사항 중 하나는 환자들이 계속해서 기능적 움직임을 사용할 수 있도록 준비하게 하는 것이다. 치료적 훈련의 주요 원리는 뇌신경 가소성(neuroplasticity)을 기반으로 기능을 회복하거나 새로운 전략을 습득하도록 하는 것이다. 즉, 새로운 신경 연결망이 형성되도록 재정비 또는 '재연결'시키는 것이다. 뇌 가소성은 경험적 원리를 기반으로 하여 '사용하지 않으면 잃게 되는' 특성이 있으므로 환자들의 효과적인 전환을 위해 전자 오디오 장치, 학습 도구, 음악 악기 등을 준비하는 것도 하나의 방법이 될 수 있다.

NMT에서 TDM은 치료사가 평가, 목표 및 학습, 훈련 경험을 포함하는 기능적 추론 과정을 바탕으로 목표 중심의 치료적 음악을 구성할 수 있게 도와주는 실용적인 지침이 된다. TDM은 RSMM을 현실적으로 확장하거나 임상 분야를 보완할 수 있다. 치료적 경험이 치료적 음악 경험으로 동등하게 전이되는 것은 RSMM의 네 번째 단계의 과학적 근거로서 제시될 수 있다. 예를 들어, 치료적 음악 훈련의 음악적 전환 원리는 적절하지만(예: 잘 짜인 구조, 음악적 창의성 및 글자 읽기를 돕기 위해 음악 표기법의 읽기 및 재생을 이용하여 훈련에 동기 부여하기), 음악의 치료적 논거가 명확하지 않다면 과학적 논리를 충족시킬 수 없다(음악적 기호 읽기가 글자 읽기 향상으로 전환되지 않았을 때). 이와 같이 RSMM은 TDM 구조를 바탕으로 NMT 기법의 타당성을 입증하는 데 도움이 되고, RSMM 단계에 관련된 연구 결과에 근거한 TDM의 적용은 치료 변수를 최적화할 수 있다. RSMM의 사용은 또한 치료사의 전문성을 보완할 수 있으며, NMT 분야의 새로운 연구들을 통해 지속적이고 역동적인 발전을 촉진할 수 있다. 이러한 변화를 통해 임상가는 데이터를 기반으로 하는 치료사들의 세 가지 기본 원칙(회의론, 결정론 및 경험주의)을 따를 수 있다. RSMM과 관련된 과학적 근거들은 네 번째 단계(기능적 치료를 기능적 음악치료로 전환하는 것)가 '모범 사례(best-practice)' 중재를 제공하기 위한 최적화된 과정인지를 파악할 수 있게 해 준다.

6.3 평가 도구[1]

다음은 각 치료 영역에서 사용하고 있는 일반적인 임상 평가 도구로, 상업적인 도구를 제외한 일부 예시를 제시한다. 많은 평가 도구가 매우 빠른 속도로 개발되고 있기 때문에, 지속적인 정보 탐색과 전문적인 네트워킹을 통한 정보의 업데이트가 필요하다. 다음 평가 도구들은 일부 예시에 불과하며, 데이터베이스나 인터넷을 통해 찾을 수 있다. 몇몇 도구는 논문에서 찾아볼 수 있으며, 공급 업체로부터 구입해야 하는 경우도 있다. 평가 척도를 포함한 지침서를 이용할 수도 있다.

6.3.1 삶의 질 척도

McDowell과 Newell의 연구(1996) 참조

---

1) 역자 주: 각 척도의 부연 설명은 (괄호) 용도, 적합한 대상군, 약어, 목표 등을 포함한다.

6.3.2 신경학적 평가 척도

Herndon (2006) 참조

6.3.3 일반적인 평가 척도

• Ashworth Scale and Modified Ashworth Scale for spasticity(운동)

• Walking While Talking(이중 과제, 주의력/운동)

• Timed Up and Go(운동)

• Mini Mental State Examination(인지)

• Barthel Index of Activities of Daily Living(일상생활 활동)

• Rivermead Activities of Daily Living(ADL) Scales(일상생활 활동)

• Functional Activity Scale(FAS, 일상생활 활동)

• Functional Independence Measure(FIM, 운동/인지)

• Clock Drawing Test(인지)

6.3.4 소아 발달 척도

• Peabody Picture Vocabulary Test

• Pediatric Evaluation of Disability Inventory(PEDI)

• Bruininks-Oseretsky Test of Motor Proficiency

• Wide Range Assessment of Memory and Learning

• Gross Motor Function Measure(뇌성마비)

• Purdue Perceptual-Motor Survey

• Psychoeducational Profile(PEP, 자폐 및 의사소통 장애)

6.3.5 운동 기능 척도(상세 내용은 https://strokengine.ca/en/ 참조)

• Fugl-Meyer Assessment of Motor Recovery after Stroke

- Wolf Motor Function Test(WMFT)

- Action Research Arm Test(ARAT)

- Rivermead Motor Assessment(RMA)

- Rivermead Mobility Index(RMI)

- Berg Balance Scale(BBS)

- Nine Hole Peg Test(파킨슨병 및 다발성 경화증)

- Box and Block Test(BBT)

- 10-Meter Walk Test

- Motor Activity Log(MAL)

- Jebson-Taylor Hand Function Test

6.3.6 인지 기능 척도

- Rey Auditory Verbal Learning Test(기분 및 기억 훈련)

- Trail Making Test(TMT) Parts A and B(집행 기능 훈련)

- Digit Span Test(순행 및 역행, 기분 및 기억 훈련)

- Seashore Rhythm Test(음악적 주의 조절 훈련 및 적성 검사)

- Paced Auditory Serial Addition Test(PASAT, 음악적 주의 조절 훈련)

- Albert's Line Crossing Test(시각 무시 훈련)

- Star Cancelation Test(시각 무시 훈련)

- Line Bisection Test(시각 무시 훈련)

- Montreal Cognitive Assessment(MoCA, 음악적 주의 조절 훈련, 기분 연상 및 기억 훈련, 집행 기능 훈련)

- Geriatric Depression Scale(GDS, 사회심리적 훈련과 상담)

- Recognition Memory Test(기분 및 기억 훈련)

- Multiple Affect Adjective Check List(MAACL, 사회심리적 훈련과 상담)

- State-Trait Anxiety Inventory(STAI, 사회심리적 훈련과 상담)

6.3.7 말하기/언어 기능 척도

- Stuttering Severity Instrument(리듬적 말하기 신호, rhythmic speech cueing: RSC)
- Test of Childhood Stuttering(리듬적 말하기 신호, RSC)
- Peabody Picture Vocabulary Test(음악을 통한 발달적 말하기와 언어 훈련, developmental speech and language training through music: DSLM)
- Correct Information Unit(CIU) analysis(멜로디 억양 치료, melodic intonation therapy: MIT; 음악적 말하기 자극, musical speech stimulation: MUSTIM)
- Boston Diagnostic Aphasia Examination

6.3.8 평가 도구를 위한 웹사이트

- StrokeEngine-Assess. http://strokengine.ca/assess
- The Internet Stroke Center. www.strokecenter.org/professionals/stroke-assessment-scales
- Iowa Geriatric Education Center(노인 평가 도구). www.healthcare.uiowa.edu/igec/tools
- Society of Hospital Medicine(삶의 질 향상 및 보건 관련 계획, 임상 도구, 노인 돌봄). www.hospitalmedicine.org

참고문헌

Boone, K. B. and Rausch, R. (1989). Seashore Rhythm Test performance in patients with unilateral temporal lobe damage. *Journal of Clinical Psychology, 45*, 614-18.

Herndon, R. M. (ed.) (2006). *Handbook of Neurologic Rating Scales*. New York: Demos Medical Publishing.

McDowell, I. and Newell, C. (eds) (1996). *Measuring Health*. New York: Oxford University Press.

Pilon, M. A., McIntosh, K. H., and Thaut, M. H. (1998). Auditory versus visual speech timing cues as external rate control to enhance verbal intelligibility in mixed spastic-ataxic dysarthric speakers: a pilot study. *Brain Injury, 12,* 793–803.

Reitan, R. M. and Wolfson, D. (2004). Theoretical, methodological, and validational bases for the Halstead–Reitan Neuropsychological Test Battery. In: G. Goldstein, and S. Beers (eds) *Comprehensive Handbook of Psychological Assessment. Volume 1. Intellectual and Neuropsychological Assessment.* Hoboken, NJ: John Wiley & Sons. pp. 105-8.

Thaut, M. H. (2005). *Rhythm, Music, and the Brain: scientific foundations and clinical applications.* New York: Routledge.

Thaut, M. H., McIntosh, G. C., McIntosh, K. H., and Hoemberg, V. (2001). Auditory rhythmicity enhances movement and speech motor control in patients with Parkinson's disease. *Functional Neurology, 16,* 163-72.

Miek de Dreu, Gert Kwakkel, and Erwin van Wegen

Chapter 07

파킨슨병 환자를 위한 보행 재활에서의 리듬 청각 자극(RAS): 연구 관점

●

7.1 서론

파킨슨병 환자에게 메트로놈 또는 음악을 통해 리듬 청각 자극(rhythmic auditory stimulation: RAS)을 제공하여 기대할 수 있는 효과는 무엇인가? 파킨슨병 환자들은 균형 감각의 저하로 인해 넘어지기 쉽고, 셔플 보행, 가속 보행 또는 보행 동결과 같은 증상을 나타낸다. 보행은 일상생활에 필요한 기본적인 동작이므로, 이러한 증상은 환자의 삶의 질에 직접적인 영향을 미친다.

파킨슨병 환자의 보행 기능 향상을 위해 RAS를 적용하면, 메트로놈으로 간단한 형태의 리듬 자극을 제공할 수 있고, 리듬 외 추가적인 음악 요소를 통해 훈련에 대한 동기를 부여할 수 있다. 보행 기능 향상에 대한 RAS의 즉시 효과를 다룬 연구들을 보면, 메트로놈 박을 사용한 RAS를 주제로 한 무선 통제 연구(randomized control trials: RCTs)들의 메타분석은 보행 속도와 활보장(stride length)에 대한 효과성을 지지하였고, 전신 운동과 춤 등의 다른 개입이 포함된 연구를 포함한 다른 메타분석에서는 균형, 보폭, 6분 도보 테스트(6MWT), 이중 작업 보행 속도, 일어서서 걷기 검사(Timed up and To: TUG) 및 통합형 파킨슨병 평가 척도(Unified Parkinson's Disease Rating Scale-II: UPDRS-II)[1] 평가에서 유의한 향상을 보였다. 이와 같은 근거들을 바탕으로 RAS의 적용 범위를 확장하고

RAS의 근본 메커니즘을 보다 명확하게 규명하는 후속 연구가 진행될 필요가 있다.

7.2 배경

감각 신호를 통해 파킨슨병 환자의 보행을 촉진하는 방법은 1942년에 최초로 보고되었다(Von Wilzenben, 1942). 외부로부터 제공되는 시각 자극의 효과에 대한 연구(Martin, 1963)가 먼저 발표된 이후, 춤을 출 때는 평상시 관찰되던 '동결 보행' 증상이 나타나지 않는다는 사실이 Trombly의 연구를 통해 발표되면서, 환자가 외부에서 제공되는 청각 자극을 듣는 동안에는 동결 보행 증상이 나타나지 않을 수 있다는 가능성이 제시되었다(Ball, 1967). 이에 따라 메트로놈 또는 음악의 형태로 제공되는 청각적 신호를 다른 물리치료 기법과 결합하여 기능적 재활 프로그램을 구성하고, 이 프로그램의 시행 및 결과에 대해 1년간 추적하는 연구가 진행되었다(Gauthier et al., 1987). 이후 보다 명확한 근거의 입증을 위해 파킨슨병 환자의 보행 훈련에 청각적 리듬 신호를 적용한 연구가 진행되었는데(Miller et al., 1996; Thaut et al., 1996), 이 연구에서는 재가(home-based) 리듬 훈련 프로그램을 구성하여 3일간 자립적 보행 훈련을 시행한 그룹과 훈련을 받지 않은 그룹의 사전·사후 평가를 통해 각 그룹의 보행 기능을 비교하였다. Thaut 박사와 그의 동료들(1996)에 의해 시행된 이 연구를 통해 리듬 청각 자극(RAS)의 개념이 소개된 이후 1990년대와 2000년대 초반까지 청각 신호에 대한 과학적 연구와 평가가 지속되었으나(예: Cubo et al., 2004; Ebersbach et al., 1999; Enzensberger et al., 1997; Freedland et al., 2002; Howe et al., 2003; McIntosh et al., 1997), 대부분의 연구는 연구 방법상의 제한이 많았다(Lim et al., 2005). 초기에는 연구의 결과를 통해 제시된 근거를 바탕으로 RAS가 파킨슨병 환자의 보행 기능 향상을 위한 물리치료 중재 접근법의 하나로 권장되었으나(Keus et al., 2007), 리듬 신호가 소거되거나 일상생활로 전이되었을 때의 효과가 일반화되지는 않았다.

---

1) 역자 주: UPDRS(Unified Parkinson's Disease Rating Scale)는 파킨슨병 증상에 대한 평가 척도로, UPDRS-II는 일상생활 수행 기능을, UPDRS-III는 운동 기능을 평가하는 척도로 구성되었다.

7.3 RAS의 정의

RAS는 움직임에 대한 시간적 정보를 제공함으로써 보행 관련 행동의 시작 및 진행 과정에 리드미컬한(시간적인) 청각 자극을 제공하는 방법으로 정의된다(Thaut et al., 1996; Keus et al., 2007; Lim et al., 2005). 임상적 관점에서는 파킨슨병 환자들의 보행 기능 개선을 위해 비교적 간단하게 적용될 수 있는 기법이다.

RAS는 주로 메트로놈으로 제공되거나(Lim et al., 2005), 보다 복잡한 구조의 음악(de Bruin et al., 2010), 또는 두 가지 형태가 합쳐진 리드믹 비트(즉, 점점 빨라지는 비트의 음악; Thaut et al., 1996, 1997)로 구성되어 환자들의 움직임이나 걸음이 동조화되도록 제공된다. 임상 현장에서 관찰되는 RAS의 효과에도 불구하고, 일정박 자극이 보행 기능 재활에 대해 미치는 영향에 대한 양적 연구는 아직 부족한 상황이다. RAS는 다양한 외부 리듬 신호 종류 중 하나로, 다른 신호로는 체성 감각(손목의 맥박 진동) 또는 시각(특수 설계 안경의 빛 플래시) 등이 있다. 리듬 신호의 감각 양식에 대한 선호도에 대한 연구에서 파킨슨병 환자를 비롯한 대다수의 참여자(103명)는 RAS를 선호하였고, 51명의 참여자는 체성 감각 신호를 선호하였다. 섬광 형태의 시각적 신호는 실험실 환경에서의 수행도 측면에서는 효과적인 것으로 나타났지만(Nieuwboer et al., 2007; van Wegen et al., 2006b), 시각적 신호를 선호하는 참여자는 아무도 없었다. 청각장애인들에게는 청각 신호보다는 체성 감각 신호가 효과적일 수 있으나, 효율성, 용이성 및 환자의 인지적 부하(load) 등을 고려하면 RAS가 여러 감각 양식 중에서도 많은 장점을 갖는 기법이라 할 수 있다(van Wegen et al., 2006a).

RAS는 보행분속수(cadence)에 직접적인 영향을 주지만 보행 속도나 보폭과는 상대적으로 적게 관련될 수도 있다(Lim et al., 2005). 하지만 다른 연구 결과에 따르면, "큰 보폭으로 걸으세요."와 같은 구어적인 신호가 보폭에 영향을 미치는 것으로 나타났으며(Baker et al., 2007), 가로로 그려진 줄이 보폭 길이에 영향을 주기도 한다(Martin, 1963; Morris et al., 1996). 이와 같이 RAS는 거의 모든 환경에서 사용될 수 있지만, 시각적 신호의 사용은 제한된 환경에서 적용된다.

7.4 RAS 이해하기

파킨슨병 환자를 위한 RAS의 근본적인 메커니즘이 완전히 규명되지는 않았으나, 외부로부터 제공되는 리듬 청각 자극이 대뇌 연결망을 통해 뇌의 보상 연결망이 작용하여(Thaut, 2005) 기저핵 손상으로 인해 저하된 기능을 지원하는 타임키퍼(timekeeper)의 역할을 할 수 있다고 제안되었다(McIntosh et al., 1997; Rubinstein et al., 2002). 이는 파킨슨 환자들의 주요한 특징 중 하나가 운동의 타이밍 및 운동 범위의 손상이라는 점에서 매우 중요한 발견이라 할 수 있는데(McIntosh et al., 1997; Morris et al., 1994), 운동 중 RAS 또는 다른 형태의 외부 신호가 제공되었을 때 대체 가능한 뇌 경로가 활성화된다는 사실은 뇌 영상 연구를 통해서도 확인되었다. 예를 들어, Debaere와 그의 동료들(2003)은 눈을 감았을 때[내부에서 생성되는 협응력(coordination)]와 컴퓨터 스크린에 나타나는 시각적 자극(외부에서 생성되는 협응력)을 주시했을 때의 주기적 손 움직임 동작을 비교하였다. 내부에서 생성된 움직임이 형성되는 동안에는 기저핵(basal ganglia), 보조 운동 영역(supplementary motor area) 및 대상 운동 피질(cingulate motor cortex)의 관여도가 높은 것으로 나타났고, 외부에서 생성된 자극을 통한 운동 시에는 상두정엽 피질(superior parietal cortex)과 전운동 피질(premotor cortex)에서 높은 활동 수준을 보였다. Cunnington과 그의 동료들(2002)에 따르면, 기저핵은 내적으로 조정된 속도의 손가락 움직임(자신의 페이스)에서만 활성화되는 반면, 외적으로 조절된 손가락 움직임(외부 신호 자극)에는 활성화되지 않았으며, 내적 및 외적으로 조절된 속도의 하지 운동(걷기 시뮬레이션) 연구에서도 비슷한 결과가 나타났다(Toyomura et al., 2012). 외부 청각 자극 조건에서 내부 조절 작업을 수행할 때, 파킨슨병 환자군과 같은 연령대의 대조군 간에 대뇌 혈류량 반응에서 큰 차이가 없는 것으로 나타났다(Jahanshahi et al., 1995).

3주간의 RAS 훈련 후 중재 효과가 유지되는 것(McIntosh et al., 1998; Rochester et al., 2010a)은 내부 시간 유지 및 리듬 형성 과정(동조화 메커니즘으로 알려져 있음)과 관련된 뇌 가소성(brain plasticity)으로 인한 학습 효과라 할 수 있다(Thaut, 2005). 따라서 RAS는 보상적 기법뿐 아니라 외부에서 신호가 제공되지 않는 일상생활 환경에서 요구되는 수행 기능 향상 훈련을 위해 사용하기에도 적합한 기법이 될 수 있다고 제안되었다(Lim et al., 2010; Nieuwboer et al., 2007).

7.5 보행 및 보행 관련 활동에서 적용되는 RAS의 효과

7.5.1 횡단 연구 개요

파킨슨병 환자들은 구부정한 자세와 좁은 보폭, 발을 끌면서 걷거나, 몸통 회전 정도 감소로 인해 팔을 계속해서 흔드는 듯한 증상을 특징적으로 보이는 경우가 많다. 또한 운동 완서(bradykinesia), 가속 보행, 보행 동결(freezing of gait: FOG) 및 자세 불안정 등 의 일시적인 현상을 경험하기도 한다(Morris, 2006; Nieuwboer et al., 2008). 이 중 보행 동결은 주로 작은 통로를 걷거나 방향을 바꿀 때 발이 땅에 붙는 것 같은 느낌이 들면서 보행을 개시하거나 지속하기 어렵게 만드는 현상으로(Nieuwboer & Giladi, 2008), 비예 측적·반복적으로 발생하여 보행 기능 저하의 원인이 된다(Giladi & Nieuwboer, 2008).

RAS와 시각적 신호는 파킨슨병 환자들의 보행 기능 향상을 위한 강력한 도구로서 제 안되어 왔다(Lim et al., 2005; Rubinestein et al., 2002). RAS의 즉각적 효과와 보행 관련 과 제는 기초 실험 연구에서 횡단 연구(cross-sectional study)에 이르기까지 광범위하게 진 행되어 왔다(Lim et al., 2005). 〈표 7-1〉에서는 가장 최근의 체계적 문헌 고찰(systematic review; Lim et al., 2005) 이후 보고된 횡단 연구의 개요를 제시하였다. 대부분의 연구에 서 보행 주기(step frequency)는 신호가 없는 조건에서 각 개인의 편한 속도를 측정하였 고, 개인차를 설명하기 위해 메트로놈의 기초선(baseline)을 사용하였다(Arias & Cudeiro, 2010; Baker et al., 2007; Hausdorff et al., 2007; Lee et al., 2012; Lohnes & Earhart, 2011; Nieuwboer et al., 2009; Rochester et al., 2009; Willems et al., 2006, 2007). 메트로놈으로 제 공된 속도 조건들은 기초선을 기준으로 하여 백분율로 계산되었다(Howe et al., 2003; Lohnes & Earhart, 2011; Willems et al., 2006). 보행분속수는 일반적으로 메트로놈 속도에 따라 달리 지므로(Howe et al., 2003; Lohnes & Earhart, 2011; Willems et al., 2006), 파킨슨 병 환자에게서 나타나는 일반적인 현상인 셔플 보행(발을 들지 못하고 느리게 걷는 증상) 은 보행 주기와 관련하여 RAS의 영향을 받을 수 있다. 그러나 이러한 발견이 RAS 자극 과 보행의 속도가 정확하게 일치한다는 것을 의미하지는 않는다(Freeman et al., 1993). 연구 결과에 따르면, 보행 속도는 일반적으로 높은 자극 속도에서 더욱 증가하며(Howe et al., 2003; Willems et al., 2007), 보폭, 보행 수, 보행 시 팔의 움직임 등 보행 계수로 표시

표 7-1 횡단 조사 연구의 개요

참고문헌	비교 사항	대상자(n)	나이 M±SD	H&Y 단계 M±SD	On/Off	결과	결론
앞으로 걷기							
Hausdorff et al. (2007)	RAS 신호에 맞춰 걷기 (100% PC) vs 신호 없이 편한 속도로 걷기	PD=29	PD=67.2±9.1	PD=2.4±0.4	n.r.	GS↑(+) SL↑(+) StrT SwiT↑(+) CV StrT CV SwiT	110%의 RAS 자극은 보행 변이성을 감소시켰고, 이러한 효과는 신호가 없는 조건에서 2시간 15분 동안 지속되었다.
	RAS 신호에 맞춰 걷기 (110% PC) vs 신호 없이 걷기	PD=29	PD=67.2±9.1	PD=2.4±0.4	n.r.	GS↑(+) SL↑(+) StrT↓(+) SwiT↑ CV SwiT↓(+) CV SwiT↓(+)	
Arias et al. (2008)	RAS, 시각(안경을 통한 빛 자극), 그리고 복합적 신호 비교 (PW in SPD)	SPD=9	SPD=71.33±3.20	SPD=3.11±0.33	On	GS StepL(A↑)(C↑)(+) Ca(A↓)(V↓)(C↓) CV StrT(A↓)(C↓)(+) CV(StepL)	파킨슨병 환자의 보행 기능 개선에는 시각 신호보다 청각 신호가 더 효과적인 것으로 보인다.
	70~110% 범위의 RAS 주기(FT 스텝 주기)	SPD=9	SPD=71.33±3.20	SPD=3.11±0.33	On	GS(90~110↑)(+) StepL(80~110↓)(+) Ca (70-90↓, 100~110↑)(−) CV StrT(90 and 100↑)(−) CV(StepL)	높은 주기(90~110% FW)가 SPD 환자들에게 가장 많은 영향이 있는 것으로 나타났다.
동결							
Willems et al. (2006)	편한 속도의 −20%, −10%, 기준선, 10%, 20% 신호 주기	PD+F=10, PD−F=10	PD+F=68.4±6.9	PD+F=2.8±0.6	On	GS(↑−10)(↑B)(↑20)(+) SL(↑+10)(+) Ca(↑all)DST	PD+F를 위한 추천 RAS 주기는 90%, PD−F를 위한 추천 주기는 100% 또는 110%
	−20%, −10%, 기준선, 10%, 20% 신호 주기 vs 낮은 주기	PD−F=10	PD−F=60.6±6.2	PD−F=2.7±0.6	On	GS(↑−10)(B↑)(+10↑)(+) SL(−10↑)(B↑)(+) Ca(all↑) DST(−10↓)(+)	

앞으로 걷기

연구	설계/비교	N	나이	유병기간	투약상태	결과	결론
Arias et al. (2010)	기준선과 RAS 신호에 맞춰 걷기 비교 (PD+F)	PD+F=9	PD+F=68.2±8.03	PD+F=n.r.	투약 종료 (L-dopa 복용 후 1~2시간 내에 다시 파킨슨병 증상이 보이는 단계)	GS↑ StepL.Ca↑ Turn time↓ N of FOG↑ MD of FOG↑	L-dopa 복용이 더 이상 효과가 없는 환자들에게서 RAS (보행 박수수)+10% 자극은 동결 보행을 감소시켰다.
Nieuwboer et al. (2009)	시각, 청각 및 체성감각 신호와 함께 한 걷기, 돌고, 돌다서 걸어오기	PD-F=65	PD+F=66±8.1	PD-F=2.5±0.6	On	N of FOG Turn Time(A↓) (S↓)	리드미컬한 신호가 동결 보행을 보이는 환자와 그렇지 않은 환자 모두에게서 기능적 수행으로의 전환이 빠른 것으로 나타났다. RAS 신호는 시각 신호보다 더욱 효과적이었다.
		PD+F=68	PD+F=67.3±6.9	PD+F=2.7±0.7	On	N of FOG Turn Time(V↓) (A↓) (S↓)	
Lee et al. (2012)	시각 신호(바닥선)와 청각 신호 비교	PD+F=15	PD+F=69.1±8.1	PD+F=2.3±0.5	Off	GS(V↑) SL(V↑)(A↑) Ca(V↓)(A↓) DST SST Tstep(V↓)(A↓) Ttime(V↓)(A↓) N FOG(V↓)(A↑) Pelvic tilt(V↑) HF KF(V↑) AD(V↑)(A↑)	RAS와 시각 신호는 PD+F 환자들에게 긍정적인 영향을 가졌다. 오직 RAS 신호(시각 신호 제외)만이 PD+F 환자들에게 주효된다.
		PD-F=10	PD-F=63.2±7.6	PD-F=1.60±0.52	Off	GS(V↓) SL Ca(V↓) DST SST Tstep Ttime(V↓) Pelvic tilt(V↑) HF KF(V↑) AD(V↑)(A↑)	

이중 과제

		n	연령	속도	On/Off	결과	
Baker et al. (2007)	기준선과 비교한 PD 환자의 단일 과제에 대한 단일 신호 효과	PD=14	PD=69.3±3.4	PD=2.7±0.4	On	GS(AT↑) CV StepT(Aat↓) CV DLS(AT↓)(Aat↓)	RAS(특히 지시 사항과 동반될 경우: "큰 보폭으로 걸으세요.") 신호는 보행 변이성을 감소시킴으로써 보행에 매우 집중하게 된다.
	기준선과 비교한 PD 환자의 이중 과제에 대한 단일 신호 효과	PD=14	PD=69.3±3.4	PD=2.7±0.4	On	GS(AT↑)(Aat↑) CV StepT(Aat↓) CV DLS	
Lohnes et al. (2011)	신호가 없는 기준, 신 전기와 접종(At), 청각(+10%), 복합(+10%)(-10%), 및 복합(-10%)의 신호와 함께 걷기 비교	PD=11	PD=70.3±6.8	PD=2.2±0.3	On	단일 과제: GS(At↑)(C-10↑)(C+10↑) SL(At↑)(C-10↑)(C+10↑) Ca 이중 과제: GS SL Ca	주의 집중 전략은 단일 과제에서 가장 효과적이다. 비신호 전략은 이중 과제와 함께하는 보행에 효과를 보였다.

앞으로 걷기

돌기

		n	연령	속도	On/Off	결과	
Willems et al. (2007)	청각 신호 vs 무신호 공간 지시와 함께 제공된 청각 신호 vs 공간 지시와 함께 청각 신호 vs 무신호	PD=19	PD+F=68.1±7.3 PD-F=60.6±6.2	PD+F=2.8±0.7 PD-F=2.6±0.7	On	Turn StepL StepW StepD CV-StepD↓	신호 자극 시 보행의 변동 계수 감소는 보행 동결 및 낙상 위험 및 이중 과제에 제시된 감소와 관련되어 있을 수 있다.

인지 손상

		n	연령	속도	On/Off	결과	
Rochester et al. (2009)	시공간적 지시와 함께 제공된 청각 신호 vs 공간 지시와 함께 제공된 청각 신호 vs 무신호	PDCI=9	PDCI=74.9±64.5	PDCI=2.9±0.5	On	GS↑ SL↑ CV StepT CV DLS Ca	"큰 보폭으로 걸으세요." 라는 지시와 함께한 RAS 훈련은 단일 및 이중 과제의 향태로 제시된 보행 기능을 유의미하게 향상시킨다.

PD=파킨슨병 환자; n=참여자 수; SD=표준편차; RAS=리듬 청각 자극; GS=보행 속도; SL=활보장; Ca=보행 보조수; AMC(age-matched controls): 연령대가 비슷한 통제 그룹; n.r.=기록되지 않음; n.a.=해당 사항 없음; CV=변동 계수; StriT=보폭; SwiT=스윙 시간; AMC(age-matched controls): 연령대가 비슷한 통제 그룹; SST=단일 지지 기간; SPD=심각한 수준의 파킨슨병; FW=빠른 걸음; PD+F=동결 보행을 경험하는 파킨슨병 환자; B=기준선; StepL=스텝 길이; StepD=스텝 지지 기; StepW=스텝 너비; StepD=스텝 기간; StepT=스텝 시간; FOG=보행 동결; Tstep=종 걸음 수; Ttime=총 시간; A=청각적 신호; At=주의 신호; Aat=청각 신호를 동반한 주의 신호; V=시각 신호; S=감각 걸음; HF=고관절 굴곡; KF=무릎 굴곡; AD=발등 굴곡; Tturn=돌기. ↑=유의한 향상; ↓=유의한 감소; +=결과적으로는 감소했으나 향상된 상태; -=보행 변수 감소

되는 보행 변이성은 RAS가 기준 속도 혹은 10% 증가된 속도로 제시되었을 때 감소하는 것으로 나타났다(Arias & Cudeiro, 2008; Hausdorff et al., 2007; Willems et al., 2007).

지금까지 진행된 선행 연구들에 따르면, RAS는 활보장에 일관적인 영향을 미치지 않는 것으로 보인다. 보행 동결 증상을 보이는 참여자들은 일반적으로 느린 속도 자극에서 보폭이 증가한 반면, 보행 동결 증상을 겪고 있지 않은 사람들은 높은 속도 자극에서 보폭이 증가하는 차이가 있었다(Lee et al., 2012; Willems et al., 2006). 이처럼 그룹 간 이질성(heterogeneous group)을 전제로 하는 연구에서는 활보장에 대한 RAS의 효과를 명확하게 설명하기 어려운 점이 있다(Arias & Cudeiro, 2010; Howe et al., 2003; Suteerawattananon et al., 2004; Westheimer, 2008).

7.5.2 보행 동결에 적용되는 RAS의 효과

보행 동결은 전 방향 보행 동작을 어렵게 만드는 일시적인 보행장애(Giladi & Nieuwboer, 2008)로, 예측하기 어렵기 때문에 연구 역시 쉽지 않다. 앞서 언급한 바와 같이, RAS는 활보장(stride length)을 제외하고는 보행 동결을 보인 환자와 그렇지 않은 환자에게 유사하게 영향을 미쳤다(Lee et al., 2012; Willems et al., 2006; 〈표 7-1〉 참조).

RAS는 약물이 적절하게 기능하지 않을 때, 보행 동결 횟수 및 지속 시간 감소에 상당한 효과가 있는 것으로 나타났다(Arias & Cudeiro, 2010; Lee et al., 2012). 파킨슨병 환자의 높은 낙상 발생률이 보행 동결이나 불안정한 자세와 연관된다는 점에서 보행 동결에 대한 RAS의 효과는 중요한 발견이다(Bloem et al., 2004). Bloem과 그의 동료들(2004)은 조사 연구를 통해 1년 동안 파킨슨병 환자의 50%가 낙상을 경험하였으나, 건강한 노인들은 25%만 낙상이 있었던 것으로 보고하였다(Milat et al., 2011; Pluijm et al., 2006). 과거에 낙상 경험이 있는 환자들은 일반적인 보행 시 낙상에 대한 두려움이 크기 때문에 결과적으로 신체 활동을 피하는 경향이 나타나기 쉽다. 보행은 일상생활에서 필수적인 활동이기 때문에 낙상의 두려움으로 인한 심리적·기능적 장애는 환자의 독립성(Covinsky et al., 2006) 및 삶의 질(Ellis et al., 2011; Rahman et al., 2011)에 큰 영향을 미칠 수 있어 반드시 중재가 필요하지만, 보행 동결의 경우 사전 약물 처치를 통해 임상 현장에서 관찰되지 않는 경우가 많아 실제로 보행 동결에 대한 RAS의 효과에 대한 실험을 진행하기가 쉽지 않다(Nieuwboer et al., 2009; Nieuwboer & Giladi, 2008).

현재 보행 동결 감소를 위한 최적화된 속도 자극에 대해서는 의견이 분분하다. 보행 동결 직전에는 활보장의 현저한 감소와 동시에 보행의 변동성이 증가하는데(Giladi & Nieuwboer, 2008), 관련 연구 결과에 따르면 활보장은 90%의 자극 주기에서만 유일하게 증가하였으나(Willems et al., 2006), 보행 변동성은 110%의 자극 주기에서 감소하는 것으로 나타났다(Hausdorff et al., 2007). 약물 투여가 종료된 시점의 환자들은 기초선 110% 주기의 RAS와 함께 보행 과제를 수행하는 동안 동결 현상이 현저히 감소한 것으로 나타났다(Arias & Cudeiro, 2010). 반면에 약물치료가 종료된 환자에게 RAS 신호를 소거하고 90%의 자극 주기를 제공했을 때에는 보행 동결과 관련된 효과가 나타나지 않았다(Lee et al., 2012). 보행 동결을 유발하는 운동 조절의 결함이 외부 자극에 의해 어떻게 영향을 받는지 이해하기 위해서는 주의와 자극 사이의 상호작용에 초점을 맞춰야 하며(Nieuwboer & Giladi, 2008), 최적의 운동 주기를 결정하기 위해 청각−운동 동조화 시점에 대한 정확한 평가가 반드시 필요하다.

7.5.3 보행 정상화를 위한 RAS의 효과

최근의 횡단 연구에 따르면, 신호가 제공되지 않은 상태에서의 편안한 보행에 비해 10% 빠른 보행 주기(step frequency)에서 보행 속도, 보행분속수 및 보행 동결과 같은 파킨슨병 환자들의 보행 특성이 부분적으로 정상화되는 것으로 나타났다. 이 결과는 Lim과 그의 동료들(2005)에 의한 체계적 고찰 연구 결과(systematic review)와 일치하며, 보행 동결과 관련하여 현재 진행되고 있는 여러 연구의 결과를 뒷받침하는 것으로 볼 수 있다. Lim과 그의 동료들(2005)의 연구에 포함된 무선 통제 연구(RCTs; Ellis et al., 2005; Thaut et al., 1996) 중에서 Thaut와 그의 동료들(1996)이 진행한 연구만이 RAS에 대한 평가를 보고하였고, 일상생활 환경에서의 장기적인 보행 기능 향상을 목표로 RAS를 적용한 연구 외에 질적으로 우수한 RCTs 연구는 충분히 진행되지 않았다. 이후에도 RAS의 효과성에 대한 연구가 지속되었으나 주로 실험실 환경 밖에서 진행된 장기적인 RAS의 영향에 관한 연구였다(〈표 7−2〉 참조; Elaston et al., 2010; Lim et al., 2010; Morris et al., 2009; Nieuwboer et al., 2007; Rochester et al., 2010a). 7.6절에서는 보행 및 보행과 관련된 활동에 대한 RAS의 효과를 조사한 RCTs 연구 결과의 메타분석을 종합한 내용이 제시될 것이다.

표 7-2 무선 통제 연구 요약

참고문헌	연구 특징	중재	대상자 수	나이 M±SD	H&Y 단계 M±SD	결과	PEDro 점수
Thaut et al. (1996)	RCT 눈가림 배정: no 기초선 비교: no 평가자 눈가림: no 적절한 추후 연구: yes 치료 의향 분석: no	RAS 제가 걷기 훈련 보통/빠른/매우 빠른 RAS vs 자기 걸음 속도 vs 중재 없음	37 E=15 C=11 NT=11 SPT=11	E=69±8 C=71±8 C=74±3	2.3±0.7	1. 보행 속도↑ 2. 정사 보행 속도↑ 3. 보행분속수↑ 4. 활보장↑ 5. EMG(변동성/대칭/타이밍/시작과 종료)	4/10
Marchese et al. (2000)	RCT 눈가림 배정: no 기초선 비교: yes 평가자 눈가림: yes 적절한 추후 연구: no 치료 의향 분석: no	RAS 훈련과 함께 한 물리치료 vs RAS 훈련 없는 물리치료	20 E=10 C=10	E=65±5.8[1] C=66.9±6.3[1]	E=2.35±0.58[1] C=2.3±0.48[1]	1. UPDRS-II 2. UPDRS-III	5/10
Ellis et al. (2005)	RCT(교차 설계) 눈가림 배정: yes 기초선 비교: yes 평가자 눈가림: yes 적절한 추후 연구: yes 치료 의향 분석: no	의료치료+물리치료 15분 RAS 훈련과 합께 한 보행 훈련 vs 의료치료	68 Ea=35 La=33	64±8.4 Ea=64±8.4 La=63±8.8	25±0.5 Ea=2.5±0.5 La=2.4±0.5	1. SIP-68 (total/mobility) (+) 2. UPDRS-I 3. UPDRS-II↓(+) 4. UPDRS-III 5. 걸음 속도↑	7/10

Nieuwboer et al. (2007)	RCT(교차 설계) 눈가림 배정: yes 기초선 비교: yes 평가자 눈가림: yes 적절한 후속 연구: yes 치료 의향 분석: no	선호도에 따른 보행 훈련 선택(RAS: 67%, 체성 감각 신호: 33%) vs 중재 없음	3/3/30	153 Ea=76 La=77	Ea=67.5[2]±7.8 La=69[2]±7.8	Ea=2.6[2]±0.7 La=2.7[2]±0.7	1. PG score ↓(+) 2. 10MWT (GS↑/SL↑/Ca↑) 3. FR 4. TSLS and TTS↓(+) 5. TUG 6. PFGQ 7. NEADL 8. FES↑ 9. PDQ-39 10. CSI	7/10
Morris et al. (2009)	RCT 눈가림 배정: yes 기초선 비교: yes 평가자 눈가림: yes 적절한 후속 연구: yes 치료 의향 분석: yes	걷기, 돌기, 의자에서 일어나기, 인지적 전략을 사용한 장애물 다루기, 외부 신호 vs 일반적 건강 기능 향상을 위한 훈련	(2/최대, 16/최대, 45)[3] M 세션 회기: E=14 C=13	28 E=14 C=14	E=68±n.r C=66±n.r 환자 나이 범위: 52~79세	n.r	1. UPDRS-II 2. UPDRS-III 3. 10MWT 4. TUG 5. Two-Minute Walk Test 6. Shoulder "tug" test ↑ 7. PDQ-39	8/10
Lim et al. (2010)	RCT(교차 설계) 눈가림 배정: yes 기초선 비교: yes 평가자 눈가림: yes 적절한 후속 연구: yes 치료 의향 분석: no	선호도에 따른 보행 훈련 선택(RAS: 67%, 체성감각 신호: 33%) vs 중재 없음	3/3/30	153 Ea=76 La=77	Ea=67.5[2]±7.8 La=69[2]±7.8	Ea=2.6[2]±0.7 La=2.7[2]±0.7	소요 시간 % 1. 역동적 활동↑[4] 2. 정적 활동↓[4] 3. 앉기[4] 4. 서기[4] 5. 걷기↑[4] 6. N 걷기>5s/hour↑[4] 7. N 걷기>10s/hour↑[4]	7/10

연구	설계/질 항목	중재	점수/n.a.	N	연령	H&Y	측정 결과	점수
Rochester et al. (2010a)	RCT(교차 설계) 눈가림 배정: yes 기준선 비교: yes 평가자 눈가림: yes 적절한 추수 연구: yes 치료 의향 분석: no	선호도에 따른 보행 훈련 선호(RAS: 67%, 체성감각 선호: 33%) vs 중재 없음	3/3/30	153 Ea=76 La=77	Ea=67.5±7.8 La=69²±7.8	Ea=2.6±0.7 La=2.7±0.7	1. 단일 과제(무선호) SL/Ca↑ 2. 단일 과제(V/A/S) GS/SL↑ 3. 이중 과제(무선호) GS/SL↑ 4. 이중 과제(V/A/S) GS/SL↑	7/10
Elston et al. (2010)	RCT(교차 설계) 눈가림 배정: yes 기준선 비교: no 평가자 눈가림: no 적절한 추수 연구: no 치료 의향 분석: no	메트로놈을 사용하여 편안한 보행 주기 제공(주가) 인한 보행 주기 제공(주가) 치료 없음	4/n.a./n.a.	42 Ea=21 La=20	Ea=71.5±11.3 La=70.4±8.7	Ea=2.1±0.3 La=2.3±0.5	1. PDQ-39 2. SF-36 3. Falls Diary 4. 10MWT	4/10

w=주; h=시간; m=달; n=수; M=평균; SD=표준편차; H&Y=Hoehn and Yahr; RCT=무선 통제 연구; n=수; RAS=리듬 청각 자극 연구; E=실험 그룹; NT=no training; SPT(self-paced training)=자기 보행 훈련; EMG=근전도; C=통제 그룹; UPDRS-II=Unified Parkinson's Disease Rating Scale-II; UPDRS-III=Unified Parkinson's Disease Rating Scale-ADL section(일상생활 측정); PG score=자세와 보행 점수; 10MWT=10미터 보행 검사; FR=기능적 도달하기 검사; Ea=선행 그룹; La=후속 그룹; SIP=sickness impact profile(건강 영향 측정도); TSLS and TTS(timed single leg stance and timed tandem leg stance)=한쪽 다리로 서있기 및 양쪽 다리 탄뎀 끝에 닿게 서 있기; TUG=time up and go test; FOGQ=보행 동결 설문지; NEADL=Nottingham Extended Activities of Daily Living Scale(일상생활 척도 측정); FES=낙상 측정 검사; PDQ-39=Parkinson's Disease Questionnaire-39; CSI(Caregiver Strain Index)=보호자 부담감 지수; n.r.=기록되어 있지 않음; n.a.=해당 사항 없음; s=초; SL=활보장; Ca=보행분속수; GS=보행 속도; SF-36=Short Form-36

1. 표준편차인지, 평균의 표준오차인지 명시되어 있지 않음
2. 평균 마선 중앙값이 명시됨
3. 치료 주기나 기간은 필요에 따라 환자에 따라 다르게 적용되었음
4. 그룹 내 비교만 제시됨: ↑=유의한 향상; ↓=유의한 감소; (+)=결과적으로는 감소했으나 향상된 상태

7.6 파킨슨병 환자의 보행과 RAS 효과의 체계적 문헌 고찰

7.6.1 파킨슨병 환자의 보행 특성, 일상생활 활동 및 삶의 질에 대한 RAS 훈련 효과(무신호)

7.6.1.1 문헌 탐색

PubMed를 통해 다음과 같은 의학 주제별 제목(medical subject heading: MeSH) 색인어를 사용하여 검색하였다: Parkinson's diseases, Cues, Music, Music Therapy, Gait, Gait Disorders, Neurologic, Walking, Mobility Limitation, Locomotion, Physical Therapy Modalities, Exercise, Exercise Therapy, Exercise Movement, Techniques, Parkin*, cueing, auditory, sensory, external, rhythmic, stimulus, stimulation, stimuli. 발행 연도 및 사용된 언어의 포함 기준은 2004년(Lim et al., 2005에서의 가장 최근의 체계적 검토 연구 연도) 이후에 영어와 네덜란드어로 발행된 연구로 제한되어, 총 117편의 문헌(해당 저자에게 요청 시 결과 제공)이 1차로 검색되었다(2012년 3월에 진행). 이 중 제목을 기준으로 81편이 제외되었고, 20편은 초록을 기준으로, 10편의 연구는 본문 내용을 기준으로 제외되어 6편의 연구가 추출되었다(Elston et al., 2010; Lim et al., 2010; Morris et al., 2009; Nieuwboer et al., 2007; Rochester et al., 2010a; Thaut et al., 1996). 이 중 〈표 7-2〉에 제시된 3편의 연구는 각기 다른 결과에 대해 보고하였으나 동일한 중재를 적용하여 메타분석 시에는 하나의 연구로 간주되었고(Lim et al., 2010; Nieuwboer et al., 2007; Rochester et al., 2010a), 이후 검색된 문헌의 참고문헌을 통해 1편의 연구가 추가되었다(Marchese et al., 2000). 학습 효과 및 이월 효과(carryover effect)의 가능성이 있는 연구를 분석 대상에서 배제하기 위해 교차 실험 설계(crossover design) 형태의 초기 중재 효과에 관한 연구(Lim et al., 2010; Nieuwboer et al., 2007; Rochester et al., 2010a)만 포함하여, 최종적으로 총 384명의 대상자를 포함하는 8편의 연구가 분석되었다.

7.6.1.2 방법론적 질

〈표 7-2〉는 8편의 연구에 대한 4~8점 범위의 PEDro[2] 점수를 보여 주고 있다. 제시된 내용을 보면, 참여자 배정에 대한 정보(Ellies et al., 2005; Elston et al., 2010; Lim et al., 2010; Morris et al., 2009; Nieuwboer et al., 2007; Rochester et al., 2010a), 기초선(baseline)

과의 비교(Ellis et al., 2005; Lim et al., 2010; Marchese et al., 2000; Morris et al., 2009; Nieuwboer et al., 2007; Rochester et al., 2010a), 평가자의 눈가림(Ellis et al., 2005, Lim et al., 2010; Marchese et al., 2000; Morris et al., 2009; Nieuwboer et al., 2007; Rochester et al., 2010a), 적절한 추적 자료의 제시(Ellis et al., 2005; Lim et al., 2010; Morris et al., 2009; Nieuwboer et al., 2007; Rochester et al., 2010a; Thaut et al., 1996) 등의 기준에 따라 연구의 질 평가를 시행하였음을 알 수 있다. 분석된 연구들은 비교적 높은 점수로 평가되었으나, 연구 결과 부분에 있어서는 한 연구(Morris et al., 2009)를 제외하고는 정확하게 분석된 것으로 보기는 어렵다(Ellis et al., 2005; Elston et al., 2010; Lim et al., 2010; Nieuwboer et al., 2007; Rochester et al., 2010a; Thaut et al., 1996).

7.6.1.3 양적 분석(Quantitative Analysis)

RAS 적용 시 주로 보행 속도(gait speed)[MD(random): 0.114, 95% CI, 0.028−0.200; Z=2.591; P<0.01; I^2=57%]와 활보장(stride length)[MD(fixed): 0.085, 95% CI, 0.022−0.148; Z=2.654; P<0.01; I^2=47%] 측정에서 유의한 사전·사후 평균 차이가 나타났다([그림 7−1]의 숲 그래프 참조). 이 결과는 RAS가 상대적으로 적은 비중으로 다루어진 한 편의 연구(Ellis et al., 2005)를 제외하고 치료 종류에 따른 민감도 분석(sensitivity analysis) 측면에서 일관성을 보였다. 치료 종류에 따른 민감도 분석(Ellis et al., 2005 제외)은 삶의 질 부분에서 유의한 평균 차이를 보였으며[MD(fixed): 3.400, 95% CI, 0.215−6.586; Z=2.092; P=0.04; I^2=40%], 보행분속수(cadence), 일어서서 걷기 검사(TUG) 평가 및 균형 감각에서는 유의한 향상을 보이지 않았다. 그러나 보행분속수는 제공된 주기 자극에 따라 다른 연구 결과가 나올 수 있다. 예를 들면, Thaut와 그의 동료들(1996)은 점차적으로 증가하는 주기 자극을 제공한 반면, Nieuwboer와 그의 동료들(2007)은 증가된 특정 주기를 언급하지 않았다. UPDRS-II와 UPDRS-III의 분석은 불가능하였다.

---

2) 역자 주: PEDro 척도(PEDro Scale)는 0~10점 체계로 되어 있다. PEDro 척도는 임상시험의 신뢰성(내적타당도) 및 통계적 정보를 기반으로 점수를 매기고, 임상시험(Review나 Guidelines는 제외)은 'PEDro 척도'라 불리는 체크리스트에 의해 평가된다.

연구명	결과	평균차	표준오차	분산	하한값	상한값	Z-Value	p-Value
Thaut et al. (1996)(1)	보행 속도(m/s)	0.400	0.115	0.013	0.175	0.625	3.484	0.000
Thaut et al. (1996)(2)	보행 속도(m/s)	0.100	0.102	0.010	-0.099	0.299	0.985	0.325
Ellis et al. (2005)	보행 속도(m/s)	0.100	0.052	0.003	-0.002	0.202	1.915	0.055
Nieuwboer et al. (2007)	보행 속도(m/s)	0.110	0.035	0.001	0.042	0.178	3.164	0.002
Morris et al. (2009)	보행 속도(m/s)	0.000	0.064	0.004	-0.126	0.126	0.000	1.000
		0.114	0.044	0.002	0.028	0.200	2.591	0.010
Thaut et al. (1996)(1)	활보장(m)	0.300	0.125	0.016	0.055	0.545	2.404	0.016
Thaut et al. (1996)(2)	활보장(m)	0.000	0.095	0.009	-0.186	0.186	0.000	1.000
Nieuwboer et al. (2007)	활보장(m)	0.080	0.036	0.001	0.010	0.150	2.249	0.025
		0.085	0.032	0.001	0.022	0.148	2.654	0.008
Thaut et al. (1996)(1)	보행분속수(steps/min)	9.100	4.844	23.462	-0.394	18.594	1.879	0.060
Thaut et al. (1996)(2)	보행분속수(steps/min)	13.500	4.680	21.902	4.327	22.673	2.885	0.004
Nieuwboer et al. (2007)	보행분속수(steps/min)	-0.500	2.216	4.911	-4.843	3.843	-0.226	0.821
		6.640	4.752	22.580	-2.673	15.954	1.397	0.162
Nieuwboer et al. (2007)	TUG(s)	0.400	0.528	0.279	-0.635	1.435	0.758	0.449
Morris et al. (2009)	TUG(s)	0.500	1.023	1.046	-1.505	2.505	0.489	0.625
		0.421	0.469	0.220	-0.498	1.340	0.898	0.369
Ellis et al. (2005)	SIP-86	-0.123	0.243	0.059	-0.599	0.353	-0.506	0.613
Nieuwboer et al. (2007)	PDQ-39	0.448	0.164	0.027	0.127	0.769	2.739	0.006
Morris et al. (2009)	PDQ-39	-0.012	0.378	0.143	-0.752	0.729	-0.031	0.975
Elston et al. (2010)	PDQ-39	-0.009	0.345	0.119	-0.686	0.668	-0.025	0.980
		0.208	0.120	0.014	-0.027	0.443	1.737	0.082

각 연구에 대한 통계값

평균차(95% 신뢰구간)

Favors A Favors B

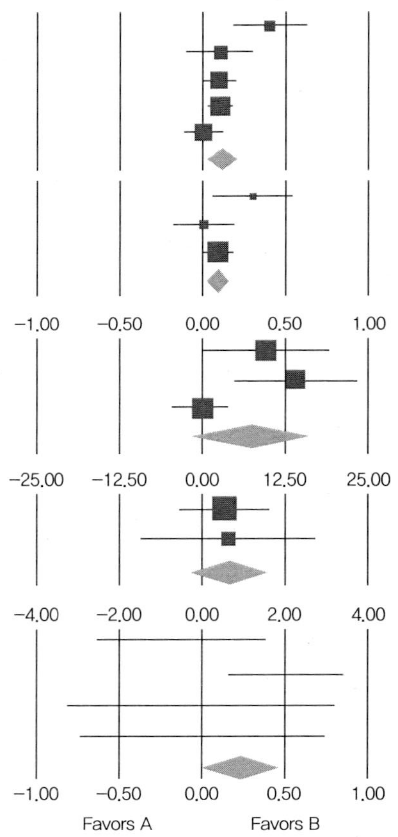

[그림 7-1] RAS 숲 그래프(forest plots)

7.6.1.4 해석

비록 훈련 기간이 상대적으로 짧기는 했지만(대부분 3~4주), RAS 훈련은 신호가 없는 구간에서도 RAS를 활용한 훈련이 보행 속도와 보폭에 모두 영향을 미치는 것으로 나타났다. 보행 속도는 걷기(Elbers et al., 2013) 외에도 일상생활(보행 관련 활동 및 샤워/옷 입기와 같은 보행과 관련되지 않은)(Verghese et al., 2011), 삶의 질(Ellis et al., 2011) 및 건강과 생존을 위한 전반적 활동(Studenski et al., 2011)에 중요한 영향을 미치기 때문에, 보행 속도 개선을 위한 RAS의 적용은 매우 큰 의미가 있다. 보행 속도에 대한 RAS의 효과는 운동 및 인지 능력, 기분(Verghese et al., 2011), 보행 시의 에너지 수준(Studenski et al., 2011) 등에 의해 달라질 수 있다. 이는 파킨슨병 환자에게 RAS를 적용한 재가 훈련 후 역동적인 신체 활동(주로 걷기)의 시간이 증가된 결과를 통해 설명될 수 있다(Lim et al., 2010).

중재 연구들에서는 공통적으로 활보장의 증가가 주요한 결과로 분석된 반면, 횡단 연구에서는 다른 결과가 보고되었다(〈표 7-1〉, 〈표 7-2〉 참조). 파킨슨병 환자에게 RAS 장기 중재를 시행한 연구에서는 중재군에서 건강한 대조군보다 보행분속수가 증가된 결과가 나타났는데, 일정한 보행분속수 안에서 관찰된 보폭 및 보행 속도의 증가를 보행 패턴을 정상화하기 위한 보상적 움직임으로 해석하였다(Morris et al., 1994; Willems et al., 2007).

한편, 메타분석 결과에서 RAS가 삶의 질에도 긍정적인 영향을 주는 것으로 나타났으나, 실제 연구(Nieuwboer et al., 2007)에서는 삶의 질 부분에서 유의한 결과가 나오지 않았음에도 메타분석에서는 효과적으로 해석하였다([그림 7-1] 참조). 이에 대한 원인으로는 분석 대상 문헌에 초기 중재 실험 연구의 효과만을 포함하여 발생된 문제 혹은 메타분석에서 사전 점수의 차이에 대한 고려가 없이 진행되었을 가능성 등을 예상해 볼 수 있다([그림 7-1] 참조).

보행분속수 자체가 영향을 미치지 않았다는 것은 제공된 자극 주기와 무신호 보행의 주기가 비슷하거나(Elston et al., 2010; Nieuwboer et al., 2007), 자극 주기가 명시되지 않은(Ellis et al., 2005; Marchese et al., 2000; Morris et al., 2009) 것으로 설명될 수 있다. 하지만 한 연구에서는 보행 훈련 중 점진적이고 체계적인 주기 자극 증가에 의해 보행분속수가 증가한 것으로 나타났다(Thaut et al., 1996).

특히 파킨슨병 환자를 대상으로 한 연구에서는 대상자들이 자동화된 움직임 과제를 수행할 때 뇌 활동이 더욱 활성화되고, 이를 집행 기능 조절(executive control) 과제로 전환하는 경향을 통해 운동 자동화 기능이 손상된 것으로 보인다(Mentis et al., 2003). 또 다른 연구에서는 환자들이 보행에 집중할 때 보폭이 증가하여 유사한 결론을 제시하였 다(Baker et al., 2007). 파킨슨병 환자들은 특히 일상생활에서 여러 과제를 수행할 때 주 의가 분산되는 경우가 많은데(예: 걸으면서 말하기), 파킨슨병 환자들의 보행 관련 문제 역시 동시 과제 수행 시 약화되는 주의로 인해 발생할 수 있기 때문에 인지 및 운동 요 소는 이들의 훈련에서 고려해야 할 중요한 부분이 된다(O'Shea et al., 2002).

주의 전략을 반영한 RAS 훈련('박자에 맞춘 큰 걸음')을 통해 주의에 대한 환자의 의 식적인 노력을 줄일 수 있다(Baker et al., 2008). 이는 RAS를 적용한 보행 훈련을 시행 한 연구에서 이중 과제 간섭이 감소한다는 결과를 통해 입증되었다(Rochester et al., 2010b). 이러한 효과는 운동의 자동화와 관련되어 있으므로, RAS 훈련 동안의 의식적 인 운동 집중에 대한 노력을 덜 수 있다(Rochester et al., 2010a).

Marchese와 그의 동료들(2000)의 연구를 제외한 대부분의 연구에서는 일상생활이나 균형 감각과 같은 걷기 이외의 영역과 관련된 RAS의 일반화된 효과에 대해서는 거의 보고하지 않았다(Elston et al., 2010; Nieuwboer et al., 2007). 연구에 제시된 RAS의 효과 는 치료의 기간과 주기(1.5시간/주 vs 3시간/주; 3주 vs 6주), 치료 내용, 기법을 적용할 때 필요한 자세 조절과 사용되는 신체 부위의 범위 등에 관한 것이다. 목표로 하는 치료적 효과를 위해 강도, 기간, 빈도 및 훈련량은 훈련 전에 필수적으로 설정되어야 하는 요 소라 할 수 있다(Lopopolo et al., 2006). 일반적인 훈련량은 일주일에 평균 1.3~3.5시간 으로 나타났다. 3시간 이상의 장기적인 훈련은 건강한 성인의 경우에게 효과적인 것으 로 보고되었다(Lopopolo et al., 2006). 보행 훈련을 주제로 한 고찰 연구(de Dreu et al., 2012)를 통해 분석된 일부 연구(Ellis et al., 2005; Marchese et al., 2000; Thaut et al., 1996) 는 Lopopolo와 그의 동료들(2006)의 정의에 따라 비교적 많은 훈련량을 제공한 것으로 기술되었지만, 메타분석에 포함된 연구에서는 참여자의 50% 미만이 장기간의 훈련을 받은 것으로 나타났다(216명의 참여자 중 91명). Nieuwboer와 그의 동료들(2007)의 연구 에서는 저강도의 훈련(1.5시간/주)만으로도 유의한 결과가 나타났는데, 치료 강도는 정 상적인 보행 강도와 유사한 수준이었으나(2.2~3.0 MET, 속도에 따라 달라짐; Ainsworth et al., 2000), 이는 메타분석 연구에 포함되지 않았다.

RAS는 보행 속도, 보행분속수 및 동결 보행 등 보행 및 보행 관련 기능을 목표로 한 훈련(재가 훈련 포함)에 효과적으로 적용될 수 있을 뿐 아니라(Nieuwboer et al., 2007; Thaut et al., 1996), 즉각적 효과가 입증되어 보상 전략으로도 사용할 수 있다. 선행 연구에 따르면(Nieuwboer et al., 2007), RAS 적용 시 활보장과 보행 속도가 개선되고 일반적 보행으로 전이되는 결과가 나타났으며, 이러한 보행 개선 효과가 비교적 긴 기간 동안(짧은 훈련 후 3주까지) 지속되었다는 연구도 있었다(Nieuwboer et al., 2007; Thaut et al., 1996).

그러나 보고된 효과의 정도가 크지 않고, 신호 훈련의 최적량과 내용에 대한 정보가 분명하게 제시되지 않았기 때문에 치료 강도에 따른 용량—반응(dose-response) 연구가 필요하다. 또한 RAS를 통한 운동 동조화가 참여자들의 치료 효과에 어떠한 영향을 주었는지 충분히 연구되지 않았기 때문에, 후속 연구들을 통한 RAS의 보완이 반드시 필요하다.

7.7 RAS의 새로운 적용

7.7.1 음악

최근에는 리드미컬한 음악이 RAS의 한 형태로 보행 훈련에 적용되고 있다(de Bruin et al., 2010; Thaut et al., 1996). 음악은 기본적으로 박자를 통해 메트로놈과 동일한 리드미컬한 시간적 구조를 제공할 수 있다. 박자는 일정한 시간 간격을 갖는 박(pulse)의 형태로 지각되는데(Large & Palmer, 2002), 메트로놈은 하나의 톤으로 박자를 제공하지만, 음악은 일정한 시간 간격 이외에 여러 가지 요소(예: 음의 세기, 높낮이, 음색, 하모니, 톤의 길이)를 통해 복합적인 구조로 박자를 지각하도록 한다(Grahn, 2009; Krumhansl, 2000). 최근 연구에서는 기저핵(Basal Ganglia)이 박자를 지각하는 데 필수적인 역할을 하는 것으로 보고되었으나(Grahn & Brett, 2009; Teki et al., 2011), 음악을 통해 다양한 요소로 박자를 지각하는 경우에는 다른 기제가 작용할 가능성이 있으며(Grahn, 2009), 이와 같은 음악의 복합성이 박자에 의한 동조화를 더욱 촉진하는 데 도움이 되는 것으로 해석할 수 있다.

Thaut와 그의 동료들(1997)의 연구에서는 음악을 사용한 RAS가 규칙적인 주기의 메트로놈 박에 비해 손가락 탭핑의 변이성을 현저하게 감소시키는 것으로 나타났다. 이는 이미 알려진 리드미컬한 음악의 기능과 일치하는 것으로, 신체-운동 동조화(entrainment)와 동조화된 운동의 정확성을 촉진시키는 작용과 관련된다(McIntosh et al., 1997; Madison et al., 2011). 우리는 음악에 집중하지 않고도 무의식적으로 움직임을 청각적인 리듬 자극에 맞출 수 있는데(Molinari et al., 2003), 소리에 맞춰 움직이는 현상을 보다 세분화한 연구에서는 박자에 맞춰 탭핑을 하는 것보다 박과 박 사이에 탭핑하는 것이 더욱 어렵다는 사실을 발견하였다(Krumhansl, 2000). 이러한 결과는 박에 의해 움직임이 동조화되지 못했거나(예: 춤출 때), 음악을 듣는 행동에 의해 보행 외에 추가적으로 주의 기능이 요구되어 운동 기능에 집중하기 어려웠을 가능성이 있다(Brown et al., 2009, 2010). 음악을 사용한 RAS의 효과는 리듬 지각 요소 외의 음악 요소 및 구조적 특징에 따라 달라질 수 있다.

음악에서는 음의 높낮이(pitch)와 리듬이 결합하여 멜로디 패턴을 제공하는 반면(Krumhansl, 2000), 메트로놈은 리듬 요소만을 제공한다. 멜로디는 일반적으로 음조(tone)의 짧은 배열을 통해 음악 전체에 걸쳐 다양한 형태로 반복된다(Krumhansl, 2000). Laukka(2006)의 연구에 따르면, 노인 인구 대부분(88%)은 음악을 들을 때 1/3 이상의 시간 동안 음악과 관련된 정서를 느끼는 것으로 조사되었다. 음악적 정서는 문화적 친숙성이 높을 때 가장 잘 나타났지만(Fritz et al., 2009), 다양한 문화적 특성이 있는 음악을 들었을 때 주요한 정서 반응이 나타나는 경우도 있었다(Fritz et al., 2009). 강렬하고 즐거운 음악은 보상 및 긍정적 정서와 연관된 생리적 반응을 유도하였다(Blood & Zatorre, 2001; Boso et al., 2006). 음악을 듣는 동안의 이러한 감정들은 뇌섬(insula) 및 대상 피질(cingulate cortex), 시상하부(hypothalamus), 해마(hippocampus), 편도체(amygdala) 및 전전두엽(prefrontal cortex)과 같은 뇌의 특정 부분의 활성화와 연관되는 것으로 나타났으며(Boso et al., 2006), 엔도르핀, 엔도카나비노이드, 도파민, 산화질소와 같은 몇 가지 생화학적 물질의 분비에도 영향을 주는 것으로 보고되었다(Boso et al., 2006). 이와 같이 음악은 기분이나 감정에 영향을 줄 수 있기 때문에, 파킨슨병 환자의 우울이나 피로감 등의 개선에도 도움을 주어 장기적 중재에 적절한 매개가 될 수 있다(Hayakawa et al., 2000; Lim et al., 2011).

음악을 사용한 RAS의 중재를 제공받은 파킨슨병 환자들은 RAS를 제외하고 나머지 훈련을 받은 환자들에 비해 보행 기능에 있어 유의한 변화가 나타났고, 이러한 변화가 중재 이후에도 지속되는 것이 관찰되었다(Thaut et al., 1996). Ito와 그의 동료들(2000)의 연구에서는 대상자들이 보행 훈련 없이 RAS와 함께 제공되는 음악을 한 달 동안 매일 들었을 때 보행 속도(gait velocity)와 보폭(step length)에 있어 유의한 변화가 나타났다. 조사한 바로는, 두 편의 RCTs 연구에서 리듬적 음악 사용과 병행한 보행 훈련에 관한 연구가 진행되었는데(de Bruin et al., 2010; Thaut et al., 1996), 메타분석 연구(de Dreu et al., 2012)에서 활보장과 걸음 속도가 현저하게 향상된 것으로 나타났고, 이 결과는 RAS/메트로놈 연구들과 일치한다.

7.7.2 춤

Westbrook과 McKibben(1989)은 파킨슨병 환자들을 대상으로 한 춤의 중재 효과에 대해 최초로 연구하였다. 이후 Hackney와 동료들은 파킨슨병 환자를 위한 중재로 파트너와 함께 추는 탱고 춤의 다양한 장점에 대해 조사하였다(Earhart, 2009). 여러 연구를 통해 춤이 심장 질환(Belardinelli et al., 2008), 비만(Shimamoto et al., 1998), 치매 등의 질환을 가진 환자들의 신체 기능(예: 보행 속도, 강도, 균형성)을 향상시키는 것으로 나타났다. 또한 치매 환자에게는 사회적 유대관계를 증가시키는 데에도 효과가 있는 것으로 나타났으며(Palo-Bengtsson & Ekman, 2002), 심장 질환 환자들의 체력 향상에도 도움을 주는 것으로 나타났다(Belardinelli et al., 2008).

춤은 리드미컬한 동작을 통해 파킨슨병 환자들의 움직임 개선에 도움을 주는 중재로 사용될 수 있다. 이는 환자가 음악에 따라 움직이는 동안 자신의 신체적 한계보다는 즐거움과 심미성에 집중하도록 유도하는 효과가 있고, 그룹 활동(사회적 상호작용, 파트너와의 관계, 또래 지원) 안에서 신호 정보 처리, 인지 운동 전략, 균형 및 신체 감각 및 운동 기능과 관련된 과정을 자연스럽게 통합할 수 있기 때문이다(de Dreu et al., 2012). 그러나 특정 스텝과 같은 새로운 기술이 필요한 춤 훈련은 파킨슨병 환자의 운동 조절 기능을 훈련하는 것 외에 다른 어려움을 유발할 수 있음을 주의해야 한다.

파킨슨병 환자 대상의 치료적 접근으로서 음악과 춤을 전신 동작을 위한 자극으로 사용한 연구들을 종합해 보자면(de Dreu et al., 2012), 음악을 보행 훈련에 적용한 두 편의 연구(De Bruin, 2010; Thaut, 1996)와 음악치료를 적용한 한 편의 연구(Pacchetti et al., 2000), '파트너'와 함께 춤을 추도록 하는 중재를 적용한 세 편의 연구(Hackney

& Earhart, 2009a, 2009b; Hackney et al., 2007) 등으로 정리된다. 고찰 연구(de Dreu et al., 2012) 이후에는 1년간의 탱고 수업 프로그램의 효과에 대한 RCT 연구(Duncan & Earhart, 2012)가 발표되었으며, 그 결과를 간략히 소개하면 다음과 같다.

RAS를 음악과 춤 활동에 적용한 연구(Duncan & Earhart, 2012)에서는 훈련 후 Berg Balance Scale을 시행한 결과, 유의한 수준의 표준화된 평균차(standard mean difference: SMD)가 나타나[SMD(fixed): 0.894, 95% CI, 0.510-1.277; Z=4.566; p<.01; I^2=0%], 춤추는 동안의 다양한 동작, 멈춤, 시작 및 돌기, 뒤로 걷기, 무게 들기 및 멀티태스킹 등의 움직임이 균형 기능에 영향을 준다는 것을 확인하였다(de Dreu et al., 2012). 이는 정기적으로 춤을 추는 건강한 성인이 그렇지 않은 성인들보다 높은 수준의 균형 기능을 나타낸다는 연구(Kattenstroth et al., 2010; Verghese, 2006; Zhang et al., 2008)의 결과와도 일치한다. 많은 파킨슨병 환자의 균형 감각 문제가 항파킨슨병 치료제(즉, 도파민 분비 촉진약)로 치료하는 데 한계가 있고(Grimbergen et al., 2004), 이러한 요인이 낙상뿐 아니라 낙상에 대한 두려움을 비롯한 심리적·경제적인 영향을 미칠 수 있다는 점에서 이는 매우 의미 있는 연구 결과라 할 수 있다(Tinetti & Williams, 1997).

이 연구에서는 활보장에서도 유의한 평균차(mean difference: MD)가 나타났는데 [MD(fixed): 0.113, 95% CI, 0.037-0.189; Z=2.918; p<.01, I^2=9%], 이는 보행 패턴의 중요한 정상화를 뒷받침할 수 있었다(Hausdorff et al., 2007; Willems et al., 2006). 보행 속도도 임상적으로 유의미하게 개선되었다[MD(fixed): 0.127, 95% CI, 0.013-0.241; Z=2.179, p=0.03, I^2=48%](Perera et al., 2006).

보행의 운동 자동화 향상과 관련된 이중 과제 보행 속도에서도 유의미하게 향상된 결과가 나타났는데[MD(fixed): 0.171, 95% CI, 0.024-0.319; Z=2.218, p=0.02, I^2=0%](Rochester et al., 2010b), 이는 파킨슨병 환자들이 자동적 과제를 수행할 때 뇌 활동이 더욱 활성화된다는 점에서 중요한 발견이라 할 수 있다(Mentis et al., 2003). 이 외에도 6분 보행 검사(Six-Minute Walk Test: 6MWT)에서 측정된 수행력의 유의한 증가[MD(fixed): 46.306, 95% CI, 15.533-77.059; Z=2.951, p<0.01, I^2=0%] 역시 심혈관 기능 향상 및 신체 수용력 증가를 나타내어 임상적으로 의미 있는 결과로 해석된다(Perera et al., 2006).

음악과 춤 활동을 통한 RAS 훈련의 효과는 TUG 테스트[MD(fixed): 2.221, 95% CI, 1.155-3.288; Z=4.083, p<0.01, I^2=0%]와 UPDRS-II[MD(random): 4.672, 95% CI, 0.570-

8.774; Z=3.631, p=.03, I²=57%]에서도 유의하게 나타났고, 이는 보행 활동 및 일상생활 활동 수행 기능의 향상을 의미한다. 이러한 연구 결과는 재활 분야의 일반화 근거가 미비한 상황에서 중요한 자료로 사용될 수 있다(Kwakkel et al., 2007). 앞서 언급한 바와 같이 연구 결과들은 치료 중재법의 구체적 기간이나 내용과 관련되어 있으므로 후속 연구에서는 일상생활 전이에 필요한 주요 요인을 규명하는 것이 중요하며, 이를 통해 RAS가 신경계 질환 환자들을 위한 재활에 더욱 유용하게 사용될 수 있을 것이다. 재활 기법에서 규칙적인 운동은 기본적인 증상에 영향을 미치지 않는 것처럼 보이지만(Olanow et al., 2009), 뇌 유도 신경 성장 인자의 상향 전달을 통해 신경 보호 효과를 제공할 수 있다(Ahlskog, 2011). UPDRS-III 측정을 통해 보고된 유의한 결과들은 1년 이상의 장기적 재활치료(Duncan & Earhart, 2012)를 통해 증상의 진행을 지연시킬 수 있는 것으로 나타났다.

7.8 마무리 및 미래 연구 제안

메트로놈을 사용하여 RAS를 적용한 양적 연구들은 대부분 표본 수가 작거나 통제군과 관련된 설계상의 제한점이 있었음에도 불구하고 보행 훈련과 함께 사용된 RAS 중재는 보행 속도(velocity)와 보폭 증가에 도움이 된다는 결과가 공통적으로 보고되어, 파킨슨병 환자에게 전형적으로 나타나는 보행의 특징을 고려했을 때 매우 중요한 의의가 있었다.

치료사가 최적화된 RAS를 보행 기능 재활에 적용하려면 가속 보행, 동결 보행, 경직 및 운동 완서(bradykinesia)와 같은 병리학적 운동 증상 완화에 대한 최적의 신호 전략을 충분히 이해하고, 보행 시 훈련을 통해 관찰되는 변화에 대한 신경생리학적 메커니즘에 대한 통찰력을 갖추고 있어야 할 뿐 아니라 다양한 형태(메트로놈, 음악, 및 다른 형태)의 청각 자극과 보행 동작 간의 오차를 정확히 진단할 수 있어야 할 것이다. 이 외에도 RAS를 사용한 최적화된 중재를 위해서는 보행 훈련, 운동 요법 또는 물리치료와 함께 RAS의 강도와 지속 시간을 다양하게 시도한 용량—반응 연구가 필요하다.

확장된 RAS를 사용한 연구에서는 균형 감각(BBS 평가), 활보장, 이중 과제 시 보행 속도의 증가뿐 아니라 6MWT, TUG, UPDRS-II 평가 등에서도 다양한 항목에서의 효과를 보여 주었고, 특히 보행 속도(walking speed)와 UPDRS-III와 관련된 효과 역시 유의한 수준으로 보고되었다. 단, 표본 크기가 매우 작았고, 환자 배정 및 분석상의 한계 등의 문제가 있어 후속 연구가 필요하다는 지적들이 있었다(de Bruin et al., 2010; Duncan & Earhart, 2012; Hackney & Earhart, 2009a, 2009b). 관련 연구들의 결과를 통해서도 RAS가 운동 조절의 전략으로 사용되는지, 신경생리학적 결핍에 대한 가소성(plasticity-induced reduction)이 운동 수행에 영향을 주는 것인지가 아직 명확하게 밝혀지지 않았고, 확장된 RAS 효과에 대한 메타분석 결과를 통해 일상생활 수행 기능으로의 전이가 삶의 질에 대한 혜택으로 연결되는지에 대해서는 아직 분명하게 밝히기는 어렵다. 치료의 특정 요소(예: 그룹 다이내믹, 동료 지지)에 의해 삶의 질이 향상될 수 있다고 예측되기는 하였으나 참여 정도에 따른 효과는 아직 증명되지 않았다. 이 부분에 관한 후속 연구에서는 언급된 부분 외에도 간병 부담이나 파트너와의 춤이 미칠 수 있는 영향 등 아직 규명되지 않은 여러 주제에 대한 탐색이 필요할 것이다.

RAS는 메트로놈이나 음악으로 제공되는 박자를 통해 파킨슨병 환자에게 도움을 줄 수 있다. 이때 사용되는 음악이 긍정적 정서 유도와 같은 부가적 효과를 갖는다고 알려졌지만(Blood & Zatorre, 2001), 메트로놈과 비교하여 구체적으로 어떤 음악적 요소가 최적의 동조화에 영향을 주는 것인지 지속적으로 연구할 필요가 있다(Grahn, 2009; Teki et al., 2011).

감사의 말

이 연구는 International Parkinson's Fund(grant nr. IPF-VUmc-2010.1)의 부분적인 지원이 있었다. 또한 메타분석에 도움을 준 A.S.D. van der Wilk와 E. Poppe에게 감사를 표한다.

참고문헌

Ahlskog, J. E. (2011). Does vigorous exercise have a neuroprotective effect in Parkinson disease? *Neurology, 77*, 288-94.

Ainsworth, B. E. et al. (2000). Compendium of physical activities: an update of activity codes and MET intensities. *Medicine and Science in Sports and Exercise 32*(9 Suppl.), S498-504.

Arias, R. and Cudeiro, J. (2008). Effects of rhythmic sensory stimulation (auditory, visual) on gait in Parkinson's disease patients. *Experimental Brain Research, 186*, 589-601.

Arias, R. and Cudeiro, J. (2010). Effect of rhythmic auditory stimulation on gait in Parkinsonian patients with and without freezing of gait. *PLoS ONE, 5*, e9675.

Baker, K., Rochester, L., and Nieuwboer, A. (2007). The immediate effect of attentional, auditory, and a combined cue strategy on gait during single and dual tasks in Parkinson's disease. *Archives of Physical Medicine and Rehabilitation, 88*, 1593-600.

Baker, K., Rochester, L., and Nieuwboer, A. (2008). The effect of cues on gait variability-reducing the attentional cost of walking in people with Parkinson's disease. *Parkinsonism & Related Disorders, 14*, 314-20.

Ball, J. M. (1967). Demonstration of the traditional approach in the treatment of a patient with parkinsonism. *American Journal of Physical Medicine, 46*, 1034-6.

Belardinelli, R. et al. (2008). Waltz dancing in patients with chronic heart failure: new form of exercise training. *Circulation. Heart Failure, 1*, 107-14.

Bloem, B., Hausdorff, J., Visser, J., and Giladi, N. (2004). Falls and freezing of gait in Parkinson's disease: a review of two interconnected, episodic phenomena. *Movement Disorders, 19*, 871-84.

Blood, A. J. and Zatorre, R. J. (2001). Intensely pleasurable responses to music correlate with activity in brain regions implicated in reward and emotion. *Proceedings of the National Academy of Sciences of the USA, 98*, 11818-23.

Boso, M., Politi, P., Barale, F., and Enzo, E. (2006). Neurophysiology and neurobiology of the musical experience. *Functional Neurology, 21*, 187-91.

Brown, L. A. et al. (2009). Novel challenges to gait in Parkinson's disease: the effect of concurrent music in single- and dual-task contexts. *Archives of Physical Medicine and Rehabilitation, 90*, 1578-83.

Brown, L. A. et al. (2010). Obstacle crossing among people with Parkinson disease is influenced by concurrent music. *Journal of Rehabilitation Research and Development, 47*, 225-31.

Chaudhuri, K. R., Healy, D. G., and Schapira, A. H. V. (2006). Non-motor symptoms of Parkinson's disease: diagnosis and management. *Lancet Neurology, 5*, 235-45.

Covinsky, K. E., Hilton, J., Lindquist, K., and Dudley, R. A. (2006). Development and validation of an index to predict activity of daily living dependence in community-dwelling elders. *Medical Care, 44,* 149-57.

Cubo, E., Leurgans, S., and Goetz, C. G. (2004). Short-term and practice effects of metronome pacing in Parkinson's disease with gait freezing while in the 'on' state: randomized single blind evaluation. *Parkinsonism & Related Disorders, 10,* 507-10.

Cunnington, R., Windischberger, C., Deecke, L., and Moser, E. (2002). The preparation and execution of self-initiated and externally-triggered movement: a study of event-related fMRI. *Neuroimage, 15,* 373-85.

de Bruin, N. et al. (2010). Walking with music is a safe and viable tool for gait training in Parkinson's disease: the effect of a 13-week feasibility study on single and dual task walking. *Parkinson's Disease, 2010,* 1-9.

de Dreu, M. J. et al. (2012). Rehabilitation, exercise therapy and music in patients with Parkinson's disease: a meta-analysis of the effects of music-based movement therapy on walking ability, balance and quality of life. *Parkinsonism & Related Disorders, 18,* S114-19.

Debaere, F. et al. (2003). Internal vs external generation of movements: differential neural pathways involved in bimanual coordination performed in the presence or absence of augmented visual feedback. *NeuroImage, 19,* 764-76.

Duncan, R. P. and Earhart, G. M. (2012). Randomized controlled trial of community-based dancing to modify disease progression in Parkinson disease. *Neurorehabilitation and Neural Repair, 26,* 132-43.

Earhart, G. M. (2009). Dance as therapy for individuals with Parkinson disease. *European Journal of Physical and Rehabilitation Medicine, 45,* 231-8.

Ebersbach, G. et al. (1999). Interference of rhythmic constraint on gait in healthy and patients with early Parkinson's disease: evidence for impaired locomotor pattern generation in early Parkinson's disease. *Movement Disorders, 14,* 619-25.

Elbers, R. G., Van Wegen, E. E. H., Verhoef, J., and Kwakkel, G. (2013). Is gait speed a valid measure to predict community ambulation in patients with Parkinson's disease? *Journal of Rehabilitation Medicine, 45,* 370-75.

Ellis, T. et al. (2005). Efficacy of a physical therapy program in patients with Parkinson's disease: a randomized controlled trial. *Archives of Physical Medicine and Rehabilitation, 86,* 626-32.

Ellis, T. et al. (2011). Which measures of physical function and motor impairment best predict quality of life in Parkinson's disease? *Parkinsonism & Related Disorders, 17,* 693-7.

Elston, J. et al. (2010). Do metronomes improve the quality of life in people with Parkinson's disease? A pragmatic, single-blind, randomized cross-over trial. *Clinical Rehabilitation, 24,* 523-32.

Enzensberger, W., Oberlander, U., and Stecker, K. (1997). [Metronome therapy in patients with Parkinson disease] [article in German]. *Nervenarzt, 68,* 972-7.

Freedland, R. L. et al. (2002). The effects of pulsed auditory stimulation on various gait measurements in persons with Parkinson's disease. *NeuroRehabilitation, 17,* 81-7.

Freeman, J. S., Cody, F. W., and Schady, W. (1993). The influence of external timing cues upon the rhythm of voluntary movements in Parkinson's disease. *Journal of Neurology, Neurosurgery & Psychiatry, 56,* 1078-84.

Fritz, T. et al. (2009). Universal recognition of three basic emotions in music. *Current Biology, 19,* 573-6.

Gauthier, L., Dalziel, S., and Gauthier, S. (1987). The benefits of group occupational therapy for patients with Parkinson's disease. *American Journal of Occupational Therapy, 41,* 360-65.

Giladi, N. and Nieuwboer, A. (2008). Understanding and treating freezing of gait in parkinsonism, proposed working definition, and setting the stage. *Movement Disorders, 23(Suppl. 2),* S423-5.

Grahn, J. A. (2009). The role of the basal ganglia in beat perception: neuroimaging and neuropsychological investigations. *Annals of the New York Academy of Sciences, 1169,* 35-45.

Grahn, J. A. and Brett, M. (2009). Impairment of beat-based rhythm discrimination in Parkinson's disease. *Cortex, 45,* 54-61.

Grimbergen, Y. A. M., Munneke, M., and Bloem, B. R. (2004). Falls in Parkinson's disease. *Current Opinion in Neurology, 17,* 405-15.

Hackney, M. E. and Earhart, G. M. (2009a). Effects of dance on movement control in Parkinson's disease: a comparison of Argentine tango and American ballroom. *Journal of Rehabilitation Medicine, 41,* 475-81.

Hackney, M. E. and Earhart, G. M. (2009b). Health related quality of life and alternative forms of exercise in Parkinson disease. *Parkinsonism & Related Disorders, 15,* 644-8.

Hackney, M. E., Kantorovich, S., Levin, R., and Earhart, G. M. (2007). Effects of tango on functional mobility in Parkinson's disease: a preliminary study. *Journal of Neurologic Physical Therapy, 31,* 173-9.

Hausdorff, J. M. et al. (2007). Rhythmic auditory stimulation modulates gait variability in

Parkinson's disease. *European Journal of Neuroscience, 26,* 2369-75.

Hayakawa, Y., Miki, H., Takada, K., and Tanaka, K. (2000). Effects of music on mood during bench stepping exercise. *Perceptual and Motor Skills, 90,* 307-14.

Howe, T. et al. (2003). Auditory cues can modify the gait of persons with early-stage Parkinson's disease: a method for enhancing parkinsonian walking performance? *Clinical Rehabilitation, 17,* 363-7.

Ito, N. et al. (2000). *Music Therapy in Parkinson's Disease: improvement of parkinsonian gait and depression with rhythmic auditory stimulation.* New York: Elsevier Science.

Jahanshahi, M. et al. (1995). Self-initiated versus externally triggered movements. I. An investigation using measurement of regional cerebral blood flow with PET and movement-related potentials in normal and Parkinson's disease subjects. *Brain, 118,* 913-33.

Kattenstroth, J., Kolankowska, I., Kalisch, T., and Dinse, H. (2010). Superior sensory, motor, and cognitive performance in elderly individuals with multi-year dancing activities. *Frontiers in Aging Neuroscience, 2,* 31.

Keus, S. H. et al. (2007). Evidence-based analysis of physical therapy in Parkinson's disease with recommendations for practice and research. *Movement Disorders, 22,* 451-60; quiz 600.

Krumhansl, C. L. (2000). Rhythm and pitch in music cognition. *Psychological Bulletin, 126,* 159-79.

Kwakkel, G., de Goede, C, J., and van Wegen, E. E. (2007). Impact of physical therapy for Parkinson's disease: a critical review of the literature. *Parkinsonism & Related Disorders, 13(Suppl. 3),* S478-87.

Large, E. W., and Palmer, C. (2002). Perceiving temporal regularity in music. *Cognitive Science, 26,* 1-37.

Laukka, P. (2006). Uses of music and psychological well-being among the elderly. *Journal of Happiness Studies, 8,* 215-41.

Lee, S. J. et al. (2012). The effects of visual and auditory cues on freezing of gait in patients with Parkinson disease. *American Journal of Physical Medicine & Rehabilitation, 91,* 2-11.

Lim, H. A., Miller, K., and Fabian, C. (2011). The effects of therapeutic instrumental music performance on endurance level, self-perceived fatigue level, and self-perceived exertion of inpatients in physical rehabilitation. *Journal of Music Therapy, 48,* 124-48.

Lim, I. et al. (2005). Effects of external rhythmical cueing on gait in patients with Parkinson's disease: a systematic review. *Clinical Rehabilitation, 19,* 695-713.

Lim, I. et al. (2010). Does cueing training improve physical activity in patients with Parkinson's disease? *Neurorehabilitation and Neural Repair, 24,* 469-77.

Lohnes, C. A. and Earhart, G. M. (2011). The impact of attentional, auditory, and combined cues on walking during single and cognitive dual tasks in Parkinson disease. *Gait & Posture, 33,* 478-83.

Lopopolo, R. B. et al. (2006). Effect of therapeutic exercise on gait speed in community-dwelling elderly people: a meta-analysis. *Physical Therapy, 86,* 520-40.

McIntosh, G. M., Brown, S. H., and Rice, R. R. (1997). Rhythmic auditory-motor facilitation of gait patterns in patients with Parkinson's disease. *Journal of Neurology, Neurosurgery, & Psychiatry, 62,* 22-6.

McIntosh, G. M., Rice, R. R., Hurt, C. P., and Thaut, M. H. (1998). Long-term training effects of rhythmic auditory stimulation on gait in patients with Parkinson's disease. *Movement Disorders, 13(Suppl. 2),* 212.

Madison, G., Gouyon, F., Ullen, F., and Hornstrom, K. (2011). Modeling the tendency for music to induce movement in humans: first correlations with low-level audio descriptors across music genres. *Journal of Experimental Psychology. Human Perception and Performance, 37,* 1578-94.

Marchese, R. et al. (2000). The role of sensory cues in the rehabilitation of parkinsonian patients: a comparison of two physical therapy protocols. *Movement Disorders, 15,* 879-83.

Martin, J. P. (1963). The basal ganglia and locomotion. *Annals of the Royal College of Surgeons of England, 32,* 219-39.

Mentis, M. J. et al. (2003). Enhancement of brain activation during trial-and-error sequence learning in early PD. *Neurology, 60,* 612-19.

Milat, A. J. et al. (2011). Prevalence, circumstances and consequences of falls among community-dwelling older people: results of the 2009 NSW Falls Prevention Baseline Survey. *New South Wales Public Health Bulletin, 22,* 43-8.

Miller, R. A., Thaut, M. H., McIntosh, G. C., and Rice, R. R. (1996). Components of EMG symmetry and variability in Parkinsonian and healthy elderly gait. *Electroencephalography and Clinical Neurophysiology, 101,* 1-7.

Molinari, M. et al. (2003). Neurobiology of rhythmic motor entrainment. *Annals of the New York Academy of Sciences, 999,* 313-21.

Morris, M. E. (2006). Locomotor training in people with Parkinson disease. *Physical Therapy, 86,* 1426-35.

Morris, M. E., Iansek, R., Matyas, T. A., and Summers, J. J. (1994). The pathogenesis of gait hypokinesia in Parkinson's disease. *Brain, 117,* 1169-81.

Morris, M. E., Iansek, R., Matyas, T. A., and Summers, J. J. (1996). Stride length regulation in Parkinson's disease. Normalization strategies and underlying mechanisms. *Brain, 119,* 551-68.

Morris, M. E., Iansek, R., and Kirkwood, B. (2009). A randomized controlled trial of movement strategies compared with exercise for people with Parkinson's disease. *Movement Disorders, 24,* 64-71.

Nieuwboer, A. and Giladi, N. (2008). The challenge of evaluating freezing of gait in patients with Parkinson's disease. *British Journal of Neurosurgery, 22(Suppl. 1),* S16-18.

Nieuwboer, A. et al. (2007). Cueing training in the home improves gait-related mobility in Parkinson's disease: the RESCUE trial. *Journal of Neurology, Neurosurgery, & Psychiatry, 78,* 134-40.

Nieuwboer, A., Rochester, L., and Jones, D. (2008). Cueing gait and gait-related mobility in patients with Parkinson's disease: developing a therapeutic method based on the international classification of functioning, disability, and health. *Topics in Geriatric Rehabilitation, 24,* 151-65.

Nieuwboer, A. et al. (2009). The short-term effects of different cueing modalities on turn speed in people with Parkinson's disease. *Neurorehabilitation and Neural Repair, 23,* 831-6.

Olanow, C. W., Stern, M. B., and Sethi, K. (2009). The scientific and clinical basis for the treatment of Parkinson disease (2009). *Neurology, 72(Suppl. 4),* S1-136.

O'Shea, S., Morris, M. E., and Iansek, R. (2002). Dual task interference during gait in people with Parkinson disease: effects of motor versus cognitive secondary tasks. *Physical Therapy, 82,* 888-97.

Pacchetti, C. et al. (2000). Active music therapy in Parkinson's disease: an integrative method for motor and emotional rehabilitation. *Psychosomatic Medicine, 62,* 386-93.

Palo-Bengtsson, L. and Ekman, S.-L. (2002). Emotional response to social dancing and walks in persons with dementia. *American Journal of Alzheimer's Disease and Other Dementias, 17,* 149-53.

Perera, S., Mody, S. H., Woodman, R. C., and Studenski, S. A. (2006). Meaningful change and responsiveness in common physical performance measures in older adults. *Journal of the American Geriatrics Society, 54,* 743-9.

Pluijm, S. et al. (2006). A risk profile for identifying community-dwelling elderly with a high risk of recurrent falling: results of a 3-year prospective study. *Osteoporosis International, 17,* 417-25.

Rahman, S., Griffin, H. J., Quinn, N. P., and Jahanshahi, M. (2011). On the nature of fear of falling in Parkinson's disease. *Behavioural Neurology, 24,* 219-28.

Rochester, L. et al. (2009). Does auditory rhythmical cueing improve gait in people with Parkinson's disease and cognitive impairment? A feasibility study. *Movement Disorders, 24,* 839-45.

Rochester, L. et al. (2010a). Evidence for motor learning in Parkinson's disease: acquisition, automaticity and retention of cued gait performance after training with external rhythmical cues. *Brain Research, 1319,* 103-11.

Rochester, L. et al. (2010b). The effect of cueing therapy on single and dual-task gait in a drug naive population of people with Parkinson's disease in northern Tanzania. *Movement Disorders, 25,* 906-11.

Rubinstein, T. C., Giladi, N., and Hausdorff, J. M. (2002). The power of cueing to circumvent dopamine deficits: a review of physical therapy treatment of gait disturbances in Parkinson's disease. *Movement Disorders, 17,* 1148-60.

Shimamoto, H., Adachi, Y., Takahashi, M., and Tanaka, K. (1998). Low impact aerobic dance as a useful exercise mode for reducing body mass in mildly obese middle-aged women. *Applied Human Science, 17,* 109-14.

Studenski, S. et al. (2011). Gait speed and survival in older adults. *Journal of the American Medical Association, 305,* 50-58.

Suteerawattananon, M. et al. (2004). Effects of visual and auditory cues on gait in individuals with Parkinson's disease. *Journal of the Neurological Sciences, 219,* 63-9.

Teki, S., Grube, M., Kumar, S., and Griffiths, T. D. (2011). Distinct neural substrates of duration-based and beat-based auditory timing. *Journal of Neuroscience, 31,* 3805-12.

Thaut, M. H. (2005). The future of music in therapy and medicine. *Annals of the New York Academy of Sciences, 1060,* 303-8.

Thaut, M. H. et al. (1996). Rhythmic auditory stimulation in gait training for Parkinson's disease patients. *Movement Disorders, 11,* 193-200.

Thaut, M. H., Rathbun, J. A., and Miller, R. A. (1997). Music versus metronome timekeeper in a rhythmic motor task. *International Journal of Arts Medicine, 5,* 4-12.

Tinetti, M. E. and Williams, C. S. (1997). Falls, injuries due to falls, and the risk of admission to a nursing home. *New England Journal of Medicine, 337,* 1279-84.

Toyomura, A., Shibata, M., and Kuriki, S. (2012). Self-paced and externally triggered rhythmical lower limb movements: a functional MRI study. *Neuroscience Letters, 516,* 39-44.

van Wegen, E. et al. (2006a). The effect of rhythmic somatosensory cueing on gait in patients with Parkinson's disease. *Journal of the Neurological Sciences, 248,* 210-14.

van Wegen, E. et al. (2006b). The effects of visual rhythms and optic flow on stride patterns of patients with Parkinson's disease. *Parkinsonism & Related Disorders, 12,* 21-7.

Verghese, J. (2006). Cognitive and mobility profile of older social dancers. *Journal of the American Geriatrics Society, 54,* 1241-4.

Verghese, J., Wang, C., and Holtzer, R. (2011). Relationship of clinic-based gait speed measurement to limitations in community-based activities in older adults. *Archives of Physical Medicine and Rehabilitation, 92,* 844-6.

Von Wilzenben, H. D. (1942). *Methods in the Treatment of Postencephalic Parkinson's.* New York: Grune and Stratten.

Westbrook, B. K. and McKibben, H. (1989). Dance/movement therapy with groups of outpatients with Parkinson's disease. *American Journal of Dance Therapy, 11,* 27-38.

Westheimer, O. (2008). Why dance for Parkinson's disease. *Topics in Geriatric Rehabilitation, 24,* 127-40.

Willems, A. M. et al. (2006). The use of rhythmic auditory cues to influence gait in patients with Parkinson's disease, the differential effect for freezers and non-freezers, an explorative study. *Disability and Rehabilitation, 28,* 721-8.

Willems, A. M. et al. (2007). Turning in Parkinson's disease patients and controls: the effect of auditory cues. *Movement Disorders, 22,* 1871-8.

Zhang, J.-G. et al. (2008). Postural stability and physical performance in social dancers. *Gait & Posture, 27,* 697-701.

Chapter 08

리듬 청각 자극(RAS)

●

Corene P. Thaut and Ruth Rice

8.1 정의

리듬 청각 자극(rhythmic auditory stimulation: RAS)은 생리학적 기제에 기본적으로 내재된 리드미컬한 움직임의 재활, 발달, 유지 등을 목표로 하는 신경학적 음악치료 기법이다. RAS가 적용되는 대표적인 예로는 보행이 있는데, 보행에 요구되는 팔의 움직임역시 리드미컬한 동작에 포함된다. RAS는 신경학적 손상 환자들의 안정적인 보행 패턴을 위한 재활 기법으로, 리듬 자극이 신체 운동 시스템에 작용하는 원리를 근거로 하여적용된다(Thaut, 2005). 연구에 따르면, 이 기법은 움직임을 수행하는 동안 제공되는 리듬 자극의 두 가지 근거를 전제로 하는데, 하나는 즉각적 동조화 현상(entrainment)을 유도하는 것이고, 다른 하나는 기능적인 보행 패턴 향상을 구성하는 것이다.

8.2 대상군

RAS는 파킨슨병, 뇌졸중, 외상성 뇌손상, 다발성 경화증, 뇌성마비 등 보행 패턴과관련된 어려움을 가진 다양한 대상군에 적용될 수 있는데, 특히 파킨슨병 환자들의 보행 기능 개선을 위해 활용되는 경우가 많다.

파킨슨병 환자들은 주로 굽은 자세로 서 있거나 걷는 특징을 보이며, 엉덩이와 무릎, 골반이나 팔 등의 관절 가동 범위(range of motion: ROM) 감소 혹은 발목 굴곡 감소 등의 증상이 나타난다. 이러한 특징으로 인해 발을 끌며 걷는 것과 같은 셔플 보행, 과도하게 느리거나 넘어지는 것을 방지하기 위한 매우 빠른 전진, 걸음걸이 시작의 어려움, 동결 보행(freezing) 또는 문을 통과하거나 방향을 전환하는 데 대한 어려움, 감소된 균형 감각, 좁은 보폭으로 인한 보행분속수(cadence)의 증가, 보폭 감소로 인한 속도 감소 등의 현상을 보인다.

뇌졸중 환자들 역시 적절한 보행 패턴과 안정성을 유지하는 데 어려움이 있다. RAS는 근육의 이완 또는 경직, 환측 상지 및 하지의 근긴장도 증가로 인한 마비나 약화, 보행 중 발 끌림, 운동 패턴 조절 기능 저하, 체간 조절 기능 감소와 근육 구축, 관절 가동 범위 제한, 보폭 불균형, 손상 부위의 체중 부하 감소 등으로 인해 보행분속수, 보폭, 보행 속도 등이 감소하는 양상을 보인다(O'Sullivan & Schmitz, 2007).

외상성 뇌손상 환자들의 경우, 뇌졸중 환자에 비해 양측 모두 손상되는 비율이 높고, 인지장애와 관련된 증상이 더 많이 나타난다. 신경근 손상은 근긴장도 이상, 감각 손상, 운동 조절 기능 저하, 균형장애 및 마비 등을 포함한다(O'Sullivan & Schmitz, 2007). RAS는 이처럼 다양한 환자에게 관찰되는 증상에 따라 보행, 균형, 속도, 보행분속수, 보폭, 강도 및 지구력 향상을 위해 사용될 수 있다. 단, RAS에서 속도를 조절할 때 너무 빠른 속도를 적용하게 되면 상지 및 하지의 근긴장도를 유도할 수도 있다는 점을 고려해야 한다.

다발성 경화증 역시 안정된 보행 패턴을 유지하는 데 어려움을 발생시키는 요인이 되는데, 이때도 역시 RAS가 편측 또는 양측 상지 및 하지의 약화, 전경부(pretibial)의 약화로 인한 발목 처짐(첨족, drop foot), 피로, 불균형, 실조성 보행(ataxic gait), 경직, 비틀거림, 동작 패턴 협응의 어려움을 개선하는 데 도움을 주는 방법으로 활용될 수 있다(O'Sullivan & Schmitz, 2007).

이 밖에도 무릎 인공 관절 수술 및 인공 관절 치환술(total hip replacement) 또는 다른 관절 부위의 정형외과적 질환이나 편측 및 양측 하지의 체중 부하로 인해 손상된 관절의 가동 범위 향상 및 손상된 하지 근력 강화 등을 목표로 하는 환자들에게도 RAS를 적용할 수 있다.

8.3 연구 요약

1991년부터 Thaut와 그의 동료들은 운동 조절에 대한 리듬의 효과와 관련된 기초 연구들을 발표하였으며, 이를 시작으로 하여 재활운동에서의 음악 사용에 대한 기초과학 및 임상 학문 분야가 지속적으로 성장하였다. RAS가 보행에 미치는 효과에 대한 최근의 논문들은 파킨슨병(de Dreu et al., 2012; Kadivar et al., 2011), 외상성 뇌손상(Hurt et al., 1998), 다발성 경화증(Baram & Miller, 2007; Conklyn et al., 2010), 척추 손상(de l'Etoile, 2008) 및 경직형 양측 뇌성마비(spastic diplegic cerebral palsy) 환자들(Baram & Lenger, 2012; Kim et al., 2011)을 대상으로 하여 적절한 자세와 보행 속도, 보폭 및 보행 시 하지의 효율적인 동작 패턴에 요구되는 리듬의 역할에 대해 연구하였다. 후천성 뇌손상에 대한 연구(Bradt et al., 2010)는 RAS가 보행 속도, 보행분속수, 보폭 및 보행 균형성과 같은 보행 범위의 증가에 효과적이라는 사실을 보고하였다.

8.4 치료적 메커니즘

RAS는 리듬 동조화, 점화, 운동 주기 신호, 단계적 한계 주기 동조화 등 네 가지의 신경학적 개념을 기반으로 한다.

리듬 동조화(entrainment)는 운동 시스템이 청각 시스템과 결합하여 특정 운동 패턴을 유도하는 것을 의미한다. 중추 패턴 발생기(central pattern generators: CPGs)는 입력되는 감각 정보를 피질을 거치지 않고 추체외로를 통해 운동 신경에 직접 연결하여, 청각 리듬에 의한 움직임 패턴의 동조화를 통해 지각이나 학습과 같은 인지적 처리 없이도 신체적 운동 기능을 가능하게 할 수 있다. 리듬 동조화의 간단한 예로는, 우리가 복도를 길어갈 때 하이힐을 신은 누군가가 뒤에서 접근하여 또각또각 하는 소리를 낼 때, 의식적인 노력 없이 자연스럽게 소리에 맞춰 걷게 되는 현상을 들 수 있다.

점화(priming)는 척수 수준에서 운동 신경 다발이 자극되는 외부 청각 신호의 기능을 말하는데, 이는 걷는 동안 다리의 근육 활성화 패턴을 동반한다. Thaut와 그의 동료들(1991)은 이두근과 삼두근의 근전도(electromyography: EMG) 발생, 지속 기간 및 변이성을 조정하기 위한 타임키퍼로서의 청각 리듬을 분석하기 위해 대근육 운동에 대한 연구를 진행하였는데, 외부에서 청각 리듬이 제공되었을 때 운동 수행 중 근육 활동의 변이성이 감소되는 것으로 나타났다. 이는 더욱 숙련된 운동에 필요한 운동 단위가 보다 효율적으로 결합되었다는 것을 의미하며, 근육을 보다 효율적으로 사용함으로써 환자가 더욱 오랫동안 과제를 수행할 수 있게 되었음을 나타낸다. 또한 Thaut와 그의 동료들(1992)은 일반 보행에서의 청각 리듬에 대한 보폭 주기의 시간적 매개 변수 및 EMG를 측정하였다. 그 결과, 리듬이 제공되었을 때 참여자들의 양측 하지의 보폭 리듬이 개선되었고, 비복근(장만지근, gastrocnemius) 활동 시작이 지연되고 활동 기간이 단축되었으며, EMG 측정에서 비복근을 위한 통합 진폭 비율(integrated amplitude ratios)이 증가하였다. 이러한 결과는 리듬 청각 신호가 존재할 때, 발을 밀어내는 동안의 점화 효과로 인해 더욱 집중되고 일관된 근육 활동이 이루어졌음을 보여 준다. 이러한 결과는 뇌졸중 편마비 환자들을 대상으로 한 Thaut와 그의 동료들(1993)의 또 다른 연구에

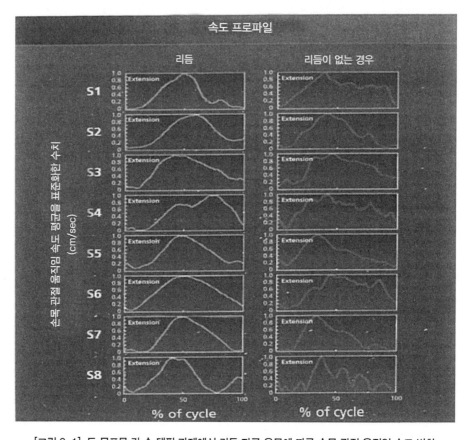

[그림 8-1] 두 목표물 간 손 탭핑 과제에서 리듬 자극 유무에 따른 손목 관절 움직임 속도 변화

서도 유사하게 보고되었다.

운동 주기 신호(cueing of the movement period)의 개념은 1997년에 진행된 리듬 동조화 원리 연구에서 제시되었다. 리드미컬한 움직임의 동조화는 움직임 반응과 리듬 비트 간의 단계적(phase) 동조화가 아닌 구간(interval) 적용이나 주기적(frequency) 동조화에 의해 유도된다는 증거가 보고되었다(Thaut et al., 1997). 이는 움직임의 신호로서 리듬을 사용할 때, 리듬 비트의 끝부분에 운동이 일치하는 것이 아니라 움직임의 전체적 지속 기간과 궤적을 통한 리듬 동조화에 의해 시간적 안정성이 유지되고 강화되었다는 것을 의미한다. [그림 8-1]은 손으로 탭핑(tapping)하는 과제에서 리듬 자극 유무에 따른 손목 관절 움직임의 속도 변화를 보여 준다.

한계 주기(limit cycle)는 사람의 보행 기능이 최적으로 발생하는 단계의 보행분속수 및 주기를 뜻한다. 한계 주기는 신경학적 질병 또는 부상에 의해 변화할 수 있으며, 그 결과로 보행 패턴의 장애가 발생한다. 단계적 한계 주기 동조화(step-wise limit cycle entrainment: SLICE)는 환자의 현재 한계 주기 동조화 과정이며, 단계별 진행을 통해 점차적이고 단계적으로 보행분속수를 조정하여 발병 이전의 움직임 주기에 가까워지도록 한다. 이 과정은 RAS 보행 훈련의 프로토콜로 구성되며, 총 6단계로 이루어져 있다.

8.5 임상 프로토콜

8.5.1 보행운동학의 원리

보행 재활에 적용되는 RAS의 원리를 이해하기 위해서는 기본적인 보행에 대한 지식이 필요하다. 인간의 보행은 단순하면서도 복잡한 원리로 설명된다. 보행은 독립적인 생활을 위한 기본적인 움직임이지만, 실제로 기능이 상실되기 전까지는 중요성을 간과하기 쉽다. 보행 기능이 상실되는 경우 이를 향상시키고 회복하는 것은 매우 어렵다.

보행의 기본 단위는 '보행 주기(gait cycle)' 또는 '활보(stride)'로, 시간과 거리를 통해 측정된다. 보행 주기는 걸음을 걷는 동안 양쪽 다리가 교대로 움직이는 과정이다([그림 8-2] 참조). 양쪽 다리가 지면에 닿아 있을 때를 입각기(stance phase, 디딤기)라고 하고, 지면에 닿지 않은 상태를 유각기(swing phase, 흔듦기)라고 하며, 이 두 단계를 교대로 반복하는 것을 보행 주기라 한다. 보행 시 입각기는 보행 주기의 약 60%를, 유각기는 40%를 차지한다.

다시 설명하면, 보행 주기는 한쪽 발이 지면에 닿는 입각기에서부터 다리가 지면에서 떨어진 상태인 유각기 후 같은 발이 다시 지면에 닿을 때까지를 의미한다. 보행 주기 동안 두 발이 동시에 지면에 닿을 때가 두 번 발생하는데, 이를 양하지 지지기(double support time)라고 한다. 이 단계는 보행 주기 중 가장 안정된 구간으로 각각 전체의 10% 정도에 해당한다(양하지 지지기의 총합은 20%이다). 비정상적인 보행 패턴을 보이는 환자의 경우 체간의 안정성을 높이거나 넘어지는 위험을 줄이기 위한 노력 때문에 양하지 지지기 시간이 증가하는 양상이 나타난다.

보행의 다른 요소 중 하나는 걸음(step)이다. 걸음은 한 발이 땅에 닿는 순간부터 다른 발이 땅에 닿을 때까지를 말하며, 보행분속수나 분당 걸음으로 계산한다([그림 8-3] 참조).

보행 단계를 설명하기 위해서는 두 가지의 다른 용어가 사용된다. 전통 용어와 함께 Ranchos Los Amigos Research and Education Institute Inc. (LAREI) of Ranchos Los Amigos National Rehabilitation Center에서 고안된 용어가 사용된다(Pathokinesiology Service and Physical Therapy Department, 2001).

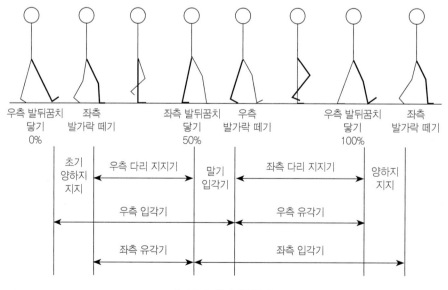

[그림 8-2] 보행 주기

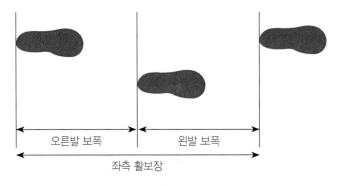

[그림 8-3] 활보장과 보폭

체중 수용(weight acceptance, 체중 지지)은 초기 닿기(initial contact)와 부하 반응기 (loading response) 단계를 포함한다. 이때는 다리를 빠르게 뻗어 충격을 흡수하면서 무게 중심을 이동한다. 이는 보행 주기에서 두 발이 지면에 닿게 되는 첫 번째 양하지 지지기이다.

초기 닿기[전통 용어: '발뒤꿈치 닿기(heel strike)']는 발뒤꿈치를 처음으로 땅에 디딜 때를 입각기의 시작으로 지칭한다.

부하 반응기[전통 용어: '발바닥 닿기(foot flat)']는 뻗은 다리로 체중이 이동하고 발은 지면을 향해 내려간다. 이 단계는 다른 발을 들어 올릴 때까지 계속된다.

한 다리 지지기(single limb support)는 중간 입각기(mid stance)와 말기 입각기(terminal stance)로 이루어진다. 이 기간 동안 몸은 한쪽 다리 쪽을 향하는데, 이는 반대쪽 발이 땅에 닿을 때까지 계속된다. 무게는 중족골(metatarsal, 발목과 발가락 사이의 뼈) 쪽으로 옮겨지고, 뒤꿈치는 땅에서 떨어진다.

중간 입각기[전통 용어: '중간 입각기(mid stance)']는 다른 쪽 발이 들려 올라가기 시작하고 몸이 서 있는 위치를 지나갈 때까지 계속한다.

말기 입각기[전통 용어: '발뒤꿈치 떼기(heel off)']에서 몸은 서 있는 자세보다 앞쪽으로 계속 이동하면서 체중이 발 앞쪽으로 전달된다. 이 단계는 다른 발이 땅에 닿기 직전에 끝난다.

발을 앞으로 뻗어 체중을 앞으로 옮기는 것(swing limb advancement, 유각하지의 진행/전진)에는 전유각기(pre-swing phase), 초기 유각기(initial swing phase), 중간 유각기(mid swing phase), 말기 유각기(terminal swing phase)가 포함된다. 이때는 발을 땅에서 옮겨 체중이 다른 쪽 다리로 이동된다. 다음 발뒤꿈치를 디딜 준비를 하기 위해 발은 몸의 뒤에서 앞쪽으로 이동된다.

전유각기[전통 용어: '발가락 떼기(toe off)']는 마지막 단계로, 보행 주기의 두 번째 양하지 지지 단계이다. 무게는 반대쪽으로 이동되고, 지면으로부터 발끝을 들어 올리면서 끝난다.

초기 유각기[전통 용어: '가속(acceleration)']는 발을 들어 올리고 허벅지가 앞으로 움직이기 시작하며 무릎이 최대 60도의 굽힘으로 진행되어 발이 지면으로부터 떨어지는 동작을 말한다. 이 단계는 흔드는 쪽 발이 지지하는 발 반대편에 있을 때 끝난다.

중간 유각기[전통 용어: '중간 유각기(mid swing)']는 흔드는 발이 서 있는 발의 반대편에 있을 때 시작된다. 흔드는 동안 허벅지는 발이 땅에서 떨어질 때까지 계속해서 나아가고, 경골(tibia)이 수직일 때 끝난다.

말기 유각기[전통 용어: '감속(deceleration)']는 경골의 수직 방향으로 시작하며, 초기 닿기 직전에 끝난다. 무릎은 발뒤꿈치를 위한 준비 단계 동안 확장된다.

8.6 RAS 프로토콜 단계

RAS 보행 훈련은 여섯 단계로 이루어져 있다. 각 단계마다 소요되는 시간은 환자들의 기능 수준에 따라 조절하지만, 기본적으로 다음과 같은 순서에 따라 진행된다.

① 1단계: 현재 보행 기능 평가
② 2단계: 공명 주기 동조 및 전 보행 훈련(resonant frequency entrainment and pre-gait exercises)
③ 3단계: 5~10% 주기 증가
④ 4단계: 발전된 보행 운동
⑤ 5단계: 음악 자극 소거
⑥ 6단계: 보행 기능 재평가

8.6.1 1단계: 현재 보행 기능 평가

RAS 보행 훈련에서 첫 번째 단계는 항상 환자의 보행 기능 평가로 시작한다. 평가는 보행분속수(걸음 수/분), 속도(m/분) 및 보폭(m)을 계산하기 위해 10m 걷기를 이용한다. 치료사는 보행의 대칭, 근육 강도, 체간 회전, 팔 움직임, 자세, 뒤꿈치 닿기, 발가락 떼기, 단/양하지 지지기 및 효과적인 보조 장치 사용 등과 같은 보행운동학적 평가도 추가적으로 진행할 수 있다.

보행분속수(cadence)는 1분당 걷는 걸음 수로, 환자들이 30초 또는 60초 동안 걷는 걸음 수를 세어 측정한다. 이 시간 동안 측정이 어려운 환자들은 10m를 걷게 하여 보행 시간과 걸음 수를 측정하고, 다음의 공식을 통해 보행분속수를 계산할 수 있다.

$$보행분속수=60/시간(초)\times걸음 횟수$$

속도(velocity)는 걸음의 빠르기를 말하며, m/분 또는 피트/분(피트/분을 3.281로 나누기=m/분)으로 측정한다. 10m 걷기를 통해서도 계산할 수 있다.

$$속도=60/시간(초)\times10m(거리)$$

활보장(stride length)은 한 발의 뒤꿈치부터 같은 쪽의 발이 다음에 땅에 닿을 때까지를 말한다. 활보장은 속도를 보행분속수로 나누고 2를 곱하는 것으로 계산한다.

$$활보장=속도/보행분속수\times2$$

10m 걷기 및 보행 관찰과 함께 Berg Balance Scale(Berg et al., 1992)과 일어서서 걷기 검사(Timed Up and Go test; Podsiadlo & Richardson, 1991) 같은 표준화된 보행 평가가 추가적인 정보를 얻는 데 필요하다.

8.6.1.1 발목, 무릎 및 엉덩이(고관절)의 일반적 편차

■8.6.1.1.1 발목

경골 전방(tibialis anterior)과 관련된 발목의 일반적인 편차는 초기 닿기 동안에 foot slap(발이 바닥으로 철썩 떨어지는) 또는 foot flat(발이 지면에 평평하게 닿아 있는)과 흔드는 구간에서 발을 떨어트리거나 발가락을 끌면서 걷는 것과 관련되어 있으며, 고관절 또는 무릎 굴곡이 증가하거나, 지면에서 발을 떼기 위해 고관절을 들거나 회전하는 것과 같은 보상 전략의 결과일 수 있다.

비복근(장딴지근, gastrocnemius)과 가자미근(oleus)의 약화와 관련된 편차는 디딤기 구간에서 발등 방향으로 굽히기(dorsiflexion)와 조절되지 않은 경골(tibial) 전진의 증가, 흔들기로 이동 시 발을 떼지 않는 것, 전체 발이 흔들기로 가는 단계에서 지면 위로 들어 올려져 발뒤꿈치나 발가락을 떼지 않는 것과 관련되어 있다.

다른 편차들은 제한된 발목 운동 범위[10도 이하의 발등 방향으로 굽힘(dorsiflexion) 또는 15도 이하의 발바닥 쪽 굽힘(plantar flexion)]나 발목 근육의 과도한 근긴장으로 나타날 수 있다(O'Sullivan & Schmitz, 2007).

■8.6.1.1.2 무릎

대퇴 사두근(quadricep)의 약화로 인한 무릎의 일반적 편차는 초기 닿기와 중간 디딤기까지의 과도한 무릎 구부리기가 포함될 것이다. 고관절 구부리기 증가, 몸통 앞쪽으로 기울기 및 발목에서 발바닥 쪽으로 굽힘에 의해 무릎을 과다하게 펴는 것(hyperextension)과 같은 보상 행동을 보이게 된다. 대퇴 사두근의 약화는 또한 초기 닿기 준비 시, 말기 흔들기 동안의 적절하지 않은 무릎 확장이 원인이 될 수 있다.

햄스트링의 약화는 적절하지 않은 무릎 굽힘으로 인해 발생할 수 있고, 이로 인해 보행의 흔들기 동안 발가락 끌기 현상이 나타날 수 있다. 발을 지면에서 떼기 위한 보상 패턴으로는 엉덩이 구부리기를 증가시키거나, 골반을 들어 올리거나 회전하거나, 반대쪽 측면을 아치 모양으로 만드는 것 등이 있다(O'Sullivan & Schmitz, 2007).

■8.6.1.1.3 엉덩이(고관절)

대둔근(gluteus maximus)과 햄스트링의 약화로 인한 일반적인 고관절 편차는, 고관절 굽힘을 방지하기 위해 체간을 뒤로 하는 보상 움직임과 함께 디딤기 동안의 과도한 고관절 구부리기를 포함한다. 흔들기 동안에 이러한 기능 약화는 발꿈치 딛기 준비를 위한 다리 위치 설정을 어렵게 한다. 대둔근의 약화는 골반이 반대쪽으로 떨어지는 트렌델렌버그(Trendelenburg) 보행 패턴으로 나타날 수 있다. 보상 움직임 패턴은 주로 체간 기울어짐 또는 약한 쪽으로 기울어짐 등으로 나타난다. 고관절 굴곡근(hip flexor muscle), (주로) 장요근(iliopsoas), 장내전근(adductor longus), 박근(gracilis) 및 봉공근(넙다리빗근, sartorius)의 기능 약화는 흔들기로 넘어갈 때 고관절 굽히기의 시작에 어려움을 가져오며, 흔들기 동안 발의 전방 동작 및 떼는 동작을 돕기 위해 골반을 들어 올리거나 회전하는 동작을 보인다(O'Sullivan & Schmitz, 2007).

8.6.2. 2단계: 공명 주기 동조 및 선행 보행 훈련(전 보행 훈련)

RAS 보행 훈련의 두 번째 단계는 환자들의 보행분속수 평가 결과를 2박 계열의 메트로놈 박이나 음악에 맞춤으로써 리듬 신호를 추가하는 것이다. 치료사들은 RAS 훈련을 하는 동안 리듬 신호에 의해 동작이 유지되도록 한다. 또한 치료사는 환자의 속도 변동에 음악적으로 반응하지 않기 위해 메트로놈을 사용해야 한다. 이때 환자들이 메트로놈 소리를 들을 필요는 없지만, 치료사에게는 들려야 한다. 초기 단계에는 치료사가 환자들의 수행을 돕기 위해 언어적 신호를 제공하지만, 이후에는 언어적 지시를 점차 소거하고 리듬 청각 신호에 의해 움직임 패턴을 유도해야 한다. 기법 적용 이후 보폭 길이 및 대칭, 편측 또는 양측 지지기 변화 등에 있어 즉각적인 효과가 나타나게 된다.

공명 주기 동조를 이용한 준비 운동은 근력 약화로 인해 발생하는 특정한 운동 편차에 대한 보상 패턴을 제공한다. 이러한 운동은 패턴화된 감각 증진(patterned sensory enhancement: PSE)을 적용하여 균형, 강도 및 지구력과 일반적 운동 패턴을 발전시킬 수 있다. 일반적인 준비 운동은 앉거나 서서 할 수 있는 무게 중심 이동하기, 제자리 걷기, 앞뒤로 발 딛기, 막대를 이용한 체간 회전 및 팔 스윙 운동, 발 전체에 진동이 전달되도록 발뒤꿈치 흔들기, 앉아서 무릎 펴기(long arc quads, 앉은 자세에서 다리를 들어 올려 수평이 되도록 하여 무릎을 펴는 자세) 및 다리 외전/내전(abduction/adduction)과 같은 다양한 동작을 포함한다. 이 단계에서의 소요 시간은 환자의 장애 정도 및 지구력에 따라 다르게 결정해야 한다. 쉽게 피로감을 느끼는 환자들을 위해서 치료사들은 주로 준비 운동을 중점으로 하는 RAS 보행 훈련에 초점을 맞출 것이며, 실제 보행 훈련에는 적은 시간을 투자한다. 비교적 높은 기능 수준을 보이는 환자들은 발전된 적응 보행 운동 (4단계)에 더 많은 중점을 둔다.

8.6.3 3단계: 5~10% 주기 증가

두 번째 단계에서는 치료사가 시행한 전 보행 운동을 통해 보행의 한계 주기가 일정하게 증가하기 시작하면서 환자의 보행 패턴이 정상화되어 점차 빨리 걸을 수 있게 된다. 세 번째 단계(주기 조절)에서 치료사는 환자의 한계 주기를 보다 정상적인 범위로 유도하기 위해 보행 패턴을 유지할 수 있는지 확인하고, 리듬 청각 자극의 속도를 5~10%씩 가속하기 시작한다.

한편, 치료사가 환자의 안전한 보행과 패턴 형성의 정상화를 위해 보행분속수를 감소시켜 제공하는 경우가 있는데, 이러한 예로는 활보장과 속도가 감소하면서 기준치 이상으로 빠른 보행분속수를 나타내는 파킨슨병 환자에 대한 중재가 해당한다.

8.6.4 4단계: 발전된 보행 운동

RAS 보행 훈련에서 첫 번째부터 세 번째 단계까지는 통제된 조건하에서 보행과 이동에 대한 가장 기본적인 양상을 나타낸다. 그러나 일상생활에서 정상적인 보행은 방향 전환, 속도 가속 및 감속, 고르지 않은 표면 위 걷기, 움직임을 멈추고 시작하기, 장애물 걷기, 계단 걷기, 보조 장치가 있거나 없을 때의 보행과 같은 다양한 환경에 노출된다. 네 번째 단계에서는 RAS를 이용하여 일상생활에서 직면할 수 있는 어려운 보행 상황들을 연습할 수 있다. 이에 대한 예시는 다음과 같다.

- RAS 훈련을 통한 서로 다른 표면과 물체가 있는 장애물 코스를 통과하는 훈련
- 음악의 재생 및 정지 구간에 맞춰 앞으로 걷거나 멈추기
- 리듬 신호에 따라 뒤로 걷기
- 템포가 변동하는 음악의 박자에 따라 걷기
- 선회 연습을 위해 8자 모양으로 걷기
- 다른 표면들이 있는 밖에서 걷기(예: 풀, 갓길, 경사로)

8.6.5 5단계: 음악 자극 소거

다섯 번째 단계에서의 목표는 리듬 청각 자극을 없애고, 환자들이 음악 없이 그들의 보행 패턴의 변화를 유지할 수 있는지를 알아보는 단계이다. 이는 환자들이 걸을 때 음악과 메트로놈을 점차 사라지게 하면서 진행할 수 있다. 치료사는 환자들이 훈련을 어려워하거나 리드미컬한 신호를 필요로 할 때 언어적 신호를 추가로 제공할 수 있다.

8.6.6 6단계: 보행 기능 재평가

RAS 보행 훈련의 마지막 단계는 첫 번째 단계에서 사용했던 평가 도구를 사용하여 환자들의 보행 기능을 다시 평가하는 것이다.

8.7 다양한 대상군을 위한 RAS의 적용

8.7.1 뇌졸중

① 환자에게 양측 보폭 길이를 일정하게 유지하도록 지시하고, 제공되는 박과 발뒤꿈치가 지면에 닿는 시점을 맞추도록 강조한다.
② 힐 투 토(heel to toe) 보행 패턴을 향상시키기 위해 뒷발꿈치 딛기를 강조한다.
③ 박이 제공되는 동안 환측 다리에 체중을 실어 최대한 지지하도록 함으로써 적절한 수준의 보행 편차가 되도록 훈련한다.
④ 팔 움직임(arm swing)과 체간 회전(trunk rotation)을 훈련한다.
⑤ 보행 중 체간 및 상지와 골반/요추 부위의 자세를 훈련한다.
⑥ 보행의 질을 유지하면서 속도를 증가시킨다. 나쁜 습관이나 불필요한 힘에 의해 보행이 방해되지 않도록 한다.
⑦ 기능적 지구력 향상을 위해 점차 기간을 늘려 나간다.

8.7.2 파킨슨병

① 보폭 길이를 증가시켜 넓은 보폭 패턴의 보행을 훈련한다.
② 힐 투 토 보행 패턴과 함께 뒷발꿈치 딛기를 강조한다. 이는 까치발로 걷는 패턴을 감소시키는 데 도움이 된다.
③ 필요에 따라 보행분속수를 증가시키는 훈련을 하되, 보폭 길이에 더욱 중점을 둔다.
④ 균형과 함께 자세를 유지하도록 지시한다. 균형 잡기 훈련은 지속성 향상과 낙상 위험 감소를 위해 필요하다.
⑤ '스톱 앤 고' 형태의 리드미컬한 신호는 보행 구간의 조절에 유용하게 사용될 것이다.
⑥ 보행 시 팔 움직임과 체간 회전이 증가할 수 있도록 훈련한다.
⑦ 기능적인 지구력을 위해 천천히 훈련 기간을 늘려 나간다.
⑧ RAS를 사용하여 환자가 비트에 맞춰 문을 통과하며 걷는 기능을 훈련한다.
⑨ 비트에 맞춰 걷는 것을 권장하고, 회전 기능 개선에 필요한 경우는 행진 패턴으로 훈련할 수 있다.

8.7.3 다발성 경화증

① 환자의 피로도를 고려하여 보행 시간을 조절한다. 환자의 보행 특성에 따라 보행의 질을 향상시키는 데 더욱 중점을 두고 훈련한다.
② 보행분속수, 활보장 및 보폭 향상을 위해 훈련한다.
③ 환자의 보행 효율성과 질을 높이고, 필요에 따라 균형 감각을 훈련하는 것을 목표로 한다.

8.7.4 외상성 뇌손상

① 환자의 특성에 따라 보행의 질, 균형, 속도(보행분속수와 보폭 포함) 및 지구력을 훈련한다.

② 속도를 증가시킬 때 상지 및 하지에 요구되는 힘도 증가한다는 점을 고려해야
한다.

③ 외상성 뇌손상 환자들은 발뒤꿈치 딛기를 강조하거나 힐 투 토 보행 패턴 및 자세
교정을 위해 양쪽에 균등하게 체중을 싣는 것, 팔 움직임, 체간 회전 및 동작 패턴
의 조절 기능을 향상시키는 훈련에서 뇌졸중 환자에게 적용하는 과정과 유사한
절차가 시행된다.

참고문헌

Baram, Y. and Miller, A. (2007). Auditory feedback control for improvement of gait in patients with multiple sclerosis. *Neurological Sciences, 254*, 90-4.

Baram, Y. and Lenger, R. (2012). Gait improvement in patients with cerebral palsy by visual and auditory feedback. *Neuromodulation, 15*, 48-52.

Berg, K. O., Wood-Dauphinee, S. L., Williams, J. I., and Maki, B. (1992). Measuring balance in the elderly: validation of an instrument. *Canadian Journal of Public Health, 83(Suppl. 2)*, S7-11.

Bradt, J. et al. (2010). Music therapy for acquired brain injury. *Cochrane Database of Systematic Reviews, 7*, CD006787.

Conklyn, D. et al. (2010). A home-based walking program using rhythmic auditory stimulation improves gait performance in patients with multiple sclerosis: a pilot study. *Neurorehabilitation and Neural Repair, 24*, 835-42.

de Dreu, M. J. et al. (2012). Rehabilitation, exercise therapy and music in patients with Parkinson's disease: a meta-analysis of the effects of music-based movement therapy on walking ability, balance and quality of life. *Parkinsonism & Related Disorders, 18(Suppl. 1)*, S114-19.

de l'Etoile, S. K. (2008). The effect of rhythmic auditory stimulation on the gait parameters of patients with incomplete spinal cord injury: an exploratory pilot study. *International Journal of Rehabilitation Research, 31*, 155-7.

Hurt, C. P., Rice, R. R., McIntosh, G. C., and Thaut, M. H. (1998). Rhythmic auditory stimulation in gait training for patients with traumatic brain injury. *Journal of Music Therapy, 35*, 228-41.

Kadivar, Z., Corcos, D. M., Foto, J., and Hondzinski, J. M. (2011). Effect of step training and rhythmic auditory stimulation on functional performance in Parkinson patients. *Neurorehabilitation and Neural Repair, 25,* 626-35.

Kim, S. J. et al. (2011). Changes in gait patterns with rhythmic auditory stimulation in adults with cerebral palsy. *NeuroRehabilitation, 29,* 233-41.

O'Sullivan, S. B. and Schmitz, T. J. (2007). *Physical Rehabilitation,* 5th edition. Philadelphia, PA: F. A. Davis Company.

Pathokinesiology Service and Physical Therapy Department (2001). *Observational Gait Analysis,* 4th edn. Downey, CA: Los Amigos Research and Education Institute, Inc, Rancho Las Amigos Rehabilitation Center.

Podsiadlo, D. and Richardson, S. (1991). The timed "Up & Go": a test of basic functional mobility for frail elderly persons. *Journal of the American Geriatrics Society, 39,* 142-8.

Thaut, M. H. (2005). *Rhythm, Music, and the Brain: scientific foundations and clinical applications.* New York: Routledge.

Thaut, M. H., Schleiffers, S., and Davis, W. B. (1991). Analysis of EMG activity in biceps and triceps muscle in a gross motor task under the influence of auditory rhythmic. *Journal of Music Therapy, 28,* 64-88.

Thaut, M. H., McIntosh, G. C., Prassas, S. G., and Rice, R. R. (1992). Effects of auditory rhythmic pacing on normal gait and gait in stroke, cerebellar disorder, and transverse myelitis. In: M. Woollacott and F. Horak (eds) *Posture and Gait: control mechanisms.* Volume 2. Eugene, OR: University of Oregon Books. pp. 437-40.

Thaut, M. H., Rice, R. R., McIntosh, G. C., and Prassas, S. G. (1993). The effect of auditory rhythmic cuing on stride and EMG patterns in hemiparetic gait of stroke patients. *Physical Therapy, 73,* 107.

Thaut, M. H., Rice, R. R., and McIntosh, G. C. (1997). Rhythmic facilitation of gait training in hemiparetic stroke rehabilitation. *Journal of Neurological Sciences, 151,* 207-12.

Chapter 09

패턴화된 감각 증진(PSE)

•

Corene P. Thaut

9.1 정의

패턴화된 감각 증진(patterned sensory enhancement: PSE)은 리듬, 선율, 화성 및 다이내믹 등의 음악 요소를 이용하여 움직임에 대한 시간, 공간, 힘의 신호를 제공하는 것이다. 이는 일상생활에 필요한 기능적 움직임 또는 이를 기반으로 한 운동 패턴의 개선을 위해 사용된다. 일반적으로 대부분의 팔이나 손의 움직임, 옷 입기, 일어나고 앉기 등의 복합적인 동작에는 사용되지 않고, 팔 뻗기나 손으로 잡기 등의 단위 동작으로 구성된 기능적인 움직임의 패턴이나 연속적인 움직임에 적용된다. PSE의 시간, 공간, 힘에 대한 단서는 게슈탈트 원리를 기반으로 하며, 대부분 상지의 근력, 지구력, 또는 균형이나 자세의 개선 등을 목표로 하여 진행된다(Thaut, 2005).

PSE 사용에는 크게 두 가지 목표가 있다. 첫째, 다양한 대상군의 단순하고 반복적인 운동 향상이 필요한 경우에 운동의 시간, 공간, 힘의 신호를 제공하는 음악적 패턴을 사용하여 운동의 반복을 돕는다(〈표 9-1〉 참조). 둘째, PSE는 여러 개별 동작으로 구성된 연속적인 움직임의 패턴을 촉진하는 데 활용될 수 있다. 예를 들면, 뻗기, 잡기, 들어 올리기, 손잡이를 돌려 문 열기, 누웠다가 일어서기 등이 있는데, 이처럼 연속적인 동작들에 PSE를 적용할 때에는 각 동작에 대한 일관된 시간적 구조화가 매우 중요하다.

| 표 9-1 | 상지와 하지를 위한 관절 가동 범위 활동 예시 |

운동	움직임	설명
어깨 돌리기	견갑골 상승	어깨를 앞쪽 혹은 뒤쪽으로 둥그렇게 돌린다.
어깨 올리기	견갑골 상승	어깨를 위아래로 움직인다(으쓱하는 동작).
어깨 조이기	견갑골 내전	어깨를 위아래로 움직이지 않고 어깨뼈를 조이며 모은다(날개뼈를 붙이는 동작).
팔 들기	어깨 굴곡	엄지를 위로 향하며 팔꿈치를 펴고 팔을 머리 위로 들어 올린다.
팔 돌리기	어깨 외전	팔을 양쪽으로 어깨 높이로 펼치고 시계 방향으로 돌린다.
팔 옆으로 올리기	어깨 외전	손바닥을 위로 하여 팔을 양쪽으로 뻗는다. 팔꿈치를 펴고 한쪽에 힘을 기울여 기대지 않는다.
이두근 운동	팔꿈치 굴곡/신전	팔꿈치를 굽혔다 폈다 한다.
제자리 걸음하기	힙 굴곡	무릎을 굽힌 상태로 들어 올렸다가 내린다.
발뒤꿈치(heel slides) 끌기	무릎 굴곡/신전	발을 앞/뒤 방향을 향하도록 하여 지면으로부터 떨어지도록 한다.
다리 뻗기(long arc quads)	무릎 신전	앉은 상태로 다리를 들어 올려 뻗는다.
힐 투 토 동작	배측굴곡/저측굴곡 (까치발)	뒤꿈치 딛기와 발레 동작처럼 발끝 딛기를 반복한다.
옆으로 걷기	힙 굴곡/신전	발을 들어 옆으로 걷는다. 이때 무릎은 앞쪽을 향하게 한다.
자세 정렬	골반 기울이기/체간 신전/쇄골 신전	의자에 앉은 상태에서 앞으로 기울였다 제자리로 돌아오기를 반복한다.

9.2 대상군

PSE는 아동, 노인, 신경학적 손상 환자 및 정형외과 환자들에 이르기까지 다양한 대상군의 근력, 지구력, 균형 및 자세, 운동 범위 등 상지와 하지의 운동 기능을 향상시키기 위해 사용할 수 있다.

9.3 연구 요약

많은 연구를 통해 상지 및 하지의 운동 기능 촉진에 리듬이 적용되었다(https://nmtacademy.co/supporting-research-by-technique). Thaut와 그의 동료들(1991)은 근전도(EMG)를 통해 대근육 운동 기능을 측정한 연구에서 리듬이 운동의 점화(priming) 역할을 한다는 것을 규명하였다. 또한 다른 연구에서는 근수축 에너지 대사에 요구되는 근활성화 과정에 리드미컬한 신호를 적용했을 때 청각-척수 회로를 촉진시켜 파킨슨병 환자의 손과 팔 움직임 향상에도 도움이 되는 것으로 보고하였다(예: Freeman et al., 1993; Georgiou et al., 1993). Peng과 그의 동료들의 연구(2011)에서도 뇌성마비 아동들에게 PSE를 적용했을 때, 앉았다가 일어서는 훈련에서 부드럽고 빠른 움직임과 무릎을 펴는 힘을 증가시키는 데 도움이 되는 것으로 나타났다. 또한 시간적 구조 및 움직임 조절과 연관된 음악적 기능은 운동 재활에서 기능적 훈련 및 학습에 효과적으로 사용될 수 있다는 결과가 나타났다(Brown et al., 1993; Buetefish et al., 1995; Effenberg & Mechling, 1998; Goldshtrom et al., 2010, Luft et al., 2004; Pacchetti et al., 1998; Thaut et al., 2002; Whitall et al., 2000; Williams, 1993).

9.4 치료적 메커니즘

RAS는 생리학적 리듬으로 구성된 동작을 목표로 하는 반면, PSE는 연속적이고 복합적인 동작의 재활을 위해 개발되었다. PSE에도 RAS의 신경학적 메커니즘이 적용되는데, PSE는 점화와 타이밍을 통한 감각(예: 청각) 운동 통합 원리와 같은 RAS의 원리(Paltsev & Elner, 1967; Rossignol & Melvill Jones, 1976)를 사용할 뿐만 아니라 음악을 통한 패턴화된 동작의 단서가 추가됨으로써 공간, 시간, 힘의 신호를 사용하여 복잡한 움직임을 조절하고 향상시킨다.

PSE에서는 일관되고 반복적인 리듬이 청각 시스템을 통해 운동 기관과 조화를 이룸으로써 (동조화) 움직임의 패턴을 유도한다. 이 때문에 PSE를 적용할 때 메트로놈을 사용하면 리듬이 움직임을 유도하는 것을 발견할 수 있다.

9.5 임상 프로토콜

PSE 적용 시, 음악은 반주의 역할을 하는 것이 아니라 움직임을 유도하는 점화 자극으로 사용되는 것임을 명심해야 한다. 이와 같은 개념은 소니피케이션(sonification)에서도 사용되었으며, 여기에는 소리의 다른 구성 요소를 사용하여 사용자의 소리에 대한 인식을 변경시키거나 대체하고, 제공된 기본 정보에 대한 인식을 변경시키는 것이 포함된다. 음악치료사들은 일반적으로 기타 또는 피아노로 즐거운 노래를 연주하는 등 반주를 통해 움직임 시퀀스를 제공하는데, 이 경우 음악에 내재되어 있는 공간, 시간, 힘의 신호와 같은 음악의 다양한 요소를 이용할 기회를 놓치기 쉽다. 음악적 신호를 움직임을 위한 반주보다는 적절한 촉진제로 사용한다면, 환자들의 움직임을 더욱 자연스럽게 구성하는 데 도움을 줄 수 있을 것이다.

넓은 음역대와 화성 및 다이내믹을 표현할 수 있는 피아노와 오토 하프는 임상 현장에서 PSE를 훈련할 때 가장 효과적인 악기로 알려져 있다. 피아노(키보드)에서 사용할 수 있는 넓은 음역대와 다이내믹은 복잡한 기능적 PSE 시퀀스 촉진에 효과적인 것으로 알려져 있다.

9.5.1 신호의 종류

9.5.1.1 공간적 신호

PSE 적용 시 가장 중요한 것은 공간적 구성 요소이다. 동작의 크기와 방향에 영향을 미치는 음악의 네 가지 핵심 요소는 다음과 같다: 음높이(pitch), 음의 다이내믹(dynamics), 음의 길이(sound duration), 화성(harmony).

■9.5.1.1.1 음높이

음높이는 동작이 진행되는 방향을 명확하게 나타내는 요소이다. 음의 진행 방향이 높아지면 움직임의 방향도 올라가고, 음이 낮아지면 움직임의 방향도 내려간다. [그림 9-1]과 같이 어깨 굽히기 운동과 함께 팔을 위아래로 움직이는 동작을 매칭할 수 있다.

제자리 걷기([그림 9-2] 참조), 다리 들어 올리기([그림 9-3] 참조) 및 이두근 운동([그림

9-4] 참조) 등의 동작은 음의 높낮이가 동작의 방향에 대한 신호를 구성하는 요소로 사용될 수 있다는 추가적인 예시를 보여 준다.

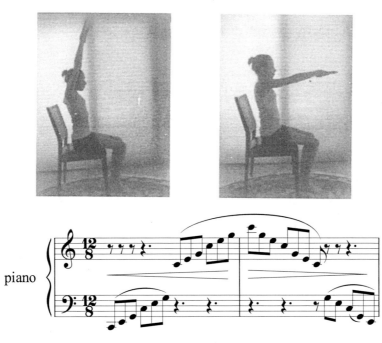

[그림 9-1] 어깨 신전 운동

[그림 9-2] 제자리에서 걷기

[그림 9-3] 다리 들어 올려 뻗기

[그림 9-4] 이두근 운동

■9.5.1.1.2 음의 다이내믹

음의 높낮이를 이용하여 유도할 수 있는 동작에는 한계가 있을 수 있으므로, 이 경우 동적 신호가 공간적 신호보다 더욱 효과적으로 사용될 수 있다. [그림 9-5]는 몸에서 멀어졌다가 다시 몸 쪽으로 되돌아오는 움직임을 보여 준다.

[그림 9-5] 몸에서 멀어졌다가 되돌아오는 동작

■9.5.1.1.3 음의 길이

음높이와 다이내믹 외에 음의 길이 또한 동작의 공간적인 측면에 중요한 영향을 미친다. 치료사가 부드러운 움직임을 원할 때는 레가토(legato) 음을 사용할 수 있고, 분절되는 움직임에는 스타카토(staccato) 음을 사용할 수 있다.

■9.5.1.1.4 화성

화성은 공간적인 운동의 질에 영향을 줄 수 있는 또 다른 음악 요소이다. 비교적 닫힌 화성은 공간적으로 가까운 느낌을 주고, 열린 화성은 개방된 동작에 더욱 적절하다. [그림 9-6]은 움츠렸다가 펴는 동작에 이용될 수 있는 예시이다.

[그림 9-6] 움츠렸다가 펴는 동작

9.5.1.2 시간적 신호

시간적 신호는 PSE 적용 시 고려해야 할 중요한 요소 중 하나이다. 음악에서 동작과 시간적 구조가 적절하게 조화되지 않는다면 환자들이 움직임을 촉진하는 데 어려움을 겪게 될 것이다. 동작의 시간적 구조는 빠르기(tempo), 박자(meter), 리듬 패턴(rhythmic pattern), 형식(form)의 네 가지로 나눌 수 있다.

■9.5.1.2.1 빠르기

치료사가 첫 번째로 가장 중요하게 해야 할 일은 동작에 음악을 추가하기 전에 환자들과 함께 동작을 시행하며 가장 적합한 빠르기를 찾는 것이다. 이 과정에서 치료사는 환자들에게 동작의 핵심을 이해할 수 있도록 언어적 신호를 제공한다. '위/아래' '왼쪽/오른쪽' 또는 '안/밖'과 같은 간단한 언어 신호는 동작에 대한 핵심 사항을 말해 주며, 시간적 구조를 형성하는 데 도움이 될 수 있다. 시각 및 언어적 신호 이외에 메트로놈을 이용할 수 있는데, 적절한 빠르기를 설정하기 위한 가장 간단한 방법은 탭 기능이 있는 메트로놈을 사용하는 것이다.

■9.5.1.2.2 박자

모든 동작은 시간적 구조 안에서 박자로 구성되어 있다. 건너뛰기 및 무게 이동과 같은 동작은 대개 6/8박자인 반면, 행진 동작 및 걷기는 2/4박자로 구성될 수 있다. 움직임이 원활하지 않은 환자의 경우 운동 목표 및 동작 빠르기에 따라 박자가 변경될 수 있다.

■9.5.1.2.3 리듬 패턴

동작에 신호를 줄 때, 매 박자에 음악적 신호를 제공하지 않고 박자 안에서 동작의 주요 측면을 가장 잘 강조할 수 있는 리듬 패턴을 사용할 수 있다(예: 무게 이동, 방향 변경 또는 목표 도달). [그림 9-7]은 무게 이동의 예를 보여 준다. 비록 움직임은 6/8 박자이지만, 리듬 패턴은 동작의 오른쪽과 왼쪽 방향 무게 이동의 끝점에만 신호를 제공함으로써 첫 번째와 네 번째 박자에 신호를 제공할 수 있다. 또한 무게 중심을 이동할 때는 몸의 한쪽에서 다른 쪽으로 이동하는 시점에 세 번째와 여섯 번째에 신호를 제공할 수 있다.

[그림 9-7] 무게 이동 동작

■9.5.1.2.4 형식

시간적 구조의 마지막 음악 요소는 형식이다. 형식은 동작의 신호에 사용되는 전체적인 시간 패턴 구조를 뜻한다. 기능적 동작과 같은 다른 몇 가지 동작은 다른 리듬 구조를 필요로 하는 다수의 요소를 포함한다. 예를 들어, 제자리 걷기 동작을 훈련하는 경우 다리를 들어 올리는 동안에는 네 박의 비트를 사용할 수 있지만, 내려놓을 때는 2개의 비트를 사용하고 나머지 2개의 비트를 쉬는 구간으로 사용할 수 있다.

형식은 또한 더욱 큰 구조로 사용될 수 있다. 예를 들면, 치료사는 ABA 형식의 노래에 2개의 다른 동작을 통합할 수 있다. 환자는 첫 번째 패턴을 들으면서 이두근 굽히기 동작을 하고, 두 번째 패턴을 들으면서 손의 회외(뒷침, supination) 및 회내(엎침, pronation)와 같은 다른 동작을 연습할 수 있다.

9.5.1.3 근육의 다이내믹/힘

PSE 사용 시 마지막으로 요구되는 요소는 근육의 다이내믹이다. "환자들이 특정 동작을 할 때 그 동작은 어떻게 이루어지는가?"라는 질문은 근육의 다이내믹의 요소를 생각하는 데 도움이 될 것이다. 동작 수행 과정에서 힘의 사용 정도에 영향을 미치는 음악의 요소는 빠르기(tempo), 다이내믹(dynamics) 및 화성(harmony)이다.

■ 9.5.1.3.1 빠르기

빠르기는 근육의 다이내믹뿐 아니라 동작에 대한 소모량에 영향을 줄 수 있기 때문에 빠르거나 느린 움직임에서의 잠재적 이점과 위험성을 고려해야 한다. 예를 들어, 치료사가 환자에게 앉은 상태에서 일어서는 동작을 훈련할 때는 빠르고 강한 신호가 근육 움직임을 촉진하는 데 가장 효과적일 것이며, 다시 앉을 때는 느리고 제어된 신호를 사용하는 것이 안전할 것이다.

■ 9.5.1.3.2 다이내믹

다이내믹은 힘을 증가시킬 때 매우 효과적인 방법일 수 있다. 크레셴도(crescendo)는 근육의 힘이 증가하는 느낌을 전달할 수 있지만, 연속적으로 제공되는 큰 다이내믹은 추가적인 힘의 중량 없이도 현재 상태를 유지하게 할 것이다. 반면에 데크레셴도(decrescendo)는 근육의 힘이 감소되는 것 같은 느낌을 만들어 내며, 연속적이고 부드러운 다이내믹은 쉴 때의 자세와 같은 느낌을 제공하게 된다.

■ 9.5.1.3.3 화성

운동 동작에서 근육 긴장을 생성하는 매우 효과적인 방법은 톤 클러스터(tone cluster) 또는 비협화 화성을 사용하는 것이다. 비협화 화성을 통해 근육을 수축시키는 신호를 제공할 수 있고, 이 화성의 해결을 통해 근육을 이완시킬 수 있다.

[그림 9-8]과 [그림 9-9]는 2명의 다른 환자가 다리 뻗기 동작을 수행할 때 사용되는 화성의 예를 보여 준다. 첫 번째는 무릎 인공 관절 수술 후에 회복 중인 환자의 예이다([그림 9-8] 참조). 목표는 무릎의 운동 범위를 증가시키는 것이기 때문에, 동작의 가장 중요한 부분은 다리 뻗기이다. 이 경우는 환자가 다리를 들어 올리는 것에 목표를 두어야 하므로 다리를 들어 올릴 때 음악 신호를 제공함으로써 동작을 강조해야 한다. 두 번째는 뇌졸중 후 하지 강화를 위한 재활에 사용될 수 있는 음악 패턴이다([그림 9-9] 참조). 이 경우, 무릎을 폈다가 구부리는 동안 근육의 힘과 조절 기능을 향상시키는 것을 목표로 하기 때문에 강한 힘의 음악적 신호는 다리를 들어 올릴 때뿐만 아니라 내려놓을 때에도 제공되어야 한다.

[그림 9-8] 무릎 인공 관절 수술 환자

[그림 9-9] 뇌졸중 환자

9.6 PSE 훈련과 적용 요약

PSE는 음악 구조의 여러 가지 측면을 생각하고, 음악의 각 요소가 동작에 미치는 영향을 생각해야 하는 매우 복잡한 기술이지만, 성공적인 PSE를 위해서는 보다 단순화하는 절차와 함께 다음과 같은 단계가 필요하다.

① 환자들과 같이 동작을 구현하면서, 환자들의 움직임 속도에 해당하는 메트로놈의 빠르기와 박자를 찾는다.
② 메트로놈을 사용하여 리드미컬한 동작에 대해 환자에게 간략한 언어적 신호를 제공한다(예: '위, 아래' '왼쪽, 오른쪽' '앞으로, 뒤로').
③ 음악을 겹쳐 줌으로 추가하는 동안에는 언어 신호를 유지한다. 간단한 음악으로 시작한 후, 점차 음악 안에서 공간, 시간 및 힘의 신호를 추가한다.
④ 언어적 신호를 점차 소거하면서 음악으로 움직임을 유도하고 촉진한다.

참고문헌

Brown, S. H., Thaut, M. H., Benjamin, J., and Cooke, J. D. (1993). Effects of rhythmic auditory cueing on temporal sequencing of complex arm movements. In: *Proceedings of the Society for Neuroscience*, 227.2 (abstract). Washington, DC: Society for Neuroscience.

Buetefish, C., Hummelsheim, H., Denzler, P., and Mauritz, K. H. (1995). Repetitive training of isolated movements improves the outcome of motor rehabilitation of the centrally paretic hand. *Journal of Neurological Sciences, 130,* 59-68.

Effenberg, A. O. and Mechling, H. (1998). Bewegung horbar machen–Warum? Zur Zukunftsperspektive einer systematischen Umsetzung von Bewegung in Klaenge [abstract in English]. *Psychologie und Sport, 5,* 28–38.

Freeman, J. S., Cody, F. W., and Schady, W. (1993). The influence of external timing cues upon the rhythmic of voluntary movements in Parkinson's disease. *Journal of Neurology, Neurosurgery, & Psychiatry, 56,* 1078-84.

Georgiou, N. et al. (1993). An evaluation of the role of internal cues in the pathogenesis of Parkinsonian hypokinesia. *Brain, 116,* 1575-87.

Goldshtrom, Y., Knorr, G., and Goldshtrom, I. (2010). Rhythmic exercises in rehabilitation of TBI patients: a case report. *Journal of Bodywork and Movement Therapies, 14,* 336-45.

Luft, A. R. et al. (2004). Repetitive bilateral arm training and motor cortex activation in chronic stroke: a randomized controlled trial. *Journal of the American Medical Association, 292,* 1853-61.

Pacchetti, C. et al. (1998). Active music therapy and Parkinson's disease: methods. *Functional Neurology, 13,* 57-67.

Paltsev, Y. I. and Elner, A. M. (1967). Change in the functional state of the segmental apparatus of the spinal cord under the influence of sound stimuli and its role in voluntary movement. *Biophysics, 12,* 1219-26.

Peng, Y.-C. et al. (2011). Immediate effects of therapeutic music on loaded sit-to-stand movement in children with spastic diplegia. *Gait Posture, 33,* 274-8.

Rossignol, S. and Melvill Jones, G. M. (1976). Audio-spinal influence in man studied by the H-reflex and its possible role on rhythmic movements synchronized to sound. *Electroencephalography and Clinical Neurophysiology, 41,* 83-92.

Thaut, M. H. (2005). *Rhythm, Music and the Brain: scientific foundations and clinical applications.* New York: Routledge.

Thaut, M. H., Schleiffers, S., and Davis, W. B. (1991). Analysis of EMG activity in biceps and triceps muscle in a gross motor task under the influence of auditory rhythmic. *Journal of Music Therapy, 28,* 64-88.

Thaut, M. H. et al. (2002). Kinematic optimization of spatiotemporal patterns in paretic arm training with stroke patients. *Neuropsychologia, 40,* 1073-81.

Whitall, J. et al. (2000). Repetitive bilateral arm training with rhythmic auditory cueing improves motor function in chronic hemiparetic stroke. *Stroke, 31,* 2390-95.

Williams, S. M. (1993). Perceptual principles of sound grouping. In: *The Proceedings of SIGGRAPH '93: an introduction to data sonification (course notes 81).* Anaheim, CA: SIGGRAPH.

Chapter 10

치료적 악기 연주(TIMP)

●

Kathrin Mertel

10.1 정의

치료적 악기 연주(therapeutic instrumental music performance: TIMP)는 신경학적 음악치료(NMT)에서 운동재활을 위해 사용되는 주요한 세 가지 기법 중 하나이다. 이 기법은 악기를 사용하여 손상된 운동 기능을 훈련하고 기능적인 움직임 패턴을 회복하는데 도움을 준다.

TIMP는 치료 목표에 따라 악기를 선택하고 물리적 환경 구성을 고려하여 악기를 연주하게 함으로써 손상된 운동 기능을 회복하게 하는 방법으로, 환자들이 힘, 지구력 및 운동 조절 기능을 향상시키기 위해 다른 치료 과정에서 사용되는 불필요한 보상 전략을 최대한 사용하지 않을 수 있도록 도와준다. TIMP는 적절한 상지의 관절 가동 범위(range of motion: ROM), 굴곡/신전, 내전/외전, 회전, 그리고 회외/회내, 사지 협응, 손가락의 기민성 향상 등을 주요 목표로 한다.

10.2 대상군

많은 신경 손상 환자는 다양한 범위의 운동장애를 갖고 있다. 이들은 대부분 하나 이상의 부위에서 마비 혹은 약화, 강직, 운동 실조, 무정위 운동, 떨림 및 경직 현상 등의 증상을 보이며, 이러한 증상들은 다음과 같은 다양한 원인에 의해 발생한다.

- 외상성 뇌손상(다발성 뇌손상 포함)
- 척추 손상(하반신 마비)
- 저산소 뇌손상
- 허혈성 또는 출혈성 뇌졸중
- 이분척추
- 모세혈관확장성 운동 실조
- 뇌성마비
- 소아마비

이처럼 뇌 운동 영역의 손상에 따라 움직임이나 자세 등과 연관되는 장애를 발생시키기 때문에 특정한 뇌병변과 관련하여 어떠한 종류의 움직임의 장애가 발병하게 되었는지 주의 깊게 살펴봐야 한다. 즉, 병변의 종류에 따라 운동장애의 형태가 다르게 나타나기 때문에, 이를 정확히 파악하는 것은 효과적인 치료 프로그램을 개발하고 발전시키는 데 중요한 요소가 된다. 예를 들어, 경직형 병변은 중추신경계에 있는 추체로계(pyramidal system)의 손상에 의해, 순수 무정위형(pure athetoid) 병변은 추체외로계(extrapyramidal system)의 손상에 의해 발생한다.

또한 중추신경계 및 말초신경계의 손상으로 인한 장애를 각각 구분하는 것이 중요하다. 말초신경계(뇌와 척추 외의 신경들과 근육)가 손상되지 않고 중추신경계만 손상된 중추신경계 장애와 신경 축색돌기가 주로 손상되어 발생된 말초신경병증과 같은 말초신경계의 신경 손상 구분은 매우 중요하다.

운동장애 환자들에게는 대부분 균형이나 반사, 조절 및 협응과 관련된 문제가 나타나는데, 이는 주로 비정상적인 근긴장도나 근육 움직임 간의 불균형이 원인이 되어 발생한다. 경직은 팔과 다리의 근육이 정상보다 과도하게 수축하는 것으로, 갑자기 움직이거나 몸을 뻗을 때 적절하지 않게 수축하는 증상을 특징으로 하며, 중요한 근육 반사가 교란되어 비정상적인 자세와 움직임 패턴을 유발할 수 있다. 무정위 운동(athetosis) 환자들에게는 팔다리가 무의식적으로 움직이거나 의도적으로 움직일 때 비틀어지는 등의 현상이 나타난다.

운동 실조(ataxia)는 종종 균형뿐 아니라 감각 고유 수용(공간에서의 신체 위치 감각) 기능이 감소하기 때문에 움직임의 협응이 어렵고, 체간을 일정한 자세로 유지하지 못하거나 넓은 보행으로 천천히 걷는 현상을 보이며, 균형을 유지하기 위해 팔을 벌리는 모습을 나타내기도 한다. 이 환자들에게는 유사한 기제를 갖는 여러 종류의 증상이 동반되기도 한다. 즉, 경직과 무정위 운동이 동시에 관찰되기는 어렵지만, 일정 수준의 진전이 있는 환자들의 경우 운동 실조가 동반되는 경우가 많다. 운동장애의 범위를 분류하는 또 다른 방법으로는 다음과 같이 사지마비의 양상을 기준으로 나누는 방법이 있다.

- 단일마비(한쪽 팔이나 다리에만 장애가 나타나는 경우)
- 편측마비(좌측이나 우측 중 한쪽에서 장애가 나타나는 경우)
- 양측 하지마비(하지 양측에 장애가 나타나는 경우)
- 양측마비(신체 양측의 동일한 부분에 장애가 나타나는 경우)
- 삼지마비(주로 한쪽 상지와 양 하지에 장애가 나타나는 경우)
- 사지마비(사지 모두에 장애가 나타나는 경우)

중추신경계 손상을 입은 환자들에게는 대부분 여러 가지 장애가 동반된다. 앞서 언급된 감각 운동 장애 이외에도 지적장애, 발작 및 주의 기능 저하 등의 인지장애도 빈번하게 나타난다. 손상된 신경 기관의 위치에 따라서 방광 또는 장 기관에 마비가 올 수도 있다. 또한 후천적으로 뇌손상을 입은 환자들은 급성기(acute phase) 손상을 감소시키기 위해 언어치료가 필요할 수 있다.

다음과 같은 증상들은 신경퇴행성 질환을 비롯한 다른 질환에 의해 발생한다.

- 뇌, 척추 또는 말초신경계의 감염
- 뇌 또는 척추 종양

- 파킨슨병
- 다발성 경화증
- 헌팅턴병
- 근위축증

이러한 증상들은 시간이 지남에 따라 더욱 악화되는 경향이 있다. 따라서 이에 해당되는 환자들에게는 잔존 기능을 유지하고 증상의 진행 속도를 최대한 지연시키기 위한 재활 접근이 필요하다. 신경학적 질병 또는 손상을 입은 환자 이외에도 정형외과 재활 치료나 다음의 증상을 가진 환자들도 TIMP를 적용하기에 적절한 대상군이 될 수 있다.

- 선천성 고관절 탈구
- 선천성 관절 굽음증
- 골형성 부전증
- 열상
- 신체 부위 절단

신체 부위를 절단한 환자들 같은 경우에는 보철 장치나 인공 팔/다리 등의 보조 기구를 최대한 효율적으로 사용할 수 있도록 도와주는 치료가 필요하다. 신체적 기능을 이전 수준으로 회복시키는 것이 아니라 새로운 보조 장치를 이용하여 일상생활 수행 기능을 향상시키는 것을 목표로 하여 치료적으로 접근해야 한다.

10.3 연구 요약

음악은 운동, 언어/말하기 등의 기능과 연관되는 시간적 정보를 전달함으로써 뇌의 다양한 신경 네트워크를 활성화하여 인지 기능의 발달, 학습 및 회복에 도움을 줄 수 있다. 이와 관련하여 리듬 자극이 운동을 계획하고 타이밍을 조직하는 데 도움이 된다는 연구도 진행되어 왔다. 1960~1970년대의 연구자들은 청각과 운동에 직접적으로 관여하는 뇌줄기부터 척수까지의 신경연결망을 청각망상체척수로(auditory reticulospinal pathway)라 명명하였고(Paltsev & Elner, 1967; Rossignol & Melvill Jones, 1976), 이 시기의 연구들을 통해 음악의 시간적 구성 요소인 리듬이 운동 조절 기능을 향상시켜 운동 반응에서의 안정되고 조직화된 시간적 구성에 도움을 준다는 결과를 보고하였다.

1990년대로 접어들면서 많은 연구가 청각 자극이 운동 기능에 미치는 영향을 밝히는 데 중점을 두었다. Thaut 박사와 그의 동료들(1997, 2002)은 청각 리듬 패턴에 대한 직접적인 감각 운동의 동조화(entrainment)에 대해 연구하였다. 이 연구는 리듬이 안정적인 내부 참조 간격(internal reference intervals)을 만들고, 운동의 움직임을 시작하고 조절하는 데 도움이 될 수 있다는 가설을 전제로 하여 이루어졌다.

현대 뇌 영상 기술의 발전은 음악과 신경학에 관련된 세부적 연구 주제의 탐색에도 도움을 주었다. 즉, 인지 및 운동 학습의 경험이 인간의 행동 변화뿐 아니라 뇌의 구조적·기능적인 변화를 통해서도 나타난다는 사실이 다양한 뇌 영상 기술을 통해 보고되었다. 예를 들면, 대뇌 피질 및 피질 하부 단계에서 음악가와 비음악가가 청각 리듬을 처리하는 방식에 대해 비교하거나, 음악 훈련의 강도와 기간에 따라 뇌의 감각과 운동 영역에서 나타나는 뇌 가소성의 차이에 대한 연구들이 가능하게 되었다(Gaser & Schlaug, 2003).

또한 손가락 탭핑이 메트로놈의 빠르기 변화에 따라 동조화되는 현상을 통해 리듬 동조화 과정에 대한 강력한 근거가 제시되기도 하였다(Hasan & Thaut, 1999; Stephan et al., 2002; Thaut & Kenyon, 2003; Thaut et al., 1998a, 1998b). 이를 통해 인간의 뇌가 미세한 빠르기 변화도 감지할 수 있다는 것이 입증되었는데, 흥미롭게도 이 연구의 참여자들은 손가락 탭핑 과제에서 의식적으로는 감지하지 못하는 수준의 빠르기 변화에 대해서도 반응하는 결과를 보였다. 2005년 Molinari와 그의 동료들은 소뇌가 손상된 참여자들조차도 청각 리듬 동조화가 가능하다고 하였으며, 이러한 결과는 Bernatzky와 그의 동료들(2004)이 진행한 연구에서 파킨슨병을 가진 환자들이 음악을 들은 후에 팔과 손가락 움직임의 정확도가 향상됨으로써 유사하게 보고되었다.

한편, 음악을 듣는 것뿐 아니라 악기를 연주할 때도 운동, 감각 및 인지 기능에 관련된 대뇌 피질 및 피질 하부를 비롯한 다양한 영역이 활성화된다는 사실은 이미 보편화되었다(Penhune et al., 1998; Platel et al., 1997; Schlaug & Chen, 2001). 이와 같은 결과들은 음악의 시간적·공간적 복잡성은 뇌의 시간적 정보 처리 과정에 큰 영향을 끼친다는 결론으로 정리된다(Harrington & Haaland, 1999; Rao et al., 2001).

보행은 생리학적 패턴 발생기에 의해 조절되어(Grillner & Wallen, 1985) 리드미컬한 특성을 갖는 것에 비해 대부분의 신체 동작은 단위 동작으로 구분되고, 리드미컬하지 않으며 수의적이지만, 이러한 움직임들이 적절하게 구성되어 있다면 리드미컬한 신호 (cueing)에 의해 영향을 받을 수도 있다. 뇌졸중 편마비 환자의 환측 팔 뻗기 동작을 위해 리듬 패턴으로 구성된 신호를 제공했을 때 분리되었던 뻗기 동작이 연속적인 움직임으로 전환되는 변화를 나타낸 사실에서 볼 수 있듯이(예: 정상적인 움직임을 위한 체간 회전 증가에 따른 체간 굴곡 감소; Massie et al., 2012), 리드미컬한 패턴을 통해 동작을 반복적으로 수행하는 것은 성공적인 운동 재활의 핵심 요소이다(Btefisch et al., 1995).

Safranek와 그의 동료들(1982)은 팔을 움직이는 동안의 근육 활동과 관련된 청각적 리듬 효과에 대한 연구를 발표하였다. 그들은 규칙적인 박과 불규칙적인 박을 사용하여 리듬 및 비리듬 자극 조건에서의 동작 패턴을 비교하였다. 연구 결과, 불규칙적인 박이나 리듬 자극이 없을 때보다 규칙적인 박 조건에서 근육 활동의 변이성이 확연히 감소하였다. 이러한 결과는 이후 Thaut와 그의 동료들(2002)의 연구를 통해 재입증되었는데, 이 연구에서는 메트로놈 신호의 유무에 따라 마비된 팔의 순차적 뻗기 동작이 조절되는 정도를 비교함으로써 운동에 대한 리듬 신호의 효과에 대해 실험하였다. 실험 결과, 상지의 반복되는 순차적 동작의 변이성이 리듬 동조화에 의해 즉각적으로 감소했을 뿐 아니라 팔꿈치 움직임 범위의 각도와 손목 관절의 움직임 속도가 증가하는 결과가 나타났다. Whitall과 그의 동료들(2000)은 6주 동안의 메트로놈을 이용한 상지 (리듬 청각 신호와 함께 제공된 반복적인 양측성 상지 훈련, BATRAC) 홈 트레이닝을 통해 기능적 동작 수행이 향상되었으며, 이 결과는 두 달 후 측정한 평가에서도 유지되는 것으로 나타났다. Scheneider와 그의 동료들(2007), Altenmüller와 그의 동료들(2009)은 뇌졸중 재활 프로그램에서 악기 연주를 통한 기능적 음악 훈련의 효과를 살펴보았다. 음악 훈련 3주 후, 환자들은 팔 동작 속도와 정확성 및 유연성과 관련된 소근육과 대근육의 운동 기능이 향상되었으나, 일반적인 운동치료를 받은 그룹에서는 유의한 변화가 나타나지 않았다. 음악 훈련을 통해 향상된 기능의 변화는 대뇌 피질 활성화와 운동 피질의 활동 증가 같은 전기생리학적(electrophysiological) 변화를 통해서도 나타났다. 치료적 음악 악기 연주는 감각 운동 능력에 효과가 있을 뿐만 아니라 음악을 통한 긍정적인 감정 표현 및 동기 유발의 측면에서 부가적인 효과를 기대할 수 있다(Pacchetti et al., 2000).

10.3.1 치료적 메커니즘

음악은 다양한 신경학적 현상과 관련되며, 음악을 연주하는 행동은 운동, 감각 및 인지 측면과 관련된 대뇌 피질 및 피질 하부 네트워크를 활성화시킨다(Penhune et al., 1998; Platel et al., 1997; Schlaug & Chen, 2001). 지난 20년간 진행된 연구에서 음악(특히 리듬)은 예측 가능한 신경학적 반응을 유도한다는 사실이 밝혀졌다. 청각과 운동 신경을 연결하는 망상체(reticular formation) 척수로는 리듬 자극을 통해 운동 기능을 촉진시키고, 동작의 시간적 구성을 위해 필요한 안정된 템플릿을 형성한다(Harrington & Haaland, 1999; Rao et al., 2001). 리듬에 의해 발생되는 이와 같은 원리는 의식적인 지각이나 인지적인 노력이 없이도 청각-운동 동조화에 의해 동작 패턴이 형성되도록 할 수 있다.

TIMP는 일상생활의 기능적인 동작의 형태를 반복적이고 효과적인 방법으로 자극하고 훈련한다. 음악은 시간적 구조로 이루어진 감각 신호로 사용되어 움직임 패턴을 조절할 수 있다. 악기를 연주할 때 제공되는 청각 자극은 운동 체계가 시작되도록 하고, 악기 연주에 의한 청각적 피드백 또는 리듬 신호에 의한 동조화는 피드포워드-피드백(feedforward-feedback) 고리를 형성한다([그림 10-1] 참조). 이 과정은 환자들이 보다 효율적으로 움직임을 계획하고, 처리하고, 조절할 수 있도록 해 준다. 예를 들면, 악기에서 생성된 소리가 외부 리듬 신호에 동조화되는 동안 운동 재활에서는 기능적 동작 훈련의 (재)학습 및 조절을 촉진하는 피드백-피드포워드 고리를 형성하게 된다.

또한 특정한 움직임을 (재)훈련하기 위한 구조화된 악기 연주는 운동 학습의 다섯 가지 핵심 원리를 충족시킨다. 다섯 가지 원리는 반복, 과제 중심(task orientation), 피드백, 조형(shaping, 과제의 난이도를 단계적으로 높이는 작업 또는 과정), 그리고 훈련을 위한 동기 부여를 포함한다([그림 10-2] 참조). 음악가들이 악기 연주를 연습할 때 감각 운동 및 청각을 담당하는 뇌 부분이 활성화될 뿐만 아니라 뇌 영역 간의 연결도 강화된다고 나타났는데(Bermudez et al., 2009), 이는 음악가들의 반복적이고 과제 중심적인 움직임과 관련되어 있다고 설명되었다. 구조화된 동작 패턴 연습은 반복적으로 기억을 유도하며, 음악적 구조와 음악의 박(meter) 구성은 동작을 기억하는 것과 밀접한 관련이

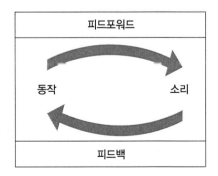

[그림 10-1] 피드포워드-피드백 고리

있기 때문에 박에 따라 동작 순서(sequence)를 기억하는 훈련이 일상생활로 쉽게 전이 될 수 있다.

　마지막으로, TIMP는 기능적인 음악 활동을 중심으로 그룹 안에서 훈련이 이루어진 다(개인에게 맞춰진 훈련을 진행하는 동시에 음악 구조에 맞춰 다 같이 악기 연주를 함으로써 하나의 음악을 완성할 수 있다; 〈표 10-1〉~〈표 10-7〉 참조). 이러한 구성은 개인적으로 이루어지는 다른 운동 훈련 프로그램들보다 성취감을 느끼게 할 수 있고, 동시에 협동 심 및 치료적 목표에 도달하기 위한 동기를 강화할 수 있다. 특히 아동 환자들의 경우 그룹치료를 통해 다른 사람들을 관찰하고 모방함으로써 운동 학습의 효과를 극대화할 수 있다.

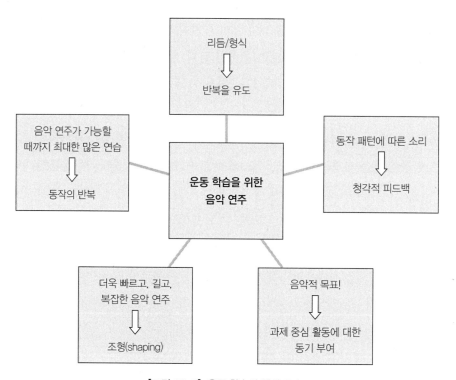

[그림 10-2] 운동 학습의 핵심 요소

표 10-1 체간 강화, 바른 자세, 구부림 및 회전을 위한 체간 운동

동작	악기	연주법	그림
앉은 자세에서 체간 굴곡과 신전	1 스네어드럼 1 스탠드 심벌즈/프레임 드럼	두 손으로 말렛을 쥐고 몸통을 구부리면서 앞쪽에 있는 드럼을 두드린 후, 몸을 위쪽으로 펴면서 뒤쪽에 있는 심벌즈를 친다.	
앉은 자세와 선 자세에서 체간 회전	2 팀파니 1 스탠드 심벌즈/프레임 드럼	팀파니 사이에 서서 두 손으로 말렛을 쥐고, 세 가지 악기를 성공적으로 연주할 수 있다.	
앉은 자세에서 체간 회전	1 스네어드럼 1 스탠드 심벌즈/프레임 드럼	악기 사이에 앉아 두 손으로 말렛을 쥔 후, 오른쪽 위에 있는 심벌즈를 친 후 몸을 가로질러 왼쪽에 위치한 드럼을 친다.	

앉은 자세에서 체간 회전 (서 있는 자세로 응용 가능)	1 스탠드탐 1 스탠드 심벌즈/프레임 드럼	악기 사이에 서서 두 손으로 맬렛을 쥔 후, 몸 뒤쪽에 위치한 심벌즈를 친 후 앞쪽에 있는 드럼을 연주한다.
앉은 자세와 서 있는 자세에서 체간 회전	2 콩가(스탠드)	악기 사이에 앉거나 서서 양손으로 변경하여 가면서 콩가를 연주하거나, 왼손으로 오른쪽 콩가를, 오른손으로는 왼쪽 콩가를 연주한다.
앉은 자세에서 엎쪽으로 구 부리기	2 톤 바	악기 사이에 앉아 왼쪽으로 몸을 굽히며 바닥에 놓인 톤 바를 연주한 후, 몸을 오른쪽으로 굽히며 바닥에 놓인 톤 바를 연주한다.

표 10-2 균형과 안정 유지를 중점으로 하는 운동

동작	악기	연주법	그림
서 있는 자세 유지: 서 있는 자세에서 '흔들기'	2 공기	2개의 공기 사이에 서서 무게 중심을 한쪽에서 다른 쪽으로 이동하며, 양쪽에 위치한 악기를 연주한다.	
균형/무게 중심 이동: 앉은 자세에서 '흔들기'	2 스탠드 심벌즈/프레임 드럼	심벌즈 사이에 앉아 한쪽에서 다른 쪽으로 무게를 이동하여 엉덩이를 들어 올리고 몸을 뻗으며, 위쪽에 있는 심벌즈나 드럼을 한쪽씩 연주한다.	
서 있는 자세 유지: 서 있는 자세에서 '옆쪽으로' 뻗기	2 프레임 드럼 또는 2 탬버린	악기 사이에 서서 왼쪽 오른쪽 발을 번갈아 가며 옆쪽에 놓인 탬버린/드럼을 연주한다.	
서 있는 자세 유지: 서 있는 자세에서 앞뒤로 흔들기	1 탬파니 1 스탠드 심벌즈	걷는 자세로 서서 양손으로 말렛을 잡고 앞에 놓인 심벌즈를 친 후 대각선 방향으로 뒤쪽에 있는 탬파니를 연주한다.	

균형/무게 이동/위쪽 다리: 서 있는 자세에서 '흔들기'	2 콩가(스탠드)	콩가 사이에 서서 한쪽에서 다른 쪽으로 이동하며 콩가를 연주한다. 이때 드럼을 칠 때 무게를 움직이면서 친다.
균형/팔 뻗기: 앉은 자세에서 '닿기'	2 스탠드 프레임 드럼 2 팀파니	악기 사이에 앉아 한쪽에서 다른 한쪽으로 무게를 이동하며 팔을 뻗어 악기를 연주한다.
균형: 한쪽 다리로 서 있기 유지	2 드럼(다른 길이) 1 발 받침대 1 붙안정한 질개	울퉁불퉁한 매트에 서서 한쪽 발을 발 받침대에 올려놓고, 드럼 스틱을 두 손으로 쥐고, 몸을 구부려 바닥에 있는 드럼을 연주한 후 팔을 뻗으며 위쪽에 위치한 드럼을 연주한다.
균형: 강도 및 지구력	1 스탠드 드럼 1 붕고(어깨 높이 정도) 푹신한 매트	푹신한 매트에 한쪽 무릎을 꿇고 양손으로 앞에 놓인 드럼을 연주한 후 위쪽에 놓인 붕고에 팔을 뻗어 연주한다.

표 10-3 하지를 위한 특정 재활(엉덩이-고관절 움직임에 초점)

동작	악기	연주법	그림
고관절 굽혀: 앉거나 선 자세에서 '행진' 동작	1~2 탬버린 (스탠드 사용)	앉거나 서 있는 자세에서 다리를 올려 무릎으로 놓인 탬버린을 친다(양쪽을 변경아 가면서).	
고관절 굽혀/배측·저측 굽히기: 서 있는 자세에서 발꿈치에서 발가락으로 발 힘 이동하기	각 발에 톤 바 1개	톤 바를 사이에 두고 발뒤꿈치로 바닥을 디디고, 다시 뒤로 되돌아올 때는 발가락으로 바닥을 닿게 한다. 반대편 다리로 반복한다.	
고관절 굽혀/외전·내전: 앉거나 선 자세에서 양쪽으로 발 딛기	2 톤 바	2개의 톤 바 사이에 앉거나 서 있는 상태에서 양쪽 발을 변경아 가며 양쪽의 톤 바를 옆으로 해서 닿는다.	
균형/무게 이동/위쪽 다군: 서 있는 자세에서 '흔들기'	1 디스코 벨 1 스탠드 탬버린	탬버린 앞쪽에 서서 앞쪽 발로(디스코 벨) 바닥을 두드리고, 뒤쪽으로 움직여 발뒤꿈치로 탬버린을 친다(탬버린의 위치를 조정할 수 있다).	

표 10-4 하지를 위한 특정 재활(다리, 무릎 및 발목 움직임에 초점)

동작	악기	연주법	그림
무릎 신전, 굴곡: 앉은 자세에서 '발뒤꿈치 움직이기'	1 레인스테이크	의자에 앉아서 발을 레인스테이크에 올리고 앞뒤로 이동한다.	
무릎 신전: 앉은 자세에서 '펴기'	1 스탠드 탬버린	의자에 앉아 다리를 들어 올려 발끝으로 탬버린을 연주한다.	
위쪽 다리 강화/무릎 신전과 굴곡: 서 있는 자세에서 약간 구부리기	1 팀파니 또는 드럼	팀파니 또는 드럼 뒤에 서서 양손으로 드럼 스틱을 쥐고, 드럼을 연주하기 위해 무릎을 구부렸다가 다시 무릎을 펴면서 일어선다.	

서 있는 자세에서 무릎 굽금

1~2 스탠드 탬버린

탬버린 앞에 서서 무릎을 구부리면서 발 뒤꿈치로 탬버린을 연주하고, 서 있는 자세로 들어오기 위해서 무릎을 펼친다(한쪽 또는 양쪽을 번갈아 가면서).

배측 굴곡:
앉은 자세에서 '발가락 들어 올리기'

1~2 디스코 탬
1~2 스탠드 탬버린

의자에 앉아 한쪽 발에 드럼 스틱과 연접되어 있는 디스코 탬을 두드리고, 발가락을 들어 올려 탬버린 소리를 낸 후 다시 내린다(한쪽 또는 양쪽을 번갈아 가면서).

앉은 자세에서 배측·저측 굴곡

1~2 톤 바
1~2 스탠드 탬버린
1~2 발 받침대

높은 의자에 앉아 발 뒤꿈치는 발 받침대에 닿게 한다. 양쪽 발에 막대기를 붙이고, 발가락을 아래로 내림으로써 발 받침대 아래에 있는 톤 바를 연주하고, 발가락을 올림으로써 발 받침대 위에 있는 탬버린을 친다(한쪽 또는 양쪽을 번갈아 가면서).

표 10-5 상지를 위한 특정 재활(어깨, 팔꿈치, 손목, 손 및 손가락 움직임에 초점)

동작	악기	연주법	그림
어깨 굴곡: 앉거나 서 있는 자세에서 '팔 올리기'	2 팀파니 2 스탠드 심벌즈 2 핸드 심벌즈	양손에 심벌즈를 쥐고 머리 위로 올려 소리를 낸다(위). 드럼 스틱을 양손에 쥐고 앞에 있는 드럼을 친 후, 팔을 들어 올려 위쪽에 있는 심벌즈를 연주한다(아래).	
어깨 신전: 앉거나 서 있는 자세에서 '팔 뒤로 하기'	2 스탠드 심벌즈 2 스탠드 탬버린	양손에 드럼 스틱을 쥐고 뒤쪽에 있는 악기를 연주한다.	
어깨 굴곡, 신전: 앉거나 서 있는 자세에서 '팔 움직이기'	4 심벌즈 또는 스탠드 드럼 프레임 드럼	양손에 말렛을 쥐고 앞과 뒤에 위치한 악기를 번갈아 가며 연주한다.	

팔꿈치 굽힘 · 신전: 2 마라카스
앉거나 서 있는 자세에서 '이두근 운동' 하기
양손에 주어진 마라카스를 교대로 연주한다.

팔꿈치 굽힘/어깨 신전: 1 스탠드 프레임 드럼
앉은 상태에서 '놓은 이두근 운동' 하기   1 스탠드 심벌즈
두 팔을 들어 올려 팔꿈치를 굽히면서 뒤쪽에 있는 아기를 연주한 후 팔꿈치를 펼쳐 앞쪽에 놓여 있는 아기를 연주한다.

손목 엎침/뒤침: 2 팀파니
앉거나 서 있는 자세에서 '앞치기-뒷치기'   1 스네어 드럼
드럼 스틱을 양손에 쥐고, 가운데이 스네이이 드럼을 연주한 후 양쪽 바깥쪽의 팀파니를 연주한다.

손목 배측굴곡: 1 스탠드 붕고
앉은 자세   1 콩가
의자에 앉아 몸의 측면 쪽에 아기를 놓는다. 손으로 콩가를 연주하고 손목을 들어 올려 붕고를 연주한다.

손목 배측 굽힘: 앉은 자세 (서 있는 자세로도 응용 가능)	1~2 디스코 벨 1 책상	테이블 위에 팔을 올려놓고 손에 디스코 벨을 착용한 후 손을 올렸다가 내렸다가 하며 연주한다(손목 관절 운동). 이때 팔은 테이블 표면에 고정시키고 손만 올렸다가 내렸다가 반복한다.
손 쥐기/펴기: 손가락 펼치기/오므리기	1 기타 1 책상	기타를 한 손으로 고정시킨 후 다른 한 손으로 줄을 튕긴다.
선택적 손가락 유연성 (엄지 없이)	1 기타 1 책상	손가락 패턴을 정하여 기타 줄을 튕긴다(예: 1-2, 1-2-3, 1-1-2-2-3-3, 1-4-2-3 등).

기법	악기	톤 바	책상	설명
선택적 손가락 유연성(모든 손가락)	1 피아노 또는 모든 키보드		1 책상	손가락 하나당 한 음을 연주한다. 이때 여러 패턴으로 연주할 수 있다(예: 1-2-3-4-5, 1-3-2-4-3-5, 1-1-2-2-3-3-4-4-5-5 등).
쥐기(검지와 중지 손가락)	1 기타/오토하프	3~4 톤 바	1 책상	기타나 오토하프를 테이블 위에 올려놓고, 엄지, 검지, 중지 손가락으로 피크를 잡고 줄을 튕긴다. 톤 바를 테이블 위에 올려놓고, 엄지와 검지 손가락으로 말렛을 쥐어 다양한 패턴을 연주한다.
쥐기(펜 잡기)	1 오토하프	5~6 톤 바	1 책상	오토하프를 테이블에 올려놓고, 드럼 스틱을 펜 잡듯이 쥔 후 줄을 바깥쪽으로 튕긴다. 톤 바를 테이블 위에 올려놓고 말렛을 펜을 잡듯이 쥐고 왼쪽에서 오른쪽으로 스치듯이(slide) 연주한다.

표 10-6 5명의 환자를 대상으로 한 TIMP 그룹 중재 예시

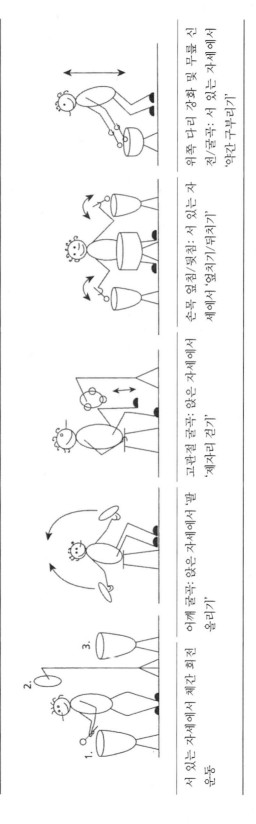

서 있는 자세에서 체간 회전 운동	서 있는 자세에서 제간 회전 '울리기'	어깨 굴곡: 앉은 자세에서 팔 '울리기'	고관절 굴곡: 앉은 자세에서 '제자리 걷기'	손목 엎침/뒤침: 서 있는 자세에서 '엎치기/뒤치기'	위쪽 다리 강화 및 무릎 신전/굴곡: 서 있는 자세에서 '약간 구부리기'

표 10-7 파트너와 함께 하는 운동 예시

환자 1	운동	환자 2
• 앉은 자세에서 무게 이동 • 체간 스트레칭 • 어깨 신전 • 팔꿈치 신전		• 서 있는 자세에서 무게 이동 • 체간 이동 • 어깨 신전 • 팔꿈치 신전
• 어깨 신전 • 팔꿈치 굴곡 및 신전	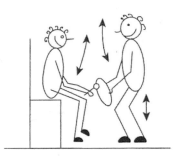	• 약간 구부리기(위쪽 다리 강화) • 어깨 신전 • 팔꿈치 굴곡 및 신전
• 앉은 자세에서 앞으로, 뒤로 기울이기 • 팔꿈치 굴곡과 신전을 통해서 도달하기	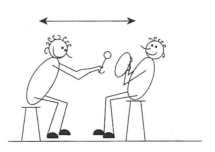	• 앉은 자세에서 앞으로, 뒤로 기울이기 • 팔꿈치 굴곡과 신전을 통해서 도달하기
• 쥐기: 마비된 측과 손상되지 않은 손으로 막대 들고 있기		• 쥐기: 세 손가락(엄지, 검지, 중지)으로 막대를 쥐고, 손목 배측 굴곡을 훈련한다.

10.4 임상 프로토콜

치료 환경에서 악기를 세팅하는 방법은 매우 다양하다. 원하는 움직임에 따라 다양한 개수의 악기를 배치하거나, 목표 움직임에 따라 악기의 위치를 설정할 수 있다. 즉, 악기 배치는 움직임에 따라 변동될 수 있으며, 환자들은 목표로 설정된 악기를 성공적으로 연주함으로써 청각-운동 피드백을 받을 수 있다.

다시 말해, TIMP는 환자들이 의도된 방향으로 움직이거나 여러 표적을 번갈아 가며 움직이기 위한 기능적인 훈련에 사용될 수 있다. 이러한 방법은 팔이나 다리를 굽히고 펴거나, 손가락의 힘과 기민성을 비롯하여 상지의 기능 개선이 필요한 환자들의 필요를 위해서도 사용될 수 있다(〈표 10-1〉~〈표 10-5〉 참조).

치료 목표에 적절하게 악기를 선택하는 것은 환자들의 신체적 기능 수준과 더불어 악기 연주에 요구되는 움직임의 운동학적 기제를 고려해야 한다. 환자들은 신체적 손상이나 장애로 인해 활, 피크 또는 말렛 등 기존의 도구를 사용하는 데 제한이 있을 수 있으므로 치료사들은 이를 고려하여 환자 개인의 상황에 맞게 악기를 적용해야 한다. Clark와 Chadwick(1980)은 임상적 악기 적용에 대한 종합적인 가이드를 제시하였다. Elliot(1982)은 다양한 악기 연주 시의 자세 및 관절 가동 범위 등과 관련하여 고려해야 할 사항들에 대한 지침을 제공하였는데, 이는 치료사들이 환자의 신체적 특성에 맞는 악기를 선택하는 과정과 그에 맞는 치료적 목표를 설정하는 데 도움을 줄 수 있다.

타악기는 전문 음악가가 아니더라도 쉽게 연주할 수 있는 악기로, 다양한 크기와 음색을 제공할 수 있다. 또한 대부분 음의 높낮이가 없기 때문에 배열이 쉽고 자유로우며, 기능적으로도 소근육과 대근육을 모두 훈련할 수 있다는 장점이 있다. 그러나 타악기를 치료적으로 사용할 때는 동작의 수정 및 변화가 가능하도록 동일한 기본 동작에 의해 지속적으로 연주하도록 해야 한다는 점에 주의해야 한다. TIMP에서 키보드는 손가락, 팔목 및 팔의 움직임을 조절하는 데 유용하게 사용될 수 있다.

훈련 음악은 친숙하고 간단한 구조의 노래를 선택하는 것이 도움이 된다. 하지만 친숙한 노래를 사용할 때 환자들이 노래를 따라 부르고 싶어 하는 경우가 많고, 주의를 집중하기 어려운 아동이나 환자들에게 사용할 때는 악기 연주에 방해가 될 수 있으므로 주의해야 한다. 이러한 경우 단순하게 반복되는 멜로디가 그룹 내의 상호작용이나 전체 참여자의 기능적 연주를 유도하는 데 더욱 효과적으로 사용될 수 있다. 또한 치료사들은 환자들의 인지 기능 수준을 고려해야 하는데, 악기 연주와 노래를 듣는 것이 어려운 수준의 인지 기능을 가진 환자들에게는 단순한 리듬 구조를 이용한 PSE 활동이 인지 및 정서적으로 더욱 효과적인 접근이 될 수 있다.

TIMP 훈련은 다음의 세 가지 요소를 기반으로 구성된다.

- **음악 구조**는 시간과 공간, 힘의 세기 등의 조절에 사용된다. 따라서 PSE 메커니즘은 TIMP 훈련에 자연스럽게 통합될 수 있다. 예를 들어, 환자들의 필요에 따라 악기를 세팅함으로써 공간적인 신호가 강화될 수 있다.
- **악기 선택과 연주 방법**은 치료적으로 유용한 동작을 강화한다. 사용되는 악기는 치료 목표를 위한 주요 활동을 집중적으로 훈련할 때 적합하게 선택되어야 한다.
- 악기의 공간적 배열과 장소는 팔/다리와 몸의 위치 등 의도된 동작의 절차에 따라 구성된다.

TIMP 훈련은 개인 세션이나 그룹 세션 모두에 적용되며, 물리치료사, 작업치료사와 신경학적 음악치료사의 협업을 통한 학제 간 접근이 가능하다. 그룹 참여사들은 실제 재활 목표 요구와 치료적 지속성의 기능 수준(지구력과 관련하여)이 적절하게 연결되어야 하며, 각 그룹의 필요에 따라 특정한 훈련 목표가 설정되어야 한다. 세션 길이는 회복 단계, 지구력 및 집중 능력에 따라서 정해지며, TIMP 훈련을 하기 전에는 준비 단계가 필요하다

준비 운동은 짧은 노래를 부르면서 이두근 운동, 어깨 돌리기 또는 제자리 걷기와 같은 간단한 동작을 하는 것으로, 한 동작씩 나누어 진행할 수 있다. 준비 운동에는 악기 세팅이 필요하지 않고, 키보드나 오토하프를 사용하여 PSE로 진행한다.

TIMP 훈련은 한 가지 목표를 전체 세션 동안 설정할 수 있으며, 특정 운동 선택은 변환 설계 모델(transformational design model: TDM) 단계를 기반으로 해야 한다(Thaut, 2005).

단일 동작에 대한 그룹 세팅의 주제별 예시는 〈표 10-1〉~〈표 10-4〉에 제시되어 있다.

10.4.1 특정 상지 재활

허혈성(ischemic) 및 출혈성(hemorrhagic) 뇌졸중은 편마비 증상의 가장 흔한 원인이다. 장기간 장애가 지속되는 아동들의 경우에는 뇌성마비가 여전히 주요 원인으로 보고되고 있다. 상지 편마비 환자의 대부분은 근력 약화로 인한 기능장애가 나타나며, 하지장애보다 더욱 큰 영향을 받는다. 1990년대에 Edward Taub은 하루 중 일정 시간 동안 건측 부위를 고정하고, 손상된 부분의 움직임을 유도하는 **강제 유도 운동치료**(constraint-induced movement therapy: CIMT)를 발전시켰다(Taub et al., 1999). 이 치료법은 마비된 팔과 손의 반복적 움직임과 강도 높은 훈련을 통해 손상된 기능이 재구성될 수 있음을 보여 주었다. 음악을 연주하는 것은 대뇌 운동 피질뿐만 아니라 청각 및 통합 청각-감각 운동 회로를 활성화시키기 때문에 악기를 연주할 때의 특정한 동작 패턴은 대뇌에서 더욱 빠르게 처리된다는 사실이 밝혀졌다(Bangert et al., 2006).

따라서 TIMP는 훈련 시간과 관절 운동 면에서 효율적이다. 피드포워드 메커니즘에 따라 악기를 연주할 때 리듬 청각 자극(rhythmic auditory stimulus: RAS)으로부터의 구조화된 시·공간적 변수는 연주에 요구되는 움직임을 신속하게 적응시킨다. Malcolm과 그의 동료들(2008)에 따르면, CIMT와 RAS의 조합은 보상적 전략을 감소시키는 동시에 동작의 운동학적 변수의 효율성에도 긍정적인 영향을 미친다.

오토하프 연주는 손목과 팔의 조절 기능을 향상시키는 데 도움이 될 수 있다. 예를 들어, 아동들의 소근육 기능 향상을 위해 엄지, 검지, 중지 손가락으로 피크나 부드러운 스틱으로 오토하프를 연주하게 할 수 있다. 이러한 훈련은 유치원생들의 글쓰기에 필요한 강도와 지속성을 향상시키는 데 창의적인 방법으로 이용될 수 있다.

TIMP 그룹 세션은 여러 가지 운동으로 이루어진 서킷 트레이닝과 같은 전신 운동을 설계할 때 이상적이다. 이러한 맥락에서 환자의 필요와 잠재력을 고려하는 것은 매우 중요한 사항이다. 훈련의 절차는 쉬운 단계에서 어려운 단계로, 혹은 신체의 아랫부분부터 윗부분까지의 범위 등으로 구조화될 수 있다.

또한 동작과 동작 사이를 연결할 때 음악을 이용할 수 있다. 환자들은 단순히 한 의자에서 다른 의자로 걸으며 이동하는 것이 아니라 리드미컬한 반주와 함께 무릎을 높이 올려 걷거나, 발끝으로 걸으며 옆으로 걷거나, 뒤로 걷는 등과 같은 여러 가지 걸음 형태를 적용할 수 있다.

TIMP 그룹 세팅은 참여자들과 짝을 지어 할 수 있는 운동을 진행함으로써 그룹 내 참여자들의 상호작용과 동기 부여에 도움을 줄 수 있다. TIMP 훈련의 마무리 단계에서는 PSE를 이용하여 어깨 돌리기, 발목 돌리기 및 숨 들이 마시고 내쉬기와 같은 가벼운 동작으로 이루어진 짧은 마무리(쿨다운) 동작으로 마무리할 수 있다.

참고문헌

Altenmüller, E., Marco-Pallares, J., Muente, T. F. and Schnedier, S. (2009). Neural reorganization underlies improvement in stroke-induced motor dysfunction by music-supported therapy. *Annals of the New York Academy of Sciences, 1169*, 395-405.

Bangert, M. et al. (2006). Shared networks for auditory and motor processing in professional pianists: evidence from fMRI conjunction. *NeuroImage, 30*, 917-26.

Bermudez, P. et al. (2009). Neuroanatomical correlates of musicianship as revealed by cortical thickness and voxel-based morphometry. *Cerebral Cortex, 19*, 1583-96.

Bernatzky, G. et al. (2004). Stimulating music increases motor coordination in patients afflicted by Morbus Parkinson. *Neuroscience Letters, 361*, 4-8.

Bütefisch, C., Hummelsheim, H., and Denzler, P. (1995). Repetitive training of isolated movements improves the outcome of motor rehabilitation of the centrally paretic hand. *Journal of Neurological Sciences, 130*, 59-68.

Clark, C. and Chadwick, D. (1980). *Clinically Adapted Instruments for the Multiply Handicapped*. St Louis, MO: Magnamusic-Baton.

Elliot, B. (1982). *Guide to the Selection of Musical Instruments with Respect to Physical Ability and Disability*. St Louis, MO: Magnamusic-Baton.

Gaser, G. and Schlaug, G. (2003). Brain structures differ between musicians and nonmusicians. *Journal of Neuroscience, 23*, 9240-45.

Grillner, S. and Wallen, P. (1985). Central pattern generators for locomotion, with special reference to vertebrates. *Annual Review of Neuroscience, 8*, 233-61.

Harrington, D. L. and Haaland, K. Y. (1999). Neural underpinnings of temporal processing: a review of focal lesion, pharmacological, and functional imaging research. *Reviews in the Neurosciences, 10*, 91-116.

Hasan, M. A. and Thaut, M. H. (1999). Autoregressive moving average modeling for finger tapping with an external stimulus. *Perceptual and Motor Skills, 88*, 1331-46.

Malcolm, M. P. et al. (2008). Repetitive transcranial magnetic stimulation interrupts phase synchronization during rhythmic motor entrainment. *Neuroscience Letters, 435*, 240-45.

Molinari, M. et al. (2005). Sensorimotor transduction of time informations is preserved in subjects with cerebellar damage. *Brain Research Bulletin, 67*, 448-58.

Pacchetti, C. et al. (2000). Active music therapy in Parkinsons disease: an integrative method for motor and emotional rehabilitation. *Psychosomatic Medicine, 62*, 386-93.

Paltsev, Y. I. and Elner, A. M. (1967). Change in the functional state of the segmental apparatus of the spinal cord under the influence of sound stimuli and its role in voluntary movement. *Biophysics, 12*, 1219-26.

Penhune, V. B., Zartorre, R. J., and Evans, A. (1998). Cerebellar contributions to motor timing: a PET study of auditory and visual rhythm reproduction. *Journal of Cognitive Neuroscience, 10*, 752-65.

Platel, H. et al. (1997). The structural components of music perception: a functional anatomical study. *Brain, 120*, 229-43.

Rao, S. M., Mayer, A. R., and Harrington, D. L. (2001). The evolution of brain activation during temporal processing. *Nature Neuroscience, 4*, 317-23.

Rossignol, S. and Melvill Jones, G. (1976). Audio-spinal influence in man studied by the H-reflex and its possible role on rhythmic movements synchronized to sound. *Electroencephalography and Clinical Neurophysiology, 41*, 83-92.

Safranek, M. G., Koshland, G. F., and Raymond, G. (1982). The influence of auditory rhythm on muscle activity. *Physical Therapy, 2*, 161-8.

Schlaug, G. and Chen, C. (2001). The brain of musicians: a model for functional and structural adaptation. *Annals of the New York Academy of Sciences, 930*, 281-99.

Schneider, S., Schönle, P. W., Altenmueller, E., and Muente, T. F. (2007). Using musical instruments to improve motor skill recovery following a stroke. *Journal of Neurology, 254*, 1339-46.

Stephan, K. M. et al. (2002). Conscious and subconscious sensorimotor synchronization-prefrontal cortex and the influence of awareness. *NeuroImage, 15*, 345-52.

Taub, E., Uswatte, G., and Pidikiti, R. (1999). Constraint-Induced Movement Therapy: a new family of techniques with broad application to physical rehabilitation—a clinical review. *Journal of Rehabilitation Research and Development, 36*, 237-51.

Thaut, M. H. (2005). *Rhythm, Music, and the Brain: scientific foundations and clinical applications*. New York: Routledge.

Thaut, M. H. and Kenyon, G. P. (2003). Fast motor adaptations to subliminal frequency shifts in auditory rhythmic during syncopated sensorimotor synchronization. *Human Movement Science, 22,* 321-38.

Thaut, M., McIntosh, G. C., and Rice, R. R. (1997). Rhythmic facilitation of gait training in hemiparetic stroke rehabilitation. *Journal of Neurological Sciences, 151,* 207-12.

Thaut, M. H., Miller, R. A., and Schauer, M. L. (1998a). Multiple synchronization strategies in rhythmic sensorimotor tasks: period vs phase correction. *Biological Cybernetics, 79,* 241-50.

Thaut, M. H., Hurt, C. P., Dragon, D., and McIntosh, G. C. (1998b). Rhythmic entrainment of gait patterns in children with cerebral palsy. *Developmental Medicine and Child Neurology, 40,* 15.

Thaut, M. et al. (2002). Kinematic optimization of spatiotemporal patterns in paretic arm training with stroke patients. *Neuropsychologia, 40,* 1073-81.

Whitall, J. et al. (2000). Repetitive bilateral arm training with rhythmic auditory cueing improves motor function in chronic hemiparetic stroke. *Stroke, 31,* 2390-95.

Chapter 11

멜로디 억양 치료(MIT)

●

Michael H. Thaut, Corene P. Thaut, and Kathleen McIntosh

11.1 정의

멜로디 억양 치료(medical intonation therapy: MIT)는 실어증 환자의 말하기 기능 개선을 위해 노래의 선율과 리듬 요소를 사용하는 치료 기법이다. 환자는 기능적 어구나 짧은 문장을 노래로 부르게 되는데, 이때 사용되는 선율은 일상적 말하기에서 나타나는 어조와 비슷한 형태로 구성된다. MIT의 기본 원리는 손상되지 않은 뇌반구의 언어 처리 영역을 음악 요소를 통해 활성화시키는 것이다. 이 기법은 1970년대 초반부터 신경학자들에 의해 개발되기 시작하였으며(Albert et al., 1973; Sparks et al., 1974; Sparks & Holland, 1976), 최근까지 발전하면서 임상 현장에 적용되고 있다(Helm-Estabrooks & Albert, 2004).

11.2 대상군

MIT의 주요 대상군은 표현성/비유창성 실어증(브로카 실어증) 환자이다. 주로 비유창성 실어증 환자들을 중심으로 연구가 이루어졌고, 실행증(Helfrich-Miller, 1994;

Roper, 2003), 자폐 범주성 장애(Wan et al., 2011), 다운증후군(Carroll, 1996) 등을 비롯한 다른 대상군들에서의 효과에 대한 연구는 상대적으로 많이 진행되지는 않았다.

다음과 같은 특징은 MIT에 적합한 대상군에 포함된다(Helm-Estabrooks & Albert, 2004).

• 청각적 이해력이 양호한 사람
• 자가수정이 가능한 사람
• 말산출에 제한이 있는 사람
• 일정 수준 이상 주의 지속이 가능한 사람
• 정서적으로 안정된 사람

수용성/유창성 실어증(베르니케 실어증, Wernicke's aphasia), 연결피질 실어증 (transcortical aphasia), 전도성 실어증(conduction aphasia) 등과 같이 언어를 이해하거나 읽는 능력에 제한이 있는 환자는 MIT를 적용하기에 적절하지 않을 수 있다. MIT 관련 연구 중 전반 실어증(global aphasia)을 대상자 기준에 포함하는 경우는 매우 제한적이 며, 이 부분에 대해서는 신중한 고려가 필요하다(Belin et al., 1996).

11.3 연구 요약

1970년대 중반부터 비유창성 실어증 환자를 대상으로 MIT를 적용한 많은 연구가 이루어졌다(Belin et al., 1996; Bonakdarpour et al., 2003; Boucher et al., 2001; Breier et al., 2010; Conklyn et al., 2012; Goldfarb & Bader, 1979; Hebert et al., 2003; Popovici, 1995; Racette et al., 2006; Schlaug et al., 2009; Seki & Sugishita, 1983; Stahl et al., 2011, 2013; Straube et al., 2008; Wilson, 2006; Yamadori et al., 1997; Yamaguchi et al., 2012). 그러나 실어증의 병변이나 증상에서 동질적인 연구 그룹을 찾는 데 어려움이 있어, 이 연구들 중 대부분은 소규모의 표본을 대상으로 이루어졌다. 다수의 연구(예: Belin et al., 1996; Breier et al., 2010; Schlaug et al., 2009)에서 MIT에 의해 유도되는 뇌 가소성 원리에 대한 근거를 보고하였는데, 이는 손상된 좌반구의 언어 처리 경로를 우반구의 언어 처리 가

능 영역으로 재배치한다는 것이다. 또한 장기적으로 MIT를 적용했을 때 좌반구의 언어 영역 회로가 다시 활성화된다는 연구도 있었다(Belin et al., 1996; Schlaug et al., 2008). 이러한 연구를 기반으로 하여 수정된 MIT가 사용되었고, 이 또한 긍정적 결과를 보고하였다(Conklyn et al., 2012). 한편, Stahl과 그의 동료들(2011)의 연구에서는 기존 기법에서 강조된 선율적 요소보다는 리듬 요소의 중요성이 강조되었다.

11.4 치료적 메커니즘

여러 뇌 영상 연구를 통해 좌뇌의 손상된 언어 처리 기능이 우뇌의 대응 영역에 의해 보완될 수 있다는 근거가 제시되어 왔다. 또한 MIT를 장기간에 걸쳐 적용하는 것이 좌뇌의 말하기 관련 영역을 재활성화시킬 수 있다는 근거도 보고되었다. 이와 같은 사실은 1970년대 초반 MIT를 제안한 연구자들에 의해 알려졌다. 이러한 메커니즘은 주로 노래의 선율 요소에 의해 활성화되는 우뇌의 역할에 의한 것으로 설명되어 왔다. 그러나 최근 많은 연구에서 메트로놈을 사용하여 리드믹 큐를 제공하거나, 리듬에 맞춰 손을 탭핑(tapping)하거나, MIT 적용 과정에서 리듬에 맞춰 말하는 등의 방법이 기존에 우뇌 처리 과정을 통해 사용되던 다른 음악 요소와 유사하거나 더 중요한 역할을 하는 것으로 나타났다.

말산출 시 우반구 네트워크에 중요하게 영향을 미치는 MIT 요소들의 특성은 다음과 같다.

- 선율과 리듬을 동반한 말하기는 일반적인 말하기보다 느린 속도로 처리된다. 즉, 노래 부르기는 말하기보다 체계화된 길이, 구조 등을 적용하여 목소리를 산출하는 과정으로, 말할 때보다 많은 노력을 필요로 한다. 우뇌는 상대적으로 느린 과정의 정보 처리를 담당하기 때문에, 말하기에 비해 긴 시간의 흐름을 필요로 하는 음악적 운율을 통해 말하기를 훈련하면 우뇌의 언어신경망을 1차적으로 활성화시킬 수 있다(Patel, 2008).
- 음악적 정보 처리는 우뇌가 담당하므로 손상된 좌뇌의 언어신경망을 우회하여 기능할 수 있다(Seger et al., 2013).

- 리드미컬한 반복적 움직임과 동조화(entrainment)는 주로 우뇌의 청각 피질, 전전 두엽 및 두정엽의 신경망과 관련되어 있다(Stephan et al., 2002).
- 말하기와 팔 동작은 동일한 운동 신경 통로에 의해 통제되므로, 왼손 탭핑은 우뇌의 언어신경망을 활성화한다(Gentilucci & Dalla Volta, 2008).

11.5 임상 프로토콜

초기의 MIT는 4단계로 구성되어 있었다. 첫 번째 단계에서 치료사는 음고의 변화를 강조하여 멜로디를 제공하고, 리듬에 맞춰 왼손 탭핑을 하면서 목표한 단어나 어절을 허밍으로 부른다. 이때 리듬 패턴과 멜로디는 목표한 단어나 어구와 유사한 음고와 강세로 구성되어야 한다. 두 번째 단계에서는 먼저 환자와 치료사가 같이 허밍한 후, 치료사가 먼저 목표한 구문을 말하여 환자가 참여하도록 한다. 이후 치료사가 말하는 구간을 점차 줄이고 환자가 반복하도록 하는데, 이 단계에서도 왼손 탭핑은 지속하도록 하며, 세 번째 단계에서도 이와 같은 과정을 반복하면서 환자가 수행해야 하는 구간 전에 기다리는 시간을 둔다. 마지막 단계에서는 치료사가 탭핑을 하지 않고 연습한 멜로디 구문과 관련된 질문을 하여 환자가 적절하게 대답을 하는지 확인한다. 이 단계의 목표는 노래로 이루어진 구문—'스프레히게장(sprechgesang, 말하는 것과 유사한 노래)'—에서 일반 구문으로 말할 수 있도록 전환하는 것이다. 질문은 일상 대화와 유사한 억양으로 제공한다(예: 훈련 문장이 "난 커피를 마시고 싶어요."라면, 치료사의 질문은 "무엇을 마시고 싶습니까?"가 된다).

MIT는 환자의 필요성을 충족시키기 위해서 점차 수정되었고, 특히 아동을 위한 훈련법이 제안되기도 하였는데, 첫 번째 단계는 성인 버전과 동일하고, 두 번째 단계는 성인 버전의 세 번째 단계를 따르며, 마지막 세 번째 단계는 성인 버전의 네 번째 단계로 구성되어 있다. 이때 손가락 탭핑 대신에 수화로 대체되었다(Roper, 2003).

최근 초기 MIT의 치료적 효과를 보다 향상시키기 위해 이전 기법의 단계와 같은 구조를 짧게 여섯 단계로 단축하여 구성한 수정된 기법의 과정(Thaut, 1999)은 다음과 같다.

① 치료사는 환자의 왼쪽 손을 탭핑하면서 목표 단어나 문장을 허밍으로 부르고, 환

자는 부르지 않고 듣는다.

② 치료사는 목표 문장에 멜로디를 더하여 환자의 손을 계속하여 탭핑하면서 몇 번 반복한다. 환자는 계속하여 듣는다.

③ 치료사는 목표 문장의 멜로디를 노래하면서 환자의 참여를 유도한다. 치료사와 환자는 같이 노래를 반복하고, 치료사는 계속하여 환자의 왼손을 탭핑하다가 점차 환자 스스로 탭핑하도록 한다.

④ 치료사는 점차 노래 구간을 소거한다.

⑤ 치료사가 먼저 목표 문장의 멜로디를 노래하고, 일정 시간 기다린 후 환자가 혼자 멜로디를 노래할 수 있도록 신호를 주며, 탭핑을 계속한다. 이때 치료사는 환자가 단어나 문장을 생각할 수 있도록 도중에 기다리는 시간을 조절할 수 있다.

⑥ 치료사는 목표 문장이나 단어에 관련된 질문을 한다. 이때 환자는 말하듯이 일반적인 음조로 대답할 수 있다. 치료사는 탭핑을 도와줄 필요가 없고, 환자는 스스로 탭핑을 하거나 또는 하지 않아도 된다.

한편, '스프레이게장'은 많은 임상 현장을 통해 환자의 억양적인 측면에서 이미 말하는 것과 유사한 수준으로 관찰되었기 때문에 새로운 여섯 가지 모델에 명확하게 포함되지 않았다. 또한 마지막 단계에서 환자의 언어 반응(질문에 대한 답)이 일반적인 어조로 나타났는데, 이는 환자가 치료사가 질문하는 어조를 따르는 경향이 있기 때문인 것으로 설명되었다. 따라서 이 모델에서는 처음 모델의 마지막 단계와 같이 '노래하기'에서 '스프레이게장'에서 '정상 어조의 언어'로 전환하는 단계를 따로 거치지 않는다. 최근 연구에서는 악센트와 리듬의 어조를 강조하는 것이 실제로 환자가 말하는 기능을 향상시키는 데 도움을 줄 수 있다고 보고되었다(Stahl et al., 2011).

일반적으로 치료사는 환자와 마주 보고 앉아 환자의 왼손(손바닥이 아래로 향하게 하여)을 가볍게 잡는다. 다른 한 손으로는 환자에게 '듣기' 또는 '반응하기'와 같은 쉽고 단순한 신호를 제공한다. MIT 창안자들이 제시한 몇 가지 고려 사항은 다음과 같다.

첫째, 목표 단어나 문장의 길이 및 난이도는 치료사가 도움을 주는 수준을 점차 줄여나가면서 세밀하게 조절해야 한다. 둘째, 오류 수정은 한 번의 '재시도' 또는 '백업'으로 제한되어야 한다. 한 번에 수정되지 않을 때는 다른 단어나 문장으로 넘어가야 한다. 이는 같은 오류가 반복될 때는 그것이 수정되기보다는 같은 패턴의 실수가 지속되는 경우가 많기 때문이다. 셋째, 치료사는 예시를 제공하는 구간과 환자가 수행해야 하는 구간 사이의 간격을 적절하게 조절해야 하며, 특히 환자의 반응이 자동화될 가능성을 방지하기 위해서는 점차 길게 늘려야 한다. 넷째, 일상생활 영역으로의 의미 있는 전환을 위해 치료사는 적절하고 다양한 단어와 문장을 사용하여 같은 단어나 문장이 매 회기에 똑같이 반복되지 않도록 구성하여 훈련해야 한다. 다섯째, 무의미한 칭찬이나 언어적 피드백은 비유창성 실어증 환자들에게 스트레스와 혼란을 줄 수 있기 때문에 훈련 단어나 문장 이외에 치료사가 말하는 것은 되도록 자제해야 한다. 환자의 반응에 대해서는 오히려 간단한 미소나 고개를 끄덕이는 것과 같은 반응이 훨씬 적절하고 효과적인 제스처가 될 수 있다. 여섯째, MIT는 높은 강도의 치료가 필요하다(회복 초기 단계에는 매일 세션을 진행하거나 이틀에 한 번 여러 주 동안 진행되어야 한다). 환자가 입원한 상태이거나 외래 환자일 경우와 같이 치료 진행에 제한이 있다면, 치료를 계속해서 할 수 있도록 보호자나 가족에게 교육을 제공하는 것도 가능하다. 마지막으로, 반복은 이 기법의 중요한 요소이다. 그러나 이는 두 번째 원칙(오류 수정)과 다섯 번째 원칙(다양한 자료)을 고려하여 적용해야 한다.

참고문헌

Albert, M., Sparks, R. W., and Helm, M. (1973). Melodic intonation therapy for aphasics. *Archives of Neurology, 29*, 130-31.

Belin, P. et al. (1996). Recovery from nonfluent aphasia after melodic intonation therapy. *Neurology, 47*, 1504-11.

Bonakdarpour, B., Eftekharzadeh, A., and Ashayeri, H. (2003). Melodic intonation therapy in Persian aphasic patients. *Aphasiology, 17*, 75-95.

Boucher, V., Garcia, J. L., Fleurant, J., and Paradis, J. (2001). Variable efficacy of rhythmic and tone in melody-based interventions: implications for the assumption of a right-hemisphere facilitation in non-fluent aphasia. *Aphasiology, 15*, 131-49.

Breier, J., Randle, S., Maher, I. M., and Papanicolaou, A. C. (2010). Changes in maps of language activity activation following melodic intonation therapy using magnetoencephalography: two case studies. *Journal of Clinical and Experimental Neuropsychology, 32*, 309-14.

Carroll, D. (1996). *A study of the effectiveness of an adaptation of melodic intonation therapy in increasing communicative speech of young children with Down syndrome.* Unpublished dissertation. Montreal: McGill University.

Conklyn, D. et al. (2012). The effects of modified melodic intonation therapy on nonfluent aphasia: a pilot study. *Journal of Speech, Language, and Hearing Research, 55,* 463-71.

Gentilucci, M. and Dalla Volta, R. (2008). Spoken language and arm gestures are controlled by the same motor control system. *Quarterly Journal of Experimental Psychology, 61,* 944-57.

Goldfarb, R. and Bader, E. (1979). Espousing melodic intonation therapy in aphasia rehabilitation: a case study. *International Journal of Rehabilitation Research, 2,* 333-42.

Hebert, S., Racette, A., Gagnon, L., and Peretz, I. (2003). Revisiting the dissociation between singing and speaking in expressive aphasia. *Journal of Neurology, 126,* 1838-51.

Helfrich-Miller, K. R. (1994). Melodic intonation therapy with developmentally apraxic children. *Seminars in Speech and Language, 5,* 119-26.

Helm-Estabrooks, N. and Albert, M. (2004). *Manual of Aphasia and Aphasia Therapy.* Austin, TX: PRO-ED Publishers.

Patel, A. (2008). *Music, Language, and the Brain.* Oxford: Oxford University Press.

Popovici, M. (1995). Melodic intonation therapy in the verbal decoding of aphasics. *Revue Romaine de Neurologie et Psychiatrie, 33,* 57-97.

Racette, A., Bard, C., and Peretz, I. (2006). Making nonfluent aphasics speak: sing along! *Brain, 129,* 2571-84.

Roper, N. (2003). Melodic intonation therapy with young children with apraxia. *Bridges: Practice-Based Research Synthesis, 1,* 1-7.

Schlaug, G., Marchina, S., and Norton, A. (2008). From singing to speaking: why singing may lead to recovery of expressive language function in patients with Broca's aphasia. *Music Perception, 25,* 315-23.

Schlaug, G., Marchina, S., and Norton, A. (2009). Evidence for plasticity in white-matter tracts of patients with chronic Broca's aphasia undergoing intense intonation-based speech therapy. *Annals of the New York Academy of Sciences, 1169,* 385-94.

Seger, C. et al. (2013). Corticostriatal contributions to musical expectancy perception. *Journal of Cognitive Neuroscience, 25,* 1062-77.

Seki, K. and Sugishita, M. (1983). Japanese-applied melodic intonation therapy for Broca's aphasia [article in Japanese]. *No to Shinkei, 35,* 1031-7.

Sparks, R. W., and Holland, A. L. (1976). Method: melodic intonation therapy for aphasia. *Journal of Speech and Hearing Disorders, 41,* 287-97.

Sparks, R. W., Helm, N., and Albert, M. (1974). Aphasia rehabilitation resulting from melodic intonation therapy. *Cortex, 10,* 313–16.

Stahl, B. et al. (2011). Rhythm in disguise: why singing may not hold the key to recovery from aphasia. *Brain, 134,* 3083–93.

Stahl, B. et al. (2013). How to engage the right brain hemisphere in aphasics without even singing: evidence for two paths of speech recovery. *Frontiers in Human Neuroscience, 7,* 1–12.

Stephan, K. M. et al. (2002). Conscious and subconscious sensorimotor synchronization: cortex and the influence of awareness. *NeuroImage, 15,* 345–52.

Straube, T. et al. (2008). Dissociation between singing and speaking in expressive aphasia: the role of song familiarity. *Neuropsychologia, 46,* 1505–12.

Thaut, M. H. (1999). *Training Manual for Neurologic Music Therapy.* Fort Collins, CO: Center for Biomedical Research in Music, Colorado State University.

Wan, C. Y. et al. (2011). Auditory motor mapping training as an intervention to facilitate speech output in non-verbal children with autism: a proof of concept study. *PLoS One, 6,* e25505.

Wilson, S. J. (2006). Preserved singing in aphasia: a case study of the efficacy of melodic intonation therapy. *Music Perception, 24,* 23–6.

Yamadori, A., Osumi, Y., Masuhara, S., and Okubo, M. (1977). Preservation of singing in Broca's aphasia. *Journal of Neurology, Neurosurgery, & Psychiatry, 40,* 221–4.

Yamaguchi, S. et al. (2012). Singing therapy can be effective for a patient with severe nonfluent aphasia. *International Journal of Rehabilitation Research, 35,* 78–81.

Chapter 12

음악적 말하기 자극(MUSTIM)

•

Corene P. Thaut

12.1 정의

음악적 말하기 자극(musical speech stimulation: MUSTIM)은 표현성 실어증을 겪는 환자들을 대상으로 노래, 라임, 챈트 및 악구를 사용하여 언어의 운율(prosody)을 표현하게 하여 자동적으로 말하기를 유도하는 신경학적 음악치료 기법이다(Thaut, 2005). 대부분의 실어증 환자 중 비명제적인 말하기(non-propositional speech) 부분은 손상되지 않은 경우가 많아, 계속되는 음악 구절이나 노래 훈련은 자발적인 말하기를 자극하는 데 도움이 될 수 있다. MUSTIM은 MIT 적용이 어려운 1차성 진행 실어증 환자, 즉 인지 기능 저하나 치매 등으로 인한 실어증 환자들을 위한 음악 중재 기법이며, MIT 훈련을 통해 기능어의 사용과 자발적 말하기가 가능해진 환자들에게도 적절한 후속 중재 기법이 될 수 있다.

12.2 대상군

뇌졸중으로 인한 좌뇌 손상 혹은 기타 다른 뇌손상으로 인한 실어증은 종종 제한적인 자발화 증상을 특징으로 한다. 이 중 대다수의 표현성 실어증 환자가 말하기 기능이 회복되지 않은 상태에서도 친숙한 멜로디나 단어를 포함한 노래를 하는 것은 가능하다는 사실이 관찰되었다(Yamadori et al., 1977). MUSTIM은 표현성 실어증과 비슷한 증상을 보이지만 피질하 시상 후부의 청각 회로가 손상되지 않아 비명제적 말하기가 가능한 대상군을 위한 중재 기법이다. 비유창성 실어증(non-fluent aphasia)에 해당하는 표현성(브로카) 실어증이나 1차성 진행 실어증 또는 인지 기능 수준이 저하된 환자들에게 적절하게 적용될 수 있다. 언급한 바와 같이, 뇌졸중, 외상성 뇌손상 또는 치매로 인한 인지 기능 저하로 MIT를 수행하기 어려운 환자들도 MUSTIM 적용 대상군이 될 수 있는데, 특히 MIT 적용 후 일상생활에서 사용되는 기능어(단어 혹은 어구)의 자발화를 촉진하기 위해 사용될 수 있다.

12.3 연구 요약

많은 연구를 통해서 비유창성 실어증 환자들에게 노래 부르기나 읊조리기(intoning)가 비명제적 말하기에 도움이 되는 것으로 나타났다(Basso et al., 1979; Cadalbert et al., 1994; Lucia, 1987; Yamadori et al., 1977). Straube와 그의 동료들(2008)의 연구에서는 노래 부르기가 심각한 수준의 표현성 실어증 환자의 단어 및 구문 산출에도 도움이 된다는 결과가 나타났는데, 연구자들은 이러한 결과가 환자의 장기 기억에 저장된 선율 및 가사 요소에 의한 것으로 해석하였다. Yamaguchi와 그의 동료들(2012)의 연구에서도 인지장애를 동반한 심한 비유창성 실어증 환자들에게도 역시 노래 부르기가 효과적인 치료법이 될 수 있다고 제안하였다.

음악적 말하기와 비음악적 말하기 과제에서 나타나는 뇌활성화 패턴 간에는 유사점과 차이점이 모두 관찰되었다(Brown et al., 2006; Patel, 2003, 2005; Stewart, 2001). Brown과 그의 동료들(2006)의 연구에서 즉흥적 멜로디와 어구를 구사할 때 나타나는 뇌 활성화 패턴을 각각 관찰한 결과, 언어 과제를 수행했을 때에는 좌반구가 더 활성화되었고, 음향학적 정보 처리(음운론) 조건에서는 각 과제 간 뇌활성화 패턴이 유사하게 나타났으나, 정보의 의미적 처리 과정(의미론)에서는 서로 다른 패턴이 나타났다. 또한 Patel(2005)은 구문 점화 과제(syntactic priming task)와 화성 점화 과제(harmony priming task)를 비교하였는데, 대상자들의 과제 수행률이 모두 낮은 수준에 그쳐, 대상자가 수행해야 하는 과제를 실어증 환자의 기능 손상 범위와 수준에 맞게 제공하는 후속 연구가 제안되었다.

12.4 치료적 메커니즘

Ozdemir와 그의 동료들(2006)은 노래 부르기와 노래하듯이 말하기의 두 조건에서 우뇌로 편재화되어 있는 상층두회전(superior temporal gyrus), 하부중앙판개(inferior central operculum) 및 하전두회(inferior frontal gyrus)와 같은 네트워크가 말산출 시 활성화되는 영역 외에 추가적으로 활성화되는 것을 발견하였다. 이는 좌뇌 병변으로 인한 비유창성 실어증 환자가 어떠한 단어를 말로 할 수 없더라도 그 단어를 노래의 가사로는 산출할 수 있다는 사실을 설명해 주는 근거가 된다.

12.5 임상 프로토콜

MUSTIM은 환자의 기능 수준과 치료 목표에 따라 다양한 단계와 난이도로 구성될 수 있다. 익숙한 노래의 단어 또는 구절을 채우거나 일반적으로 말하는 문장을 완성하는 등의 여러 가지 활동으로 활용될 수 있다.

가장 간단한 적용 방법은 익숙한 노래를 사용하는 것이다. 치료사가 악구의 마지막 단어만 소거하고 이 부분을 환자가 채워 부르는 형식—예를 들어, "My Bonnies Lies Over the (Ocean)."—이다. 다음으로, 치료사가 첫 번째 악구를 부르고, 그다음 부분의 악구를 환자가 부르는 형식으로도 진행될 수 있다. 이를 확장하여, 반대로 환자가 첫 번째 구절을 시작하고, 치료사가 다음 구절을 부를 수 있다. 그다음 단계는 환자가 치료사의 도움 없이 노래 전체를 부를 수 있도록 유도하는 것이다. 이 기법의 목표는 ① 치매 환자가 가능한 한 오랫동안 최대한 많은 말을 지속적으로 산출하고, ② 뇌손상 후 표현성 실어증 초기 단계에서 자발적인 말산출을 할 수 있도록 도와주는 것이다.

두 번째로 많이 적용되는 방법은 환자들이 일상에서 주로 사용하거나 필요로 하는 간결하고 정확한 문장을 목표로 하여 훈련하는 것이다(질문은 상승하는 아르페지오나 음계로 표현된다). 예시 문장으로는 "How are you (today)?" "My name is (John)." 또는 "Thank you very (much)."가 포함될 수 있다([그림 12-1] 참조). MUSTIM의 목표는 익숙한 악구를 사용하여 음악적인 신호를 제공함으로써 환자들이 익숙한 문장을 자동으로 완성하도록 도와주는 것이다.

[그림 12-1] 일상생활에 사용되는 문장을 멜로디에 적용한 음악의 예시

세 번째 MUSTIM의 적용 방법은 다양한 방법으로 완성할 수 있는 문장을 제공하는 것이다. 문장은 환자들이 노래로 부를 수 있도록 멜로디를 통해 제시되며, 여러 가지 가사의 형태로 대답이 가능하다. 전형적인 예시 문장으로는 "I would like to (go outside)."를 들 수 있다([그림 12-2] 참조). 이 단계에서 환자들은 다양한 방법으로 대답할 수 있으며, 이것은 명제적 말하기의 시작이 된다.

[그림 12-2] 의도를 주제로 한 목표 문장을 멜로디에 적용한 음악의 예시

또한 환자에게 두 가지의 다른 음악적 반응—예를 들어, "I want ____." 또는 "I don't want ____."—이 예상되는 질문을 할 수 있다. 각 대답은 환자들의 두 가지 대답에 대해 구분하고 표현하기 쉽게 하기 위해 서로 다른 음악 구문으로 표현되어야 한다. 치료사들은 "Do you want something to eat?"이라고 질문할 수 있고, 환자들은 이에 "I want something to eat." 또는 "I don't want something to eat."으로 대답할 수 있다([그림 12-3] 참조).

[그림 12-3] 대답을 유도하는 목표 문장을 멜로디에 적용한 음악의 예시

종합해 보자면, MUSTIM은 비유창성 실어증을 위한 기법이며, 비명제적 문장을 자발화로 표현하거나 기능 수준이 높은(high functioning) 실어증 환자들이 자신들이 원하는 명제적인 문장을 표현할 수 있도록 유도한다. 환자들의 필요와 목표에 따라 기법의 난이도를 다르게 조절할 수 있다.

참고문헌

Basso, A., Capitani, E., and Vignolo, L. A. (1979). Influence of rehabilitation on language skills in aphasic patients. *Archives of Neurology, 36,* 190-96.

Brown, S., Martinez, M. J., and Parsons, L. M. (2006). Music and language side by side in the brain: a PET study of the generation of melodies and sentences. *European Journal of Neuroscience, 23,* 2791-803.

Cadalbert, A., Landis, T., Regard, M., and Gravers, R. E. (1994). Singing with and without words: hemispheric asymmetries in motor control. *Journal of Clinical and Experimental Neuropsychology, 16,* 664-70.

Lucia, C. M. (1987). Toward developing a model of music therapy intervention in the rehabilitation of head trauma patients. *Music Therapy Perspectives, 4,* 34-9.

Ozdemir, E., Norton, A., and Schlaug, G. (2006). Shared and distinct neural correlates of singing and speaking. *NeuroImage, 33,* 628-35.

Patel, A. D. (2003). Rhythm in language and music: parallels and differences. *Annals of the New York Academy of Sciences, 999,* 140-43.

Patel, A. D. (2005). The relationship of music to the melody of speech and to syntactic processing disorders in aphasia. *Annals of the New York Academy of Sciences, 1060,* 59-70.

Stewart, L., Walsh, V., Frith, U., and Rothwell, J. (2001). Transcranial magnetic stimulation produces speech arrest but not song arrest. *Annals of the New York Academy of Sciences, 930,* 433-5.

Straube, T. et al. (2008). Dissociation between singing and speaking in expressive aphasia: the role of song familiarity. *Neuropsychologia, 46,* 1505-12.

Thaut, M. H. (2005). *Rhythm, Music, and the Brain: scientific foundations and clinical applications.* New York: Routledge.

Yamadori, A., Osumi, Y., Masuhara, S., and Okubo, M. (1977). Preservation of singing in Broca's aphasia. *Journal of Neurology, Neurosurgery, & Psychiatry, 40,* 221-4.

Yamaguchi, S. et al. (2012). Singing therapy can be effective for a patient with severe nonfluent aphasia. *International Journal of Rehabilitation Research, 35,* 78-81.

Chapter 13

리듬적 말하기 신호(RSC)

•

Stefan Mainka and Grit Mallien

13.1 정의

리듬적 말하기 신호(rhythmic speech cueing: RSC)에서 청각적 리듬 신호는 유창성, 쉼 구간, 말속도, 말명료도 등 말하기에 필요한 시간적 조절 기능을 개선하는 데 사용된다. 말더듬과 같은 유창성 장애에서는 말속도를 향상시키는 데 주로 초점을 두는데, 이는 말의 빠르기가 조음 정확도나 말명료도에 주요하게 영향을 미치는 요인이기 때문이다. RSC에서는 제공되는 청각 자극에 맞춰 말하도록 하는데, 이때의 자극들은 메트로놈을 이용한 박자의 신호나 악기로 연주되는 리듬 패턴 등이 포함된다. 여기서 빠르기는 치료적으로 이용되는 가장 중요한 요소가 되므로, 연구를 통해 입증된 근거와 설정된 치료 목표에 따라 환자에게 적절한 빠르기를 사용해야 한다.

말하기에 사용되는 음향적 신호에는 단위 박(metric)과 구조화된 박(patterned) 등의 두 가지 형태의 박이 있다. 단위 박 신호는 일반적으로 메트로놈에 의해 일정한 박이 제공되며 하나의 음절 또는 단어를 한 박에 맞추어 부르도록 한다. 이에 비해 구조화된 신호는 라임이나 노래와 같은 형태로 구조화된 리듬에 맞춰 문장을 읽도록 한다. 박자 신호와 달리 구조화된 신호는 음절 간 간격이 일정하지 않고 노래 〈Oh When the Saints Go Marching In〉와 같이 불규칙하게 구성될 수 있다.

13.2 대상군

RSC를 적절하게 적용할 수 있는 대상군은 마비말장애 환자들이다. 마비말장애는 신경학적 손상으로 인해 말하기에 요구되는 운동 기능의 장애가 발생한 경우를 말한다. 마비말장애 환자들은 말속도, 음성 강도, 조음 기능 등의 조절에 어려움이 있어 말 명료도 감소에 따른 제한적 의사소통으로 인해 사회적 고립감이나 우울증 등을 경험하는 경우가 많다. RSC는 마비말장애로 인해 발성 부전, 단조롭고 거친 음성 및 불안정한 말속도와 음량 등의 특징을 나타내는 파킨슨병 환자들에게 특히 효과적인 기법으로 사용될 수 있다. 관련된 선행 연구들을 보면, 대뇌 좌측 병변이 두드러진 환자들에게서 정상 범위보다 빠른 말속도를 보이는 가속 말하기(festination of speech)가 나타났는데(Flasskamp et al., 2012; Hammen et al., 1994; Yorkston et al., 1990), 이는 **종종걸음** (festination of gait)과도 관련되며(Moreau et al., 2007; [그림 13-1] 참조), 파킨슨병 환자의 가속 말하기는 뇌심부자극술(deep brain stimulation)에 의해 더욱 악화될 수 있는 것으로 보고되었다(Tripoliti et al., 2011). 한편, 환자들이 자신에게 이런 증상이 있다는 사실이나 자신이 말할 때 발음이 불분명하다는 것을 종종 인식하지 못한다는 사실은 주목할 만하다. 이러한 점은 신경심리학자인 George Prigatano에 의해 질병인식불능증(anosognosia)으로 분류되었다(Prigatano et al., 2010).

과소운동형 마비말장애(hypokinetic dysarthria), 가속 말하기 및 질병인식불능증이 나타나는 경우는 환자가 스스로 말 문제를 수정하거나 보완할 수 없기 때문에 대개 말 명료도가 매우 낮게 나타난다(정상적인 말하기와 파킨슨병 말장애를 비교한 〈오디오 샘플 13-1〉과 〈오디오 샘플 13-2〉 참조). RSC는 말속도가 조절된 상태로 명료하게 자발화할 수 있도록 도움을 주는 효과적인 치료 방법이 될 수 있다(Hammen et al., 1994; Thaut et al., 2001; [그림 13-1]과 〈오디오 샘플 13-3〉 참조). 마비말장애가 있는 파킨슨병 환자의 경우, 가속 말하기가 나타나지 않는다면 음성 억양 치료(vocal intonation therapy: VIT)로 치료하는 것이 더 적절할 수 있다(15장 참조).

RSC는 또한 실조형 마비말장애(ataxic dysarthria), 경직형 마비말장애(spastic dysarthria) 또는 혼합형 마비말장애(mixed dysarthria) 등에 적용될 수 있다(임상 설명 용어는 Duffy, 2005 참조). 이 증상들은 외상성 뇌손상 및 퇴행성 신경 질환 후에 발생하여 말하기 속

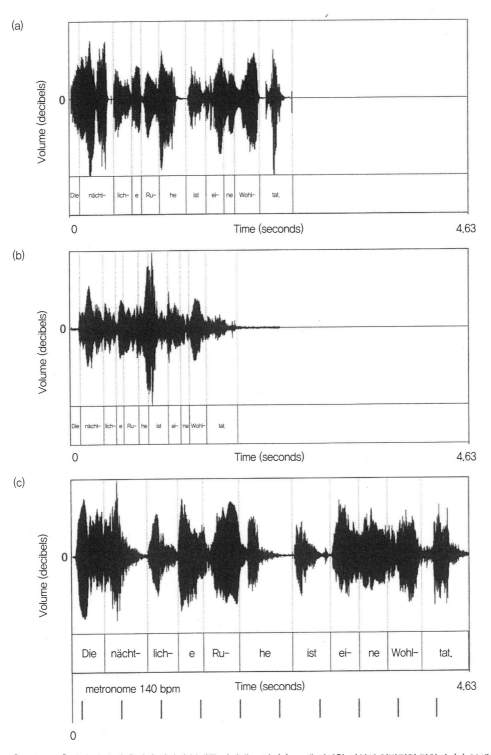

[그림 13-1] 읽기 과제 시 음절당 시간적 분배를 나타낸 그림. (a) 74세 건강한 여성의 일반적인 말하기, (b) 69세 파킨슨병으로 인한 조음장애 여성 환자의 말하기, (c) (b)와 동일한 환자가 리듬 자극에 맞춰 말하기. 〈오디오 샘플 13-1〉〈오디오 샘플 13-2〉 및 〈오디오 샘플 13-3〉 참조.

도가 이미 감소된 경우가 많은데, RSC의 적용을 통한 말하기 속도 조절은 이러한 대상군의 치료에 가장 효과적이다(Pilon et al., 1998; van Nuffelen et al., 2010; Yorkston et al., 1990).

세 번째로, RSC는 말더듬(stuttering) 증상 개선을 위해 사용될 수 있다. 말을 더듬는 것은 조음(articulation)과 관련된 유창성의 문제로 주로 발생하는데, 말의 유창성이 노래 부르기와 박의 신호를 통해 개선될 수 있는 것으로 나타났다(Glover et al., 1996; Ingham et al., 2009, 2012). 마지막으로, 말실행증(apraxia of speech: AOS)을 대상으로 한 무선 통제 연구(RCT)에서도 RSC의 효과가 보고되었다(Brendel & Ziegler, 2008).

13.3 연구 요약

파킨슨병의 중도 마비말장애에 대한 III단계 근거 기반 연구들이 있다.[1] Michael Thaut와 그의 동료들(2001)은 경도(mild)에서 중도(severe)의 마비말장애가 있는 20명의 파킨슨병 환자에게 RSC를 적용한 결과, 60% 미만의 낮은 말명료도를 보이던 중도 마비말장애 대상자들의 수행이 유의하게 향상된 결과를 발견하였다.

리듬적 신호는 습관적 말하기의 60% 속도에서 가장 효율적이었으며, 한 음절당 한 박자를 제공했을 때 가장 효과적인 것으로 나타났으나(〈오디오 샘플 13-4〉), 마비말장애가 심각하지 않은 수준의 파킨슨병 환자들에게서는 뚜렷한 효과가 나타나지 않았다 (Thaut et al., 2001).

속도 조절 기법과 관련된 몇몇 연구에서는 속도를 늦추는 것이 모든 종류의 마비말장애(실조형, 마비형 및 혼합형)에 효과를 보였으나, 상대적으로 손상 정도가 심하지 않은 경우에는 속도 조절 기법의 효과가 제한적으로 나타났다(Hammen et al., 1994; Pilon et al., 1998; van Nuffelen et al., 2010; Yorkston et al., 1990). 아직까지는 RSC와 다른 종류의 속도 조절 기법을 비교하는 연구가 많지 않다.

Pilon과 그의 동료들(1998)은 혼합형 마비말장애를 동반한 3명의 외상성 뇌손상 환

---

1) 역자 주: III단계 근거 기반 연구는 중간에서 낮은 단계 수준의 코호트 사례 연구들을 의미한다. https://www.ncbi.nlm.nih.gov/pmc/articles/PMC3838756/#:~:text=III,Case%2Dcontrol

자들을 대상으로 노래 부르기와 RSC(박자 신호: 80% 감속에서 단어당 신호 제공)를 함께 제공하고, 이를 페이싱 보드(각 단어를 탭할 수 있는 다섯 가지 표시로 구성된 작은 보드)를 적용한 경우와 비교하였는데, RSC 훈련 시 명료도가 더 향상된 것으로 나타났다. 이와 같이, 다양한 형태의 마비말장애 치료에 RSC를 적용하는 것은 효과적인 치료 방법이 될 수 있다.

RSC는 박자 신호(한 박자당 한 음절)에 맞춰 말하기를 통해 유창성을 향상시킴으로써 말더듬 개선에 도움을 주는 것으로 나타났다. 연구에서 환자에게 제공된 신호의 속도는 일반 성인이 소리 내어 문장을 읽는 평균 속도(분당 200~360음절)를 고려하여 90~180bpm 범위에서 환자가 선택한 빠르기로 제공되었는데(Ingham et al., 2009, 2012), 이때 선택된 빠르기가 말의 속도를 늦추는 데 영향을 주었다고 하였다(Breitbach-Snowdon, 2003).

Glover와 그의 동료들(1996)은 노래 부르기 활동이 불규칙한 말속도의 개선에 도움을 준다는 결과를 보고하면서 정상 속도 및 빠른 속도에 각각 노래 부르기를 적용했을 때 동일한 결과가 나타난 사실을 통해, 노래를 부를 때 속도를 늦추는 것이 말속도 조절 훈련에 필수적인 요소가 아닐 수도 있다는 점을 제안하였다. Brendel과 Ziegler(2008)는 RSC가 말실행증(AOS)에도 유의한 효과를 나타낸다는 결과를 제시하였다. 연구에서는 경도에서 중도의 AOS를 보이는 10명의 뇌졸중 환자를 대상으로 하여 RSC 훈련을 시행하고, 대조군에는 다양한 기법을 적용하였다. 제공된 리듬 자극의 속도는 분당 60~240음절의 박절 신호로 구성되었다. RSC 템포는 환자들의 말하기 기능 수준에 따라 설정되었으며, 환자의 수행 정도에 따라 점점 빠르게 속도를 증가시켰다. 연구 결과, 이러한 박자 신호가 말하기 속도, 유창성 및 음절 단위의 조음 정확도(segmental accuracy)를 향상시키는 데 도움이 되는 것으로 밝혀졌다(Brendel & Ziegler, 2008).

13.4 치료적 메커니즘

RSC의 치료적 메커니즘은 마비말장애와 비유창성 실어증에 대해 변별적으로 적용되어야 한다. 마비말장애에서 말하기 속도의 조절은 명료도의 향상에 큰 영향을 미친다. RSC가 파킨슨병 환자에게 적용되는 경우, 제공되는 리듬 자극은 환자가 말의 속도를 정확하게 인식하고 적절하게 유지하는 데 도움을 줄 수 있다. 또한 말하기 과정은 다양한 근육의 복잡한 기능에 의해 진행되는데, 리듬 구조는 이 과정에서 조음에 필요한 근육 협응에 도움을 준다. RSC는 운동 기능에 대한 리듬 동조화와 유사한 원리를 기반으로 하므로, 근육 손상으로 인한 모든 형태의 마비말장애에도 적용될 수 있다.

말속도를 늦추는 것이 마비말장애 치료에 효과적인지에 대해 몇 가지 가설이 제기되었지만, 듣는 사람의 입장에서 명료하지 않은 말하기를 통해 들리는 말의 내용을 분석하는 데 더 많은 시간이 필요할 것이므로, 정확한 발음과는 별개로 말의 내용이 적절하게 전달될 수 있는 추가적인 시간이 제공되어야 하는 것은 분명하다.

말더듬 및 말실행증과 같이 부자연스러운 말하기를 보이는 환자들은 시간적 제한과 관련되는 말하기의 특징을 반영하여 호흡과 음성 산출의 협응을 가장 적절하게 유도할 수 있으며, 음향 리듬 자극은 말하기의 유창성을 안정적으로 지속하는 데 효과적으로 적용될 수 있다.

13.5 치료 절차

13.5.1 진단과 평가로 시작

훈련을 시작하기 전에 언어 기능과 관련된 병리적 증상을 파악하는 것은 필수적이다. 말하기나 언어 기능의 수준을 평가하는 것은 복잡한 문제이다. Frenchay 마비말장애 평가(Enderby, 1983), UNS(Breitbach-Snowdon, 2003) 및 Munich 말명료도 프로파일(MVP; Ziegler & Zierdt, 2008)과 같은 몇몇 평가와 서술적 방식의 평가 도구가 있으며, 임상가들은 이러한 도구들을 활용하여 주로 증상의 심각도를 추정한다. 평가에서는 병인을 관찰하는 것과 함께 임상 증상의 과정과 관점을 살펴보는 것도 중요하다.

다음으로, 치료사들은 환자의 견해를 고려해야 한다. 자신의 말하기에 대해서 어떻게 생각하는지, 말하기 기능의 향상을 원하는지 등과 같은 부분을 고려해야 하며, 치료를 위한 객관적 관점과 주관적 측면 및 개인의 의사소통 기능(예: 사회적 환경)을 평가해야 한다. 치료사는 훈련을 시작할 때 치료에 대한 확실한 기준과 목표를 세워야 하기 때문에 환자들의 참여 여부를 확인해야 한다. 이를 위해 환자의 말을 녹음하고 그것을 다시 환자들에게 들려주는 것이 효과적일 수 있는데, 이는 그들의 말하기 기능을 더욱 객관적으로 인지할 수 있는 기회를 준다.

증상이 정확하게 평가된 후에는 평과 결과를 바탕으로 치료 목표를 결정한다.

임상 예시

12년 동안 좌뇌 병변으로 인한 파킨슨병을 앓고 있는 67세 남성이다. 그는 부인이나 가까운 친척들이 그의 말을 한번에 이해하지 못하는 경우가 종종 있다는 것을 알게 되었고, 주변 사람들은 그가 한 말을 되묻곤 하였다. 그의 목소리는 약간 단조로운 톤이었고, 분명하지 않은 발음과 함께 매우 빠른 말속도가 특징적으로 나타났다. 그는 자신의 목소리가 녹음된 것을 들은 후, 비로소 자신의 말하기가 얼마나 빠르고 부정확한지 알게 되었다. 그는 말명료도를 향상시키기 위해 말속도를 감소시키는 RSC 훈련을 시작하게 되었다(파킨슨병 마비말장애로 인해 이와 유사한 명료도 감소의 예시는 〈오디오 샘플 13-2〉에 제시되어 있다).

말하기 기능 평가 시 다음의 세 가지 질문을 할 수 있다.

- 신경 질환으로 인한 부자연스러운 말하기 형태인가? 말속도가 정상적이지 않거나 말 유창성이 저하되었더라도 본래의 자연스러운 표현 방식일 수 있다.
- 변경된 말하기 패턴이 환자에게 객관적이거나 주관적인 문제를 유발하는가? 환자가 말하기 방법을 바꾸기를 원하는가? 또는 의사소통에 문제가 있는가(비록 이들의 말하기 방식과 관련이 없을지라도)?
- 증상의 예후가 치료를 시작함으로써 예측될 수 있는가? 병인학 및 평가와 관련하여 예후에 대한 어떤 전개를 기대하는가? 기능이 더욱 나빠지거나 유지될 것인가 또는 어떠한 치료 없이도 부분적으로 해결될 가능성이 있는가?

만약 세 가지 질문 모두에 긍정적으로 대답할 수 있다면, 환자에게 RSC를 적용할 수 있다.

13.5.2 목표 설정

말장애의 원인을 명확하게 규명한 후에는 목표를 결정해야 한다. RSC가 명료도, 정확한 발음 및 말하기의 유창성에 도움을 준다는 근거들을 바탕으로 분명하고 현실적인 목표를 정해야 한다. 이 단계에서는 환자의 요구와 기대에 부합하기 위해 환자와 함께 목표를 설정한다.

13.5.3 자연스러운 말속도 및 유창성 평가

치료적 목표를 설정한 후에는 환자들이 말하는 동안 관찰되는 시간적 특성을 관찰할 필요가 있다. 신뢰할 수 있는 말속도 평가는 1분 동안 자유롭게 말하는 내용을 녹음하여 녹음된 문장 내 음절을 세는 방법으로 진행되지만, 대부분의 절차는 임상 실습에 적합하지 않다. 이는 1분 동안 멈추지 않고 환자들이 자유롭게 이야기하는 것을 녹음하는 것이 쉽지 않기 때문이다. 물론 환자에게 읽을 자료를 제공하고 말속도를 평가할 수 있지만, 읽기 평가는 기능적 관점에서 자유롭게 말하기와 매우 다르다. 읽을 때는 말하기 속도에 영향을 줄 수 있는 시각적 자극이 있으므로, RSC 적용을 위해서는 자유롭게 말하기 속도를 평가해야 한다. 말의 유창성과 관련해서도 자유로운 말하기의 속도와 유창성을 철저히 관찰하고 설명해야 한다. 말하는 내용을 녹음하는 것은 추후에 평가 기록으로 자료화할 수 있다.

13.5.4 치료적 목표에 효과적으로 도달하기 위한 RSC의 적절성 결정

RSC를 적용하는 과정에서 세션이 반복되는 동안 RSC의 효과가 지속될 수 있을지 파악하여 임상적 목표를 고려하는 것은 필수적이다. 말을 더듬는 사람들에게 좀 더 일반적이고 자연스러운 말하기 패턴을 익히기 위한 유창성을 향상시키는 것이 목표라면, 회기별로 RSC 효과를 평가해야 한다. 이는 리듬 자극이 환자의 유창성에 미치는 영향을 평가하는 것도 포함하며, 파킨슨병 환자의 경우(〈오디오 샘플 13-2〉), 발음이나 명료도 향상이 필요하다. RSC를 제공하는 조건에서 환자들의 말하기를 평가함으로써 목표 성취 여부를 알 수 있다(〈오디오 샘플 13-3〉).

첫째로, 환자의 리듬 동조화 수준을 평가할 필요가 있다. 이를 위해 환자는 편안한 속도의 박자에서 손으로 탭핑을 하고, 치료사는 100bpm으로 메트로놈을 설정한다. 만약 청각-운동 동조화 기능이 원활하지 않다면, RSC의 효과를 기대하기 어려울 수 있으므로 시도하지 않는 것이 바람직하다. 다음 단계에서 치료사들은 연구 결과를 근거로 하여 청각 자극의 빠르기와 방법을 결정한다. 먼저, 말을 더듬는 사람들에게 한 음절당 한 박자의 신호를 제공할 수 있다. 자극의 속도는 편안한 속도로 설정되어야 하지만, 환자들의 일반적인 말하기 속도보다는 느려야 한다. 첫 회기 세션 동안에는 라임 또는 시 등을 읽는 것으로 시작하여, RSC 훈련을 통해 자유롭게 말하기에 대한 변화가 나타나는지 관찰한다. 이를 위한 가장 쉬운 방법은 환자들에게 생각할 필요 없이 대답할 수 있는 간단한 질문을 하는 것이다(이때 환자에게 말하기의 내용이 아닌 방식을 보고 있다고 설명하는 것이 도움이 된다). 만약 말하기가 만족스럽게 변화되지 않았다면, 자극의 방법과 템포를 다르게 적용해야 할 필요가 있다.

가장 간단하게 자극을 제공하는 방식은 한 박에 한 음절을 맞추도록 신호를 주는 것으로, 예시는 다음과 같다(〈오디오 샘플 13-4〉).

To-day I   want to go shop – ping in the ci – ty. 오디오 샘플 참조
•　•　•　•　•　•　•　　　•　•　•　　•　→ 말 리듬
′　′　′　′　′　′　　′　′　′　′　→ 리듬 자극(박=ㅇ)

구조화된 신호는 길거나 짧은 음절이 일반 말하기의 리듬 패턴에 따라 리드믹하게 구성되며, 예시는 다음과 같다(〈오디오 샘플 13-5〉 참조).

To-day I   want to go shop – ping in the ci – ty.
•　○　○　•　•　○　○　　　○　•　•　○　○ → 말 리듬
′　′　′　′　′　′　　′　′　′　′　→ 리듬 자극(박=ㅇ)

구조화된 신호의 예시는 다음과 같다(셋잇단음표, 〈오디오 샘플 13-6〉 참조).

To—day   I   want to go shop — ping in the ci — ty.

```
•    ◦   •   •   • •   ◦      •     ◦    • • •   → 말 리듬
  /    ʼ  / ʼ     /    ʼ    / ʼ  / ʼ      /      → 리듬 자극
       3        3        3      3       3      (박=ʼ / 또는 3)
```

말하기 패턴은 복잡한 리듬으로 보일 수 있으나, 자극의 리듬 구조는 리듬(운동) 동조화를 위해 유지된다. 적절한 자극 제시 방법(박자 또는 구조화된 신호)을 찾은 후에는 적절한 속도를 찾기 위해 신호의 빈도수 또는 빠르기가 적용되어야 한다.

치료 목표로 자유롭게 말하기 향상이 적절한지의 여부는 아직도 명확하지 않은 부분이 있다([그림 13-1] 참조). 자극 빈도가 정해지면 체계적인 RSC 훈련을 시작할 수 있으며, 말하기에 대해 치료적인 변화가 없다면 다른 속도 조절 기법이 적용되어야 한다(예: 페이싱 보드, 알파벳 보드, 지연된 청각 피드백).

13.6 5단계 훈련 계획

체계적인 훈련을 위한 다음 다섯 단계의 훈련 계획은 근거 기반의 단계적 교육 방법에서 파생되었으며, 모든 세션에 걸쳐 신호 읽기에서 자유롭게 말하기까지 적용될 수 있다(Ramig et al., 2001).

13.6.1 선행 연습: 리드미컬한 자극에 맞춰 두드리기(탭핑)

환자들은 리듬 자극에 맞춰 탭핑하는데, 이때 리듬 동조화가 시작된다. 환자들은 그들의 움직임에 작용하는 리듬의 효과를 경험할 수 있다. 청각-운동 동조화에서는 모든 탭핑을 모든 박자에 동기화하는 것보다는 주어진 빠르기에 움직임이 동조화되는 과정과 RSC 훈련에서 설정된 속도로 진행되는 것이 중요하다. 리듬 동조화를 바로 적용할 수 있을 때는 이 단계를 생략할 수 있다.

13.6.2 사전에 구조화된 자료를 리드미컬한 신호에 맞춰 읽기

환자는 말하기 능력을 위해 최적화된 글을 지정된 속도로 읽는다. RSC와 함께 짧은 문장이나 쉬운 시, 라임 또는 노래가 사용될 수 있으며, 환자들은 자극에 맞춰 계속해서 탭핑한다.

13.6.3 일상 구문을 리드미컬한 신호에 맞춰 읽기

이 단계에서 환자들은 일상생활에서 사용하는 구문이나 문장을 연습한다. 환자의 필요에 따라 각자에게 맞춘 항목을 활용하며, 적절한 경우 환자는 자극에 맞춰 탭핑을 유지한다.

13.6.4 리드미컬한 신호에 맞춰 자유롭게 말하기

환자들은 리드미컬한 신호에 맞춰 자유롭게 말한다. 주로 치료사가 간단한 질문을 할 때 가장 잘 적용될 수 있다(예: 오늘 몇 시에 일어나셨습니까? 오늘 날씨는 어떻습니까? 아침은 무엇을 드셨습니까?). 가능하다면, 환자는 선택한 주제에 대해 자발화를 할 수도 있다. 또 다른 방법은 신문의 헤드라인을 읽고 그에 대한 의견을 물어보는 것이다. 대다수의 환자에게 이는 RSC 훈련에서 가장 중요한 단계이므로 다른 단계보다 더 많은 시간을 투자해야 한다.

13.6.5 기능적 변화로 연결시키기

환자는 리듬적인 자극 없이 자유롭게 말하지만, 목표 수준에 맞는 말하기 기능을 유지할 수 있어야 한다. 치료사는 또한 치료 후에 수행할 수 있는 몇 가지 운동을 제안한다(예: 환자는 향상된 말하기 능력으로 간호사에게 차 한 잔을 부탁할 수 있다).

13.7 일반적인 방법

- RSC 훈련에서는 정확한 빠르기 조절이 가능한 메트로놈이 사용된다. 적당한 음량의 메트로놈을 사용하여 치료사들의 목소리가 명확하게 전달되어야 한다. 아날로그 메트로놈 또한 사용 가능하다. 일반적으로, 감각 통합을 위해서 '박자를 볼 수 있게 하는 것'이 도움이 될 수 있지만 소리의 크기가 더욱 중요하게 우선시되어야 한다.
- 짧은 음절 수로 인해 전체적인 말하기 속도에 있어 구조화된 신호 방법이 박자 신호보다 빠를 수 있기 때문에, 빠르기는 박자 신호보다 느리게 설정해야 한다.
- 구조화된 신호를 제공하기 위해서 '노래 부르기'는 도움이 된다. 예를 들어, 사람들은 보통 노래를 부를 때, '/ / / 또는 '/// //와 같이 일정한 형태의 리듬 패턴을 지속적으로 유지한다. 이러한 꾸준한 패턴은 대개 규칙적인 간격을 주기로(대개 넷 또는 셋) 진행된다. 따라서 환자들이 노래를 부를 때 구조화된 신호와 함께 자유로운 말하기가 가능하게 된다.
- 만약 두 번째, 세 번째 단계에서 탭핑을 했다면 계속 유지한다. 탭핑하는 소리가 리듬 자극과 혼동되어서는 안 된다.
- 스스로 훈련을 하기 위한 환자의 수행력을 확인해야 한다. 네 번째 단계 또는 다섯 번째 단계에서만 훈련 파트너가 필요할 수 있으며, 치료사는 훈련 파트너에게 RSC 절차에 대해 소개해야 한다.
- 스스로 훈련할 때 파트너가 없더라도 환자는 혼자 신문의 헤드라인을 읽고 자유롭게 그것에 대해 말하는 훈련을 할 수 있다.

13.8 파킨슨병 환자에 대한 치료 적용

RSC는 파킨슨병 환자들의 말명료도를 향상시키는 데 효과적인 기법으로 밝혀졌다. 파킨슨병 환자를 위해 RSC를 사용할 때는 평소 말속도보다 최소 60% 이상 감속해야 한다. 인지장애에 대해 자각하지 못하는 경우(예: "아내는 내 말을 이해하지 못하는데, 진짜

왜 그러는지 모르겠어."), 말하기의 모든 면(예: 속도, 소리, 발음 등)을 과장해서 제공할 필요가 있으며, 환자들이 일상적으로 말하는 것보다 더욱 천천히 연습해야 한다. 일반적으로, RSC를 훈련하는 동안 소리의 크기는 일반적인 소리 크기와 비슷할 정도로 향상된다. 훈련의 강도는 높은 수준으로 진행되어야 하며(Farley et al., 2008; Fisher et al., 2008), 최소 15분 길이의 훈련을 5일 동안 지속하는 것을 권장한다. 재가 훈련을 통해 훈련 강도의 증가가 가능하기 때문에, 환자의 자기 인식 및 순응도(compliance)가 매우 중요하며, 오디오 녹음을 하는 것도 도움이 될 수 있다. 파킨슨병이 퇴행성 질환이라는 점을 고려하면, 강도 높은 훈련 기간 사이에 1~2개월 정도 휴식을 갖는 것도 중요하다.

13.9 경직형, 실조형 및 혼합형 마비말장애 환자에 대한 치료 적용

RSC는 환자들이 말속도를 늦추면서 진행하는 훈련이기 때문에, 말속도가 이미 느려진 상태에 있는 경직형 및 실조형 마비말장애 환자들에게도 효과적으로 사용될 수 있다. 환자의 말이 느려짐에 따라 환자는 자신의 증상이 악화되고 있다고 느낄 수 있으므로 성공적인 결과를 위해서는 치료 목표와 과정에 대해 주의 깊게 설명해야 하며, 일주일에 3~4회의 세션을 권장한다.

13.10 말더듬 환자에 대한 치료 적용

신호의 방법과 빠르기는 연구 자료에도 명확하게 제시되어 있지 않으므로, 다양한 속도를 적용하여 시도하는 것이 좋다(환자의 일상적인 말하기 속도까지 가능하며, 분당 약 240음절 정도가 일상적인 말속도라 할 수 있다). 훈련에서 사용하는 방법은 한 박자당 한 음절을 적용하는 것이지만(박자 신호), 유창성을 최적으로 향상시키기 위해 한 박자당 한 단어로 대체할 수 있다.

참고문헌

Breitbach-Snowdon, H. (2003). *UNS: Untersuchung Neurologisch bedingtes Sprech-und Stimmstörungen.* Köln: ProLog.

Brendel, B. and Ziegler, W. (2008). Effectiveness of metrical pacing in the treatment of apraxia of speech. *Aphasiology, 22*, 77-102.

Duffy, J. R. (2005). *Motor Speech Disorders: substrates, differential diagnosis, and management,* 2nd edition. St Louis, MO: Elsevier Mosby.

Enderby, P. (1983). *Frenchay Dysarthria Assessment.* Austin, TX: Pro-Ed.

Farley, B. G., Fox, C. M., Raming, L. O., and McFarland, D. H. (2008). Intensive amplitude-specific therapeutic approaches for Parkinson's disease: towards a neuroplasticity-principled rehabilitation model. *Topics in Geriatric Rehabilitation, 24*, 99-114.

Fisher, B. E. et al. (2008). The effect of exercise training in improving motor performance and corticomotor excitability in people with early Parkinson's disease. *Archives of Physical Medicine and Rehabilitation, 89*, 1221-9.

Flasskamp, A., Kotz, S. A., Schlegel, U., and Skodda, S. (2012). Acceleration of syllable repetition in Parkinson's disease is more prominent in the left-side dominant patients. *Parkinsonism & Related Disorders, 18*, 343-7.

Glover, H., Kalinowski, J., Rastatter, M., and Stuart, A. (1996). Effect of instruction to sing on stuttering frequency at normal and fast rates. *Perceptual and Motor Skills, 83*, 511-22.

Hammen, V. L., Yorkston, K. M., and Minifie, F. D. (1994). Effects of temporal alterations on speech intelligibility in parkinsonian dysarthria. *Journal of Speech and Hearing Research, 37*, 244-53.

Ingham, R. J. et al. (2009). Measurement of speech effort during fluency-inducing conditions in adults who do and do not stutter. *Journal of Speech, Language, and Hearing Research, 52*, 1286-301.

Ingham, R. J. et al. (2012). Phonation interval modification and speech performance quality during fluency-inducing conditions by adults who stutter. *Journal of Communication Disorders, 45*, 198-211.

Moreau, C. et al. (2007). Oral festination in Parkinson's disease: biomedical analysis and correlation with festination and freezing of gait. *Movement Disorders, 22*, 1503-6.

Pilon, M. A., McIntosh, K. W., and Thaut, M. H. (1998). Auditory vs visual speech timing cues as external rate control to enhance verbal intelligibility in mixed spastic-dysarthric speakers: a pilot study. *Brain Injury, 12,* 793-803.

Prigatano, G. P., Maier, F., and Burns, R. S. (2010). Anosognosia and Parkinson's disease. In: G. P. Prigatano (ed.). *The Study of Anosognosia.* Oxford: Oxford University Press. pp. 159-69.

Ramig, L. O., Sapir, S., Fox, C., and Countryman, S. (2001). Changes in vocal loudness following intensive voice treatment (LSVT) in individuals with Parkinson's disease: a comparison with untreated patients and normal age-matched controls. *Movement Disorders, 16,* 79-83.

Thaut, M. H., McIntosh, K. W., McIntosh, G. C., and Hoemberg, V. (2001). Auditory rhythmicity enhances movement and speech motor control in patients with Parkinson's disease. *Functional Neurology, 16,* 163-72.

Tripoliti, E. et al. (2011). Effects of subthalamic stimulation on speech of consecutive patients with Parkinson disease. *Neurology, 76,* 80-86.

Van Nuffelen, G. et al. (2010). Effect of rate control on speech production and intelligibility in dysarthria. *Folia Phoniatrica et Logopaedica, 62,* 110-19.

Yorkston, K. M., Hammen, V. L., Beukelman, D. R., and Traynor, C. D. (1990). The effect of rate control on the intelligibility and naturalness of dysarthric speech. *Journal of Speech and Hearing Disorders, 55,* 550-60.

Ziegler, W. and Zierdt, A. (2008). Telediagnostic assessment of intelligibility in dysarthria: a pilot investigation of MVP-online. *Journal of Communication Disorders, 41,* 553-77.

Chapter 14

구강 운동과
호흡 훈련(OMREX)

●

Kathrin Mertel

14.1 정의

구강 운동과 호흡 훈련(oral motor and respiratory exercise: OMREX)은 음성 조절, 호흡 근 강화 및 말하기 기능의 향상을 목표로 발성 활동이나 취주악기 연주 등을 적용하는 기법이다.

14.2 대상군

언어 기능과 관련된 장애는 신경장애, 시각이나 청각 등의 감각 기능 장애뿐 아니라 말산출에 영향을 미치는 운동 기능 장애 또는 보다 전반적인 발달장애로 인해 발생할 수 있다. 다음은 여러 신경학적 손상으로 인한 의사소통장애에 대한 설명이다.

- 외상성 뇌손상(TBI)은 다양하고 복잡한 신체, 언어, 인지, 행동적 변화를 야기하여 영구적 장애나 사망의 원인이 된다.
- 뇌졸중은 허혈성(ischecmic) 및 출혈성(hemorrhagic) 뇌졸중으로 구분된다. 허혈성

뇌졸중은 폐포 뇌동맥의 폐색으로 인해 혈류가 감소되어 발생하는 것으로 전체 뇌졸중의 약 80%를 차지한다. 출혈성 뇌졸중은 뇌 내부의 혈관 파열에 의한 조직 손상으로 발생하며, 약 20%에 해당한다. 뇌졸중은 해부학적 위치에 따라 운동 (마비) 및 언어, 인지 영역의 후유 장애가 수반되는 전형적인 특징이 있다.

• 마비말장애(dysarthria)는 말하기에 사용되는 근육을 조절하는 신경 손상으로 발생하는 운동 언어 장애를 말한다. 임상을 통해 보고되어 온 마비말장애의 주요 증상으로는 말명료도 저하, 음성 강도 및 음역 감소, 비정상적 말속도와 억양 등이 있다. 말 구간과 쉬는 구간의 조절은 호흡과 말하기 기능의 협응에 의해 조절되는데, 마비말장애 환자들은 이와 관련된 기능에도 어려움이 있어 끊어지지 않는 형태로 느리게 말하거나 단조로운 억양으로 비음 발성을 하는 경향이 있다(Abbs & DePaul, 1989: Tamplin, 2008에서 재인용).

마비말장애를 주제로 한 고찰 연구(Sellars et al., 2002)에 따르면, 뇌손상 후의 마비말장애 발병률은 뇌졸중 후 20~30%, 외상성 뇌손상 후 10~60% 등으로 보고되었다. 구강 근육의 장애는 구강 운동 조절의 범위, 타이밍, 속도 및 지속성에 영향을 주기 때문에, 혀, 입술, 얼굴 등의 근육 움직임이 어려운 마비말장애 환자들은 목소리가 작거나, 말을 더듬거나, 분명하지 않은 발음 등의 특징이 나타난다. 발화 시 호흡 길이나 호흡량의 제한으로 인해 말의 전체적인 맥락을 전달하는 데 제한이 있을 수 있다.

마비말장애 증상은 파킨슨병이나 헌팅턴병 환자들에게서도 나타난다.

• 헌팅턴병은 상대적으로 드물게 나타나는 유전적 신경장애로, 보통 35~45세 사이에 발병한다. 무도병(chorea)이라 불리기도 하는 무의식적인 경련이 전신에 나타나 일상생활에 심각한 영향을 미치게 된다. 삼키기 기능과 말하기 기능은 주로 이 질병의 마지막 단계에서 크게 저하된다.

• 파킨슨병은 노년층에서 높은 발병률을 보이는 일반적인 퇴행성 신경 질환으로, 평균 발병 연령은 60세이다. 가장 대표적인 증상은 진전(신체 부위가 떨리는)으로, 주로 한쪽 손에 나타난다. 이 증상은 아무런 동작을 하고 있지 않을 때 더욱 심하게 나타나며, 의도적인 움직임을 수행할 때에는 상대적으로 감소하는 특징이 있다. 질환이 진행되면서 동작의 개시와 유지 같은 운동 기능의 질적 저하가 관찰되고, 이는 말하기 기능에도 영향을 준다. 개인차는 있으나 주로 부정확한 발음, 말속도

조절의 어려움 등이 나타난다.

파킨슨병과 헌팅턴병은 움직임의 조절에 중요한 역할을 하는 운동의 시작, 유지 및 순서와 같은 기능을 담당하는 뇌의 기저핵(basal ganglia)과 관련되어 있다. 이러한 신경학적 질환은 **실행증**(dyspraxia)을 야기할 수 있으며, 말하기 수행 절차를 어렵게 만든다. 실행증은 근육의 강도와 감각 기능이 정상 수준임에도 불구하고 말하기와 같은 복잡한 운동 수행의 협응에 어려움이 있어 발생하는 문제이다. 이에 대한 치료에는 연속 발성이나 조음 훈련 및 반사적 말하기 촉진 등의 훈련이 포함된다.

실행증과 마비말장애의 증상은 **뇌종양** 환자들에게서도 나타날 수 있는데, 이는 뇌의 종양이 뇌의 중요한 부분을 압박하여 혈류를 변화시키고, 필요한 산소 운반을 방해하거나, 말하기와 관련된 영역에 직접적인 손상을 유발할 수 있기 때문이다. 이 외에 발달장애 또는 **청각장애**와 같은 감각 지연 문제 역시 말하기와 언어 지연에 영향을 준다.

14.2.1 말하기 운동과 호흡 기능에 영향을 미치는 다른 장애들

14.2.1.1 근위축증

근위축증(muscular dystrophy)은 유전 또는 일반적으로 발생할 수 있는 진행성 근육 퇴행증이며, 근육 세포가 점차 지방과 섬유조직으로 대체되는 질병이다. 초기에는 비정상적이고 서툰 움직임, 나쁜 자세 및 발끝으로 걷는 현상을 보이게 된다. 근육 쇠약은 대부분 몸 바깥쪽에서부터 안쪽으로 진행되며, 몸통 및 다리 윗부분과 팔의 근육 쪽에서 증상이 먼저 나타나고 이후에는 손, 목 및 얼굴에서도 증상이 나타난다. 일반적으로 아홉 가지의 근위축증이 나타나는데, 가장 흔한 것은 X-linked 듀센형 근위축증(Duchenne muscular dystrophy: DMD)이다. 대부분 3~5세 사이에 발병하며, 흔하지 않지만 10~11세에 나타나는 경우도 있다. DMD 환자들은 평균보다 낮은 지능을 보이지만 대부분 정상 범주의 신체적·행동적 기능 수준을 유지할 수 있는데, 환자의 1/3 정도는 심각한 행동, 시각, 언어 및 인지 장애를 가지고 있다. 진행성 질환의 특성상 심장 및 호흡 근육에 대한 영향으로 폐렴이나 심장마비에 걸려 30세 이전에 사망하는 경우가 많다.

14.2.1.2 다운증후군

다운증후군(Down syndrome)은 가장 흔한 염색체 장애로, 지적장애를 동반한다. 다운증후군의 원인은 여러 가지가 있지만, 95% 정도가 21번 삼중 염색체가 정상 염색체 외에 추가적으로 존재하여 문제가 발생한다. 다운증후군은 실질적인 인지장애뿐 아니라 얼굴에도 특징이 드러나며, 심장 질환, 백혈병 및 초기 치매와도 관련된다. 언어와 의사소통 능력은 개인차에 따라 다양하게 나타난다. 다운증후군 환자들은 전형적으로 큰 혀를 가지고 있어 발음이 정확하지 않은 경우가 많고, 경도 난청의 높은 발생률이 언어 능력을 지연시키기도 한다. 특정 언어 오류의 개선과 말명료도의 향상, 고급 언어 사용 및 문맹 퇴치 등을 목표로 하여 개인에게 맞춘 언어치료가 필요하다(Kirk et al., 2005).

14.2.1.3 만성 폐쇄성 폐질환

만성 폐쇄성 폐질환(chronic obstructive pulmonary disease: COPD)은 대개 만성 기관지염(공기를 통한 감염 및 2년 동안 연속적으로 3개월이 넘는 기침), 폐기종(말단 기도 폐쇄, 뒤에서 더 자세히 설명됨), 또는 이 두 가지 요인 모두로 인해 발생한다. COPD는 계속되는 기침, 호흡 곤란 및 지구력 저하 등의 특징이 나타나며, 증상이 진행되면 환자는 호흡 곤란, 우울 및 피로감으로 인해 일상생활을 수행하기 어려워진다. 의학적인 치료 방법이 있지만, 질병의 진행을 지연시키는 두 가지 방법은 금연과 산소 보충 투여이다(Bonilha et al., 2009).

14.2.1.4 폐기종

폐기종(emphysema)은 기관지 말단의 폐포벽이 손상되면서 병리학적 원인이 확장되어 발생하는 질환이다. 폐기종은 두 가지 문제를 발생시키는데, 산소와 이산화탄소의 교환에 필요한 표면적을 감소시키고 폐의 구조를 손상시킨다. 폐기종 환자들은 폐 조직의 기능적 결함 때문에 효율적인 공기의 교환이 어려워져 산소가 부족해지고 혈류에 이산화탄소가 쌓이게 된다. 또한 폐 구조 손상에 의해 기도가 좁아지고 탄력성이 감소되면서 공기의 흐름이 방해되어 호흡이 점차 곤란해진다. 이러한 문제는 짧은 호흡, 쌕쌕거리는 소리 및 기침(만성 기관지염을 통한) 등의 증상으로 나타난다. 흡연은 폐기종의 주요 요인이며, 오염된 공기에 지속적으로 노출되는 환경이나 효소의 결핍 등도 또 다른 요인으로 제기되고 있다(Engen, 2005).

14.3 연구 요약

언어장애 및 말장애 환자들을 위한 신경학적 음악치료(NMT)의 궁극적 목표는 환자의 자발화 기능뿐 아니라 언어 이해력을 향상시키는 것 모두를 포함한다. 즉, NMT는 조음 과정의 기본적 기제인 근육 조절과 근육의 협응을 촉진함으로써 폐활량, 말유창성, 발성 및 발화 시간, 말속도와 말명료도 등을 향상시킬 수 있다.

NMT는 말하기와 호흡 기능을 향상시키기 위해 음악을 사용하는 몇 가지의 언어치료 기법을 포함한다. 호흡 기능 저하는 음량과 발성 강도를 감소시켜 말할 때 부정적인 영향을 미친다. 호흡은 발성하거나 노래를 부를 때 기본적인 역할을 하는데, 특히 노래를 부를 때는 깊게 숨을 들이마시는 동안 횡격막이 강하게 수축하고, 숨을 내쉴 때는 성대의 일부가 닫히는 동안 날숨에 관여하는 근육들이 움직임으로써 호흡이 조절된다.

호흡 조절을 위한 노래 부르기의 긍정적 효과는 만성 호흡 질환자들을 대상으로 한 연구에서 보고되었다. Engen(2005)의 연구에 따르면, 폐기종 환자들이 6주간 12회기에 걸쳐 노래 부르기 활동에 참여한 결과, 발화 음량과 숫자 말하기 길이가 유의하게 증가하였고, '쇄골' 중심의 호흡 패턴이 '횡격막' 운동 중심의 호흡으로 조절되는 변화가 나타났다. 이 연구는 4년 후 반복 시행되었는데(Bonilha et al., 2009), 환자 중 절반은 24회기 동안 호흡과 발성 훈련을 위한 노래 부르기 활동에 참여하도록 하고, 나머지 반은 수공예품을 만드는 대조군에 배정하였다. 연구 결과, 노래 부르기 활동은 호흡에 필요한 압력과 호흡량의 변화를 보여 주었다. 특히 호기와 흡기의 조절에 있어 노래 부르기의 즉각적 효과가 나타나 폐질환 관련 재활에 노래 부르기나 취주악기(관악기) 연주가 도움이 된다는 사실이 보고되었다.

폐 관련 질환뿐 아니라 더욱 넓은 범위의 신경학적 질환도 말산출, 폐활량 및 호흡 조절에 영향을 미칠 수 있다. Tamplin(2008)은 외상성 뇌손상이나 뇌졸중 후에 나타나는 마비말장애 환자들의 말명료도와 억양의 개선을 위한 발성 훈련의 효과를 규명하고자 예비 연구를 진행하였다. 구강 운동과 호흡 훈련(OMREX)을 적용한 24회기의 개별 세션 후 문장 읽기 과제를 시행한 결과, 참여자들의 쉼 구간이 감소하고 폐활량이 강화되어, 한 호흡에 말할 수 있는 단어의 양이 증가하였고, 자연스러운 억양으로 개선되는 결과가 나타났다.

한 문장을 끝까지 말하기 위해서는 구강 운동 조절 및 입술, 혀, 턱의 협응뿐만 아니라 음성 다이내믹의 조절이 필요하다. 말하는 동안의 구강 안면 근육의 움직임은 발화에 필요한 음성학적 특징에 따라 결정되며, 구강 운동은 말속도 및 음성 강도와 같은 요소에 의해 조절된다.

McClean과 Tasko(2002)는 일반적인 구강 안면 움직임 활동을 묘사하였다. 운동 조절 과정은 긴장근과 위상근 조절의 운동 신경 통제를 포함한다. McClean과 Clay(1995)는 이러한 구강 안면 근육 활동을 근전도 검사(electromyography)를 사용하여 측정하였는데, 말속도와 음성 강도는 주어진 문장의 음향에 따라 변화되어 구강 근육을 자극하는 운동 신경에도 영향을 주는 것으로 나타났다.

말하기에서의 구강 운동 장애는 다양한 원인의 뇌병변에 의해 발생될 수 있다. 지난 수십 년 동안 Thaut와 그의 동료들에 의해서 리듬 청각 자극(RAS)이 운동 시스템의 점화(프라이밍) 및 타이밍을 용이하게 한다는 연구가 진행되었고(McIntosh et al., 1996; Thaut et al., 1991, 1992, 1994, 1995, 1996), 이를 통해 RAS가 구강 안면 근육에 관련된 운동 신경의 연결을 촉진하는 말하기 운동 시스템의 훈련에 사용될 수 있다는 사실이 입증되었다(Thaut et al., 2001). 또한 Tamplin(2008)이 진행한 예비 연구에서 일정하게 제공되는 박자 신호가 마비말장애 환자의 말명료도를 향상시켜 구강 운동 수행에 긍정적인 영향을 미친다는 결과가 나타났을 뿐 아니라 음악치료 이후 몇몇 환자에게서 기능적 의사소통이 향상되는 이월 효과(carry-over effect)도 보고되었다.

이러한 연구 결과에도 불구하고 대부분의 연구는 마비말장애의 심각성에 대한 평가 및 분류와 관련되거나 신경해부학적 위치를 밝혀내는 것과 같은 주제에 초점이 맞춰져 있으며, 말산출의 질을 향상시키기 위한 구체적인 근거 기반의 적절한 임상치료 기법은 아직 부족한 실정이다. 음악치료 연구의 경우 제한된 소수의 환자 또는 대조군이 없는 연구에서 주요 데이터가 수집되는 경우가 많기 때문에, 여기에 제시된 대부분의 연구 결과를 일반화하는 데는 신중한 접근이 필요하다. 따라서 OMREX의 효과에 관한 기법 연구는 더욱 많은 참여자, 다양한 대상군 및 반복된 결과가 필요하다. 이는 호흡에 관련된 리듬 동조화와 구강 운동 조절 및 노래 부르기와 취주악기 연주의 상관관계를 명확하게 밝혀내기 위해 필수적이다. 신경학적 질환 환자들에 대한 치료적 노래 부르기 효과에 대한 종합적인 요약은 Wan과 그의 동료들(2010)의 연구에 제시되어 있다.

14.4 치료적 메커니즘

말하기와 노래 부르기는 호흡과 조음에 필요한 근육을 사용하고, 리듬, 음의 높낮이, 다이내믹, 빠르기 등의 다양한 요소를 공유한다. 즉, 말하기와 노래 부르기는 치료 과정에서 서로 영향을 미칠 수 있는 동일한 신경 메커니즘을 공유하고 있다.

음악은 본질적으로 동기를 부여하는 특성이 있으며, 종종 자발적으로 소리를 산출하도록 돕는다. Van der Merwe(1997)에 따르면, 음성 운동 패턴을 모방하거나 연습하는 음악 훈련은 구강 근육 강화에 초점을 맞춘 간단한 저항 운동보다도 음성 정확도를 향상시키는 데 필요한 신경 적응을 유도할 가능성이 더 높다.

치료를 위해 노래를 사용하는 것은 넓은 범위의 신경학적 장애로 인한 언어적 병리를 개선하는 데 도움이 될 수 있으며, 환자의 연령 및 발달단계에 따라 쉽게 적용이 가능하다는 장점이 있다. 치료에서의 노래 부르기는 환자의 나이와 상관없이 단어, 어휘, 음성 멜로디 및 다른 기본적인 언어의 특성을 즐거운 방법으로 경험할 수 있으며, 집중력 및 기억력을 향상시킬 수도 있다.

노래하는 동안 제공되는 구조화된 리듬 신호는 구강 근육의 운동 기능을 자극하거나 구성하는 데 도움을 줄 수 있다. 특히 단음절로 발성하거나 노래를 부를 때 제공되는 명료한 리듬 신호는 말산출에 필요한 체계적이고 반복적인 틀의 역할을 할 수 있다. 노래를 부르는 동안에는 말할 때보다 단어를 산출하는 속도가 구조화되고 리드미컬하고 선율적인 요소가 추가됨으로써 말하기 억양이 더욱 분명하게 나타나기 때문에, 이 두 가지 요인이 구강 운동 조절 훈련을 보다 효율적으로 촉진할 수 있다. 신경학적 음악치료사들은 운동 학습의 원리를 음악 훈련에 적절하게 적용할 수 있다. 노래 부르기 훈련은 입술, 혀 및 턱 움직임의 협응을 강화하기 때문에, 구강의 정교한 운동 기능을 훈련하는 데 사용될 수 있으며, 이를 통해 보다 나은 발음과 명료도를 기대할 수 있다. 리듬은 노래를 부를 때 운동 조절 및 실행의 타임키퍼 역할을 할 뿐만 아니라 호흡 패턴 및 언어 산출에 요구되는 신호를 구성하는 데에도 도움을 준다. 노래 부르기는 환자들이 일상생활에서 삶의 질을 높이고 일반적인 호흡 기능을 향상시키는 부분에도 도움을 줄 수 있다.

Bonilha와 그의 동료들(2009)의 연구에서는 노래하거나 취주악기를 연주할 때 필요한 조절된 호흡이 호흡기 시스템의 일시적 압력 변화를 빠르게 촉진할 수 있음을 보여 주었다. 날숨을 길게 내쉬는 동안 길어지는 복근의 수축은 복부 압박을 증가시키고, 이로 인해 더욱 강제적으로 공기가 배출되어 노래 부르거나 말하기를 위한 근육들의 효율성이 향상된다. 소리의 산출과 확장을 위해 노래 부르기와 취주악기 연주는 날숨에 필요한 근육의 움직임을 통해 많은 폐활량을 필요로 한다. 이와 유사하게, 전문적인 가수들은 호흡 기능을 향상시키기 위한 훈련을 치료 현장에 응용하여 실용적이고 즐거운 방법으로 사용할 수 있다.

14.5 임상 프로토콜

노래 부르기 및 취주악기 연주는 원하는 구강 운동의 수준을 파악하고 폐기능을 향상시키는 데 도움이 된다. 환자들은 노래를 부르거나 취주악기를 연주했을 때 청각 및 운동 감각적인 피드백을 받게 된다. 또한 치료적 노래 부르기와 취주악기 연주를 통한 호흡 훈련은 과도한 근육 긴장을 줄여 주고, 호흡량을 증가시키며, 관련 근육을 강화하고, 발음의 정확도를 향상시킨다.

음악 연주는 재활 현장에서 환자들을 격려하기 위한 동기 부여의 도구로서 사용되었고, 자연스러운 언어를 구사하는 데 도움이 되는 것으로 나타났다.

14.5.1 구강 운동 기능 향상

소통 가능한 언어를 산출하기 위해서는 정교하고 조절 가능한 구강 움직임이 필요하다. 이러한 움직임은 아동기 때 훈련되지만, 마비말장애 환자들은 여러 방면에서 움직임을 다시 배우고, 자발적으로 계획하며 실행해야 한다. 노래 부르기는 입술, 혀, 턱 및 치아의 기능적 사용을 향상시킬 뿐 아니라 구강 운동 능력 훈련을 위한 치료를 위해 사용될 수 있다(〈표 14-1〉 참조).

표 14-1 모음과 자음 조합의 구강 운동 훈련

	조음에 관여하는 기관	음소
순치음	아랫입술과 윗니	W, F
양순음	윗/아랫입술	B, P, M
연구개음	혀의 뒷부분과 연구개	G, K, CH, NG
경구개음	앞 혓바닥과 경구개	J, CH
치음	혀끝과 윗잇몸	S, T, D, N
구개수음	혀 뒷부분과 목젖	NG, R
모음	턱, 입술, 혀	A
		E
		I
		O, U

말산출과 관련되는 기본적인 운동 기능은 관련 근육의 근긴장도 및 강도의 조절, 턱과 혀의 운동 범위의 조절, 조음 시 각 기관의 독립적인 움직임과 협응의 조절을 통한 적절한 속도 유지 등으로 이루어진다.

14.5.2 구강 운동 기능을 위한 훈련

• 턱, 입술 또는 혀 위치를 형성하는 데 도움을 주기 위해 하나의 모음만을 사용하여 노래나 멜로디 부르기
  −턱 열기: 'a'
  −둥근 모양 입술: 'o'
  −닫은 입술: 'm'
  −혀끝 치기: 'l'
  −혀끝 뒤쪽: 'g'
• 턱, 입술 또는 혀의 단일 움직임을 연습하기 위해 단일 음절을 사용하여 노래나 멜로디 부르기
  −혀끝 올리기: 턱을 연 채로 'la'
  −입술 및 턱 열고 닫기: 'ma' 'ba'
  −혀 뒤쪽 들어 올리기: 'ga' 'ki'

-아랫입술 움직이기: 'fe' 'wi'
- 턱, 입술 또는 혀의 통합 움직임을 위해 음절 조합을 사용하여 노래나 멜로디 부르기
  -입술 및 혀끝: 'so-sa-se-sa'
  -혀끝 및 턱: 'ta-ti-ta-ti'
  -입술, 혀끝 및 턱: 'du-ba-du-ba'
  -아랫입술 및 턱: 'fi-fa-fi-fa'
  -혀끝 및 뒤쪽: 'se-ge-le-ge'

이러한 훈련들은 환자들이 목표로 한 소리 또는 음절을 정확하게 발음할 수 있는 빠르기로 시작하여 점차 빠르게 진행할 수 있다.

Bonilha와 그의 동료들(2009)에 따르면, COPD 환자들이 발성 훈련 후 기침과 가래의 양이 증가한 것으로 나타났는데, 이것을 노래 부르기(발성 훈련)를 통해 기관지 위생이 향상되고 기침 반사를 통해 호흡기 분비물이 상부 기도로 유도되는 작용이 촉진된 효과라고 해석하였다. COPD 환자들에게서 나타난 이러한 긍정적인 효과는 약한 기침 반사 및 가래로 어려움을 경험하는 다른 질환의 환자들에게도 도움이 될 수 있다.

OMREX는 사지마비 환자들에게도 도움이 될 수 있다. 만약 장애의 정도가 심각하다면, 환자들은 입의 움직임을 통해 장치를 조절하며 휠체어를 작동시키는 것을 훈련하고, 일부 환자는 컴퓨터 기반이나 행정직과 같은 직종에 성공적으로 참여할 수 있도록 구강 움직임 기술을 발달시키기도 하였다. 이러한 과제를 수행하기 위해서는 매우 정교하고 발달된 구강 운동 기능이 필요하다. 이러한 기능의 향상이 필요한 환자들은 TIMP를 적용하여 심벌즈, 트라이앵글 또는 작은 드럼들을 마우스 스틱을 사용하여 연주하는 훈련을 진행할 수도 있다.

14.5.3 아동들을 대상으로 한 OMREX

다양한 장애가 있는 아동들에게도 성인들과 유사한 방법으로 OMREX를 적용할 수 있다. 자폐 범주성 장애 또는 청각장애 아동들은 표현적/수용적 의사소통에 어려움을 겪을 수 있다. 음악치료는 표현적(노래 부르기 및 말하기) 및 수용적(듣기 신호 및 제스처

이해하기) 언어의 사용을 도모할 수 있다.

발달장애, 근위축증 및 마비말장애 아동들은 주로 입을 완전히 다무는 것이 어렵기 때문에 많은 양의 침을 흘리게 된다(근육장애, myofunctional disorder). 리코더나 하모니카 같은 취주악기 연주는 아동들이 보다 긴 시간 동안 입술을 다물게 하는 데 있어 이상적인 방법이다. 직접적인 입술 닫기 훈련 또한 'p'나 'ma'를 발음하는 능력을 향상시킬 수 있다. 〈Old MacDonald Had a Farm〉과 같은 노래는 동물 소리를 반복하여 낼 수 있도록 하는 노래로, 기본 음소를 즐겁게 연습하게 하는 유용한 방법이다. 대부분의 아동은 노래하기를 좋아하므로, 치료적 노래 부르기는 목소리를 오래 사용하여 훈련하거나 여러 가지 톤의 목소리를 사용하여 훈련해야 할 때 유용할 수 있다. 간단한 음절의 조합으로 구성된 가사가 포함된 노래는 발음 조절 향상에 도움을 줄 수 있다. 아동들은 이러한 방법을 통해 구강 운동과 말하기 및 발음의 자각 능력을 발전시키고, 말하기 소리를 형성하는 데 필요한 움직임(입술 둥그렇게 하기, 혀 움직임 등)을 배우게 된다.

발음 훈련의 주된 목적은 목소리의 질을 향상시키는 것이 아니라 말명료도 및 소리 변별 능력을 발달시키는 데 있어야 한다. OMREX를 사용한 음악치료 세션은 개인 또는 유사한 목표를 위해 훈련하는 그룹으로 구성될 수 있다.

14.5.4 호흡 조절 기능 향상

OMREX는 병리학적 또는 기능적 호흡 조절이 필요한 환자들에게 다양한 가능성을 제공한다. 앞서 언급한 바와 같이, 리듬과 음악은 적절한 호흡 빈도와 강도 및 속도의 개선에 필요한 훈련에 사용될 수 있으며, 이러한 리듬 사용은 호흡 강도와 조절에 대한 운동 기능을 향상시키는 데 도움이 된다. 제시된 리듬에 맞춰 의식적으로 호흡하는 훈련은 환자들의 호흡 강도를 향상시킬 수 있다. 리코더, 하모니카 또는 멜로디언과 같은 취주악기는 발성 강도와 폐활량을 증가시키고, 후두 기능을 훈련시키며, 구강 운동 기능을 재정비하기 위한 호흡 운동을 위해 사용될 수 있다.

OMREX에 사용할 수 있는 예시는 다음과 같다.

• 리코더는 다음과 같이 사용할 수 있다.
  −입 다물기 유지

　　　－호흡 패턴 조절 연습(들숨/날숨)

　　　－길게 내는 날숨

　　　－부는 기능 강화(아동들을 위해서)

　• 하모니카는 다음과 같이 사용할 수 있다.

　　　－호흡 패턴 협응(들숨/날숨)

　　　－입과 입술 다물기 강화

　　　－빨아들이기 능력 강화(아동들을 위해서)

　　　－길게 내는 날숨 및 들숨

　　　－횡격막 호흡 연습

　• 멜로디언은 다음과 같이 사용할 수 있다.

　　　－입 다물기 유지

　　　－입술 강화

　　　－날숨 강화

　　　－횡격막 호흡 연습

　• 카주(kazoo)는 다음과 같이 사용할 수 있다.

　　　－목소리 강화

　　　－목소리 사용 증진

　　　－입 닫기 유지

　　　－입술 강화

　　　－목소리 조절

14.5.5 호흡 패턴 연습을 위한 취주악기 사용

14.5.5.1 들숨과 날숨의 의식적 조절([그림 14-1] 참조)

환자는 치료사가 연주하거나 부르는 멜로디를 듣고 신호에 따라 짧은 곡을 깊게 호흡하며, 날숨으로 계속 플루트를 연주한다. 이 과정은 여러 번 반복할 수 있다.

성인 참여자들을 위한 훈련

[그림 14-1] 호흡 기능 강화 훈련 음악의 예시

14.5.5.2 취주악기를 사용한 날숨 구간 지속([그림 14-2] 참조)

환자는 치료사가 연주하거나 부르는 간단한 음악을 플루트 또는 멜로디언으로 연주한다. 연주에 필요한 환자의 날숨 길이는 치료사가 피아노에서 하나의 화성(코드)을 연주하는 구간으로 지정되고, 세션 동안 치료사의 재량으로 조절할 수 있다.

이 훈련에서는 환자가 리코더로 3개의 다른 음을 연주하게 하거나, 멜로디언의 건반에 색깔 스티커를 사용하여 3개의 음을 연주하게 할 수 있다.

더욱 긴 날숨을 위해서는 반주 속도를 점차 느리게 제공한다.

아동 참여자들을 위한 훈련: 이 훈련은 장난감 쥐와 다양한 드럼 또는 실로폰을 사용한 판타지 게임으로 쉽게 전환시킬 수 있다. 이야기는 쥐가 산책을 하면서 돌(드럼, 실로폰 건반)에서 다른 돌(드럼, 실로폰 건반)로 점프하면서 길을 건너는 것으로 전개될 수 있다. 쥐가 다른 쪽으로 점프하는 동안 아동이 플루트를 불게 하여 점프 구간만큼 음을 지속하도록 유도한다.

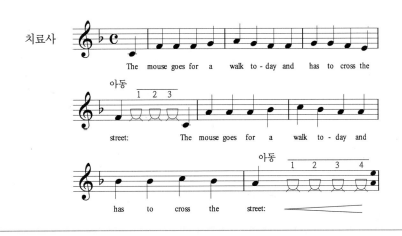

[그림 14-2] 호흡 길이 증가를 목표로 한 음악의 예시

멜로디언을 활용하는 경우에는 환자는 치료사가 연주하는 동안 숨을 불어넣는다. 이러한 훈련은 환자들이 긴 문장 또는 여러 음절 단어의 발음을 하기 위해 자발적으로 통제할 수 있는 날숨의 길이를 점차 늘려 나가는 것을 목표로 한다.

14.5.5.3 들숨과 날숨 구간의 조절

하모니카는 환자가 자신의 연주 시간과 강도를 분명하게 확인할 수 있다는 장점이 있어, 들숨과 날숨 구간 조절을 훈련하는 데 적절한 악기이다.

■ 14.5.5.3.1 동일한 양의 들숨과 날숨([그림 14-3] 참조)

환자는 치료사가 악기로 연주하거나 노래로 부르는 멜로디 중에서 2박자 동안 지속되는 신호를 듣고, 이후 2박자 동안 호흡을 지속하여 하모니카를 연주한다. 이 훈련은 환자 개인의 필요에 따라 여러 방법으로 변형될 수 있다.

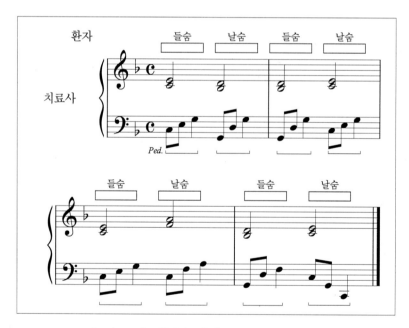

[그림 14-3] 규칙적인 호흡 훈련을 위한 음악의 예시

■ 14.5.5.3.2 호흡 패턴([그림 14-4]와 〈표 14-2〉 참조)

하모니카는 횡격막 호흡의 훈련에 적절하게 사용될 수 있는 악기이다. 환자는 리드미컬한 패턴으로 들숨과 날숨을 사용하여 악기를 연주하는데, 이때 짧고 강한 횡격막

[그림 14-4] 호흡 패턴 훈련 음악의 예시

표 14-2 호흡 패턴 훈련

치료사는 피아노로 들숨과 날숨을 위한 동일한 화음을 연주한다.	환자들은 하모니카를 연주한다(입을 통한 들숨과 날숨).
C-G-C-G	들숨-날숨-들숨-날숨
C C-G G	들숨-들숨 날숨-날숨
C C C-G G G	들숨-들숨-들숨 날숨-날숨-날숨
C C__-G G__	들숨 들숨__-날숨 날숨__
C C C__-G G G_	들숨 들숨 들숨__-날숨 날숨 날숨__

의 수축이 요구된다. 하모니카 연주의 리드미컬한 패턴(들숨과 날숨의 조절에 의해 생성)은 음악 구조에 의해 형성된다. 환자와 치료사는 동시에 연주하거나 번갈아 가면서 연주할 수도 있다.

• 함께 연주하기: 치료사가 짧은 멜로디를 반주하는 동안 환자(하모니카 연주)와 치료사(피아노 연주)는 한 가지 리듬 패턴을 함께 연주한다(예: 2박자의 날숨과 2박자의 들숨).

• 번갈아 가며 연주하기: 환자는 특정 호흡 패턴을 활용하여 하모니카를 연주한다(예: 두 번 날숨 후 두 번 들숨). 치료사는 날숨을 위한 2개의 코드, 들숨을 위한 2개의 코드를 피아노 연주로 반영한다(다양한 호흡 패턴을 위해 음악적 구조는 쉽게 조절될 수 있다).

■ 14.5.5.3.3 코와 구강 호흡의 조절([그림 14-5]와 〈표 14-3〉 참조)

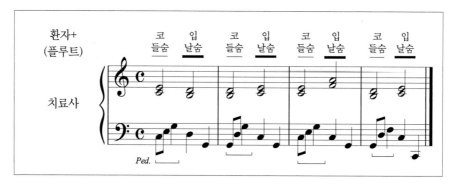

[그림 14-5] 코와 입을 사용하는 호흡 훈련 음악의 예시

표 14-3	코와 구강 호흡을 위한 훈련	
치료사는 피아노로 들숨과 날숨을 위한 동일한 화음을 연주한다.		환자들은 악기를 연주한다(입을 통한 들숨과 날숨).
C-G-C-G		들숨-날숨-들숨-날숨
C C-G G		들숨-들숨 날숨-날숨
C C C-G G G		들숨-들숨-들숨 날숨-날숨-날숨
C C__-G G_		들숨 들숨__-날숨 날숨__
C C C__-G G G__		들숨 들숨 들숨__-날숨 날숨 날숨__

　　호흡 조절 훈련은 또한 코와 구강 호흡에도 적용할 수 있다. 이를 위한 훈련에는 플루트나 리코더가 사용될 수 있다.

　　호흡의 협응 또는 패턴을 위한 모든 훈련 예시는 코로 직접 호흡하는 것을 제외하고는 같은 방식으로 적용될 수 있다.

　　호흡 패턴 훈련은 환자들의 상황이나 인지 기능 수준에 따라 개인 또는 그룹 세팅에 적용될 수 있다.

14.5.6 호흡과 구강 운동 기능

　　지금까지 언급된 훈련들 중 악기에서 생성된 음질은 주로 횡격막 및 복근 수축에 의존하는 호흡의 힘과 빠르기에 의해 조절된다. 취주악기 연주 경험이 있는 사람이라면 조음 시의 호흡 조절 역시 혀와 입술의 움직임을 통해 이루어진다는 것을 알 수 있다. 이는 혀의 움직임을 사용하여 공기의 흐름을 차단시킴으로써 일정한 날숨 산출을 통해 리드미컬한 패턴을 연주할 수 있기 때문이다. 취주악기 연주는 이러한 방식으로 혀의 움직임을 형성하고 강화하는 데 도움을 줄 뿐만 아니라, 리드미컬한 멜로디를 연주하는 동안 악기의 연주부를 확실하게 닫아야 하기 때문에 입술 운동을 위한 많은 근육도 훈련시킨다(그림 14-6)과 [그림 14-7] 참조).

　　호흡 조절과 구강 운동 기능을 위한 치료적 훈련들은 앞에 설명된 것과 유사한 방식으로 이루어진다. 환자는 빠른 템포에서 다양한 리듬 패턴을 연주하거나, 한 가지 패턴을 한 호흡 안에서 여러 번 반복하는 법을 훈련함으로써 호흡 및 구강 운동 기능에 대한 즉각적인 피드백을 지속적으로 제공받게 된다.

환자는 길게 코로 숨을 들이마신 후, 리코더나 멜로디언에 숨을 내쉬면서 혀를 움직여 음악의 리드믹한 패턴을 연주해야 한다.

[그림 14-6] 악기 연주를 활용하여 호흡 시 혀를 움직이도록 하는 음악의 예시: I

취주악기로 리드믹한 패턴을 연주하면서 환자는 코를 통해 짧고 깊게 숨을 들이마시고 혀의 움직임을 조절하는 훈련을 할 수 있다. 또한 빠른 혀의 움직임을 통하여 템포를 빠르게 진행시킬 수 있다.

[그림 14-7] 악기 연주를 활용하여 호흡 시 혀를 움직이도록 하는 음악의 예시: II

참고문헌

Bonilha, A. G., Onofre, F., Prado, M. Y. A., and Baddini Martinez, J. A. (2009). Effects of singing classes on pulmonary function and quality of life of COPD patients. *International Journal of Chronic Obstructive Pulmonary Disease, 4*, 1-8.

Engen, R. L. (2005). The singer's breath: Implications for treatment of persons with emphysema. *Journal of Music Therapy, 42*, 20-48.

Kirk, S. A., Gallagher, J. J., Anastasiow, N. J., and Coleman, M. R. (2005). *Educating Exceptional Children*, 11th edition. Boston, MA: Houghton Mifflin.

McClean, M. D. and Clay, J. L. (1995). Activation of lip motor units with variations in speech rate and phonetic structure. *Journal of Speech and Hearing Research, 38*, 772-82.

McClean, M. D. and Tasko, S. M. (2002). Association of orofacial with laryngeal and respiratory motor output during speech. *Experimental Brain Research, 146*, 481-9.

McIntosh, G. C., Thaut, M. H., and Rice, R. (1996). Rhythmic auditory stimulation as entrainment and therapy technique in gait of stroke and Parkinson's disease patients. In: R. Pratt, and R. Spintge (eds) *MusicMedicine. Volume II*. St Louis, MO: MMB Music, Inc. pp. 145-52.

Sellars, C., Hughes, T., and Langhorne, P. (2002). Speech and language therapy for dysarthria due to nonprogressive brain damage: a systematic Cochrane review. *Clinical Rehabilitation, 16*, 61-8.

Tamplin, J. (2008). A pilot study into the effect of vocal exercises and singing on dysarthric speech. *NeuroRehabilitation, 23*, 207-16.

Thaut, M. H., Schleiffers, S., and Davis, W. B. (1991). Analysis of EMG activity in biceps and triceps in an upper extremity gross motor task under the influence of auditory rhythmic. *Journal of Music Therapy, 28*, 64-88.

Thaut, M. H., McIntosh, G. C., Prassas, S. G., and Rice, R. R. (1992). Effect of rhythmic auditory cuing on temporal stride parameters and EMG. Patterns in hemiparetic gait of stroke patients. *Neurorehabilitation and Neural Repair, 7*, 9-16.

Thaut, M. H., Brown, S., Benjamin, J., and Cooke, J. (1994). Rhythmic facilitation of movement sequencing: effects on spatio-temporal control and sensory modality dependence. In: R. Pratt and R. Spintge (eds) *MusicMedicine. Volume II*. St Louis, MO: MMB Music, Inc. pp. 104-9.

Thaut, M. H., Rathburn, J. A., and Miller, R. A. (1995). Music versus metronome timekeeper in a rhythmic motor task. *International Journal of Arts Medicine, 5,* 4-12.

Thaut, M. H., McIntosh, G. C., and Rice, R. R. (1996). Rhythmic auditory stimulation in gait training for Parkinson's disease patients. *Movement Disorders, 11,* 193-200.

Thaut, M. H., McIntosh, G. C., McIntosh, K. W., and Hömberg, V. (2001). Auditory rhythmicity enhances movement and speech motor control in patients with Parkinson's disease. *Functional Neurology, 16,* 163-72.

Van der Merwe, A. (1997). A theoretical framework for the characterization of pathological speech sensorimotor control. In: M. R. McNeil (ed.) *Clinical Management of Sensorimotor Speech Disorders.* New York: Thieme Medical Publishers, Inc. pp. 93-5.

Wan, C. Y., Rueber, T., Hohmann, A., and Schlaug, G. (2010). The therapeutic effect of singing in neurological disorders. *Music Perception, 27,* 287-95.

Chapter 15

음성 억양 치료(VIT)

•

Corene P. Thaut

15.1 정의

음성 억양 치료(vocal intonation therapy: VIT)는 음성 기능의 구조적 · 신경학적 · 신체적 · 정신적 및 기능적 재활을 위해 음성 조절 기능을 훈련하고, 유지하고, 발전시키고, 치료하는 데 사용된다. 이는 목소리의 억양, 고저, 호흡 조절, 음색 및 다이내믹과 같은 음성 조절의 전반적인 부분을 포함한다. 일반적으로 VIT는 합창단원들이 합창 연습을 시작하기 전에 준비하는 과정과 비슷한 방식을 적용한다. 치료 과정에는 머리, 목, 상체 등을 이완시키는 훈련과 복식 호흡 훈련이 포함된다(Thaut, 2005).

15.2 대상군

발성장애는 다양한 원인에 의해 발생하는데, 구개열과 같은 선천성 장애로 인한 과다비성(비음과다증, hypernasality), 교통사고로 인한 발성 기관 손상, 노화로 인한 성대 주름의 탄력성 감소 등이 있다. 이로 인해 나타나는 증상으로는 발성 범위 축소, 쉰 소리, 거친 소리 등이 있다. 질환별로 구분해 보면, 파킨슨병 환자들은 작거나 거친 소리를 내는 특징이 있으며, 뇌졸중이나 뇌성마비 환자의 경우 호흡에 관여하는 근육 조절의 어려움으로 인한 발성 범위의 제한, 음성 강도의 약화 등의 증상이 나타날 수 있다. 또한 갑상선 질환과 같은 생리학적 이상이 음성 강도나 발성 범위를 감소시키는 원인이 될 수 있으며, 불안장애나 전환장애로 인해 고음 발성과 같은 변화가 나타나는 경우도 있다. 규명되지 않은 해부학적·신경학적 이상으로 인해 기능적 음성 질환이 나타나기도 하는데, 이 경우 낮은 음역, 좁은 발성 범위와 함께 쉰 소리, 거친 소리 등이 나타나는 특징이 있다(http://www.sltinfo.com/voice-disorders.html, assessed 25 June 2013).

15.3 연구 요약

파킨슨병(DeStewart et al., 2003; Haneishi, 2001; Ramig et al., 1994; Tautscher-Basnett et al., 2006), 외상성 뇌손상(Baker et al., 2005), 다발성 경화증(Wiens et al., 1999), 청각장애(Bang, 1980; Darrow, 1986, 1991) 및 척수손상(Johansson et al., 2011; Tamplin et al., 2013)으로 인해 발성에 이상이 있는 환자들을 대상으로 한 많은 연구에서 발성 훈련법 사용의 긍정적인 효과가 보고되었다. 또한 신경학적 손상 환자를 대상으로 하여 노래 부르기를 적용한 다양한 연구의 효과가 보고되었다. Sabol과 그의 동료들(1995)은 발성 훈련이 후두 기능과 성대 진동 협응에 효과가 있다는 사실을 발견하였다. Ramig과 그의 동료들(2001)은 Lee Silverman Voice Treatment(LSVT)의 장기적 효과에 대해 연구하였는데, 치료 종결 후 12개월이 지난 시점에도 발성 지속 시간 및 발성 범위를 유지하는 데 긍정적인 효과가 나타난다는 결과를 보고하였다. 또한 DeStewart와 그의 동료들(2003)은 LSVT를 통해 낮은 음역에서의 후두근 긴장을 최소화할 수 있다고 제안하였다. 마비말장애 환자의 말하기 기능에 관한 연구에서는 발성 연습과 노래 부르기가 호흡 패턴의 수정을 통해 자연스럽게 말하는 것에 도움을 주는 것으로 나타났다(Bellaire et al., 1986; Tamplin, 2008).

15.4 치료적 메커니즘

노래 부르기와 말하기의 생리학적 · 신경학적 유사성을 기반으로 다양한 신경학적 원인에 의한 말–운동 이상 증상에 대해 노래 부르기를 적용한 연구들이 진행되어 왔다(Ozdemir et al., 2006; Wan, 2010). 노래 부르기와 말하기는 모두 별도의 훈련이 요구되지 않는 인간의 선천적 능력인데, 이는 초기 영아들도 음의 높낮이가 있는 발성 (melodic vocalization)이 가능하다는 점을 통해서도 유추할 수 있다(Welch, 2006). 이러한 사실은 노래 부르기가 악기 연주와 같은 다른 음악 활동에 비해 대뇌의 청각–운동 피드백 경로를 더욱 강화시킬 수 있다는 것을 의미한다(예: Bangert et al., 2006; Kleber et al., 2010).

노래 부르기는 말하기와 동일한 발성 기제를 사용하기 때문에, 음성과 관련된 문제를 해결하는 데 있어서도 효과적인 도구가 될 수 있다. 또한 노래 부르기는 음성 강도 및 범위 등에 있어 말하기보다 더 높은 수준의 조절을 필요로 하므로(Tonkinson, 1994), 호흡, 발성, 조음, 공명 등에 관여하는 근육들을 보다 강도 높게 자극할 수 있다. Wiens와 동료들(1999)은 노래를 통한 호흡근 강화 방법을 제안하기도 하였다.

15.5 임상 프로토콜

신경학적 음악치료사들이 진행하는 VIT 훈련은 일반적인 발성 훈련이나 합창단에서의 발성 조절 방법(예: 호흡 조절, 억양, 음높이, 음색 및 세기)과 비슷해 보이지만, 노래는 이보다 구조화된 호흡 조절, 음의 높이 및 크기 변화를 포함하기 때문에 종종 다른 적용 방법이 필요하다.

VIT 훈련에서는 피아노 반주가 매우 중요한데, 이는 발성 전 준비 시간, 목소리의 높낮이, 긴장 및 이완, 세기의 변화 등에 대한 신호를 제공할 뿐 아니라 환자들에게 동기를 부여하는 역할을 하기 때문이다(Thaut, 2005).

15.5.1 호흡 조절

원활한 호흡 조절은 모든 발성 과정에 필요하다. 좋은 소리를 내기 위해서는 먼저 호흡과 발성의 관계에 대한 이해가 필요하다. 발성 시 횡격막 움직임의 원리는 실제 환자들이 발성하는 억양, 음의 높낮이, 음색 및 세기 등과 관련되어 있다. [그림 15-1]에 제시된 방법은 환자들이 노래할 때 횡격막을 어떻게 사용하는지 이해하는 데 도움을 준다.

[그림 15-1] 환자들이 호흡을 통해 횡격막의 위치를 인식하도록 하는 음악의 예시

15.5.2 억양

억양(inflection)의 변화가 거의 없는 모노톤이나 제한적인 운율로 말하는 것은 외상성 뇌손상 환자들에게서 흔히 발견되는 현상이다. 파킨슨병 환자들 역시 후두근 조절의 어려움으로 인해 말할 때 제한된 운율을 보이기도 한다. 이러한 환자들을 위해 VIT 훈련은 일상 대화에서의 말하기 억양과 유사한 범위에서 좁은 음역 내 음정들을 사용하여 억양의 범위를 점차 증가시킴으로써 간단한 구절 또는 문장에 적용시킨다. 이에 대한 예시는 [그림 15-2]의 (a)에서 (d)까지 제시되어 있다.

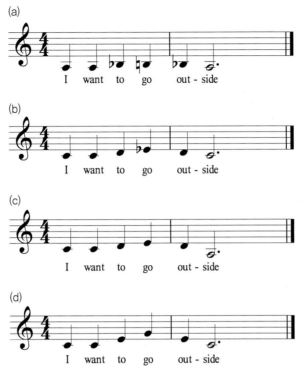

[그림 15-2] (a) 장2도, (b) 단3도, (c) 장3도, (d) 장5도

15.5.3 음성의 높낮이

제한적인 운율이 관찰되는 환자들은 일반 성인보다 낮은 음역대에서 목소리를 내는 경향이 있는데, 이러한 경우 치료사는 환자의 음성 범위에서 시작하여 점차 정상 범위로 조절하는 훈련을 진행한다([그림 15-3] 참조).

[그림 15-3] 운율 교정 훈련을 위한 음악의 예시

15.5.4 음의 세기

말을 할 때 요구되는 호흡의 양은 목소리 크기를 조절하는 데 중요한 역할을 한다. [그림 15-4]는 환자들이 발성 또는 노래를 하는 동안 크레셴도나 데크레셴도로 음의 세기(dynamics)을 조절하도록 하여 음성 강도를 조절하는 훈련을 보여 준다.

Me me me me   me me me me   me _____

[그림 15-4] 다이내믹을 활용한 음성 강도 조절 훈련 음악의 예시

15.6 요약

VIT는 신경학적 음악치료 기법의 하나로, 다양한 원인에 의해 발생되는 발성 문제의 개선을 위해 사용된다. 즉, 노래 부르기와 말하기가 공유하는 생리적 · 신경학적 메커니즘을 바탕으로 많은 신경학적 질환자의 억양, 음성의 높낮이, 음색 및 세기와 관련된 문제를 해결하는 치료적 중재 기법이며, 노래 부르기의 임상적 적용 및 이와 관련된 연구들을 통해 지속적으로 근거가 제시되고 있다.

참고문헌

Baker, F., Wigram, T., and Gold, C. (2005). The effects of a song-singing programme on the affective speaking intonation of people with traumatic brain injury. *Brain Injury, 19*, 519-28.

Bang, C. (1980). A world of sound and music. *Journal of the British Association for Teachers of the Deaf, 4*, 1-10.

Bangert, M. et al. (2006). Shared networks for auditory and motor processing in professional pianists: evidence from fMRI conjunction. *NeuroImage, 30*, 917-26.

Bellaire, K., Yorkston, K. M., and Beukelman, D. R. (1986). Modification of breath patterning to increase naturalness of a mildly dysarthric speaker. *Journal of Communication*

Disorders, 19, 271-80.

Darrow, A. A. and Starmer, G. J. (1986). The effect of vocal training on the intonation and rate of hearing-impaired children's speech: a pilot study. *Journal of Music Therapy, 23*, 194-201.

Darrow, A. A. and Cohen, N. S. (1991). The effect of programmed pitch practice and private instruction on the vocal reproduction accuracy of hearing-impaired children: two case studies. *Music Therapy Perspectives, 9*, 61-5.

DeStewart, B. J., Willemse, S. C., Maassen, B. A., and Horstink, M. W. (2003). Improvement of voicing in patients with Parkinson's disease by speech therapy. *Neurology, 60*, 498-500.

Haneishi, E. (2001). Effects of a music therapy voice protocol on speech intelligibility, vocal acoustic measures, and mood of individuals with Parkinson's disease. *Journal of Music Therapy, 38*, 273-90.

Johansson, K. M., Nygren-Bonnier, M., Klefbeck, B., and Schalling, E. (2011). Effects of glossopharyngeal breathing on voice in cervical spinal cord injuries. *International Journal of Therapy and Rehabilitation, 18*, 501-12.

Kleber, B. et al. (2010). The brain of opera singers: experience-dependent changes in functional activation. *Cerebral Cortex, 20*, 1144-52.

Natke, U., Donath, T. M., and Kalveram, K. T. (2003). Control of voice fundamental frequency in speaking versus singing. *Journal of the Acoustical Society of America, 113*, 1587-93.

Ozdemir, E., Norton, A., and Schlaug, G. (2006). Shared and distinct neural correlates of singing and speaking. *NeuroImage, 33*, 628-35.

Pillot, C. and Vaissiere, J. (2006). Vocal effectiveness in speech and singing: acoustical, physiological and perceptive aspects. Applications in speech therapy [article in French]. *Revue de Laryngologie Otologie Rhinologie, 127*, 293-8.

Ramig, L. O., Bonitati, C. M., Lemke, J. H., and Horii, Y. (1994). Voice treatment for patients with Parkinson's disease: development of an approach and preliminary efficacy data. *Journal of Medical Speech-Language Pathology, 2*, 191-209.

Ramig, L. et al. (2001). Intensive voice treatment (LSVT®) for patients with Parkinson's disease: a 2-year follow-up. *Journal of Neurology, Neurosurgery, & Psychiatry, 71*, 493-8.

Sabol, J. W., Lee, L., and Stemple, J. C. (1995). The value of vocal function exercises in the practice regimen of singers. *Journal of Voice, 9*, 27-36.

Tamplin, J. (2008). A pilot study into the effect of vocal exercises and singing on dysarthric speech. *NeuroRehabilitation, 23,* 207–16.

Tamplin, J. et al. (2013). The effect of singing on respiratory function, voice, and mood after quadriplegia: a randomized controlled trial. *Archives of Physical Medicine and Rehabilitation, 94,* 426–34.

Tautscher-Basnett, A., Tomantschger, V., Keglevic, S., and Freimuller, M. (2006). *Group therapy for individuals with Parkinson's disease focusing on voice strenthening.* LSVT poster, Fourth World Congress on Neurorehabilitation, 16 December 2006. http://www.epda.eu.com/en/parkinsons/in-depth/managing-your-parkinsons/speech-language-therapy/where-can-i-get-more-information/?entryid2=8383.

Thaut, M. H. (2005). *Rhythm, Music, and the Brain: scientific foundations and clinical applications.* New York: Routledge.

Tonkinson, S. (1994). The Lombard effect in choral singing. *Journal of Voice, 8,* 24–9.

Wan, C. Y., Rüber, T., Hohmann, A., and Schlaug, G. (2010). The therapeutic effects of singing in neurological disorders. *Music Perception, 27,* 287–95.

Welch, G. F. (2006). Singing and vocal development. In: G. McPherson (ed.) *The Child as Musician: a handbook of musical development.* New York: Oxford University Press. pp. 311–29.

Wiens, M. E., Reimer, M. A., and Guyn, H. L. (1999). Music therapy as a treatment method for improving respiratory muscle strength in patients with advanced multiple sclerosis: a pilot study. *Rehabilitation Nursing, 24,* 74–80.

유용한 웹사이트

Speech and Language Therapy Information. http://www.sltinfo.com

Chapter 16

치료적 노래 부르기(TS)

●

Sarah B. Johnson

16.1 정의

치료적 노래 부르기(therapeutic singing: TS)는 일반적인 노래 부르기를 다양한 치료 목적을 위해 사용하는 것을 의미한다. 치료적 노래 부르기는 말하기 및 언어 재활에서 사용되는 다른 NMT 기법들과 비교하여 다양한 대상군 및 증상에 대해 보다 폭넓게 접근할 수 있다는 장점이 있다(Thaut, 2005). 실제로 이 기법은 모든 연령대와 질환, 개인 또는 그룹과 같은 다양한 대상군에 적용될 수 있다. 또한 말하기, 호흡 조절 및 폐활량 증가 등을 목표로 구강 운동과 호흡 훈련(oral motor and respiratory exercise: OMREX), 리듬적 말하기 신호(rhythmic speech cueing: RSC) 및 음성 억양 치료(vocal intonation therapy: VIT)와 같은 다른 기법의 후속 훈련으로 사용할 수 있다. TS는 음악 경험의 확장을 통해 목표 설정을 확인하거나 환자들에게 이러한 개별 요소를 기능적으로 수행하도록 전환하는 과정에서 평가의 도구로서 제공될 수 있다. 또한 특별한 말하기 · 언어 훈련 없이 전반적인 발성과 호흡의 강도나 지속 시간을 향상시키는 신체 운동 향상을 위한 기법으로 활용할 수 있다. TS는 음악 활동에 직접적으로 참여하기 때문에 "환자들에게 기능적 향상을 위한 동기를 부여하는 성취 중심적 기법"이 될 수 있다(Thaut, 2005, p. 176).

16.2 대상군

TS는 다양한 목표를 이루기 위해 모든 대상군에 적용될 수 있다. 다음은 지난 몇 년 동안 성공적으로 적용된 대상군이며, 임상 현장에서 적절한 대상을 선별하는 데 도움이 될 것이다.

16.2.1 신경학적 장애 대상군

• 뇌혈관장애(cerebrovascular accident: CVA)−실어증(aphasia), 실행증(apraxia) 및 마비말장애(dysarthria)
• 외상성 뇌손상−실어증, 실조형 마비말장애: 속도 늦추기, 음량 조절 및 운율(prosody) 향상 목표
• 파킨슨병−마비말장애: 폐활량 및 음량 조절, 말의 속도 증가 목표
• 다발성 경화증−마비말장애: 속도 감소, 음량 조절, 운율 및 폐활량 향상 목표
• 길랑바레 증후군(Guillain-Barré syndrome) 및 다른 신경 관련 질환 또는 증후군: 폐활량 및 음량 조절 목표

16.2.2 신체장애 대상군

• 만성 폐쇄성 폐질환(chronic obstructive pulmonary disease: COPD), 폐기종(emphysema) 또는 천식(asthma)과 같은 호흡기 질환: 폐활량과 음량 조절 목표
• 인공호흡기를 사용했거나 중환자실에 입원했던 환자, 심혈관계 수술 및 다른 수술에서 회복 중인 환자 또는 다발성 외상(multiple trauma) 환자: 폐활량 및 음성 발화 및 음량 증가 목표
• 척추 질환: 폐활량 및 음량 또는 호흡 속도 조절 목표

16.2.3 호스피스 환자

TS는 호스피스 환자들의 호흡량 유지를 위해 성공적으로 적용되었다.

16.2.4 노인 및 치매 환자

TS는 노인 및 치매 환자들의 호흡량 유지를 위해 성공적으로 적용되었다.

16.2.5 소아/발달 대상군

- 발달 및 복합 장애 아동: 말하기 지연, 말실행증(verbal apraxia) 및 발음 문제 개선
- 자폐 범주성 장애(autism spectrum disorder): 발성(vocalization) 및 참여 증가 목표
- 청각장애 및 인공 와우(cochlear implantation): 발화, 발음, 음량 및 운율 향상 목표

16.3 연구 요약

TS는 '일반적인 노래 부르기'(Thaut, 2005)와 명확한 구분 없이 정의되어 관련 연구에서 구체적인 효과를 많이 다루지 못한 부분이 있다. 여러 기법을 다룬 연구들이 모두 양적 연구를 통해 설명된 것은 아니지만, 다양한 NMT 말하기·언어 기법과 함께 TS를 시행한 결과, 이 기법이 환자들의 호흡 기능이나 의사소통 기능의 향상에 도움을 줄 수 있다는 긍정적인 결과가 보고되었다.

1950년대부터 음악치료사들도 말하기·언어 재활 분야에서 실어증, 실행증, 언어 지연 및 기타 언어장애의 사례와 노래 부르기 효과에 대한 관찰을 기록하기 시작하였다(Cohen, 1994). 그 후 수십 년 동안 음악과 관련한 말하기·언어 재활 연구는 진단 또는 특정 기술 연구를 중심으로 이루어져 왔다. 특히 파킨슨병 환자를 대상으로 한 구강 운동과 호흡 훈련(OMREX), 리듬적 말하기 신호(RSC) 및 음성 억양 치료(VIT)와 같은 다른 기법들과 함께 진행되는 연구들이 증가하였다(DiBenedetto et al., 2009; Ferriero et al., 2013; Haneishi, 2001; Pilon et al., 1998; Tamplin, 2008a, 2008b; Tamplin & Grocke, 2008;

Thaut et al., 2001).

언어치료에서 사용하는 기법 중 하나인 멜로디 억양 치료(melodic intonation therapy: MIT)가 1970년대에 등장하면서 신경학적 재활 분야에서 표현성 실어증(express aphasia)을 위한 MIT의 긍정적 효과에 대한 새로운 연구들이 진행되었다(Conklyn et al., 2012; Schlaug et al., 2008; Wilson et al., 2006).

음성 훈련과 함께 진행된 TS 효과에 대한 예비 연구에서는 외상성 뇌손상 및 뇌졸중 후 마비말장애 환자의 말하기 기능 개선에 음성 훈련과 노래 부르기가 도움이 된다는 결과를 보고하였다(Tamplin, 2008b, p. 207). Cohen(1992)의 연구에서는 뇌손상 환자들에게 그룹 노래 부르기를 시행했을 때 말하기와 관련된 다양한 요소가 향상되었다고 하였다. Baker와 그의 동료들(2005)은 외상성 뇌손상 환자 4명의 사례를 통해 말하기 억양 향상의 효과를 연구하였는데, 노래 부르기를 통해 환자들의 음성 영역과 감정에 따른 말하기 억양이 향상되는 결과가 나타났다.

또한 노래 부르기는 장애 아동이나 자폐 범주성 장애 아동들의 말하기 및 언어 기능 향상에 도움이 된다고 알려져 있다(Hairston, 1990; LaGasse, 2009; Lim, 2010; Miller & Toca, 1979; Wan et al., 2010). Darrow와 Starmer(1986)는 청각장애 아동에 대한 음성 훈련의 효과에 대해 연구하였는데, 여기에 사용된 기법은 음악을 통한 발달적 말하기와 언어 훈련(developmental speech and language through music: DSLM)에 더욱 가깝기는 하지만 전 연령대와 다양한 대상군에 대한 치료적 노래 부르기의 효과를 강조하기 위해 이 장에서도 소개하였다.

TS는 호흡 기관의 건강, 신체 강화, 통증 조절 및 완화 또는 정서적·사회적 웰빙 추구와 같은 다양한 목표를 위해 적용될 수 있다. 예를 들어, 많은 연구에서 호흡 기능을 위해 노래 부르기가 효과적으로 사용되었으며(Bonilha et al., 2009; Lord et al., 2010; Wiens et al., 1999), 이러한 효과는 척추 손상 환자의 호흡 기능에서도 나타났다(Tamplin et al., 2011). 또한 Kenny와 Faunce(2004)의 만성 통증에 대한 대처 능력 향상 연구에서도 노래 부르기의 효과가 보고되었다.

지난 수십 년 동안 치매 및 호스피스 병동 환자와 같은 다양한 대상군을 대상으로 한 음악 중재 기법의 효과를 다루는 사례 연구와 소규모 표본 연구가 진행되어 왔다. 연구에 특정 기법이 명시되지는 않았지만 '치료적 노래 부르기'로 해석될 수 있는 기법들이 포함되어 있었으며, 노래 부르기 원리에 의한 본질적 효과와 참여에 따른 치료적 효과뿐 아니라 삶의 질 향상에 도움을 줄 수 있는 심리사회적 소통의 매개가 된다는 점을 강조하였다.

16.4 치료적 메커니즘

TS는 말하기 · 언어 발달 및 재활 분야 등 다양한 영역에서 비교적 쉬운 방법으로 강력한 치료 결과를 기대할 수 있는 유용한 도구이다. 말하기와 노래 부르기는 "인간의 자연스러운 표현 수단"이다(Cohen, 1994, p. 8). 노래에는 템포, 멜로디, 리듬 및 다이내믹과 같은 음악적 요소들 외에 언어적 요소인 가사도 포함된다. 노래 부르기는 구성적인 측면에서도 말하기와 관련될 수 있다. "노래 부르기는 연속적인 스펙트럼에 따라 음악과 언어의 결합을 포함한다."(Baker & Tamplin, 2006, p. 141) 노래의 리듬 요소가 구성되는 방식은 음절이 '덩이(청크, chunk)'로서 묶여 단어를 형성하는 것과 유사한데, 이러한 원리를 통해 친숙한 노래나 예측 가능한 음악 구조 및 형식 등을 사용하여 음성 운율에 대한 처리 기능을 향상시킬 수 있고(Baker & Uhlig, 2011), 말하기 · 언어 기능의 재활에도 적용할 수 있다(Davis et al., 2008, p. 164).

Wan과 그의 동료들(2010)은 노래 부르기를 인간의 선천적인 기능이라고 주장하였다. 그들은 노래 부르기와 말하기의 행동적 유사성과 더불어 신경 네트워크의 공유 관계를 근거로 하여, 말더듬, 파킨슨병, 후천성 뇌병변 및 자폐증 등과 이에 동반되는 언어 기능 손상의 개선을 위한 TS의 효과에 대해 보고하였다(Wan et al., 2010, p. 287).

최근에는 뇌 영상 촬영 기법을 통해 노래를 부를 때 나타나는 신경 처리 과정에 대한 연구들이 이루어지고 있는데, Ozdemir와 그의 동료들(2006), Brown과 그의 동료들(2006)은 fMRI(functional magnetic resonance imaging, 기능적 자기공명영상)와 PET(positron emission tomography, 양전자 단층촬영)를 통해 노래 부르기와 말하기가 양쪽 뇌반구 모두를 활성화한다는 사실을 보여 주었다.

TS는 호흡에 사용되는 근육을 강화하고 조절함으로써 폐활량을 증가시킬 수 있다. Baker와 Tamplin(2006)은 음악의 리듬을 사용하여 호흡과 조음 기능을 향상시키고 치료의 참여를 증가시킬 수 있다고 제안하였다. Baker는 사지 마비 환자들의 호흡 조절 기능 향상을 위한 다른 음성치료 기법과 함께 구조화된 노래 부르기 기법을 사용하여

'노래 기반 음성 훈련'의 효과를 설명하였다(Baker & Uhlig, 2011, pp. 154-156).

16.5 임상 프로토콜

TS는 NMT 기법 중 가장 보편적으로 사용되는 동시에 효과적으로 적용되기 어려운 기법이기도 하다. 이는 이 기법이 단순한 '노래 부르기'로 해석되면, 환자를 위해 의미 있고 기능적인 효과를 유도할 수 있는 가능성이 충분히 고려되기 어렵기 때문이다. 따라서 노래 부르기를 치료적으로 접근하기 위해서는 구체적인 의도와 치료적인 목표가 설정되어야 한다.

다음은 소아 뇌졸중 및 심각한 질환으로 인해 쇠약해진 호흡 기능 등 다양한 대상군의 언어 영역 기능 재활을 위해 TS를 적용한 세션의 임상 예시들이다.

16.5.1 성인 대상자를 위한 개인 NMT/말하기 세션에서의 TS 임상 시나리오

- 환자 진단: 다발성 뇌 신경계 위축으로부터의 실조형 마비말장애(ataxic dysarthria)
- TS를 통해 개선할 목표 영역
  ① 호흡 및 호흡 조절 기능 향상
  ② 저하된 말속도 개선
  ③ 말산출 시 세부 기능의 조절

이 세션은 OMREX와 RSC 같은 다른 기법이 포함되어 있지만, 치료적 노래 부르기가 기능적 의사소통을 향상시키는 데 가장 효과적으로 나타났다.

TS는 다음과 같은 방식으로 적용된다.

① 세션을 위한 발성 '준비 운동': 예를 들어, Richard Rodgers와 Oscar Hammerstein의 노래 〈Oh, What a Beautiful Morning〉은 멜로디 윤곽(melodic contour)과 후렴구의 진행을 통해 폐활량과 호흡 공급을 증가시킨다.

② 호흡 조절 타이밍 및 협응 향상: 이 환자를 위해서 John Denver의 노래 〈Country Roads〉를 종종 사용하였다. 3~4음절의 대칭 후렴구 구간은 환자가 예측 가능한 구조로 구성되어 심호흡 및 호흡의 조절이 가능하다. 치료사는 각 구절의 마지막 단어 또는 음절의 박자를 증가시켜 긴 발성을 할 수 있도록 유도한다.

　또한 효과적인 참여와 시각적 도움을 주기 위해 가사가 쓰인 종이에 구절의 단어 옆에 길게 늘인 화살표를 그려 놓는다.

···roads --- ⟶

···home --- ⟶

③ 기능어 발화 시 말속도 유지하기: 환자의 치료 목표 중 하나는 전체 문장(5~6음절)을 한 호흡에 말하는 것이다. 치료 전 환자는 보통 짧게 끊어지는 호흡으로 한번에 1~2음절을 말할 수 있다고 할 때, 언어치료사가 5~6음절 길이 정도의 기능적 문장 목록을 만들면, 음악치료사는 각 문장에 대응하는 음악적 구절을 만든 후 주고받기(call and response) 형식으로 부른다. 이 음악적 구조는 호흡을 위한 구조화된 배치뿐만 아니라 운율과 시간적 신호를 함께 제공한다. 예를 들어, "Please pass me my laptop."이라는 문장은 6/8박자에 맞춰 제공하고, 'please' 'pass'와 'lap'을 강조할 수 있다. 이 문장의 멜로디 윤곽은 자연스러운 말하기의 흐름과 유사하게 모방할 수 있다.

④ 자연스러운 환경에서 목표로 한 음소 사용하기: 환자는 전반적으로 원활한 대화를 할 수 있으나, /ch/와 같은 특정 음소의 말명료도 향상을 목표로 한다. Henry Warren의 노래 〈Chattanooga Choo Choo〉의 도입부는 /ch/ 사용 빈도를 증가시키는 데 도움을 줄 수 있고, 또한 가사의 운율이나 노래 스타일을 유지하면서 느린 템포로 '진행'할 수 있다.

　특정 음소를 훈련하기 위해 목표 음소를 더 잘 기억하도록 더 진하게 표기하거나 색상, 하이라이트, 밑줄 등을 이용하여 시각적으로 강조하는 방법을 사용할 수 있다.

16.5.2 성인 대상자를 위한 그룹 NMT/말하기 세션에서의
TS 임상 시나리오

- 환자 진단: 파킨슨병, 뇌혈관장애 및 외상성 뇌손상
- TS를 통해 개선할 목표 영역
  ① 저하된 말명료도(→ 말명료도 향상)
  ② (저하된) 호흡 기능 유지 및 호흡 조절(음량)

환자들은 개별적 노래 세션에 참여하였다. 초반에는 언어치료사와 함께 진행한 후 하루에 한 번 TS 그룹 세션에 참여하였다.

TS는 다음과 같은 방식으로 진행되었다.

① 세션을 위한 발성 기관 '준비 운동'(위에 제시된 개별 세션 과정과 동일)
② 호흡 조절과 음성 산출 지속 시간 증가: 호흡 제어를 위해 점차적으로 길어지는 구절의 노래를 사용해야 한다. 환자들은 음악치료사의 오토하프 연주에 맞춰 노래를 부르고, 소리를 길게 지속하는 데 초점을 두었다.

한 숨에 한 줄씩 부를 수 있도록 가사를 배열하여 적는다. 〈America the Beautiful〉(Samuel Ward 작곡, Katherine Lee Bates 작사)은 이를 위한 좋은 노래 예시이고, 다음과 같이 표기될 수 있다.

Oh, beautiful

For spacious skies

For amber waves of grain -- ⟶

더욱 '심화된' 버전은 다음과 같다.

Oh, beautiful, for spacious skies

For amber waves of grain -- ⟶

호흡 조절 기능과 폐활량 향상을 통해 환자는 한 호흡에 전체 구절을 부를 수 있게 된다. 구절에 표시를 해 놓거나 호흡 구간 표시를 해 놓는 것은 앞에 제시된 악보를 제공하는 것보다 효과적이지 않은 것으로 나타났다. 단, 지속적인 발성을 위해 구절의 마지막 단어 옆에 오른쪽으로 연장된 화살표를 사용할 수 있다.

또한 음성 강도 증가와 음성 산출 지속 시간 향상을 위해 쉽게 구성할 수 있는 반복적 가사를 포함한 노래로 〈I've Got Peace Like a River〉를 사용할 수 있다. 가사가 계속해서 반복되는 동시에 점점 음량을 높이는 크레센도를 포함하므로 호흡의 조절이 필요하다. 다음 예시에서는 음량 증가를 강조하기 위해 가사를 표기한 글자의 크기를 다르게 사용하였다(Azekawa, 2011). 크레센도 또는 데크레센도 표기는 음악 전문가가 아닌 환자들에게는 어려울 수 있으나 글자의 크기 변화는 쉽게 이해할 수 있을 것이다.

I've got Peace like a river

I've got Peace like a river

I've got Peace like a river

In my soul -- ⟶

③ **말명료도 향상**: 환자마다 다른 발음상의 어려움을 가지고 있으므로, 목표 음소가 포함된 노래를 사용하되 개개인의 목표에 맞춰 구성된 악보를 제공한다. 예를 들어, 마지막 자음에 어려움을 겪는 환자의 악보에는 마지막 자음을 하이라이트로 표시하고, 첫 번째 자음에 어려움을 겪는 다른 환자의 악보에는 첫 번째 자음을 하이라이트로 표시한다. 이로써 각 구성원들은 같은 노래를 자신의 특정 목표에 맞춰 다르게 부를 수 있다. 음악치료사가 오토하프 연주와 함께 노래 부르기를 진행하는 동안 언어치료사는 각 환자들의 발음과 특정 음소의 소리를 확인한다. 노래를 부른 후 환자들은 돌아가며 가사를 큰 소리로 읽음으로써 기능적 말하기로 전환할 수 있다. 한 줄씩 가사를 읽어 내려갈 때 속도를 조절할 수 있는 시간적 구조를 통해 리드미컬한 구조를 유지하고, 개인이 가사를 읽는 동안 다른 구성원들은 충분한 음량과 명료도를 유지했는지 확인한다.

환자들 간의 관계 또한 결과에 중요한 영향을 끼치는데, 구성원들은 세션 중 서로를 격려함으로써 그룹 내 관계를 형성(예: 추후의 가사 읽기 활동에서 더욱 명료하게 읽게 되었음을 알아차리는 것)했으며, TS를 통해 참여 동기가 부여되어 치료적 효과가 강화되는 것으로 나타났다. 이는 "음악이 제공하는 정서적(사회적) 맥락"으로 설명될 수 있다(Thaut, 2005, p. 176).

16.5.3 호흡 재활을 중점으로 한 TS 임상 시나리오

- 환자 진단: 수술 중 심장마비로 인한 응급 삽관 삽입술, 오랜 ICU 입원으로 인한 여러 신경계 손상
- TS를 통해 개선해야 할 목표 영역
  ① 저하된 호흡 기능 유지 및 조절 능력(음량)

    이 환자는 오랫동안 지속된 의료 과정에서 많이 쇠약해졌기 때문에 파시뮤어 밸브(Passy-Muir Speaking Valve)를 착용했을 때 호흡과 음성 생성을 조절하는 데 어려움이 있었다.

  TS는 다음과 같은 방식으로 사용되었다.

① 호흡 조절과 발화량 증가: 특별한 신경학적 원인이 없는 무성음(aphonic) 환자에게 OMREX와 VIT를 활용한 다양한 시도는 음성 산출에 효과적으로 사용되지는 않았으나, 환자가 좋아하는 노래를 불렀을 때 마지막 단어를 제외하고는 일관된 소리를 만들어 낼 수 있었다. 음악치료사와 언어치료사가 함께 호흡 기능 향상을 위한 훈련을 진행했지만 TS가 '그녀의 목소리 되찾기'에는 가장 효과적인 방법이었고, 이에 따라 이 기법을 사용하여 치료를 지속하였다.

16.5.4 뇌혈관장애(CVA)를 가진 6세 환자의 TS 임상 시나리오

- 환자 진단: 출혈성 뇌졸중(hemorrhagic CVA)
- TS를 통해 개선해야 할 목표 영역
  ① 치료 중 의사소통 기능 저하
  ② 말산출 과정 및 언어 기능의 회복

이 아동은 이유를 알 수 없는 갑작스러운 CVA로 인해 오른쪽 편마비, 시각, 언어 능력 및 의사소통 기능이 감소하였다.

TS는 다음과 같은 방식으로 사용되었다.

① 발화량 증가: 경미한 표현성 실어증(expressive aphasia) 아동의 참여를 위해 고안된 MIT를 통해 '공식적인' 목표 영역을 훈련하는 것보다는 아동들에게 친숙한 노래를 부르는 것이 효과적으로 나타났다. 처음에는 음악적 말하기 자극(musical speech stimulation: MUSTIM)을 통해 익숙한 가사를 아동에게 완성하도록 하였다 (예: "반짝반짝 작은 ____"). 아이가 자신감을 갖고 치료사와의 관계가 편안해진 후 전체 노래 부르기로 전환하였다.

TS는 신경학적 음악치료사에 의해서 아동을 대상으로 몇 년 동안 꾸준히 사용된 기법이다. 세션은 주로 노래를 선곡하는 과정으로 시작하고, 아동이 오토하프를 연주하게 한 후, 치료사와 같이 노래를 부른다. 치료적 목표는 운동 기능 향상이 아닌 음성 산출에 초점을 두는 것이므로, 아이는 건측 손으로 오토하프를 연주하였다. 아동이 악기 연주를 하면서 노래를 부름으로써 목소리 내기 자체에 대한 직접적인 집중이 분산되는 효과가 있었다.

② 시각치료 목표 향상: 시각치료 목표는 시각 주사(visual scanning)와 추적 과제(tracking challenges)의 반복이 필요하다. 이를 위해 변형된 음악적 무시 훈련(musical neglect training: MNT)을 주로 사용하였고, TS 또한 도움이 되는 것으로 나타났다. 친숙한 노래를 사용함으로써 환자들은 노래의 주요 가사와 일치하는 그림을 찾고, 시력과 스캐닝이 필요한 그림을 선택하는 동안 노래를 부르도록 하였다. 아동이 부직포 판에 그림을 붙이고 구성한 후, 치료사들은 아동과 함께 '큰소리'로 노래를 불렀다. 이 기법의 마지막 단계는 노래를 다시 한번 부르고, 시각주사와 추적이 필요한 순서에 맞춰 그림을 부직포 판에서 없애는 것이었다. 노래는 다소 지루할 수 있는 시각적 스캐닝 중 목소리를 사용하여 참여함으로써 동기를 부여하고 즐거움을 주는 역할을 한다. 아동의 읽기 능력 수준이 높아짐에 따라 더욱 기능적인 과제를 수행하는 동안의 시각 주사를 연습하기 위해 TS 악보를 사용하였다.

16.6 마무리

성공적인 TS를 위해서는 노래를 선곡하는 과정이 매우 중요하다. 즉, 반드시 환자들이 좋아하는 노래를 직접 사용하는 것을 의미하는 것이 아니라, 선호곡을 고려하여 진행하되 선호도나 선호하는 노래에 포함된 다른 음악적 요소들을 반영해야 한다. 치료사는 노래 선택에 있어서 **음악적 논거**와 **치료적 논거**를 생각해야 한다. 점점 느리게 또는 빠르게 진행할 수 있는 시간적 변화가 가능한 노래를 선택하는 것이 중요하다. 또한 리듬은 노래를 부를 때 조음 기관의 움직임을 촉진하는 원동력이 되기 때문에 리듬의 복잡성과 예측성을 고려해야 한다(Azekawa, 2011). 속도의 변화를 조절할 수 있는 노래를 사용함으로써 생동감은 유지하되 최대치의 반응을 이끌어 내기 위한 신호를 조절할 수 있다.

단순한 노래 부르기는 '치료적 노래 부르기'가 아니다. 치료사가 음성과 언어, 호흡 및 다른 기능적 목표를 음악적 전문성을 통해 자연스럽게 노래 부르기에 결합하고 강화함으로써 치료적 경험이 제공되는 것이다. 이는 노래 부르기의 심미적인 특성을 적용하여 치료적 효과를 높이는 **통찰적** 음악 선택이라 할 수 있다.

참고문헌

Azekawa, M. (2011). *The effect of group vocal and singing exercises for vocal and speech deficits in individuals with Parkinson's disease: a pilot study.* Master's thesis. Retrieved from Dissertations and Theses database (UMI No. 1492358).

Baker, F. and Tamplin, J. (2006). *Music Therapy in Neurorehabilitation: a clinican's manual.* London: Jessica Kingsley Publishers.

Baker, F. and Uhlig, S. (eds) (2011). *Voicework in Music Therapy.* London: Jessica Kingsley Publishers.

Baker, F., Wigram, T., and Gold, C. (2005). The effects of a song-singing programme on the affective speaking intonation of people with traumatic brain injury. *Brain Injury, 19,* 519-28.

Bonilha, A. G. et al. (2009). Effects of singing classes on pulmonary function and quality of life of COPD patients. *International Journal of Chronic Obstructive Pulmonary Disease, 4,* 1-8.

Brown, S., Martinez, M. J., and Parsons, L. M. (2006). Music and language side by side in the brain: a PET study of the generation of melodies and sentences. *European Journal of Neuroscience, 23,* 2791-803.

Cohen, N. S. (1992). The effect of singing instruction on the speech production of neurologically impaired persons. *Journal of Music Therapy, 29,* 87-102.

Cohen, N. S. (1994). Speech and song: Implications for music therapy. *Music Therapy Perspectives, 12,* 8-14.

Conklyn, D. et al. (2012). The effects of modified melodic intonation therapy on non-fluent aphasia—a pilot study. *Journal of Speech, Language, and Hearing Research, 55,* 1463-71.

Darrow, A. A. and Starmer, G. J. (1986). The effect of vocal training on the intonation and rate of hearing impaired children's speech: a pilot study. *Journal of Music Therapy, 23,* 194-201.

Davis, W. B., Gfeller, K. E., and Thaut, M. H. (2008). *An Introduction to Music Therapy,* 3rd edition. Silver Springs, MD: American Music Therapy Association.

Di Benedetto, P. et al. (2009). Voice and choral singing treatment: a new approach for speech and voice disorders in Parkinson's disease. *European Journal of Physical and Rehabilitation Medicine, 45,* 13-19.

Ferriero, G. et al. (2013). Speech disorder from Parkinson's disease: try to sing it! A case report. *Movement Disorders, 28,* 686-7.

Hairstone, M. (1998). Analyses of responses of mentally retarded autistic and mentally retarded nonautistic children to art therapy and music therapy. *Journal of Music Therapy, 27,* 137-50.

Haneishi, E. (2001). Effects of a music therapy voice protocol on speech intelligibility, vocal acoustic measures, and mood of individuals with Parkinson's disease. *Journal of Music Therapy, 38,* 273-90.

Kenny, D. T. and Faunce, G. (2004). The impact of group singing on mood, coping, and perceived pain in chronic pain patients attending a multidisciplinary pain clinic. *Journal of Music Therapy, 41,* 241-58.

LaGasse, A. B. (2009). *Oromotor kinematics of speech in children and the effect of an external rhythmic auditory stimulus.* Doctoral dissertation. Retrieved from ProQuest Digital Dissertations (AAT 3358724).

Lim, H. A. (2010). Effect of "developmental speech and language training through music" on speech production in children with autism spectrum disorders. *Journal of Music Therapy, 47*, 2-26.

Lord, V. M. et al. (2010). Singing teaching as a therapy for chronic respiratory disease—a randomized controlled trial and qualitative evaluation. *BMC Pulmonary Medicine, 10*, 41.

Miller, S. B. and Toca, J. M. (1979). Adapted melodic intonation therapy: a case study of an experimental language program for an autistic child. *Journal of Clinical Psychiatry, 40*, 201-3.

Ozdemir, E., Norton, A., and Schlaug, G. (2006). Shared and distinct neural correlates of singing and speaking. *NeuroImage, 33*, 628-35.

Pilon, M. A., McIntosh, K. W., and Thaut, M. H. (1998). Auditory vs visual speech timing cues as external rate control to enhance verbal intelligibility in mixed spastic-ataxic dysarthric speakers: a pilot study. *Brain Injury, 12*, 793-803.

Schlaug, G., Marchina, S., and Norton, A. (2008). From singing to speaking: why singing may lead to recovery of expressive language function in patients with Broca's aphasia. *Music Perception, 25*, 315-23.

Tamplin, J. (2008a). A music therapy treatment protocol for acquired dysarthria rehabilitation. *Music Therapy Perspectives, 26*, 23-6.

Tamplin, J. (2008b). A pilot study into the effect of vocal exercises and singing on dysarthric speech. *NeuroRehabilitation, 23*, 207-16.

Tamplin, J. and Grocke, D. (2008). A music therapy treatment protocol for acquired dysarthric rehabilitation. *Music Therapy Perspectives, 26*, 23-30.

Tamplin, J. et al. (2011). The impact of quadriplegia on muscle recruitment for singing and speech. *Archives of Physical Medicine and Rehabilitation, 92*, 250-56.

Thaut, M. H. (2005). *Rhythm, Music, and the Brain: scientific foundations and clinical applications.* New York: Routledge.

Thaut, M. H., McIntosh, K. W., McIntosh, G. C., and Hoemberg, V. (2001). Auditory rhythmicity enhances movement and speech motor control in patients with Parkinson's disease. *Functional Neurology, 16*, 163-72.

Wan, C. Y., Ruber, T., Hohmann, A., and Schlaug, G. (2010). The therapeutic effects of singing in neurological disorders. *Music Perception, 27*, 287-95.

Wiens, M. E., Reimer, M. A., and Guyn, H. L. (1999). Music therapy as treatment method for improving respiratory muscle strength in patients with advanced multiple sclerosis.

Rehabilitation Nursing, 24, 74–80.

Wilson, S. J., Parsons, K., and Reutens, D. C. (2006). Preserved singing in aphasia: a case study of the efficacy of melodic intonation therapy. *Music Perception, 24*, 23-6.

Chapter 17

음악을 통한 발달적 말하기와
언어 훈련(DSLM)

●

A. Blythe LaGasse

17.1 정의

음악을 통한 발달적 말하기와 언어 훈련(developmental speech and language training through music: DSLM)은 말하기 및 언어 기능 발달의 촉진을 위해 노래 부르기, 악기 연주, 음악과 말하기/동작 등을 통합하는 활동을 통한 음악적 자료와 경험을 제공한다. 이 기법은 초기 발달단계 아동들이 주요 대상이지만, 중등도 이상의 지속적인 언어장애를 보이는 청소년이나 성인을 위해서도 적용될 수 있고, 음성 발화(조음, 말명료도), 언어 발달 주 가지 모두를 목표로 하여 사용될 수도 있다. 말하기와 언어 기능 향상을 위한 이 기법의 가장 중요한 목표는 기능적 의사소통 기능의 향상이다.

17.2 대상군

음악을 통한 발달적 말하기와 언어 훈련(DSLM)은 말하기와 언어 기능에 지연을 보이는 다양한 아동 대상군을 위하여 사용될 수 있다. 이 기법은 말하기 조절 및 제어와 관련된 운동 기능이 저하된 발달성 말실행증, 뇌성마비 및 다운증후군 아동을 주 대상군으로 하여 적용된다. 언어 기능 향상을 위한 DSLM은 학습장애, 자폐 범주성 장애 및 지적장애 아동들을 대상으로 진행된다. 다음은 이 대상군들의 말하기와 언어 기능에서 나타나는 특성에 대해 서술한 내용이다.

- 발달성 말실행증(developmental apraxia of speech: DAS)은 의사소통에 필요한 말하기 기능에 어려움이 발생하는 원인 미상의 신경학적 질병이다(American Speech-Language-Hearing Association, 2007). DAS의 정확한 기준에 대해서는 아직도 논쟁 중이지만, American Speech-Language-Hearing Association(ASHA)의 기준에 따르면, 음성 산출의 지속적인 오류, 소리와 음절 사이의 불분명한 전환, 부적절한 운율을 DAS의 세 가지 주요 특징으로 들 수 있다. DAS 아동들은 또한 말하기의 운동적 기능, 운율, 조음 구조 및 읽고 쓰는 기능에서도 어려움을 보인다(American Speech-Language-Hearing Association, 2007). 이러한 특징들은 아동들의 표현 언어 발달을 지연시키는 요인이 되기 때문에 적절한 시기에 강도 높은 치료가 필요하다(American Speech-Language-Hearing Association, 2007).

- 자폐 범주성 장애(autism spectrum disorder: ASD)는 사회성, 의사소통 및 인지 기능에 영향을 주는 신경 발달 장애이다. 범주성 장애라는 명칭에서 알 수 있듯이 ASD 아동들에게는 넓은 범위의 말하기 및 언어 기능상의 어려움이 관찰된다. ASD 아동들은 공동 행동(joint action), 말하기 운율, 의사소통, 추상적 언어, 수용 및 표현 언어 기능에 제한이 있으며(Gerenser & Forman, 2007), 반향어(echolalia)나 상동 언어(반복적인 언어) 등의 특징이 나타나기도 하는데, 이 중 25%는 전반적인 언어 기능에 어려움이 있는 것으로 추정되고 있다(Koegel et al., 2009).

- 뇌성마비(cerebral palsy)는 운동계가 손상된 신경 발달 장애이다(Winter, 2007). 뇌성마비 아동들은 주로 말하기와 언어 기능에서 발달 지연이 나타나며, 구강 근육 조절에 어려움이 있는 경우 수용 언어 기능 수준은 높지만 표현 언어 기능에 제한이 관찰되는 경우가 있고, 인지적 요소에 의해 수용 및 표현 언어 기능에 영향을 받는 경우도 있다(Winter, 2007). 뇌성마비 아동들은 주로 의사소통을 위한 보조 기기나 기술을 사용한다.

- 지적장애(intellectual disabilities)는 유약X증후군(fragile X syndrome), 윌리엄스증후군(William's syndrome), 엔젤만증후군(Angelman syndrome), 다운증후군(Down syndrome) 및 프래더윌리증후군(Prader-Willi syndrome) 등을 포함하며 인지 기능 저하를 특징으로 하는 질환이나 장애를 의미한다. 지적장애 아동들은 말하기 및 언어 기능 발달의 지연이 나타나는데, 인지적 요인이나 개인적 특성에 따라 영향을 받는다. 예를 들어, 다운증후군 아동들은 비정상적인 치열, 혀 크기 및 턱 크기와 같은 신체적 특징으로 인해 말산출 시 조음의 어려움이 있을 수 있다. 따라서 음악치료사들은 말하기와 언어 기능에 관련되는 인지적 기능과 개인적 특성을 고려해야 한다.

• 단순언어장애/특수언어장애(specific language impairment: SLI)는 특정한 인지 및 운동 기능 장애나 청각장애와 관련된 원인이 없이 나타나는 언어 기능 장애를 말한다. 이에 대한 정확한 원인은 밝혀지지 않았지만 유전적 요인에 의한 것으로 추정하고 있다(National Institute on Deafness and Other Communication Disorders, 2013). SLI 아동들은 단어, 문법, 단어 사용 및 수용 언어를 비롯하여 의사소통 기능에서 심각한 지연을 보인다(Paul, 2007)

17.3 연구 요약

최근 아동의 말하기와 언어 기능 향상을 위한 음악치료 접근에 대한 연구가 활발히 진행되고 있다. 초기 연구자들은 음악이 말과 언어 기능의 발달에 도움이 될 것이라고 주장했으나 대상군의 범위가 넓지 않았다. 따라서 이 장에서는 음악 신경과학, 교육 및 음악치료 분야에 대한 연구들이 소개될 것이다.

음악 신경과학과 음악 교육에 대한 연구들은 음악적 수행력과 언어적 능력 사이의 관련성을 기반으로(Moreno et al., 2009), 한 가지 능력이 다른 능력에 영향을 미칠 수 있다고 주장하였다(Jentschke & Koelsch, 2009; Jentschke et al., 2008; Marin, 2009; Moreno et al., 2009; Strait et al., 2011). 즉, 언어 지능(Moreno et al., 2011a), 말하기의 운율 인식(Moreno et al., 2009), 음소 학습(Corradino, 2009), 음소 인식(Lathroum, 2011), 음운 기억력(Grosz et al., 2010), 독해(Corrigall & Trainor, 2011), 읽기 능력(Moreno et al., 2009) 및 읽고 쓰는 능력(Moreno et al., 2011b)이 음악적 능력에 의해 향상될 수 있음이 밝혀졌다. 음악과 언어가 대뇌의 피질 활동을 공유한다는 점을 근거로 하여(Brown et al., 2006; Koelsch et al.,

2002; Schon et al., 2010) 아동들을 대상으로 음악치료 프로그램을 적용한 결과, 단어 인식, 로고 식별 및 글쓰기 능력이 향상되었다(Register, 2001). 학습장애 아동들을 대상으로 한 연구에서는 읽기 과제 수행 시 단어 이해, 어휘력 및 독해력 항목에서 변화가 나타났고(Register et al., 2007), 후속 연구에서는 음악 감상 조건의 읽기 과제에서 독해력 점수와 과제 수행력에서 높은 점수를 보였다(Azan, 2010). 이러한 연구들은 음악이 아동들의 언어 학습 능력을 돕는 강력한 도구가 될 수 있다는 근거가 되었다.

또 다른 연구(Kouri & Winn, 2006)에서는 말하기 및 언어 기능의 지연을 보이는 아동들의 **빠른 우연 학습**(quick incidental learning: QUIL)을 위해 노래의 형태(piggy back songs, 피기백 노래)로 반복하게 한 결과, 자발화 기능이 향상된 것으로 나타났다. Cooley(2012)는 자폐 범주성 장애 아동들을 대상으로 유사한 연구를 진행하였는데, QUIL을 위해 피기백 노래[1](예: 작은별-ABC 송) 대신 원곡을 사용한 결과 노래와 말하기 조건 사이에 유의한 차이가 나타나지 않았다. 이 두 연구는 적은 표본 수를 사용하여 진행되었기 때문에 결과의 일반화를 위해서는 더욱 큰 표본의 연구가 필요하다.

현재 대부분의 연구는 상대적으로 높은 발병률을 보이는 자폐 범주성 장애 아동의 의사소통에 음악이 미치는 효과를 주제로 하여 진행되고 있는데, 많은 연구를 통해 음악이 자폐 범주성 장애 아동들에게 특별한 영향을 준다는 결과들이 보고되고 있다(Emanuele et al., 2010). 음악 자극은 말하기 자극과 비교했을 때, 말하기 및 청각 처리 과정에 포함되는 왼쪽 하전두엽(inferior frontal gyrus)과 왼쪽 상측두엽(superior temporal gyrus)의 피질 반응을 더욱 증가시키며(Lai et al., 2012), 이것이 기능적 의사소통 향상을 위한 치료적인 접근을 가능하게 한다. 자폐 범주성 장애 아동의 언어적 의사소통에 음악을 사용한 초기 연구들의 결과는 말하기 기능이 저하되었거나 제한된 아동들의 언어 구사력이 향상되는 등의 긍정적인 결과를 보였다(Lim, 2010; Wan et al., 2011).

Wan과 그의 동료들(2011)은 말하기가 어렵거나 제한이 있는 6명의 자폐 범주성 장애 아동을 대상으로 8주간 **청각 운동 맵핑 트레이닝**(auditory motor mapping training)을 시행한 중재 연구에서 말산출 기능 변화에 대한 유의한 결과를 보고하였다. 청각 운동 맵핑 트레이닝에 사용된 음악 요소는 DSLM 적용에 적합하다. ASD를 대상으로 DSLM을 적용한 다른 연구(Lim, 2010)를 보면, 말산출 기능 향상을 위해 녹음된 말하기 또는

---

1) 역자 주: 누구나 알 수 있는 쉬운 멜로디에 정보를 입력하여 부르는 것을 의미한다.

음악 훈련을 사용했을 때 낮은 기능의 자폐 범주성 장애 아동들의 말하기 수준이 더욱 향상된 것으로 나타났다.

Lim과 Draper(2011)가 음악을 행동 분석 및 언어 행동 접근법에 적용한 결과, 말하기 및 음악 과제 수행에서 모두 유의한 향상을 보였고, 그룹 간의 차이는 없었으며, 음악 조건에서 반향어 감소에 대한 효과가 나타났다. 이 분야의 초기 연구는 논의를 통해 제기된 한계점이 있지만, 음악이 아동들의 말하기 및 언어 훈련에 유용할 수 있다는 가능성을 제시했다는 데 의의가 있다.

17.4 치료적 메커니즘

DSLM에서 음악은 치료 목표와 더불어 아동의 흥미 유발을 위해 사용되므로, 세션에 사용되는 음악 자극은 동기를 부여할 수 있도록 참신성과 심미성을 고려하여 목표 지향적으로 구성되어야 한다. 비음악적 기능적 훈련을 음악적 훈련으로 전환시키는 전환 설계 모델(TDM)은 신경학적 음악치료사들이 목표 지향적인 음악 세션을 계획하는 데 도움을 주고, 목표보다 활동('activity')을 중심으로 음악을 사용하는 경우 발생하는 문제들을 사전에 통제할 수 있다. 이때 음악을 효과적으로 사용하기 위해서는 아동의 음악적 선호도를 고려하여 목표 중심적으로 구성하고, 아동을 위한 창의적 요소를 포함시켜야 한다. 음악치료사는 발달적 말하기와 언어 훈련을 목표로 흥미롭고 치료적인 음악치료 경험을 제공할 수 있어야 하고, 이를 위해서는 리듬, 멜로디, 구조 등의 음악 요소를 활동에 체계적으로 적용할 수 있어야 한다.

리듬은 말산출 및 언어적 반응을 유도하는 데 효과적으로 사용된다. 리듬은 많은 음악 활동에서 다양하게 사용되고 있지만, DSLM에서 사용되는 리듬은 주로 말하기와 대답하기를 촉진하는 데 사용된다. 따라서 리듬은 크고 분명하게 제시되어, 실제 말산출 기능을 향상시키기 위해 사용되어야 한다. 따라서 음악치료사들은 말산출과 운율의 유지를 위한 말속도 등에 대한 기본적 지식을 가지고 있어야 한다.

음악의 또 다른 요소로는 멜로디와 구조가 있다. 멜로디는 음악에 참여하게 하는 기본적 역할 외에도 문장의 자연스러운 억양을 모방하고, 음악의 구조를 예측하여 반응할 수 있도록 한다. 음악치료사가 창의적으로 구성한 멜로디는 기능적인 훈련을 도모

하는 데 도움이 될 것이다. 즉, 멜로디와 구조적 요소는 아동의 주의를 '유도'하고 형성하는 데 있어 '닻/지주(anchor)'의 역할을 한다. 음악 활동은 일상생활의 기능적 요소를 음악적 자극으로 통합할 수 있는 장점이 있으므로, 음소를 산출하는 훈련이라면 단순한 초기 음소의 산출 대신에 적절한 동물에 대한 노래를 부르면서 음소를 산출하도록 하는 것이 더욱 효과적일 수 있다. 동기가 부여된 아동의 음악적 경험은 목표를 위해 반복되는 훈련이 아니라 음악의 일부를 완성하기 위한 활동으로 인식될 것이다.

음악 구조는 간단한 ABA 형식에서 A 부분의 '닻/지주(anchor)'와 B 부분의 목표 반응을 여러 번 반복함으로써 확장이 가능하다. A 부분은 동기를 부여하고, B 부분은 말하기 및 언어 행동들을 위한 목표 과제의 반복을 위해 사용될 수 있다. 이를 위해서는 연령대에 적합한 음악, 음악 참여도 및 선호도, 참신함과 반복 등의 다양한 요소에 대한 적절한 균형이 필요하다.

아동 대상 세션에서 목표의 성취와 새로운 자극의 제공을 적절하게 조율하는 것은 쉽지 않지만 음악 활동에서는 이것이 가능하다. 아동들은 기본적으로 음악적으로나 언어적으로 많은 지시를 필요로 하기 때문에 효과적인 훈련을 위해 연습을 반복하게 되는데, 이때 음악적 요소를 다양하게 변화시킴으로써 참여를 유도하는 역할을 할 수 있다. 이 기법의 목표는 아동들이 노래에 대한 특정한 반응을 훈련하는 것이 아니라 노래를 통해 언어 기능을 향상시키고, 의사소통을 연습할 수 있는 기회를 제공하는 것이다. 따라서 활동에서 치료사의 참여 구간은 점차 줄이고, 아동들이 창의적인 경험을 통해 여러 번 기술을 연습할 수 있도록 기회를 증가시켜 제공할 수 있어야 한다.

17.5 임상 프로토콜

몇 가지 프로토콜만으로 말하기 및 언어 기능에 대한 DSLM의 치료 적용 범위를 모두 설명하기는 어렵지만, **전환 설계 모델**(transformational design model: TDM)을 사용하여 음악의 임상적 적용부터 말하기·언어 목표를 탐색해 볼 수 있다. 적절한 TDM 적용을 통해 음악을 언어 기능 향상을 위해 체계적으로 사용할 수 있으며, 이 접근은 다음과 같은 이유로 사용될 수 있다. 첫째, 음악치료사는 말하기 및 언어에 대한 구체적인 접근 방식을 사용하는 현장에서 일하게 될 것이다[예: 구강 근육 음성 촉진법(prompts for restructuring oral muscular phonetic targets: PROMPT) 시스템, 구문 행동 접근, 전체적 언어 접근, milieu training, TEACCH 등]. 둘째, DSLM 훈련 동안 하나의 '프로토콜'만을 사용하기보다는 아동의 상황과 환경에 맞춰 유연하게 사용할 수 있으며, 음악은 말하기 및 언어 산출 및 학습을 증진하고 촉진하는 데 사용된다.

다음에 소개될 훈련들은 특정 말하기 또는 언어에 어려움을 겪는 대상군의 소개로 시작하여(다음의 증상·질환에만 국한되지 않음에 유의) 말하기 및 언어에 관련된 연구들을 통해 비음악적 훈련들이 제시될 것이다. 또한 강조된 비음악적 훈련이 TDM을 통하여 동일 구조로 변형되는 것이 제시되는데, 이는 독자들에게 비음악적 훈련에서 음악적 훈련으로의 논리적 전환 방법을 제공할 것이며, 말하기 및 언어 치료의 모든 영역 안에서 적용될 수 있다.

17.5.1 말하기 순서

17.5.1.1 예시 대상군: 발달성 말실행증(DAS)

■ 17.5.1.1.1 평가 및 목표

DAS 아동들은 말하기 음소의 배열을 비롯하여 말산출이 어렵고, 다양한 발음에서 오류가 나타난다. 말하기 순서 훈련의 목표는 발달단계에 맞게 정확하게 음소를 발음하고, 적절한 순서로 문장을 말하는 것이다.

■ 17.5.1.1.2 일반적인 비음악적 훈련

Wambaugh와 그의 동료들(2006)이 제시한 치료 지침에서는 발음운동학적(articulatory kinematic) 접근으로서의 'probably effective'와 속도 조절(rate-controlled) 접근으로서의 'possibly effective' 기법들을 열거하였다. 이들에 따르면, 발음을 위한 대부분의 운동학적 중재 방법은 정확한 발음으로 문장 읽기를 반복하는 것을 강조하는데, 이에 속하는 예로는 구강 근육 음성 촉진법(PROMPT; Square et al., 2001)과 운동 신호를 사용한 말소리 산출 치료/음성 산출 치료(sound production treatment: SPT; Wamaugh & Mauszycki, 2010)와 같은 기법들이 있다.

다음으로는 메트로놈과 같은 외부 신호 자극을 사용하여 말속도를 조절하는 방법이 있다(Mauszycki & Wambaugh, 2011). 이는 말실행증을 보이는 성인 환자(Brendel & Ziegler, 2008; Wambaugh & Martinez, 2000) 또는 말속도 향상이 필요하거나 발화에 대한 자가수정이 필요한 대상군(Dworkin et al., 1988; Dworkin & Abkarian, 1996; Wambaugh & Martinez, 2000)에게 적용되었는데, 관련 연구들이 진행되면서 일상적 말하기와 유사한 속도의 컴퓨터 신호가 훈련에 사용되기도 하였다(Brendel & Ziegler, 2008).

대부분의 음악치료사는 PROMPT 또는 SPT에 대한 훈련을 받지 않았기 때문에 다음 예시에서는 기본 모델인 반복 발음운동학적 방법에 초점을 맞출 것이다. 이 훈련에서 치료사들은 연령 수준에 맞는 적절한 문장 또는 단어를 사용해야 한다. 몇몇 아동에게 는 'mom'과 같은 하나의 자음(C)-모음(V)-자음(C)을 사용할 수 있으며, 'banana'와 같은 CVCVCV 단어로 C-V 조합의 난이도를 높일 수 있다. 치료팀은 대개 적절한 단어 및 목표로 하는 음소 목록을 만든다. 또한 『Becoming Verbal and Intelligible』(Dauer et al., 1996)에 제시되어 있는 단어를 사용할 수 있다. 치료사는 적절한 단어나 문장을 찾아 모델링하고, 아동들은 치료사들이 말하는 단어나 문장을 따라 한다. 이러한 과정 은 치료사의 지속적인 관찰과 피드백을 통해 반복된다.

■ 17.5.1.1.3 음악적 전환

단어나 문장을 반복하는 활동을 음악으로 전환하기 위해서는 외부 자극이 필요한데, 음악치료사들은 외부 자극으로 메트로놈을 사용하여 치료사의 말을 아동들이 듣거나 치료사의 입 모양을 보고 발음할 수 있도록 신호를 제공하며, 단계적 진행을 위해 한 박에 한 음절을 말하는 것으로 시작한다. 아동들은 운동 지각 능력의 개인차가 있으므로, 음악치료사는 발화 시 조음 기관의 정확한 움직임이 외부 신호와 동조화되지 않을 가능성이 있다는 것을 고려해야 한다. 템포는 아동의 기능적 범위 안에서 설정되어야 하며, 아동의 속도가 매우 느리다면 각 음절이 산출될 것으로 예측되는 시간에 신호가 제공되도록 세분화되어야 한다.

음악치료사들은 아동들의 참여를 돕기 위해 몇 가지 요소를 고려해야 한다. 첫째, 치료사들은 다양한 범위의 경험을 통해 음악적 기회를 제공해야 한다. 예를 들어, A-B-A 구조를 사용하여 동물에 관한 음악 활동을 한다면, A 부분에서는 동물 인형을 사용하여 노래를 부를 수 있고, B 부분에서는 아동들의 말속도 향상을 위한 외부 신호 사용을 통해 적절한 문장을 연습할 수 있다([그림 17-1a] 참조). 이러한 구조는 아동들이 노래를 변형해 가면서 목표 단어를 반복하여 연습할 수 있기 때문에 '닻/지주(anchor)'의 역할로서 창의적인 경험의 기회를 제공한다는 장점이 있고([그림 17-1b] 참조), 연령대가 높은 아동의 대부분은 추가 활동 없이도 외부 리듬 신호를 듣는 것만으로도 말 산출이 가능하다.

[그림 17-1a] 자음과 모음을 순서대로 발음하게 하는 훈련 음악의 예시

음악적 자극이 바뀐 것에 주목하되, 훈련의 기본적 구성은 유지한다.

평가: 음소 산출 향상 평가를 위한 빈도수 측정 및 순서 오류 평가를 위한 훈련된 평가자에 의한 주기적 측정

[그림 17-1b] 음소 학습 및 말명료도 향상을 위해 사용되는 음악의 예시

만약 운동장애가 없는 아동이라면, 말하기 순서에 동작을 추가하여 도움을 줄 수 있다. 여기에는 몸 전체의 움직임부터 팔이나 다리를 이용한 간단한 탭핑이 사용될 수 있는데, 음악치료사는 추가적 움직임이 말산출을 향상시킬 수 있지만, 과한 경우 방해가 될 수도 있다는 사실을 염두에 두어야 한다.

■ 17.5.1.1.4 결과/평가

Wambaugh와 그의 동료들(2006)은 음소 표기법 및 음소 정확도를 일반적인 평가 방법으로도 점수화할 수 있다고 보고하였다. 음악치료사가 치료 후에 말산출 결과를 기록하면 이를 다른 평가자가 확인하여 객관적인 측정이 가능한데, 음소 정확도는 음악치료사에 의해 1차적으로 평가될 수 있고, 이후 훈련된 전문가가 기능의 변화에 대해 표준화된 도구를 사용하여 공식적인 평가를 할 수 있다. 교호운동속도 검사(diadochokinetic rate tests, 예: puh-tuh-kah의 빠른 반복), 조음 기관 운동 평가는 말속도, 억양 및 음성 기능 향상을 평가하기 위해 사용된다(American Speech-Language-Hearing Association, 2007).

17.5.2 음소 습득 및 말명료도

17.5.2.1 예시 대상군: 다운증후군

■ 17.5.2.1.1 평가 및 목표

발음의 어려움은 "음성 산출에 요구되는 운동 기능이 저하되었을 때 나타난다" (Farrell, 2012, p. 12). 다운증후군 아동들은 혀의 움직임에 관련되는 턱관절 이상, 낮은 어조 및 혀의 돌출로 인한 움직임의 어려움이 말의 명료도와 음소 생성에 영향을 미친다. 이에 대한 목표는 정확한 음소의 생성 및 명료도 향상에 있다. DAS를 대상으로 한 17.5.1.1절과 말 순서 예시의 다른 점은, 다운증후군을 대상으로 하는 치료사는 의사소통에 영향을 주는 인지 및 다른 해부학적 문제를 고려해야 한다는 것이다.

■ 17.5.2.1.2 일반적인 비음악적 훈련

17.5.1.1절에서 제시된 예와 같이 모델링 반복 및 PROMPT는 명료도 및 발음 훈련에도 사용될 수 있다. Kumin(2003)에 따르면, 발음을 훈련하는 방법 중 하나는 목표 음소를 포함하는 여러 단어를 사용하여 연습하는 것이다. 아동의 기능 수준에 따라 소리, 독립된 단어들 또는 문장 내의 단어를 연습할 수 있다. 페이싱(pacing) 보드를 사용하여 문장을 완성하도록 할 수 있다. 예를 들어, 문장의 구성 요소를 각각 4개의 동그라미에 써 놓고 말할 때마다 동그라미를 터치하도록 한다. 특정 음소를 목표로 하는 경우 책을 사용할 것을 제안하며, 적절한 책의 목록을 제시하였다(Kumin, 2003, p. 153).

■ 17.5.2.1.3 음악적 전환

처음에는 음소의 발음을 단독으로 연습한 후, 바로 기능어를 연결하여 연습하도록 한다. 예를 들어, 아동이 /b/ 발음을 하는 데 어려움을 겪는다면, 'ba, ba, ba, ball'과 같이 연습할 수 있다. 음악치료사는 아동의 참여도를 높이기 위해 보다 큰 소리로 여러 번 반복하는 과정을 통해 목표 음소를 연습한다. 예를 들어, 아동들이 음절을 반복하고 문맥에 따라 단어를 연습할 수 있도록 하는 노래는 TDM 과정을 통해 만들 수 있다. 앞에 제시된 활동은 공을 굴리거나, 튀기거나, 다른 색깔의 공을 가지고 노는 활동을 활용하여 진행할 수 있다([그림 17-2] 참조).

이 노래 예시에서 아동은 공을 굴리면서 반복하여 말하고 있다. 아동이 같은 구조(**로 표시된 부분)에 반응하게 하여 반복을 유도한다. 공을 사용하는 다른 동작으로 확장하여 참여를 지속시킬 수 있다. 음악치료사는 적극적인 참여를 유도하기 위해 공과 함께 하는 동작에 따라 다른 선율법이나 조성을 선택할 수 있다.

[그림 17-2] 음소를 익히기 위해 사용되는 음악의 예시

    이 훈련에서 한 가지 사물만을 제한적으로 이용할 필요는 없다. 여러 모음으로 이루어진 문장을 연습한다면 각기 다른 자음과 모음이 조합된 여러 물건을 이용할 수 있다. 이러한 방법은 아동의 필요와 의견을 표현하는 의사소통 훈련을 위해 문장 안에 삽입하는 방식으로 쉽게 적용될 수 있다(예: "I want [the] ball.").

    참여 수준 및 기대감, 목표 수준의 향상을 위해 음악적 자극을 제공함으로써, 활동에 사용되는 자료에 음악적 창의성이 추가될 수 있다. 음악치료사는 노래를 통해 활동이 자연스럽게 진행되도록 음악 형식 및 자료를 신중하게 선택해야 한다[예: 음악적 '닻/지주(anchor)'로 사용될 수 있는 반복되는 주제를 가지며, 변화되는 내용이 있는 책].

또한 단일 음소의 산출이 아닌 의사소통을 목표로 하는 것이므로, 음악치료사들은 일상생활에서 의사소통 기능을 전제로 하여 연습 기회를 제공해야 하며, 다양한 환경을 고려한 단어와 문장을 연습해야 한다. 아동들은 다양한 경험을 통해 단어 사용과 의사소통에 대한 더 많은 기회를 갖게 될 것이다.

■ 17.5.2.1.4 결과/평가

아동들의 말하기 기능을 평가할 수 있는 몇 가지 방법이 있다. 첫째, 아동들의 말하기를 녹음하여 다른 전문 평가자에게 분석하게 하는 것이다(언어치료사 또는 다른 음악치료사). 예를 들어, 음악치료사는 아동의 즉각적인 말산출을 평가하기 위해 아동들에게 사진을 보여 주고 말로 묘사하게 한다. 평가자는 아동이 말한 내용을 받아 적고, 치료 후 반복된 평가를 통해 아동이 사진에 제시된 내용을 이해하는 정도에 대해 평가한다. 자격이 있는 전문가에 의해 시행되는 표준화된 말하기 평가(Goldman-Fristoe 조음 평가 또는 Kahn-Lewis 음운론적 분석)도 있다.

17.5.3 언어 전 단계

17.5.3.1 예시 대상군: 유약X증후군과 자폐 범주성 장애

■ 17.5.3.1.1 평가 및 목표

유약X증후군(fragile X syndrome)과 자폐 범주성 장애(ASD) 아동은 의사소통 발달 지연이 장기화될 수 있다. 초기 중재는 참여, 모방 능력 및 상호작용과 같은 언어 전 단계 행동들을 형성하는 데 사용될 수 있다. 이 능력은 이후의 의사소통을 위해 사용되고, 사회적 의사소통 교환의 기본 틀을 제공하기 때문에 중요하다. 이 절에서는 언어 전 단계(pre-linguistic language)를 사용하는 아동들의 모방 놀이 기술 습득에 중점을 둘 것이다. 참고로, 일반 아동의 사전 언어 시기는 9개월에서 24개월 사이이지만, 장애 아동들의 경우는 시기의 차이가 있을 수 있다.

■ 17.5.3.1.2 일반적인 비음악적 훈련

언어 전 단계 훈련들에서는 운동 및 음성을 모방하게 된다. Sundberg와 Partington

(1998)은 아동들과 모방극을 하기 위한 다양한 활동을 소개하였다. 이는 까꿍 놀이 (peek-a-boo), 재미있는 얼굴 형태, 재미있는 소리 만들기 또는 행동이나 음성 자극에 따른 간단한 명령 'Do this'와 같은 게임을 포함한다(Sundberg & Partington, 1998, pp. 95-97). 이러한 활동들은 적극적인 참여와 행동을 유도하기 위해 동기를 부여하고, 아동들에게 흥미를 제공하기 위한 것이다.

■ 17.5.3.1.3 음악적 전환

음악치료사들은 아동들이 이와 같은 훈련에 대해 기대하고 참여하도록 하기 위해 모방 놀이에 간단한 노래 구조를 적용하여 음악적인 전환을 시도할 수 있다. 음악은 자연

[그림 17-3] 언어 습득 전 선행 단계로서의 소리 지각 훈련을 위한 음악의 예시

스러운 참여를 유도할 수 있는 매개체로서 언어 전 단계 모방 놀이를 위한 훌륭한 도구이다. 이는 일반 아동들이 동작과 함께 하는 노래나 따라 하기 쉬운 수준의 자작곡들이 포함된다. 이러한 음악 게임들은 집에서 연습할 수 있도록 부모 혹은 보호자에게 가르쳐 줄 수 있다([그림 17-3] 참조). 음악 게임들이 아동 발달의 자연스러운 한 부분이라는 것은 중요한 사실이며, 음악치료사는 음악을 통해 핵심적인 기능을 기르는 다양한 훈련을 제공할 수 있다(이 경우에는 모방이 해당된다).

■ 17.5.3.1.4 결과/평가

모방 반응 빈도는 관찰을 통해 측정할 수 있다. 훈련된 전문가는 아동들의 수동적 표현 능력(모방)을 평가하기 위해 의사소통 발달의 순차적 검사(Sequenced Inventory of Communication Development) 또는 상징 놀이 검사(Symbolic Play Test)와 같은 초기 언어 평가를 사용한다.

17.5.4 대체/보조의 표현적 의사소통

17.5.4.1 예시 대상군: 엔젤만증후군

■ 17.5.4.1.1 평가 및 목표

엔젤만증후군 아동들은 대개 일반적인 사회성 능력을 가지고 있지만 인지 능력 지연 또는 심각한 언어장애를 가지고 있다(Williams, 2010). 또한 대부분의 아동은 말하기 기능이 매우 저하되었거나 전혀 하지 못하는 경우도 있으며, 표현적 언어 기능보다는 수용적 언어 기능이 발달된 특징이 나타난다(Gentile et al., 2010). 저하된 말하기 기능의 보조 수단으로 보완·대체 의사소통(alternative and augmentative communication: AAC)을 주로 사용한다. Calculator와 Black(2010)에 따르면, 해당 아동들이 가장 필요로 하는 것 중 하나는 그들의 요구와 생각을 표현하는 능력이다. 이 절에서는 아동들의 요구와 생각을 표현하는 것을 목표로 한 예시를 위해 그림 교환 의사소통 체계(picture exchange communication system: PECS) 사용에 대해 설명할 것이다.

■ 17.5.4.1.2 일반적인 비음악적 훈련

아동들은 AAC 장치를 사용하여 그들이 원하는 것을 표현할 수 있다. 예를 들어, 컴퓨터나 iPad에서 그림 그리기를 좋아한다면, 치료사는 페인트 색상을 선택하는 것과 같은 다양한 방법의 활동을 선택할 기회를 제공할 수 있다. 치료사는 그림들을 보드에 붙이고, 아동들은 보드에서 한 가지 그림을 선택하여 떼어 낸 후 치료사에게 준다. 전자 장치인 경우에는 아동이 그림을 터치함으로써 단어가 '소리'로 나올 수 있도록 한다. 다음으로 각 과정에 따라 지시가 제공되고 이에 따라 선택하는 과정이 반복되는데, 각 과정은 다른 표현 및 선택들을 위해 제공된다.

■ 17.5.4.1.3 음악적 전환

음악치료사는 아동들이 다른 음악 항목, 선호 항목이나 노래 등 중에서 선택하도록

이 노래 예시에서 아동은 음악치료사에게 부호를 건네주거나 부직포 판에 붙일 수 있다. 음악치료사는 각 단어를 위한 리듬과 음악적 신호를 유지하고, 아동들이 건네주거나 부직포 판에 붙인 것에 대한 노래를 부르기 시작함으로써 반응한다. 음악치료사는 아동의 언어 기능에 따라 형용사나 악기 이름을 포함시키거나 제외시킬 수 있다.

[그림 17-4] 보완 · 대체 의사소통 사용을 위한 음악의 예시

한다. 음악으로의 전환은 아동이 선택한 (원하는 항목이면 충분한) 항목이 아닌, 아동들의 적절한 반응을 유도하기 위한 음악을 사용하여 아동의 참여 및 선택에 대해 동기를 부여하게 된다. 예를 들면, 연령대에 맞는 음악 구조를 통해 아동들의 참여를 유도하고 무엇을 원하는지 질문한 후, 'I want······.' 문장을 사용하여 아동의 반응을 이끌어 낸다 ([그림 17-4] 참조). 음악적 자극은 아동의 참여와 동기 부여를 촉진할 수 있으며, 다른 항목들과 함께 반복될 수 있다. 음악적 구조는 아동이 원하는 것을 표현하기 위한 새로운 기회를 제공할 수 있다.

■ 17.5.4.1.4 결과/평가

이 훈련의 초점은 의사 결정 자체가 아니라 아동들이 그림 기호를 선택하고 치료사에게 전달하는 과정을 통해 의사소통을 연습하는 것이다(또는 전자적 신호를 터치하는 것). 아동들이 의사소통을 사용하여 원하는 것을 표현한 다음 그 물건을 주고받는 것은 기본적인 인과관계 패러다임을 활용한 것이다. 훈련을 통해 기대할 수 있는 이상적인 결과는, 아동이 기호를 사용하여 의사소통을 시도하는 횟수가 증가하고, 독립적으로 그것들을 선택하여 다른 사람들에게 전달하는 것이다. 아동의 능력이 향상됨에 따라 목표는 점차 심화될 수 있다. 초기 데이터는 아동들이 선택한 빈도가 될 수 있고, 아동들이 의도한 의사소통을 하고 있는지 정확히 파악하기 위해 방해 항목(예: 빈 그림)을 포함하거나, 선호하지 않는 항목을 포함시킬 수 있다. 이 경우에는 방해하지 않는 항목들의 의사소통 빈도를 측정한다.

17.5.5 의미론

17.5.5.1 예시 대상군: 지적장애

■ 17.5.5.1.1 평가 및 목표

지적장애 아동은 단어의 의미, 표기, 구분 및 단어를 통해 표현하는 것과 같은 기호화에 어려움을 겪는다. 목표는 물건 구분, 물건 그룹화, 문맥에서 여러 의미를 가진 단어의 구분, 또는 단어들을 통한 구문 표현이 될 수 있다. 다음 예시는 물건 이름 표기하기(labeling)를 통한 표현적 어휘 활동에 초점을 맞춘 것이다.

■ 17.5.5.1.2 일반적인 비음악적 훈련

아동이 노출되어 있는 환경에 따라 기능적 항목을 목표로 훈련한다. 몇몇 변별 활동은 Kumin(2003, pp. 100-103)과 Hilsen(2012, pp. 71-81)에 의해 제시되었다. 아동은 환경 안에서 사물을 구별하는데, 이는 종종 치료사가 사물이나 그림을 들고 "이건 무엇인가요?"라고 묻고, 아동이 그에 대해 대답하는 형태의 훈련이 될 수 있다. 예를 들어, 어른과 아동이 자연스러운 놀이 환경에서 장난감 세트를 사용하여 다양한 사물을 구분하는 연습을 할 수 있다. 치료사는 "여기 봐요! 이것은 _____예요!"라고 말하고, 아동이 사물을 구분하는 표현을 하도록 한다. 치료사는 아동이 사물을 구분하는 예시를 먼저 제시할 수 있다. 예를 들면, "여기 봐요! 나는 사과를 가지고 있어요!"라고 말할 수 있다. 치료사는 또한 현재 아동이 응시하고 있는 시선을 따라가 그 사물에 대해 이야기할 수 있다. 예를 들면, "그것은 _____예요!" 또는 "무엇을 가지고 있어요?"라고 말할 수 있다.

■ 17.5.5.1.3 음악적 전환

표현적 의사소통은 구조적 반응 및 참여를 돕기 위해 음악으로 전환될 수 있는 또 다른 영역이다. 주방 장난감 세트 예시에서 음악치료사는 동일한 자료를 사용하면서 주기적으로 다른 주방 항목을 식별하도록 하여, 아동들이 가지고 있는 사물에 관련된 대화 형식의 노래를 만들 수 있다. 음악적 경험은 "이것은 무엇인가요?"를 단순히 물어보는 것을 넘어서 사물을 적절한 수준으로 구분할 수 있게 하고, 사물들과 함께 하는 놀이에 참여하도록 사용될 수 있다([그림 17-5] 참조).

■ 17.5.5.1.4 결과/평가

아동들이 사물들을 적절한 기준에 따라 구분하는 것은 일반적인 학습과 같은 어휘 목록을 사용하여 평가할 수 있다. 다른 환경에 주어진 단어를 강조하기 위해서 치료팀과 계속적으로 의사소통을 하는 것이 필요하다. 어휘는 또한 피바디 그림 어휘력 검사(Peabody Picture Vocabulary Test), 표현 어휘력 검사(Expressive Vocabulary Test), 또는 한 단어 그림 어휘력 검사(One-Word Picture Vocabulary Test)와 같은 검사 도구를 사용하여 훈련된 전문가가 평가할 수 있다.

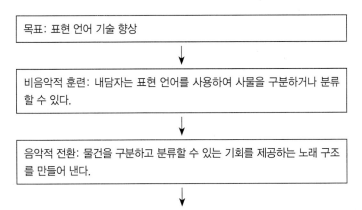

다음은 아동이 음식들을 구분하고 분류하기 위한 노래 예시이다. A 섹션은 아동이 춤을 추고 표지판을 보거나 새로운 조작법을 찾는 부분이다. B 섹션은 물건들을 분류하고 구분하는 부분이다. 이 예시에서는 두 가지 종류의 사과에 집중하였다. 이 부분의 훈련을 위해 그림/카드/플라스틱이 아동에게 제공된다. 아동이 원하는 반응은 박스 안에 표기되어 있다.

[그림 17-5] 표현 언어 기술 중 의미론과 관련하여 사용되는 음악의 예시

17.5.6 수용 언어 능력

17.5.6.1 예시 대상군: 단순언어장애/특수언어장애

■ 17.5.6.1.1 평가 및 목표

단순언어장애/특수언어장애(SLI) 아동들은 일반적인 수용 언어 과제는 가능하지만 (예: "트럭을 만져 보세요."), 기능, 형상 및 지시어 단계가 포함된 과제에는 어려움을 겪거나(예: "아빠가 운전한 트럭을 만져 보세요."), 특정 물건을 생략하는 경향이 있다(예: "아빠가 운전한 것을 만져 보세요.")(Sundberg & Partington, 1998). SLI 아동들은 또한 여러 단계의 복잡한 구문을 이해하는 데 어려움을 겪는다(예: "식탁으로 가서 컵을 집어 엄마에게 건네주세요.").

■ 17.5.6.1.2 일반적인 비음악적 훈련

이 대상군을 위한 훈련에는 언어적인 지시에 반응하는 것이 포함될 수 있다. 이러한 지시 단계의 복잡성은 아동의 수용 언어 기능 수준에 따라 달라진다. 이 절에서는 기능적·형상적 및 단계적 수용 언어의 어려움을 겪는 부분을 다루게 될 것이다. 앞서 제시된 예시와 같이 비음악적 활동은 아동들의 참여를 위해 아동의 흥미를 유발할 수 있는 자극을 사용할 것이다. 예를 들어, 아동과 치료사가 농장에 있는 동물들을 주제로 놀이 활동을 하고 있다면, 치료사는 "젖소는 어디 있어요?"라고 물어볼 수 있다. 아동이 '소'를 찾아낸다면, 치료사는 "점이 있는 동물은 어디 있어요?"라는 분류가 필요한 질문을 할 수 있다. 이는 놀이가 아닌 상황을 제시하는 것으로, 아동들이 일상적인 환경에서 만나게 될 여러 상황의 예시(예: 음식, 옷)를 통해 반복될 수 있다.

■ 17.5.6.1.3 음악적 전환

수용 언어 기능의 향상을 위한 훈련에서 음악은 구조와 예측을 촉진시켜 높은 참여도를 유도할 수 있다. 치료사는 아동의 관심을 집중시키기 위해 음악 자료를 빠르게 전환하면서 사용해야 한다. 예를 들어, 아동이 치료실에 왔을 때, 스카프를 끌고 가는 경우 자연스럽게 분류, 기능 또는 특징(예: 나비와 같이 스카프 옮기기, 특정 색깔, 다른 패턴으로 움직이기, 사이즈, 등)에 대해 질문하여 수용적 언어 경험을 제공할 수 있다. 아동이

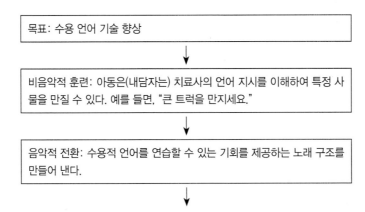

다음은 아동들이 다른 크기와 패턴들을 가진 스카프를 흔드는 활동을 위한 노래 예시이다. '작은' 사물들을 위해서는 좁은 음역을 사용하고, '큰' 사물들을 위해서는 넓은 음역대를 사용하는 것과 같이 사물에 따라 다르게 음악을 제공할 수 있다. 수용적 언어 향상을 목표로 하기 때문에, 아동은 노래를 부르거나 부르지 않을 수 있다.

[그림 17-6] 수용 언어 기술 향상을 위한 음악의 예시

예측하여 반응하기 위해서는 음악적 자료가 구조적으로 제시되어야 하고, 아동이 과제를 완성하기 위해 자신의 언어를 사용하면 치료사가 이를 도울 수도 있다([그림 17-6] 참조). 예를 들어, 특정한 음악적 구조와 함께 자극이 제공되는 경우, 그 구조는 아동이 과제 완성을 위해 내부적으로 언어 생성 작업을 수행하는 동안 치료사에 의해 반복될 수 있다.

■ 17.5.6.1.4 결과/평가

수용 언어의 평가는 시도한 빈도수와 과제 완성을 위한 신호 사용의 빈도수로 측정될 수 있다. 치료 목표는 소통에 필요한 단어 개념 및 의미의 일반화로, 치료 밖 환경에서 단어를 분류하고, 단어를 기능이나 의미, 특징에 따라 구분하게 하는 것이다. 이는 비음악적 개념이 세션에 통합되어야 함을 의미한다. 전문가를 통해 수용-표현적 언어 검사(Receptive-Expressive Emergent Language Test) 또는 표현적 한 단어 그림 어휘력 검사(Expressive One-Word Picture Vocabulary Test)와 같은 평가 도구를 사용하여 수용적 언어를 평가할 수도 있다.

17.6 마무리

말하기와 언어 목표를 강화하기 위한 음악의 체계적인 적용은 DSLM의 기초가 된다. 신경학적 음악치료사들은 아동들의 말하기 및 언어 기능의 중재에서 표준화된 평가, 목표 및 비음악적 운동 정보를 개인의 특성에 맞게 적용할 수 있어야 한다. 이후 비음악적 운동을 치료에서의 음악 적용으로 변환하여 음악적 창의성을 탐색할 수 있다. DSLM 훈련을 위한 음악 활동을 TDM 절차에 따라 진행하는 것은 아동에게 동기를 부여하고 창의적인 음악 활동에 초점을 둠으로써, 활동 중심이 아닌 치료 중심의 훈련이 가능하도록 하는 장점이 있다.

참고문헌

American Speech-Language-Hearing Association (2007). *Childhood Apraxia of Speech.* www. asha.org/policy/TR2007-00278 (accessed December 2013).

Azan, A. M. (2010). *The comparison of three selected music/reading activities on second-grade students' story comprehension, on-task/off-task behaviors, and preferences for the three selected activities.* Florida State University. Proquest Dissertations and Theses.

Brendel, B. and Ziegler, W. (2008). Effectiveness of metrical pacing in the treatment of apraxia of speech. *Aphasiology, 22,* 77–102.

Brown, S., Martinez, M. J., and Parsons, L. M. (2006). Music and language side by side in the brain: a PET study of the generation of melodies and sentences. *European Journal of Neuroscience, 23,* 2791–803.

Calculator, S. N. and Black, T. (2010). Parents' priorities for AAC and related instruction for their children with Angelman syndrome. *Augmentative and Alternative Communication, 26,* 30–40.

Cooley, J. (2012). *The use of developmental speech and language training through music to enhance quick incidental learning in children with autism spectrum disorders.* Unpublished thesis. Fort Collins, CO: Colorado State University.

Corradino, G. (2009). *Improving letter recognition and beginning sound identification through the use of songs with special education kindergarten students.* Unpublished thesis. Caldwell, NJ: Caldwell College.

Corrigall, K. A. and Trainor, L. J. (2011). Associations between length of music training and reading skills in children. *Music Perception, 29,* 147–55.

Dauer, K. E., Irwin, S. S., and Schippits, S. R. (1996). *Becoming Verbal and Intelligible: a functional motor programming approach for children with developmental verbal apraxia.* San Diego, CA: Harcourt Publishers Ltd.

Dworkin, J. P. and Abkarian, G. G. (1996). Treatment of phonation in a patient with apraxia and dysarthria secondary to severe closed head injury. *Journal of Medical Speech-Language Pathology,* 105–115.

Dworkin, J. P., Abkarian, G. G., and Johns, D. F. (1988). Apraxia of speech: the effectiveness of a treatment regime. *Journal of Speech and Hearing Disorders, 53,* 280–94.

Emanuele, E. et al. (2010). Increased dopamine DRD4 receptor mRNA expression in lymphocytes of musicians and autistic individuals: bridging the music-autism connection.

Neuroendocrinology Letters, 31, 122-5.

Farrell, M. (2012). *The Effective Teacher's Guide to Autism and Communication Difficulties.* New York: Routledge.

Gentile, J. K. et al. (2010). A neurodevelopmental survey of Angelman syndrome with genotypephenotype correlations. *Journal of Developmental and Behavioral Pediatrics, 31,* 591-601.

Gerenser, J. and Forman, B. (2007). Speech and language deficits in children with developmental disabilities. In: J. H. Jacobson, J. A. Mulick, and J. Rojahm (eds) *Handbook of Intellectual and Developmental Disabilities.* New York: Springer. pp. 563-79.

Grosz, W., Linden, U., and Ostermann, T. (2010). Effects of music therapy ih the treatment of children with delayed speech development—results of a pilot study. *BMC Complementary and Alternative Medicine, 10,* 39.

Hilsen, L. (2012). *Early Learners with Autism Spectrum Disorders.* Philadelphia, PA: Jessica Kingsley Publishers.

Jentschke, S. and Koelsch, S. (2009). Musical training modulates the development of syntax processing in children. *NeuroImage, 47,* 735-44.

Jentschke, S., Koelsch, S., Sallat, S., and Friederici, A. (2008). Children with specific language impairment also show impairment of music-syntactic processing. *Journal of Cognitive Neuroscience, 20,* 1940-51.

Koegel, R. L., Shirotova, L., and Koegel, L. K. (2009). Brief report: using individualized orienting cues to facilitate first-word acquisition in non-responders with autism. *Journal of Autism and Developmental Disorders, 39,* 1587-92.

Koelsch, S. et al. (2002). Bach speaks: a cortical "language-network" serves the processing of music. *NeuroImage, 17,* 956-66.

Kouri, T. and Winn, J. (2006). Lexical learning in sung and spoken story script texts. *Child Language Teaching & Therapy, 22,* 293-313.

Kumin, L. (2003). *Early Communication Skills for Children with Down Syndrome: a guide for parents and professionals.* Bethesda, MD: Woodbine House.

Lai, G., Pantazatos, S. P., Schneider, H., and Hirsch, J. (2012). Neural systems for speech and song in autism. *Brain, 135,* 961-75.

Lathroum, L. M. (2011). *The role of music perception in predicting phonological awareness in five- and six-year-old children.* Doctoral dissertation. Coral Gables, FL: University of Miami.

Lim, H. A. (2010). Effect of "developmental speech and language training through music" on speech production in children with autism spectrum disorders. *Journal of Music Therapy*, *47*, 2-26.

Lim, H. A. and Draper, E. (2011). The effects of music therapy incorporated with applied behavior analysis verbal behavior approach for children with autism spectrum disorders. *Journal of Music Therapy*, *48*, 532-50.

Marin, M. (2009). Effects of early musical training on musical and linguistic syntactic abilities. *Annals of the New York Academy of Sciences*, *1169*, 187-90.

Mauszycki, S. C. and Wambaugh, J. (2011). *Acquired Apraxia of Speech: a treatment overview*. www.asha.org/Publications/leader/2011/110426/Acquired-Apraxia-of-Speech--A-Treatment-Overview (accessed May 2014).

Moreno, S. et al. (2009). Musical training influences linguistic abilities in 8-year-old children: more evidence for brain plasticity. *Cerebral Cortex*, *19*, 712-23.

Moreno, S. et al. (2011a). Short-term music training enhances verbal intelligence and executive function. *Psychological Science*, *22*, 1425-33.

Moreno, S., Friesen, D., and Bialystok, E. (2011b). Effect of music training on promoting preliteracy skills: preliminary causal evidence. *Music Perception*, *29*, 165-72.

National Institute on Deafness and Other Communication Disorders. (2013). *Specific Language Impairment Across Languages*. www.nidcd.nih.gov/news/meetings/01/developmental/pages/leonard.aspx (accessed December 2013).

Paul, R. (2007). *Language Disorders from Infancy through Adolescence: assessment and intervention*, 3rd edition. St Louis, MO: Mosby.

Register, D. (2001). The effects of an early intervention music curriculum on prereading/writing. *Journal of Music Therapy*, *38*, 239-48.

Register, D., Darrow, A., Standley, J, and Swedberg, O. (2007). The use of music to enhance reading skills in second grade students and students with reading disabilities. *Journal of Music Therapy*, *44*, 23-37.

Schon, D. et al. (2010). Similar cerebral networks in language, music and song perception. *NeuroImage*, *51*, 450-61.

Square, P. A., Martin, R. E., and Bose, A. (2001). Nature and treatment of neuromotor speech disorders in aphasia. In: R. H. Chapey (ed.) *Language Intervention Strategies in Adult Aphasia*, 4th edition. Philadelphia, PA: Lippincott Williams & Wilkins. pp. 847-84.

Strait, D., Hornickel, J., and Kraus, N. (2011). Subcortical processing of speech regularities underlies reading and music aptitude in children. *Behavioral and Brain Functions, 7,* 44.

Sundberg, M. and Partington, J. (1998). *Teaching Language to Children with Autism or Other Developmental Disabilities.* Concord, CA: AVB Press.

Wambaugh, J. L. and Martinez, A. L. (2000). Effects of rate and rhythm control treatment on consonant production accuracy in apraxia of speech. *Aphasiology, 14,* 851–71.

Wambaugh, J. L. and Mauszycki, S. C. (2010). Sound production treatment: application with severe apraxia of speech. *Aphasiology, 24,* 814–25.

Wambaugh, J. L. et al. (2006). Treatment guidelines for acquired apraxia of speech: a synthesis and evaluation of the evidence. *Journal of Medical Speech-Language Pathology, 14,* 35–65.

Wan, C. Y. et al. (2011). Auditory-motor mapping training as an intervention to facilitate speech output in non-verbal children with autism: a proof of concept study. *PLoS One, 6,* e25505.

Williams, C. A. (2010). The behavioral phenotype of the Angelman syndrome. *American Journal of Medical Genetics. Part C, Seminars in Medical Genetics, 154C,* 432–7.

Winter, S. (2007). Cerebral palsy. In: J. H. Jscobson, J. A. Mulick, and J. Rojahm (eds) *Handbook of Intellectual and Development Disabilities.* New York: Springer. pp. 61–80.

Corene P. Thaut

Chapter 18

음악을 통한
상징적 의사소통 훈련(SYCOM)

●

18.1 정의

음악을 통한 상징적 의사소통 훈련(symbolic communication training through music: SYCOM)은 신경학적 음악치료 기법 중 하나로 음악 연주 활동을 통해 적절한 의사소통 행동, 실용적인 언어, 말하기 제스처 및 감정적인 표현을 비언어적 형식으로 훈련한다. 이 기법은 뇌손상으로 인해 표현 언어를 담당하는 부분이 심각하게 손상되어 언어 기능을 사용하기 어렵거나, 더 이상의 기능어 발달이 어려운 대상군에게 적합하다. SYCOM은 구조화된 악기 연주 혹은 목소리로 음악을 만드는 훈련을 통해 소통에 필요한 규칙을 훈련한다. 이러한 활동들은 대화하고, 질문하고 답하고, 듣고 반응하고, 적절한 시점에 대화를 시작하고 마치며, 말의 적절한 의미를 이해하고, 사회적 교류 형성을 위해 실시간으로 대화하는 것과 같은 구조화된 의사소통 행동을 훈련하는 데 효과적이다(Thaut, 2005).

18.2 대상군

SYCOM은 뇌손상 또는 다른 신경학적 질병으로 인해 언어 기능을 완전히 상실했거나 표현 언어 발달에 제한이 있는 대상자를 위해 개발된 기법이다. 표현성 실어증 및 인지장애가 있는 뇌손상 환자들은 표현 언어 기능의 손상으로 인해 주변 사람들과 언어적으로 소통하기 어렵기 때문에 좌절감이나 고립감을 느끼게 된다. 음악을 사용한 상징적 의사소통 패턴의 사용은 생각이나 감정을 비언어적으로 표현하고 주변과 소통할 수 있는 기회를 제공한다.

치료사들은 발달장애, 자폐 범주성 장애, 아스퍼거증후군, 레트증후군 또는 뇌성마비로 인해 기능적 언어 사용에 제한이 있는 환자들을 만나게 된다. 이러한 대상군을 위해 SYCOM은 음악을 통한 의사소통 행동, 실용적인 언어, 말하기 제스처 및 감정 표현을 훈련하고 연습하는 데 매우 중요한 역할을 한다.

18.3 연구 요약

다양한 배경과 문화를 가진 작곡가, 연주가, 예술가 및 음악 비평가들은 음악이 연주하는 사람과 듣는 사람 모두에게 의사소통 도구가 된다는 사실을 주장해 왔다. 음악 작품의 추상적인 맥락, 음악 외부 세계의 개념적·행동적·정서적 상황 및 특성 중 어떤 부분에 음악의 의미가 기원하는지는 '절대주의자(absolutist)'와 '관련주의자(referentialist)'의 관점에 따라 다르게 설명되지만(Berlyne, 1971), 음악적 언어와 언어적 언어 모두 사회와 문화 맥락뿐 아니라 의사소통의 상황 및 의도, 화자와 청자의 기대에 따라 형성되고 정의된다는 점은 공통적이다(Kraut, 1992; Merriam, 1964).

Deutsch(2013)는 청각 정보 처리에 관련되는 기본적인 기제를 게슈탈트(gestalt) 원리로 설명하였다(Wertheimer, 1923). 게슈탈트 원리(인접성, 유사성 및 연속성)를 통한 소리 요소의 자연스러운 그룹화라는 음악의 근본적인 내재적 특성으로 인해, 음악은 일관적인 의사소통 패턴을 형성하는 데 유용한 비언어적 도구가 될 수 있다.

18.4 치료적 메커니즘

화용 언어(pragmatic language)란 여러 목적을 위해 언어를 사용하고(질문하고, 말하고, 요구하고), 상황에 따라 언어의 어조를 바꾸거나, 대화나 교류상의 규칙과 같은 사회적 언어 기술을 뜻한다. 비록 음악의 의미가 단어의 의미와 유사한 방법으로 구분되지는 않지만, 규칙, 구조 및 음악 외적 개념을 통해 말하기와 비슷한 방식으로 청각 양상을 사용하여 화용론적 어법을 표현할 수 있도록 훈련할 수 있다. 음악 훈련을 통해 대화하고, 문답하고, 반응할 수 있고, 토론 상황에 적절하게 적용할 수 있는 등의 기회를 제공할 수 있다. 또한 의사소통의 언어적 구성 요소를 연습할 때, 듣기나 순서 바꾸기와 같은 비언어적 패턴과 제스처는 SYCOM 훈련을 통해 해결할 수 있다. 음운론, 운율, 형태론 및 구문론적 맥락에서 음악적 언어와 말하기 언어의 유사점을 볼 수 있다.

18.5 임상 프로토콜

SYCOM은 순서 바꾸기, 제스처로 표현하기, 대화하기, 문답하기, 적절한 시기에 대화를 시작하고 반응하기, 대화를 시작하고 종결하기 및 적절한 의사소통의 의미를 파악하기 등의 언어적 및 비언어적 의사소통 구조를 훈련하기 위해 다양한 음악 만들기 훈련이 진행된다. SYCOM 훈련에서 환자들의 음악적 능력은 상관없지만, 성공적인 치료적 음악 경험을 위해서는 환자들의 인지 및 운동 기능 수준에 대한 치료사의 세심한 관찰이 중요하며, 음악 활동의 난이도는 장비 사용, 시각적 신호, 및 음악의 방식을 통해 조절되어야 한다. 다음 예시들은 언어적 및 비언어적 의사소통 행동의 다양한 측면을 다루기 위해 사용된 SYCOM 임상 시나리오이다.

18.5.1 순서 바꾸기 및 제스처

말 기능 발달이 지연된 환자를 위한 임상 현장에서는 SYCOM을 통해 기능적 언어 소통을 위한 적절한 제스처와 비언어적 규칙 및 구조를 연습하기 위한 매우 간단한 훈련을 할 수 있다. 예를 들어, 치료사와 환자는 실로폰을 사이에 두고 서로 마주 보고 앉는다. 치료사는 실로폰으로 8박(beats)을 연주하고 환자와 눈을 맞춘 후 말렛을 환자에게 전달한다. 환자는 치료사가 지시한 횟수만큼 실로폰을 두드린 후, 치료사와 눈을 맞추고는 말렛을 치료사에게 전달한다. 이러한 패턴을 반복한 후, 치료사와 환자가 하나의 악기를 공유하지 않고 각자의 악기와 말렛으로 진행할 수 있으며, 치료사가 연주하는 순서가 되었을 때 연주를 멈추거나 제스처로 대체할 수 있다. 환자의 손상 정도에 따라 세션의 횟수를 조절할 수 있다.

18.5.2 반응 전에 듣기

의사소통에서 화용론이란 대화와 관계의 규칙을 따르는 것을 말한다. 만약 모든 사람이 동시에 말을 한다면, 다른 사람들이 무슨 말을 하는지 듣거나, 이에 대해 적절하게 반응하는 것 역시 어려울 것이다. 환자들이 반응하기 전에 먼저 음악적 언어를 듣게 하는 음악적 훈련은 적절한 시점에 필요한 내용을 듣고 반응하는 것을 훈련하는 데 적합하다.

18.5.3 음악적 맥락에서의 대화와 반응

환자가 지난 훈련들을 통해 의사소통을 위한 몸짓을 적절하게 표현하거나 반응 전에 듣는 것이 가능해졌다면, 다음 단계의 SYCOM으로 치료사와 환자 사이의 대화 훈련을 시작할 수 있다. 예를 들어, 치료사는 환자에게 짧은 구절을 실로폰으로 연주하게 한다. 이때 치료사는 환자의 연주에 반응하여 연주한다. 이 과정을 몇 번 반복한 후, 치료사와 환자는 역할을 바꾼다. 치료사의 연주를 반영한 환자의 연주에 대해 치료사는 환자에 대한 반응을 반영하여 실로폰으로 무언가를 표현한다. 두 사람은 이러한 상호관계 속에서 서로를 듣고 그것을 반응하는 상호작용의 맥락에서 의사소통 방식을 상징화할 수 있다.

18.5.4 질문하고 답하기

이 단계에서 치료사는 질문의 개념을 소개하는 것으로 시작한다. 치료사는 환자들이 하는 음악적 질문이 어떠한 소리로 들리는지 주의 깊게 탐색해야 한다(예: 높아지는 음계는 높아지는 성조의 질문을 묘사하는 것). 다음으로, 치료사와 환자는 질문에 대한 음악적 이야기 또는 답을 탐색해야 한다. 치료사와 환자는 그다음으로 적절한 음악적 표현으로 서로 순서를 바꿔 질문하고 답할 수 있다.

18.6 마무리

SYCOM은 구조적 음악 만들기 연습을 이용하여 비언어적 '언어'를 통한 적절한 의사소통 훈련, 실용적 언어, 말하기 제스처 및 감정 표현을 훈련하고 연습하는 기법이다. 음악은 사회적 인식을 필요로 하는 감각적인 구조와 정서적 특징을 포함하며, 실시간으로 진행되기 때문에 치료적 환경에서 의사소통 구조와 사회적 상호작용 패턴을 연습하는 데 효과적이다.

참고문헌

Berlyne, D. E. (1971). *Aesthetics and Psychobiology*. New York: Appleton-Century-Crofts.

Deutsch, D. (2013). Grouping mechanisms in music. In: D. Deutsch (ed.) *The Psychology of Music*, 3rd edition. San Diego, CA: Elsevier. pp. 183-248.

Kraut, R. (1992). On the possibility of a determinate semantics for music. In: M. Riess Jones and S. Holleran (eds) *Cognitive Bases of Musical Communication*. Washington, DC: American Psychological Association. pp. 11-22.

Merriam, A. P. (1964). *The Anthropology of Music*. Evanston, IL: Northwestern University Press.

Thaut, M. H. (2005). *Rhythm, Music, and the Brain: scientific foundations and clinical applications*. New York: Routledge.

Wertheimer, M. (1923). Untersuchung zur Lehre von der Gestalt II. *Psychologishce Forschung*, 4, 301-50.

유용한 웹사이트

American Speech-Language-Hearing Association. www.asha.org

Chapter 19

음악적 감각 지남력 훈련(MSOT)

●

Audun Myskja

19.1 정의

음악적 감각 지남력 훈련(musical sensory orientation training: MSOT)은 신경학적 음악 치료(NMT) 기법 중 하나로, 주의, 각성 및 감각 반응에 이상을 보이는 환자들에게 유용한 훈련이다. Michael Thaut는 다음과 같이 밝혔다.

> 이 기법은 라이브 음악이나 녹음 음악을 사용하여 의식 회복 과정의 각성 단계를 자극하거나, 반응 행동 및 반응 시간, 현실 지남력을 회복시키기 위해 사용된다. 확장된 훈련 단계에서는 표현적인 음악 활동에 참여함으로써 경계(vigilance)를 증가시키고, 반응의 양보다는 질에 중점을 두고 기본적인 주의 기능을 훈련한다(Ogata, 1995). 여기에는 감각 자극, 각성, 적응 및 지속 주의 등이 포함된다(Thaut, 2005, p. 196).

19.2 대상군

MSOT는 다음 대상군에게 효과적으로 적용되었다.

- 치매: 알츠하이머, 혈관성 치매, 루이 소체(Lewy body) 치매, 전두엽 치매
- 발달장애: 외상성 뇌손상(TBI), 선천성 결함, 학습장애 및 염색체장애(예: 다운증후군)
- 의식장애: 혼수상태(의식 불명), 외상 후 회복 단계

또한 MSOT는 자폐 범주성 장애 대상군에 대해 효과가 있는 것으로 나타났으며, 주의력결핍 과잉행동장애(attention deficit hyperactivity disorder: ADHD), 주의력결핍장애(attention deficit disorder: ADD) 및 관련 증상이 있는 환자에게도 잠재적 가능성이 보고되었다.

19.3 연구 요약

치매 환자들에 대한 음악 적용(Sherratt et al., 2004) 및 치료적 접근에 대한 필요성(Myskja, 2005)이 지속적으로 제기되어 왔다. 특히 치매 환자들을 위한 치료적 음악 사용이 점차 확립되고 건강 서비스 분야에서 체계적으로 실행되면서(Hara, 2011), 이로써 증상의 특성에 따라 세분화된 중재 접근을 체계적으로 이론화하는 것이 주요한 연구 주제로 주목되고 있다(Myskja, 2006). 임상 적용의 사례로는 '씻기'와 같이 일상생활에서 요구되는 과제를 노래에 적용시켜 감각적 지남력(sensory orientation)과 협응을 돕는 방법이 있다(Gotell et al., 2009). 발달장애(Wigram & De Backer, 1999), 자폐 범주성 장애(ASD; Gold et al., 2006)나 의식장애(O'Kelly & Magee, 2013a) 환자를 대상으로 하는 경우에도 음악치료를 통한 효과들이 지속적으로 보고되었고, 외상성 뇌손상 환자 대상의 무선 통제 연구(randomized controlled trials: RCTs)에서도 음악의 효과가 나타났다(Sarkamo, 2011). 이러한 연구 결과와 더불어 음악 요소에 대한 정확한 평가를 통해 주의와 각성이 촉진된다는 점을 고려해야 한다(O'Kelly & Magee, 2013b).

19.4 치료적 메커니즘

치매, 발달장애 및 의식장애 대상군의 인지 및 감각 재활을 위한 음악의 치료적 메커

니즘은 다음과 같다(Myskja, 2012).

- 청각 신호는 운동 영역 및 주변부를 활성화하여 집행 기능과 운동 기능을 향상시킨다.
- 청각 피질 가소성은 손상된 뇌 기능 재활에 중요한 역할을 한다.
- 청각 자극은 대체 경로를 사용함으로써 자서전적 기억(autobiographical recall)을 향상시킬 수 있다.
- 간헐적 인출 기법(spaced retrieval technique)과 같은 특정한 음악치료 방법은 얼굴이나 명칭에 대한 기억을 향상시킬 수 있다.
- 음악을 듣거나 연주할 때 활성화되는 다양한 인지 기능은 단순한 청각 자극에서부터 복잡한 감각 자극에 이르기까지 다양한 수준의 자극에 의해 훈련될 수 있다.
- 친숙한 음악 자극은 기억 정보와 관련된 패턴을 재훈련하는 틀을 제공하며, 이로써 작업 기억(working memory) 회로를 활성화시킬 수 있다.

인지, 기억 및 주의에 대한 음악의 효과를 규명하는 신경과학 연구가 활발히 진행되고 있는데(Koelsch, 2009), 이 분야의 대표적인 연구 주제는 지각된 정보를 행동으로 연결하는 거울 신경(mirror neuron)에 대한 것이다(Molnar-Szakacs & Overy, 2006). 많은 연구가 아직 추정 단계에 있지만, 임상에서의 성공적인 치료 전략의 수립을 위해 이러한 기초 연구들은 매우 중요하다(Wan et al., 2010). 또한 이 연구들은 치매 환자들의 심리사회적 전략을 개발하는 데에도 될 수 있다. 예를 들어, 행동과 관련된 문장을 들었을 때 전두엽의 운동 회로가 활성화된다는 연구 결과(Tettamanti et al., 2005)는 환자들에게 과제를 제공하기 전에 정확하고 간단한 지침을 먼저 설명하고 이러한 지침들을 확실히 이해했는지 확인하는 데 중점을 두는 절차(Avanzini et al., 2005)를 만드는 데 사용될 수 있다. 또한 기분-각성 가설(mood-arousal hypothesis)은 환자의 인지 훈련 과정에 대해 정서적인 요소(각성 및 기분 상태)가 미치는 영향에 대해 구체적으로 이해할 수 있게 해준다(Thompson et al., 2001).

19.5 임상 프로토콜

MSOT는 간단한 치료 과정에서부터 NMT의 특정한 프로토콜에 이르기까지 다양하게 적용될 수 있다. MSOT는 복잡성과 수요 증가 정도에 따라 3단계로 구성되며, 각 단계에 대한 설명은 다음과 같다.

19.5.1 감각 자극

감각 자극(sensory stimulation) 단계에서 MSOT는 소리에 대한 기본적인 반응과 생리적 각성을 유발하기 위해 소리(또는 다른 감각과 결합하여)를 사용한 기본 감각 자극을 제공한다. 감각 자극은 낮은 단계의 의식장애 및 회복 상태, 심각한 발달장애 또는 마지막 단계의 치매를 겪고 있는 환자들에게 가장 유용하게 사용될 수 있다. 예를 들면, 음악의 친숙성이나 다양한 음색 등을 활용하여 연주곡이나 노래를 들려주거나 연주하게 할 수 있다. 환자가 직접 악기를 만지면서 소리를 내게 하는 과정은 구조화된 청각 자극에 대한 정신 운동 반응을 '원인과 결과'의 형태로 이해할 수 있게 한다.

19.5.2 각성과 지남력

각성과 지남력(arousal and orientation) 단계에서는 환자들이 인지 과정의 기본적 기능을 향상시키거나 유지하게 하는 치료적 음악 훈련이 시행된다. 각성과 지남력 훈련은 발달장애 환자들의 초기 인지 기능 향상이나 치매 환자들의 인지 기능 향상 및 잔존 기능 유지, 의식장애 환자의 회복 등을 위해서 적용될 수 있다. 이 훈련은 친숙한 노래와 음악으로 이루어지며, 환자들이 시간, 장소 및 사람에 대한 정보를 파악하는 데 도움을 준다. 훈련에서는 악기들을 서로 다른 장소에 배치하여 환자들이 소리가 나는 곳을 찾게 한다. 각성 및 지남력 훈련을 위해서는 "이 노래가 좋다고 생각되면 고개를 끄덕이세요." "음악이 시작될 때 의자를 돌리거나 손을 들어 보세요." "이 노래를 알면 따라 부르세요." 등과 같은 질문을 통해 환자가 지시 사항에 대해 이해하는지 사전에 간단한 확인 과정이 필요할 수 있다.

19.5.3 경계 및 주의 유지

경계 및 주의 유지(vigilance and attention maintenance: VAM)는 MSOT 훈련 중 가장 심화된 단계이다. 이 단계는 음악적 주의 조절 훈련(musical attention control training: MACT) 또는 청지각 훈련(auditory perception training: APT)과 같은 구체적인 인지재활 접근에 대해 준비하는 역할을 한다. VAM 훈련은 MACT 훈련과 달리 특정(질적) 응답이 요구되지 않고, 음악 활동에 지속적(양적)으로 참여한다는 점에서 차별화된다. 치료사들은 환자의 참여를 촉진할 수 있도록 접근 가능하면서도 의미 있는 자료를 음악을 통해 제공해야 한다. 이 훈련의 성공 여부는 활동에 참여하는 과정에서(질적 기준 없이), 반응을 지속하는 시간과 주의를 유지하는 기간에 달려 있다. 치료사는 친숙한 노래를 부르거나 쉽게 소리 낼 수 있는 악기를 환자와 함께 연주할 수 있다. 전자 터치 표면 신호(electronic touch surfaces of cue) 또는 옴니코드(omnichords)는 접근성이 좋은 악기들 중 하나이다. 치료사는 아르페지오 또는 글리산도와 같은 지속적인 소리 패턴을 연주하다가 환자가 악기 위에 손을 댈 때 코드를 변경한다(변화에 대한 반응을 유도하기 위해서). 어쿠스틱 악기의 예로는 윈드 차임, 벨, 또는 큰 톤바가 있다. 디지털 인터페이스가 연결된 터치 보드 또는 스틱 또한 적절하게 사용될 수 있다. 또한 지속적인 VAM 참여를 위해 즉흥 연주를 지속할 수도 있다. 환자들은 음의 높낮이가 있는 악기들(마림바, 실로폰, 메탈로폰)을 사용하여 치료사가 지정해 준 온음 펜타토닉 모드(diatonic pentatonic modes-do, re, mi, so, la modes), 네 가지 펜타코딕 모드(pentachordic mode-Major, Minor, Phrygian, or Lydian) 중 한 가지, 또는 즉흥 연주를 위해 가장 넓은 멜로디 범위를 제공하는 일곱 가지 헵타토닉 모드(heptatonic modes-Ionian, Dorian, Phrygian, Lydian, Mixolydan, Aeolian, 또는 Locrian)와 같은 선법 음계(modal scale)를 자유롭게 연주할 수 있다. 치료사는 환자들의 연주 패턴에 박(metric) 리듬을 강조하지 않고 느린 속도로 반영하거나, 방향을 제시해 주고, 반복을 통해 음악의 구조를 안내한다. 선법 음악에서는 음계의 음표가 기능적 하모니를 구성하지 않기 때문에, (여러 선법으로 이루어진) 다성 음악을 구성할 때 '잘못된' 음표나 화음의 영향 없이도 선율 윤곽이나 동시에 진행되는 여러 성부를 형성하기 쉽다.

19.5.4 이 외의 다른 프로토콜

19.5.4.1 치매 환자 및 의식장애 환자들의 일상생활 절차를 위한 돌봄 노래

먼저, 환자들의 개별화된 음악 평가 방법을 위해 음악 선호도를 파악한다(Myskja, 2012). 이를 위해 최소 2명의 독립적인 평가자가 반복 측정을 통해 환자가 가장 친숙하다고 평가한 2곡의 노래를 찾는다. 보호자와 가족 구성원들은 환자가 최적의 각성 상태일 때 인식할 수 있는 감각을 통해 정보를 제공하거나, 치료 절차를 시작할 때 주의를 유도한 후 이 노래들을 부른다. 환자들은 안전한 환경 안에서 보호받아야 하며(Whall et al., 1997), 노래 부르기에 자신이 없는 보호자들의 경우는 역할극을 통해 돌봄 노래를 교육할 수 있다. 선택한 노래 가사를 침대에 붙여 놓거나 보행이 가능한 환자들을 위해 화장실에 붙여 놓을 수도 있다. 노래 부르기는 자극에 대한 흥분 및 주의의 최적화 수준을 관찰하기 위해 치료 과정 전반에 걸쳐 필요에 따라 간헐적으로 진행될 수 있다. 돌봄 노래는 주로 MSOT의 감각 자극으로서 각성 및 지남력 훈련 단계에서 사용될 수 있다.

19.5.4.2 감각 자극, 각성 및 주의력을 조절하는 개별화된 음악(녹음 및 라이브)

환자들은 먼저 개인적 음악 접근을 위해서 선호하는 음악을 평가하게 된다(Gerdner, 2005). 평가를 통해 가장 긍정적인 반응을 보인 6곡을 녹음하여 환자들에게 제공한 후, 적절한 음량과 거리를 파악한다(Myskja, 2005). 치료사는 녹음된 음악에 맞춰 노래를 부르면서 환자의 얼굴 동작, 제스처 및 신체 움직임을 통해 음악에 대한 반응을 관찰하여 음악의 음향적인 요소를 보완하고 조절한다. 치료사는 세션 전체에 걸쳐 환자의 각성 및 주의 기능 수준에 따라 노래의 구조와 형태를 다양하게 조절하는데, 이와 같은 개별화된 세션은 MSOT의 감각 자극 또는 각성 및 방향성 훈련의 중요한 요소이다.

19.5.4.3 개별화된 음악으로 이루어진 그룹 세션

치료사는 개별화된 음악 평가를 통해 환자의 음악 선호도를 파악한다(Myskja, 2012). 음악적 대화를 시작하기 위해 자극을 제공하고 반응을 유도하는 최적의 감각적 자극 단계에 맞춘 친숙한 리듬으로 이루어진 노래를 선택한다. "Skip to my Lou."는 반응이 좋은 음악 구문의 예들 중 하나이다.

각성을 자극(감각 자극 또는 각성 및 지남력 단계)하기 위해서는 과각성 및 과소 각성을 피하기 위한 리듬 패턴과 음량의 조절이 중요하다. 치료 요소를 제공하는 하나의 예시는 운동 반응을 유도하는 강한 리드미컬한 노래에서 느린 발라드로 변화시키는 것이다.

지남력 훈련(각성 및 지남력 단계)을 위해서는 환자들의 이름, 고향, 계절 등의 정보가 포함된 친숙한 노래를 사용한다(그러나 치료사들은 환자들에게 다소 유치하게 인식될 수 있는 노래를 사용하는 것을 지양해야 한다).

주의 유지(VAM 단계)를 위해서는 안정성/예측 가능성과 변형/새로운 것의 조화를 주의 깊게 관찰하여 세션을 구성해야 한다. 리듬감 있는 악절, 섬세한 음량 변화 및 환자와의 물리적 거리에도 세심한 주의가 필요하며, 세션의 적절한 종결 시기와 방법을 고려해야 한다.

참고문헌

Avanzini, G., Lopez, L., Koelsch, S., and Majno, M. (eds) (2005). *The Neurosciences and Music II: From perception to performance.* New York: Neuro Academy of Sciences.

Gerdner, L. A. (2005). Use of individualized music by trained staff and family: translating research into practice. *Journal of Gerontological Nursing, 31,* 22-30.

Gold, C., Wigram, T., and Elefant, C. (2006). Music therapy for autistic spectrum disorder. *Cochrane Database of Systematic Reviews, 2,* CD 004381.

Gotell, E., Brown, S., and Ekman, S.-L. (2009). The influence of caregiver singing and background music on vocally expressed emotions and moods in dementia care: a qualitative analysis. *International Journal of Nursing Studies, 46,* 422-30.

Hara, M. (2011). Music in dementia care: increased understanding through mixed research methods. *Music and Arts in Action, 3,* 15-33.

Koelsch, S. (2009). A neuroscientific perspective on music therapy. *Annals of the New York Academy of Sciences, 1169,* 374-84.

Molnar-Szakacs, I. and Overy, K. (2006). Music and mirror neurons: from motion to 'e'motion. *Social Cognitive and Affective Neuroscience, 1,* 235-41.

Myskja, A. (2005). Musikk som terapeutisk jhelpemiddel I sykehjemsmedisin. *Tidsskrift for den norske Lægeforening, 120,* 1186-90.

Myskja, A. (2006). *Den Siste Song.* Bergen: Fagbokforlaget.

Myskja, A. (2012). *Integrated music in nursing homes–an approach to dementia care.*

Doctoral thesis. Bergen: University of Bergen.

Ogata, S. (1995). Human EEG responses to classical music and simulated white noise: effects of a musical loudness component on consciousness. *Perceptual and Motor Skills, 80,* 779-90.

O'Kelly, J. and Magee, W. L. (2013a). Music therapy with disorders of consciousness and neuroscience: the need for dialogue. *Nordic Journal of Music Therapy, 22,* 93-106.

O'Kelly, J. and Magee, W. L. (2013b). The complementary role of music therapy in the detection of awareness in disorders of consciousness: an adult of concurrent SMART and MATADOC assessments. *Neuropsychological Rehabilitation, 23,* 287-98.

Sarkamo, T. (2011). *Music in the recovering brain.* Doctoral dissertation. Helsinki: University of Helsinki.

Sherratt, K., Thornton, A., and Hatton, C. (2004). Music interventions for people with dementia: a review of the literature. *Aging & Mental Health, 8,* 3-12.

Tettamanti, M. et al. (2005). Listening to action-related sentences activates fronto-parietal motor circuits. *Journal of Cognitive Neuroscience, 17,* 273-81.

Thaut, M. H. (2005). *Rhythm, Music, and the Brain: scientific foundations and clinical applications.* New York: Routledge.

Thompson, W. F., Schellenberg, E. G., and Husain, G. (2001). Arousal, mood, and the Mozart effect. *Psychological Science, 12,* 248-51.

Wan, C. Y. et al. (2010). From music making to speaking: engaging the mirror neuron system in autism. *Brain Research Bulletin, 82,* 161-8.

Whall, A. et al. (1997). The effect on natural environments upon agitation and aggression in late stage dementia patients. *American Journal of Alzheimer's Disease and Other Dementias, 12,* 216-20.

Wigram, T. and De Backer, J. (1999). *Clinical Applications of Music Therapy in Developmental Disability, Paediatrics and Neurology.* London: Jessica Kinglsey Publishers.

Chapter 20

청지각 훈련(APT)

●

Kathrin Mertel

20.1 정의

청지각 훈련(auditory perception training: APT)은 청지각 및 감각 통합 기능의 향상과, 타이밍, 속도, 지속 시간, 음의 높낮이, 리듬 패턴 및 말소리와 같은 다양한 소리를 변별하는 훈련으로 구성된다. APT는 다른 양식의 감각들(시각, 촉각 및 운동 감각)과 통합하여 진행되며(예: 기호 또는 그래픽 표기를 터치하여 소리를 만들거나 움직임에 따라 소리를 생성), 인지 영역 훈련은 청지각과 감각 통합 모두를 포함한다.

20.2 대상군

청각 변별(auditory discrimination) 능력은 말하기 및 언어 기능을 비롯한 인지 기능 발달에 중요한 역할을 한다. 청각 변별의 어려움은 다양한 원인에 의해 나타날 수 있는데, 주로 신경장애, 유전적 원인 또는 발달 지연으로 인해 발생하는 경우가 많다.

APT 적용 대상군은 다음과 같다.

- 발달장애: 감각 기능 이상 및 지연

- 지적장애: 임신 중 부적절한 산전 관리, 분만 중 손상 및 출생 직후에 발생한 다양한 원인에 의한 장애

- 다양한 종류의 청각 장애 및 손상의 전 연령대의 대상군: 선천성 또는 후천성 난청에 의한 아동기의 청각 질환은 심각한 의사소통 문제를 야기한다. 청각 훈련의 주요 목표는 말소리 및 주변 환경 소리를 변별하는 기능을 향상시킴으로써 전반적인 언어적 이해력을 향상시키는 것이다.

- 중추 청각 정보 처리 장애(central auditory processing disorder: CAPD) 또는 청각 처리 장애(auditory processing disorder: APD): CAPD는 청각 기본 수용 의사소통 또는 언어 학습 장애를 동반한다. 이 증상들은 중추 청각 시스템의 발달 지연이나 신경학적 질환 및 발달 이상으로 인해 나타날 수 있다. 이런 장애를 가진 대상군은 귀의 구조나 청각 처리 장치에는 문제가 없지만, 뇌의 이상으로 인해 불안정한 음향 조건과 같은 청각 자극을 처리하거나 해석하는 데 어려움을 경험할 수 있다.

청지각 및 이와 관련된 인지 기능에 영향을 주는 다른 종류의 장애들은 다음과 같다.

- 다운증후군: 가장 일반적인 염색체장애로 유전적 원인이 크다. 다양한 원인에 의해 발생하지만, 약 95% 정도는 21번 염색체의 중복 분열에 의해 나타난다. 다운증후군 환자들은 낮은 인지 기능과 함께 얼굴에 외형상의 특징이 드러나며, 심장 결함, 백혈병, 알츠하이머 등의 조기 발병과도 밀접한 관련성이 있는 것으로 알려져 있다. 언어 의사소통 기능의 어려움은 다양하게 나타나는 것으로 보고되었는데, 선행 연구에 따르면 대상군의 약 80%는 청각 문제를 경험하지만(Shott, 2000), 이것이 발견되는 비중은 비교적 낮은 편으로 보고되었다. 말·언어 기능, 사회적 기술과 일반적 지능의 발달은 모두 청각 기능과 관련이 높기 때문에 청각장애의 초기 발견 및 치료는 다운증후군 아동들에게 필수적이다(Kirk et al., 2005; Sacks & Wood, 2003).

- 자폐 범주성 장애: 의사소통 및 사회적 대인 관계 기술의 저하로 인해 인지 기능의 발달이 지연될 수 있다. 진단 과정에서 청각 또는 시각의 문제가 간과되거나 무시되는 경우, 이로 인해 발생하는 증상들이 주의력 부족, 의사소통 기능 저하, 눈 맞춤 결여 등의 전형적인 자폐 증상으로 왜곡되어 판단될 가능성이 있음을 고려해야

한다.

기본적인 인지 기능 및 감각 결여(예: 청지각 및 청각 변별, 중추 청각 손실) 장애는 다음과 같은 다양한 신경 손상으로 인해 나타날 수 있다.

- 외상성 뇌손상(TBI): 외상성 뇌손상으로 인해 사망에 이르거나 일생 동안 심각한 장애를 갖게 될 수 있다. 뇌손상을 포함한 두부 손상은 신체적·언어적·인지적·사회적 및 행동적 변화를 유발한다.
- 뇌졸중: 크게 허혈성(ischemic)과 출혈성(hemorrhagic)으로 구분된다. 허혈성 뇌졸중은 뇌졸중 환자 중 80%가 해당되는데, 뇌혈관이 막혀 혈액이 공급되지 않기 때문에 조직의 손상이 발생한다. 출혈성 뇌졸중(뇌졸중의 약 20% 차지)은 뇌혈관 파열에 의해 조직이 파괴되는 것이다. 뇌졸중은 전형적으로 뇌졸중이 발생한 부분과 손상 정도에 따라 운동장애(부분 또는 전체 마비), 언어 및 인지 기능 장애를 가져온다.

20.3 연구 요약

음악가와 비음악가를 비교하는 다양한 연구를 통해 특정 청지각 훈련의 긍정적 효과가 밝혀졌다. 일반적으로 음악가에게 의식적 또는 무의식적인 조건의 음악적 자극을 제공했을 때, 더욱 강하고 빠른 신경생리학적 반응이 나타나는 것으로 보고되었다.

음악가들은 음의 높낮이, 톤 또는 음정의 간격, 음색 등을 더욱 정확하게 구분하였고, 입체 음향 환경에서의 음원도 정확하게 파악하였다. 훈련을 통해 음악의 지각 및 표현 기능이 개선되었으며, 청각 경로가 재형성되기도 하는 것으로 나타났다. 예를 들어, 음악가들은 비음악가에 비해 청각 담당 영역인 헤쉴 이랑(Heschl's gyrus) 부분의 회백질 밀도가 2배나 높게 분포하는 것으로 나타났다. 또한 소리가 제공됐을 때 신경 세포 활동의 속도도 4배나 빠른 것으로 나타났다. 이러한 현상은 전문 음악가와 음악을 전공하는 학생들을 비교했을 때도 유사하게 보고되었다. 전문 음악가의 청각 신경 활동은 학생들보다 2배 빠른 것으로 나타나, 음악 훈련 후 발생하는 신경학적 변화를 입중하였다. 한편, 비음악가에게도 훈련을 통한 변화가 나타났는데, 예를 들어, 14시간의 음의 높낮이 변별 훈련은 청각 변별 기능에 유의한 변화를 유도하여, 전문 음악가들과 유사한 수준에 이르도록 하는 결과를 보고하였다(Koelsch et al., 1999; Tervaniemi et al., 2006). 이러한 결과는 두 시간의 짧은 훈련 후에도 비슷하게 나타났으며, 참여자들은 10개의 다른 소리를 듣고 각각의 소리에 대한 미세한 차이를 감지할 수 있었다(Watson, 1980).

Pentev와 그의 동료들(2001)의 연구에서는 하나의 악기를 오랜 기간 동안 연습한 음악가들이 같은 악기 소리를 들었을 때 청각 피질에서 강한 신경 반응이 일어나고 여러 악기 중에서 자신이 연습해 왔던 악기를 구별할 때 더욱 강한 신경 활동이 나타난 것으로 밝혀졌다. Anvari와 그의 동료들(2002)의 연구에서는 언어 정보에 대한 음운 인식 및 작업 기억과 음악 정보 처리 능력(특히 소리, 음의 높낮이, 리듬과 멜로디 부분)의 관련성을 보고하였다. 음악가 그룹과 비음악가 그룹을 비교했을 때 언어 조건보다 음악을 듣는 동안의 EEG 측정에서 더욱 강한 주파수 탐지 반응(frequency following response: FFR)이 나타났으며(Musacchia et al., 2007), 비성조 언어(non-tonal, 영어) 조건에 비해 성조 언어 (tonal, 만다린어) 조건에서 유사한 결과가 나타났다(Song et al., 2008). 이러한 결과들은 음악과 언어의 소리 처리를 위한 음악 훈련 후 뇌간(brainstem)의 신경학적 변화에 대한 근거를 제시하였다.

Reinke와 그의 동료들(2003)의 연구에서는 언어와 음악 훈련 모두에서 청지각 훈련 후에 P2[1]가 상승하는 긍정적 효과가 관찰되었는데, 연구에서 진행된 모음 변별 과제에서 훈련을 받지 않은 참여자들에 비해 단기간의 훈련을 받은 참여자들이 더 높은 수행률과 P2값을 나타냈다. 같은 해에 Shahin과 그의 동료들(2003)은 음악가들을 대상으로 비슷한 결과를 보고하였다. 이 실험에서 음악가들은 비음악가들보다 음을 더욱 잘 구분하였고, 음악과 말하기 훈련 후에 나타난 높은 P2 진폭은 음악과 말하기의 스펙트럼과 시간 분석을 위해 공유하는 신경 연결망 존재에 대한 근거를 뒷받침하였다. 이러한 결과들은 음악 훈련이 말하기를 위한 신경학적 훈련에 도움을 줄 수 있다는 데 대한 근거가 된다. Marie와 그의 동료들(2011)의 연구에서는 음악가들이 비음악가들보다 말하기의 운율 구조를 더욱 잘 감지하였으며, P2 값도 더 높게 나타났다. 높은 P2 진폭은 음

---

1) 역자 주: P2는 뇌전도 측정을 통해 나타나는 사건 관련 전위(event-related potential: ERP) 유형 중 하나이다.

악 훈련의 결과로 인한 것인데, 이는 말 리듬을 박의 구조로 인지하게 하여 운율 구조를 분석하는 데 도움을 준 결과로 해석할 수 있다.

20.4 치료적 메커니즘

앞에서 언급했듯이, 청각 기관은 장기간의 음악 훈련을 통해 재형성될 수 있다. 음악적 전문성은 음악을 학습하고, 분석하고, 연습하면서 오랜 시간의 노력을 통해 얻을 수 있다. 이는 지난 15년간 이루어진 음악가와 비음악가의 비교 연구들에 의해 뒷받침되었다.

음악은 청각 및 의사소통과 관련된 특징을 포함하는 동시에 즐거움을 주는 청각 예술 형태로 구성되기 때문에 치료를 위한 강력한 도구로 사용될 수 있다. 청각 변별 능력은 인지 기능을 명확히 하고, 말하기 및 언어 능력을 발전시키거나 재습득하는 데 있어서 중요하다. APT는 시간, 템포, 기간, 음의 높낮이, 음색, 리듬 패턴 및 말하기 소리와 같은 다른 소리 요소들을 구분하고 지각하기 위해 고안되었다.

Gaab과 그의 동료들(2005)의 연구에서는 읽거나 쓰는 기능에 대한 음악 훈련의 긍정적 효과를 발견하였는데, 운율 정보에 대한 인식이 언어를 듣고 새로운 정보를 얻는 데 중요한 영향을 준다고 하였다. Moreno와 그의 동료들(2009)의 연구에서는 8세 아동들에게 6개월 동안 음악 또는 미술 수업을 받도록 하고 읽기 평가를 진행하였는데, 음악 수업을 받은 아동들에게서만 읽기 능력이 향상된 결과를 통해 아동의 음악적 능력이 언어적 능력으로 전환된다는 결론을 제시하였다. 연구자들은 음악 훈련이 음고의 미세한 차이를 구분하는 능력을 향상시켜서 청각 정보를 분석하는 능력과 운율 묘사 능력에도 긍정적 영향을 주었기에 결과적으로 읽기 능력에도 향상된 결과가 나타난 것으로 해석하였다. 이러한 결과들은 음악 훈련에 의한 뇌 가소성에 대한 근거를 뒷받침한다.

악기 연주 감상은 소리의 범위 및 다른 종류의 음악적 질을 구분하는 데 도움이 되고, 악기 연주는 환자들에게 연속적인 청각 피드백을 제공할 수 있다. 음악을 연주하는 것은 재활치료에서 강력한 동기 부여의 도구로서 참여를 유도할 수 있고, 일상생활에서 소리들을 변별하는 활동으로 연결되는 것과 같은 자발적 전환율을 증가시키는 것으로 나타났다.

청각 훈련은 청각 기능이 손실된 대상군의 잔존 기능의 사용을 극대화하거나 보청기 착용 이후 새로운 청각 기능의 개발을 도울 수 있다. 이러한 환자들의 궁극적인 청각 훈련 목표는 말소리를 이해하고 주변 소리들을 구분하는 능력을 향상시키는 데 있다. 음악과 말하기는 음의 높낮이 및 소리의 길이와 같은 일반적인 특성들을 공유하기 때문에, 음악은 청각 훈련 프로그램을 통해 잔존 청력 사용에 동기를 부여하여 효과적으로 사용될 수 있다(Amir & Schuchman, 1985; Bang, 1980; Darrow & Gfeller, 1996; Fisher & Parker, 1994; Gfeller, 2000).

청각 기관은 대부분 아동기에 노출된 일반적인 환경을 통해 훈련되며, 뇌손상 환자나 감각 이상 대상군들은 다양한 측면에서 이러한 능력의 재습득과 자발적 실행을 위해 노력해야 한다. 악기 연주는 행동(악기 연주)과 반응(소리의 결과) 사이에서 원인과 결과를 관찰하게 함과 동시에 적극적으로 소리를 만들고 인식하면서 긍정적인 경험을 제공하고 동기를 부여할 수 있다.

20.4.1 아동들을 위한 청지각 훈련

다양한 장애를 가진 아동들을 위한 APT는 성인들에게 적용하는 절차와 유사하게 진행된다. 자폐 범주성 장애 또는 청각장애 아동들은 표현적/수용적 의사소통 능력이 부족하다. 음악치료는 기본 인지 기능들뿐 아니라 수용적 언어(듣기 및 신호와 제스처 이해하기)와 표현적 언어(노래하고 말하기)의 향상을 도울 수 있다. 대부분의 환자에게 악기 연주는 소리를 생성하고 인지하는 동안에 긍정적인 환경을 구성하고 동기를 부여할 수 있다.

20.5 임상 프로토콜

청각 변별 능력은 인지 기능을 명확히 하거나 언어 및 말하기 능력을 발전시키고 재습득하는 데 중요하다. APT는 시간, 템포, 기간, 음의 높낮이, 음색, 리듬 패턴 및 말하기 소리와 같은 다른 소리 요소들을 구분하고 지각하는 훈련으로 구성되어 있으며, 그림 악보 연주하기, 촉각을 소리로 전환하기, 또는 움직임을 음악으로 변환하는 것과 같은 음악 활동으로 이루어져 있다. 이러한 방법을 통해 활발한 음악 훈련 동안 다른 양식의 감각(예: 청각, 촉각, 운동 감각)과 통합될 수 있다.

타악기들과 낮은 음역대의 말렛 악기들(예: 실로폰, 글로켄슈필)은 소리 감지(소리의 유무), 소리 변별(동일하거나 다른 소리), 음원 탐지(소리의 근원 파악) 및 소리의 통합(이해)과 같은 목표를 위해 사용될 수 있다(Darrow & Gfeller, 1996). APT는 개별 또는 비슷한 목표를 가진 소그룹 세션으로 진행될 수 있으며, 주요 목표는 목소리 또는 악기 연주의 질을 향상시키는 것이 아니라, 기본 인지 기능 및 소리에 대한 변별력을 충분히 향상시키는 것이다.

20.5.1 소리

[글상자 20-1] 소리 감지: 소리 vs 무음

- **특정 훈련 목표**: 소리 감지
- **NMT 기법**: 청지각 훈련(APT)
- **목표**: 소리 vs 무음의 개념을 소개하거나 훈련하기
- **환자 정보**: 청각을 상실한 아동들, 보청기를 착용한 성인, 신경 질환 환자
- **세션 종류**: 그룹(3~4명), 개별 세팅
- **필요한 장비**: 탐탐 드럼(스탠드)
- **단계별 절차**
  - ○소리와 무음(시각적 정보와 함께 진행)
    - −모든 참여자는 원형으로 둘러앉는다. 모든 참여자가 악기를 볼 수 있도록 탐탐 드럼은 참여자들 가운데에 배치한다.
    - −치료사는 탐탐 드럼을 연주하기 시작하면서, 악기를 연주하는 동안 "나는 소리를 듣고 있다."와 같이 말하며 연주 시식의 신호를 제공한다.
    - −치료사는 악기 연주를 멈추고, "멈추세요. 조용히."라고 말하며 멈춤의 신호를 제공한다.
    - −각 참여자들은 이와 같은 절차를 반복한다.

○ 소리와 무음(시각적 정보 없이 진행)

–모든 참여자는 방 안을 걸을 수 있는 공간을 확보하고 탐탐 드럼은 방의 끝 쪽에 놓는다.

–치료사는 연주하는 모습이 보이지 않도록 악기 뒤에서 연주하고 참여자들은 악기 소리가 들리면 방을 걸어 다닌다.

–치료사가 연주를 멈추는 순간, 모든 참여자는 악기 소리가 다시 들릴 때까지 멈춰 있는다.

–각 참여자들은 탐탐 드럼을 번갈아 가면서 연주하며 치료사 역할을 할 수도 있다.

[글상자 20-2] 소리 감지: 소리의 방향성

• **특정 훈련 목표**: 소리 및 소리의 방향 탐지

• **NMT 기법**: APT

• **목표**: 공간 지남력(spatial orientation)을 소개하거나 훈련하기

• **환자 정보**: 청각을 상실한 아동들, 보청기를 착용한 성인, 신경 질환 환자

• **세션 종류**: 그룹(3~4명), 개별 세팅

• **필요한 장비**: 4개의 톤 바, 4개의 드럼, 다양한 리듬악기

• **단계별 절차**

○ 소리 감지(시각적 정보와 함께 진행): 앞과 뒤

–4개의 의자를 방의 네 곳의 모서리에 놓고, 톤 바, 드럼, 및 리듬악기 하나씩을 각 의자에 놓는다.

–의자 하나는 방의 중앙에 놓는다.

–참여자들 중 1명은 가운데 의자에 앉고, 나머지 다른 참여자와 치료사는 다른 의자에 앉는다.

–가운데 **앞쪽**에 앉은 2명의 참여자가 드럼을 연주하거나 톤 바를 함께 연주함으로써 방 가운데 의자에 앉은 참여자는 앞쪽에서 나는 소리를 들을 수 있다.

–다음으로, 가운데 **뒤쪽**에 앉은 2명의 참여자가 드럼을 연주하거나 톤 바를 함께 연주함으로써 가운데 앉아 있는 참여자는 뒤에 있는 소리를 들을 수 있다.

–마지막으로, 가운데 있는 참여자는 다른 참여자들이 **앞과 뒤쪽에서 번갈아** 연주하는 소리를 듣게 된다.

–각 참여자들은 돌아가면서 가운데 앉고, 앞쪽과 뒤쪽에서 나는 소리를 들으며 구분한다.

○소리 감지(시각적 정보와 함께 진행): 왼쪽과 오른쪽

  –이전과 동일한 환경과 소리 절차가 사용될 수 있다.

  –가운데 앉아 있는 참여자의 **오른쪽**에 위치한 2명의 연주자가 드럼이나 톤 바를 함께 연주함으로써, 가운데 있는 참여자는 오른쪽에서 제공되는 소리를 들을 수 있다.

  –다음으로, 가운데 앉아 있는 참여자의 **왼쪽**에 위치한 2명의 연주자가 드럼이나 톤 바를 함께 연주함으로써, 가운데 앉아 있는 참여자의 왼쪽에서 제공되는 소리를 들을 수 있다.

  –마지막으로, 가운데 있는 참여자는 **좌우에서 번갈아** 연주하는 소리를 듣게 된다.

  –각 참여자들은 돌아가며 가운데 앉고, 오른쪽과 왼쪽에서 나는 소리를 듣는다.

○소리 감지(시각적 정보 없이 진행)

  –이전과 동일한 환경과 소리 절차가 사용될 수 있지만, 가운데 앉아 있는 참여자는 눈을 가리게 된다.

  –이전에 소개된 같은 절차가 반복될 수 있으며, 참여자는 소리의 방향을 가리켜야 한다(왼쪽 또는 오른쪽, 앞 또는 뒤).

  –방의 각 코너에는 다른 악기들이 놓여 있어(예: 전면 우측 – 드럼, 전면 좌측 – 톤 바 c1, 후면 우측 – 딸랑이(rattle), 후면 좌측 – 톤 바 g2) 소리의 방향을 알아차리기 쉽게 한다.

  –그 후 이 악기들의 위치를 바꾸고, 가운데 앉아 있는 참여자들은 그들이 들은 소리의 방향을 가리켜야 한다.

  –다른 방법으로, 모든 악기의 위치와 순서를 바꿔서 연주하고, 가운데 앉아 있는 참여자는 소리가 시계 방향 혹은 반시계 방향으로 바뀌는지 감지하는 연습을 한다.

  –각 참여자들은 돌아가면서 가운데 앉을 수 있다.

20.5.2 빠르기

[글상자 20-3] 빠르기 변별 I

• **특정 훈련 목표**: 빠르기 변별 I

• **NMT 기법**: APT

• **목표**: 느리고 빠른 빠르기의 개념을 소개하거나 훈련하기

• **환자 정보**: 청각을 상실한 아동들, 보청기를 착용한 성인, 신경 질환 환자

• **세션 종류**: 그룹(3~4명), 개별 세팅

- **필요한 장비**: 각 참여자마다 클라베(clave) 한 쌍, 각 참여자마다 하나의 콩가(conga)
- **단계별 절차**
  − 참여자들은 원형으로 둘러앉는다.
  − 치료사는 참여자들에게 콩가나 클라베를 나누어 준다.
  − 치료사는 느린 리듬 패턴으로 콩가/클라베를 연주하면서 소리를 들려주고, 참여자들은 함께 반복하여 연주한다.
  − 다음으로, 치료사는 빠른 리듬 패턴으로 콩가/클라베를 연주하면서 소리를 들려주고, 참여자들은 함께 반복하여 연주한다.
  − 두 리듬 패턴을 설정한 후, 치료사는 패턴 중 하나를 선택하여 연주한다.
  − 참여자들은 제공된 패턴을 듣고 난 후, 빠른 리듬 패턴이 들릴 때만 연주하고, 느린 패턴이 들릴 때는 연주하지 않는다.
  − 몇 번의 반복 후, 치료사는 다른 참여자들에게 두 가지의 리듬 중 하나를 연주할 수 있는 기회를 준다.
- **다른 적용 방법**
  − 치료사는 무작위로 **느리거나 빠른** 리듬 패턴을 제공한다.
  − 참여자들은 듣고 나서 **빠른** 리듬일 경우에만 연주한다.
  − 참여자들은 듣고 나서 **느린** 리듬일 경우에만 연주한다.

[글상자 20-4] 빠르기 변별 Ⅱ

- **특정 훈련 목표**: 빠르기 변별 Ⅱ
- **NMT 기법**: APT
- **목표**: 다양한 빠르기의 개념을 소개하거나 훈련하기
- **환자 정보**: 청각을 상실한 아동들, 보청기를 착용한 성인, 신경 질환 환자
- **세션 종류**: 그룹(3~4명), 개별 세팅
- **필요한 장비**: 각 참여자마다 클라베 한 쌍, 각 참여자마다 하나의 콩가, 피아노
- **단계별 절차**
  − 참여자들은 원형으로 둘러앉는다.
  − 치료사는 참여자들에게 콩가나 클라베를 나누어 준다.
  − 치료사는 피아노로 일정한 속도의 **느린** 박자 악절을 연주하며 패턴을 소개한다.

- 치료사가 연주하는 동안 참여자들은 콩가나 클라베로 느린 패턴을 같이 연주한다.
- 다음으로, 치료사는 피아노로 일정한 속도의 **빠른** 박자 악절을 연주하여 패턴을 소개한다.
- 치료사가 연주하는 동안 참여자들은 콩가나 클라베로 빠른 패턴을 같이 연주한다.
- 마지막으로, 치료사와 참여자들은 함께 연주한다. 참여자들은 치료사의 빠르기 패턴에 집중하여 점점 빨라지거나 점점 느려지는 치료사의 연주 속도에 맞춰 연주한다.
- 다른 적용 방법
  - 더욱 미세한 빠르기 변화를 위해서 치료사들은 **점점 빠르게**(accelerando) 및 **점점 느리게**(ritardando) 패턴을 사용함으로써 참여자들이 그들의 연주를 치료사에게 맞추기 위해 더욱 주의를 기울이도록 한다.

20.5.3 길이

[글상자 20-5] 소리의 길이 구별 I

- **특정 훈련 목표**: 소리의 길이 구별 I
- **NMT 기법**: APT
- **목표**: 짧은 소리와 긴 소리를 구별할 수 있다.
- **환자 정보**: 청각을 상실한 아동, 보청기를 착용한 성인, 신경 질환 환자
- **세션 종류**: 그룹(3~4명), 개별 세팅
- **필요한 장비**
  - 긴 소리를 낼 수 있는 악기: 심벌즈, 탐탐 드럼, 톤 바, 레인메이커
  - 짧은 소리를 낼 수 있는 악기: 스네어 드럼, 핸드 드럼, 우드 블록
  - 긴 소리와 짧은 소리를 모두 낼 수 있는 악기: 피아노, 비브라폰, 플루트
- **단계별 절차**
  - 참여자들은 원형으로 둘러앉고 모든 악기는 가운데에 배치한다.
  - 치료사는 **짧은 소리**를 내는 모든 악기를 연주하면서 악기 소리들을 소개한다.
  - 참여자들은 악기들을 직접 연주하며 탐색한다.
  - 다음으로, 치료사는 **긴 소리**를 내는 모든 악기를 연주하면서 악기 소리들을 소개한다.
  - 참여자들은 악기들을 직접 연주하며 탐색한다. 마지막으로, 치료사는 **짧은 소리와 긴 소리** 모두를 낼 수 있는 악기를 소개한다.

□ 피아노: 페달을 밟거나(긴), 밟지 않고(짧은) 연주한다.

□ 비브라폰: 페달을 밟거나(긴), 밟지 않고(짧은) 연주한다.

□ 좀 더 미세한 변화를 위해서 치료사는 다른 종류의 말렛을 사용했을 때 비브라폰의 소리가 어떻게 변화하는지 보여 준다.

□ 플루트: 4박자를 불거나(긴) 1박자만 분다(짧은).

─참여자들은 악기들을 직접 연주하며 탐색하고, 소리의 길고 짧음의 차이를 연주할 수 있다.

[글상자 20-6] 소리의 길이 구별 II

• **특정 훈련 목표**: 소리의 길이 구별 II

• **NMT 기법**: APT

• **목표**: 짧은 소리와 긴 소리를 구별할 수 있다.

• **환자 정보**: 청각을 상실한 아동, 보청기를 착용한 성인, 신경 질환 환자

• **세션 종류**: 그룹(3~4명), 개별 세팅

• **필요한 장비**: 다양한 톤 바 또는 비브라폰, 다양한 드럼 및 말렛, 신시사이저 및 피아노, 참여자들을 위한 종이와 연필

• **단계별 절차**

─모든 참여자는 반원 형태로 앉는다. 치료사는 참여자들에게 종이와 연필을 나누어 준다. 치료사는 피아노나 신시사이저를 연주하고, 다양한 악기를 참여자들 앞에 놓는다.

─치료사는 피아노, 톤 바 또는 비브라폰으로 화음을 연주하여 긴 소리의 예시를 들려주고, 페달을 밟은 상태에서 4박자 소리를 낸 후 악기 소리를 소거한다.

─다음으로, 치료사는 4분음표(한 박)를 연주하거나 같은 화음을 피아노 또는 비브라폰에서 페달을 밟지 않은 상태로 **짧은** 소리의 예시를 들려준다.

─이 절차는 몇 번 반복될 수 있다.

─마지막으로, 치료사는 **길거나 짧은** 화음을 연주하고, 참여자들에게 소리의 길이를 변별하도록 한다.

─각 참여자들은 돌아가면서 **길고 짧은 소리의 차이**를 피아노나 비브라폰으로 연주하고, 다른 참여자들은 이를 듣고 피드백을 준다.

─다음 단계로 참여자들에게 드럼을 나누어 준다.

─그 후 치료사와 그룹은 함께 연주하게 되는데, 치료사는 무작위로 길고 짧은 소리를 바꿔 가

며 제공하고, 참여자들은 치료사가 짧은 연주(한 박자)를 연주할 때만 같이 연주해야 한다(중요한 점은 참여자들이 치료사의 연주를 보지 않고 소리만 듣는 상태여야 한다는 것이다).

–다음으로, 치료사는 세 가지 소리 패턴을 제공하고, 참여자들은 들은 소리(예: 짧은–긴–긴)를 적고, 이에 대해 함께 토의한다.

• 다른 적용 방법(성인 참여자들을 위한)

–치료사는 참여자들에게 짧고 긴 선이 그려진 종이를 나누어 준다.

예: – 짧은, —— 긴

① —— —— – –

② – – – ——

③ – —— – –

④ —— – – ——

–참여자들은 치료사가 앞의 네 가지 중 어떤 패턴을 제공하였는지 확인한다.

–참여자들은 제공된 패턴을 함께 연습한다.

20.5.4 리듬

[글상자 20–7] 리듬 구별하기

• **특정 훈련 목표**: 리듬 구별하기

• **NMT 기법**: APT

• **목표**: 두 리듬 패턴이 같은지 혹은 다른지 구별할 수 있다.

• **환자 정보**: 청각을 상실한 아동, 보청기를 착용한 성인, 신경 질환 환자

• **세션 종류**: 그룹(3~4명), 개별 세팅

• **필요한 장비**: 치료사를 위한 콩가 또는 다른 리듬악기, 참여자들을 위한 종이와 연필

• **단계별 절차**

–참여자들은 원형으로 둘러앉고, 치료사는 참여자들에게 종이와 연필을 나누어 준다. 치료사는 콩가를 연주한다.

–치료사는 두 가지의 일정한 리듬 패턴을 제공한다. 짧은 리듬 패턴을 콩가로 연주한 후, 잠시 후에 같은 리듬 패턴을 다시 연주한다.

–치료사는 두 가지의 다른 리듬 패턴을 제공한다. 짧은 리듬 패턴을 콩가로 연주한 후, 잠시 후에 다른 리듬 패턴을 다시 연주한다.

−마지막으로, 치료사는 두 가지 리듬 패턴을 순서대로 연주하고, 참여자들은 연속된 리듬 패턴이 같았는지 구분한다.

−이 절차는 여러 번 반복될 수 있다.

−다음 단계로, 치료사가 5개씩 짝을 지은 리듬 패턴을 차례로 연주하고, 참여자들은 패턴이 같았는지 적는다.

−참여자들은 치료사와 함께 답에 대해서 논의한다.

−이 절차는 여러 번 반복될 수 있다.

−리듬 패턴은 미리 녹음된 형식으로도 제공될 수 있다.

[글상자 20-8] 리듬 인식

- **특정 훈련 목표**: 리듬 인식
- **NMT 기법**: APT
- **목표**: 다른 리듬 패턴을 인식하고 구별한다.
- **환자 정보**: 청각을 상실한 아동, 보청기를 착용한 성인, 신경 질환 환자
- **세션 종류**: 그룹(3~4명), 개별 세팅
- **필요한 장비**: 각 참여자들을 위한 콩가, 1개의 아고고벨(agogo bell)
- **단계별 절차**

−모든 참여자는 앞에 콩가를 놓고 원형으로 둘러앉고, 치료사도 그룹 안에 같이 앉는다.

−치료사는 세 가지의 다른 리듬 패턴(4/4박자)을 소개하고, 참여자들은 함께 연주하는 방법을 연습한다.

−치료사는 세 가지 리듬 중 한 가지를 연주하고, 참여자들이 그 리듬을 여러 번 반복하도록 한다.

−마지막으로, 모든 참여자는 치료사가 세 가지 리듬 중 하나를 선택하고 연주하는 동안 함께 연주하고, 변화에 주의를 기울이며 치료사가 연주하는 리듬을 같이 연주한다(모든 참여자가 현재 리듬 패턴을 다 같이 연주한 후에 치료사는 리듬을 변화시킬 수 있다).

−모든 참여자와 치료사이 콩가 소리를 구분하는 것이 어렵다면, 치료사가 아고고벨을 사용하여 리듬 패턴을 제공할 수 있다.

−보다 난이도 있는 활동을 위해서는 참여자들이 일렬로 앉고, 치료사는 참여자들 **뒤에서** 무작위 순서로 리듬을 연주한다(이 조건에서도 콩가 소리를 구분하기 어렵다면, 치료사는 아고고벨을 사용할 수 있다).

20.5.5 음의 높낮이

- **특정 훈련 목표**: 음의 높낮이 변별: 높은 음 vs 낮은 음
- **NMT 기법**: APT
- **목표**: 높고 낮은 음의 소리를 경험하고 변별한다.
- **환자 정보**: 청각을 상실한 아동, 보청기를 착용한 성인, 신경 질환 환자
- **세션 종류**: 그룹(3~4명), 개별 세팅
- **필요한 장비**: 피아노 또는 신시사이저, 클라베 세트, 3개의 장3화음 베이스 톤 바(g-b-d), 3개의 장3화음 톤 바(g2-b2-d2), 말렛
- **단계별 절차**
  - 모든 참여자는 반원 형태로 앉고, 치료사는 참여자들에게 클라베 세트를 나누어 준다. 치료사는 그룹 앞쪽에서 피아노나 신시사이저를 연주한다.
  - 치료사는 **높은 음**의 피아노나 신시사이저를 사용하여, 짧은 멜로디의 패턴(5도 이내)으로 높은 음의 예시를 제공한다.
  - 다음으로, 치료사는 **낮은 음**의 피아노나 신시사이저를 사용하여, 짧은 멜로디 패턴(5도 이내)을 통해 낮은 음의 예시를 제공한다.
  - 이 절차는 여러 번 반복될 수 있다.
  - 마지막으로, 치료사는 **낮거나 높은 음**의 짧은 멜로디 패턴을 연주하고, 참여자들은 각 패턴이 연주된 후에 연주된 멜로디의 음역을 구분한다.
  - 치료사가 무작위로 높거나 낮은 음의 멜로디를 바꿔 가면서 연주하는 동안, 참여자들은 치료사가 높은 음의 멜로디를 연주할 때만 치료사와 같이 연주한다(참여자들은 치료사가 연주하는 모습을 볼 수 없다).
  - 이 절차는 톤 바를 이용해서 진행될 수도 있다.
- **다른 적용**
  - 그룹은 두 소그룹으로 나누어 한 그룹은 높은 음이 멜로디를 연주하고, 다른 그룹은 낮은 음의 멜로디를 연주할 수 있다.
- **다른 적용(성인 참여자를 위한)**
  - 참여자들은 높고 낮은 음의 순서가 적혀 있는 종이를 받는다.
  - 예를 들어, 'H'는 높은 음을 뜻하고, 'L'는 낮은 음을 뜻한다(이때 음은 하나를 사용하게 된다; 예: c4와 C).

①HHLHLLH
②LLHHLHL
③HHHLLHL
④LLHHHLH

−참여자들은 치료사의 연주를 듣고, 앞의 순서대로 연주했는지 맞혀야 한다.

−참여자들은 어떤 패턴이 제공되었는지 찾아야 한다.

[글상자 20-10] 음의 높낮이 변별: 같은 음 vs 다른 음

- **특정 훈련 목표**: 음의 높낮이 변별: 같은 음 vs 다른 음
- **NMT 기법**: APT
- **목표**: 두 음이 같은지 혹은 다른지 인식하고 변별한다.
- **환자 정보**: 청각을 상실한 아동, 보청기를 착용한 성인, 신경 질환 환자
- **세션 종류**: 그룹(3~4명), 개별 세팅
- **필요한 장비**: 치료사를 위한 피아노 또는 신시사이저, 참여자들을 위한 종이와 연필
- **단계별 절차**
  −모든 참여자는 다양한 악기를 앞에 두고 반원 형태로 앉는다. 치료사는 참여자들에게 종이와 연필을 나누어 준다. 치료사는 피아노나 신시사이저를 연주하고, 참여자들 앞에는 다양한 악기가 놓여 있다.
  −치료사는 2개의 연속적인 음의 소리의 예시를 제공한다.
  −치료사는 약간의 시간이 흐른 후, 연주했던 같은 음을 다시 연주한다.
  −다음으로, 치료사는 2개의 다른 음을 연주한다. 치료사는 약간의 시간이 흐른 후 피아노에서 높거나 낮은 음을 연주한다.
  −이 절차는 여러 번 반복될 수 있다.
  −마지막으로, 치료사는 두 음을 순서대로 연주하고, 참여자들은 두 음의 높이가 같은지 혹은 다른지 결정해야 한다.
- **성인 참여자들을 위해서**
  −치료사는 다섯 가지 톤을 차례로 연주하고, 참여자들은 음이 같은지 혹은 다른지 적는다.
  −참여자들은 치료사와 함께 결과에 대해 토의한다.
  −이 절차는 여러 번 반복될 수 있다.

–톤은 미리 녹음된 파일을 사용할 수 있다.

- **다른 적용**

–참여자들에게 순차적인 톤이 적혀 있는 종이를 제공한다.

  예를 들어, '='은 같은 톤을 뜻하고, '+'는 다른 톤을 뜻한다.

  ① = = + = + + =

  ② + + = = + = +

  ③ = = = + + = +

  ④ + + = = = + =

–참여자들은 치료사가 앞의 악보를 제대로 연주했는지 확인해야 한다.

[글상자 20-11] 음의 높낮이 변별

- **특정 훈련 목표**: 음의 높낮이 변별
- **NMT 기법**: APT
- **목표**: 다른 음들의 차이를 학습하고, 변별하고, 식별한다.
- **환자 정보**: 청각을 상실한 아동, 보청기를 착용한 성인, 신경 질환 환자
- **세션 종류**: 그룹(3~4명), 개별 세팅
- **필요한 장비**: 7개의 톤 바(c1, e1, g1, c2, e2, g2, c3), 각 참여자들에게 말렛 하나씩
- **단계별 절차**

–참여자들과 치료사는 무작위로 놓인 톤 바 주변에 둘러앉는다.

–모든 참여자는 시계 방향 순서로 톤 바를 연주하고, 음의 변화에 주의를 기울인다.

–1명의 참여자는 톤 바를 연주하고 다음 참여자에게 다음 톤 바를 연주해야 한다는 것을 알린다.

–모든 참여자가 두 번째 톤이 첫 번째 톤보다 **낮은** 음이었는지 혹은 **높은** 음이었는지에 대해 말한다.

–이 연주 절차와 음의 변별은 한동안 계속 진행될 수 있다.

–치료사는 무작위로 배정된 톤 바를 성공적으로 모두 연주한 후, 참여자들에게 **가장 낮은 음**의 톤 바를 찾아낼 수 있는지 묻는다.

–가장 낮은 톤 바를 찾아낸 후, 치료사는 그 톤 바를 다른 테이블에 놓는다.

–다음으로, 치료사는 남겨진 모든 톤 바를 연주하고 참여자들에게 **가장 높은 음**의 톤 바를 찾

아내도록 한다.

−가장 높은 음의 톤 바를 찾아낸 후, 치료사는 높은 음의 톤 바를 다른 테이블에 놓인 가장 낮은 음의 톤 바 옆에 놓는다.

−이 절차는 남겨진 톤 바들 중 **가장 낮거나 높은 음**의 톤 바를 구분하면서 계속 진행될 수 있다.

−이러한 방법을 통해 첫 번째 무작위로 배열된 톤 바가 하나씩 다른 테이블로 옮겨지고, **가장 낮은 음의 톤 바에서 가장 높은 음의 톤 바까지** 순차적으로 이루어지는 새로운 배열이 구성된다.

−이 절차가 끝나면, 각 참여자들은 가장 낮은 음에서 높은 음의 톤 바(또는 가장 높은 음에서 낮은 음)를 연주할 수 있게 된다.

[글상자 20-12] 음의 높낮이 변별: 선율 라인 방향

- **특정 훈련 목표**: 음의 높낮이 변별: 선율 라인 방향
- **NMT 기법**: APT
- **목표**: 선율 라인 방향을 구분하고 인식한다.
- **환자 정보**: 청각을 상실한 아동, 보청기를 착용한 성인, 신경 질환 환자
- **세션 종류**: 그룹(3~4명), 개별 세팅
- **필요한 장비**: 치료사를 위한 피아노 또는 신시사이저, 참여자들을 위한 종이와 연필
- **단계별 절차**

  −모든 참여자는 반원 형태로 앉고, 치료사는 참여자들에게 종이와 연필을 나누어 준다. 치료사는 피아노나 신시사이저를 연주한다.

  −치료사는 피아노에서 5개의 올라가는 음을 낮은 키, 높은 키 및 중간 키에서 다른 리듬, 빠르기와 간격(예: 옥타브, 5도, 3도, 2도, 혼합)으로 여러 번 연주하여 **상행 선율**의 예시를 제공한다.

  −그 후 치료사는 피아노에서 동일한 이름의 다섯 음을 낮은 키, 높은 키 및 중간 키에서 다른 리듬과 빠르기로 여러 번 연주하여 **변화되지 않는 선율**의 예시를 제공한다.

  −마지막으로, 치료사는 피아노에서 5개의 내려가는 음을 낮은 키, 높은 키 및 중간 키에서 다른 리듬, 빠르기와 간격(예: 옥타브, 5도, 3도, 2도, 혼합)으로 여러 번 연주하여 **하행 선율**의 예시를 제공한다.

　　ー이 절차는 여러 번 반복될 수 있다.

　　ー시간이 흐른 후, 치료사는 선율을 연주하고 참여자들은 올라가는 음인지, 내려가는 음인지, 또는 변화되지 않는 선율인지 구분하게 된다.

- 성인 참여자를 위해서

　　ー치료사는 다섯 가지 순서를 연속해서 연주하고, 참여자들은 어떤 종류의 선율인지 적는다.

　　　□'A'는 올라가는 멜로디를 뜻한다.

　　　□'D'는 내려가는 멜로디를 뜻한다.

　　　□'U'는 변화되지 않는 멜로디를 뜻한다.

　　ー참여자들은 치료사와 함께 결과에 대해 논의한다.

　　ー이 절차는 여러 번 반복될 수 있다.

　　ー선율은 미리 녹음된 파일 형식으로 제공될 수 있다.

- 다른 적용

　　ー참여자에게 여섯 가지의 다른 선율 방향이 그려져 있는 종이가 제공된다.

　　　〈예시〉

　　　□'／'는 올라가는 선율을 뜻한다.

　　　□'＼'는 내려가는 선율을 뜻한다.

　　　□'＿'는 변화되지 않는 선율을 뜻한다.

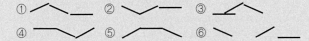

　　ー참여자들은 치료사가 어떤 선율을 연주했는지 알아내야 한다.

20.5.6 음색

[글상자 20-13] 음색 변별 I

- 특정 훈련 목표: 음색 변별 I
- NMT 기법: APT
- 목표: 다른 악기들의 소리를 학습하고, 변별하고, 구분한다.
- 환자 정보: 청각을 상실한 아동, 보청기를 착용한 성인, 신경 질환 환자
- 세션 종류: 그룹(3~4명), 개별 세팅

- **필요한 장비**: 핸드 드럼 1개, 톤 바 1개, 각 참여자들과 치료사를 위한 여러 개의 딸랑이, 말렛 여러 개
- **단계별 절차**
  - 참여자들은 악기 없이 원형으로 둘러앉는다.
  - 치료사가 각 참여자들에게 말렛과 함께 핸드 드럼을 나누어 주면서 악기의 이름을 '드럼'이라고 소개한다.
  - 각 참여자들은 "내 드럼 소리를 들어 보세요."라고 말한 후에 차례로 드럼을 연주하며 그 소리를 듣는다.
  - 그 후 치료사는 '딸랑이'라고 소개하며 각 참여자들에게 딸랑이를 나누어 준다.
  - 각 참여자들은 "내 딸랑이 소리를 들어 보세요."라고 말한 후 차례로 딸랑이를 연주하며 그 소리를 듣는다.
  - 다음으로, 치료사는 드럼이나 딸랑이를 연주하고, 참여자들은 맞는 악기 소리인지 대답한다.
  - 각 참여자들은 돌아가면서 소리를 생성한다.
  - 다음 단계로, 치료사는 '톤 바'라고 소개하며 각 참여자들에게 톤 바를 나누어 준다.
  - 각 참여자들은 "내 톤 바 소리를 들어 보세요."라고 말한 후에 차례로 톤 바를 연주하며 그 소리를 듣는다.
  - 이 훈련은 치료사가 세 가지 다른 악기 중 한 가지 악기를 연주하고, 참여자들이 맞는 악기 소리를 찾아내는 활동을 계속한다.
  - 각 참여자들은 돌아가면서 소리를 만들어 낼 수 있다.
- **치료사가 그룹 뒤편에 위치하는 어려운 버전**
  - 치료사는 악기들 중 하나의 소리를 제공하고, 참여자들은 다 같이 어떤 악기 소리인지 알아낸다.
  - 치료사는 악기들 중 하나를 연주하고, 참여자는 차례대로 악기 소리를 알아내고, 다른 참여자들은 피드백을 제공한다.
  - 치료사는 악기들 중 하나를 선택하고, 참여자들은 변화되는 악기 연주에 반응하고 연주한다.
  - 소리를 제공하는 역할은 참여자들에게도 주어질 수 있다.
  - 참여자들은 제시된 소리를 정확하게 변별했는지 확인할 수 있어야 한다.

[글상자 20-14] 음색 변별 II

- **특정 훈련 목표**: 음색 변별 II
- **NMT 기법**: APT
- **목표**: 다른 악기들의 소리를 학습하고, 변별하고, 구분한다.
- **환자 정보**: 청각을 상실한 아동, 보청기를 착용한 성인, 신경 질환 환자
- **세션 종류**: 그룹(3~4명), 개별 세팅
- **필요한 장비**: 분명하게 구분되는 세 가지 다른 악기(예: 피아노 또는 신시사이저, 실로폰, 플루트)
- **단계별 절차**
  - 모든 참여자는 원형으로 둘러앉고, 모든 악기는 가운데 놓여 있다.
  - 치료사는 악기들을 차례로 연주하면서 악기의 이름과 정보(예: 악기의 역사와 기원 및 가장 흔하게 연주되는 음악 스타일)를 제공한다.
  - 치료사는 악기의 모든 음을 연주하고 같은 멜로디로 끝낸다.
  - 참여자들은 직접 악기들을 연주하며 탐색한다.
  - 다음으로, 참여자들은 일렬로 앉고, 치료사는 각 악기들의 멜로디를 다시 연주한다.
  - 참여자들은 치료사를 볼 수 없도록 뒤돌아 앉고, 치료사가 무작위로 선택한 악기의 멜로디를 연주하면, 참여자들은 그 악기의 이름을 맞힌다.
  - 치료사는 세션 마지막 부분에 각 악기의 주요한 연주 스타일의 음악을 소개할 수 있다.
- **다른 적용(성인 참여자들을 위한)**
  - 이 절차는 서로 비슷한 소리를 내는 악기들(예: 플루트, 리코더, 오르간 또는 스네어 드럼, 콩가 및 탐)을 이용할 수도 있다.
  - 이때 하나의 멜로디가 다른 음색으로 쉽게 제공될 수 있는 신시사이저의 사용을 추천한다.
  - 치료사는 악기를 소개할 때 악기 사진을 사용할 수 있다.
  - 신시사이저 사용 시 치료사는 미리 녹음된 올라가는 또는 내려가는 짧은 선율(6개의 멜로디 파트)의 패턴을 사용할 수 있다. 각 선율들 사이에는 한 마디 또는 두 마디의 쉬는 시간이 필요하다(예: 상행 라인 / **휴식** / 하행 라인 / **휴식** / 다른 음의 내려가는 라인 / **휴식** 등).
  - 사진과 함께 두 가지 또는 세 가지의 다른 악기(예: 트럼펫, 피아노, 첼로)를 선택하고, 각 악기들의 음색이 제공된다(매우 다르거나 비슷한 음색을 선택할 수 있다).
  - 그 후 치료사는 음색들 중 하나의 멜로디를 무작위로 연주하고, 참여자들은 어떤 악기가 선택되었는지 구별해야 한다.
  - 참여자들을 위해 좀 더 어려운 절차를 진행하기 위해서 치료사는 곡 사이사이에 음색을 바꿀 수 있다.

첫 번째로, 치료사는 악기 연주 순서를 참여자들에게 알려 준 후 연주한다. 그 후 참여자들은 제시된 음색들의 순서를 적으며, 참여자들은 다음과 같은 음색이 적혀 있는 악보를 받는다. 예를 들어, 'T'는 트럼펫을 뜻하고, 'P'는 피아노를 뜻하고, 'C'는 첼로를 뜻한다.

① T T C P P C T

② C C P P T T

③ P T C C T P

④ C C T P T P

– 참여자들은 치료사가 제대로 연주했는지 맞혀야 한다.

– 그리고 참여자들은 어떤 악보가 연주되었는지 찾아야 한다.

20.5.7 감각 통합

소리 자극 외에 다른 감각 양상(예: 시각, 촉각, 운동 감각)이 활동적인 음악 훈련을 통해 통합될 수 있다.

[글상자 20-15] 강한 진동 악기에서의 소리 감지: 소리 vs 무음

- **특정 훈련 목표**: 강한 진동 악기에서의 소리 감지: 소리 vs 무음
- **NMT 기법**: APT, 감각 통합
- **목표**: 소리 vs 무음의 개념을 소개하거나 연습하기
- **환자 정보**: 보청기를 착용한 아동, 인지 기능이 저하된 환자
- **세션 종류**: 개별 세팅
- **필요한 장비**: 강한 진동 악기들[예: 빅 밤(Big Bom), 카림바(Kalimba), 탐탐, 큰 심벌즈, 그랜드 피아노, 베이스 드럼]

주의 기능이 저하된 환자들(예: 신경 손상 후)이나 말로 의사 전달을 할 수 없는 대상군(예: 보청기 시술을 한 신생아)에게는 음악의 진동 촉각 요소로 반응(예: 눈 깜빡임, 웃기, 눈 마주치기, 울기)을 이끌어 낼 수 있다. 언어 반응이 어려운 환자들의 즉각적 반응을 이끌어 내기 위해 청각 또는 음악의 촉각적 자극이 유용한 도구가 될 수 있다(Gfeller, 2002a). 음악의 진동/촉각적 측면은 완전히 청력을 잃었거나 청각 감각을 통한 훈련을 받기 어려운 사람들에게 감각 주입의 형식으로 제공될 것이다.

- 단계별 절차

  ○ 소리 vs 무음

    − 악기들은 참여자들이 악기와 신체적으로 접촉할 수 있는 곳에 놓여 있어야 한다.

    − 탐탐, 큰 심벌즈, 카림바와 베이스 드럼은 환자들의 손이나 신체 일부분에 닿을 수 있도록 하고, 치료사는 '무음'을 뜻하는 신호를 제공한다.

    − 치료사는 악기를 연주하기 시작하고, 악기가 연주되는 동안 참여자들이 느낄 수 있도록 "나는 소리를 듣고 있어요."와 같은 신호를 제공한다.

    − 치료사가 다시 연주를 멈추었을 때는 '무음'을 뜻하는 신호를 보여 준다.

    − 이 절차는 여러 번 반복될 수 있다.

    − 그랜드 피아노나 빅 밤은 신체 사이즈, 무게 및 다른 요소들을 사용할 수 있는 범위에서, 참여자들은 그랜드 피아노나 빅 밤 또는 소리 받침대(sound cradle)에 누워서 진동을 느낄 수 있다.

    − 치료사가 악기를 연주할 동안에 참여자들이 느낄 수 있도록 "나는 소리를 듣고 있어요."와 같은 신호를 제공한다.

    − 치료사는 연주를 멈추고, 다시 '무음'을 뜻하는 신호를 보여 준다.

    − 이 절차는 여러 번 반복될 수 있다.

[글상자 20-16] 소리 패턴 및 움직임 변별

- **특정 훈련 목표**: 소리 패턴 및 움직임 변별
- **NMT 기법**: APT, 감각 통합
- **목표**: 소리 패턴을 인식하고 대근육 움직임을 일치시킨다.
- **환자 정보**: 청각 상실 아동, 보청기를 착용한 아동, 다양한 장애를 가진 아동들
- **세션 종류**: 그룹(3~6명) 및 개별 세팅
- **필요한 장비**: 피아노, 베이스 드럼
- **단계별 절차**

  − 아동들은 바닥에 놓여 있는 베이스 드럼 주변에 앉는다.

  − 치료사는 피아노로 특별한 곡을 연주하고, 아이들은 그 음악에 맞춰 드럼을 연주한다('드럼 음악').

  − 연주하는 동안 아이들은 드럼 연주를 멈추고 일어나야 하는('일어나는 신호') 특별한 신호에 주의를 기울여야 한다.

-다음으로, 치료사는 높은 음정에서 음악을 연주하고, 아이들은 드럼 주변을 발끝으로 걸으며 춤을 추고, 노래의 빠르기를 주의 깊게 듣는다('발끝 춤').

-템포가 빨라지면 아이들도 빠르게 발끝으로 춤을 춰야 한다. 이때 아이들은 치료사가 음악을 멈추는 시기를 주의 깊게 들어야 한다.

-치료사가 연주를 멈춘 후에 아이들은 다시 드럼 주변에 앉고, 그들이 다시 일어서는 '일어나는 신호'의 소리가 들릴 때까지 '드럼 음악'을 연주한다.

-다음으로, 치료사는 키보드의 낮은 음역대에서 무서운 화음을 연주하고, 아이들은 음악의 빠르기에 맞춰 치료사가 연주를 멈출 때까지 쿵쿵거리며 걷는다('쿵쿵거리는 춤').

-이 게임은 치료사가 드럼을 연주하면서 다시 시작되고, 일어서게 되는 '일어나는 신호'가 들릴 때까지 계속되고, '발끝 춤'의 신호인지 혹은 '쿵쿵거리는 춤'의 신호인지 확인한다.

[글상자 20-17] 다른 소리 패턴들에 의한 다른 촉각 자극 혼합

• **특정 훈련 목표**: 다른 소리 패턴들에 대한 다른 촉각 자극 혼합

• **NMT 기법**: APT, 감각 통합

• **목표**: 세 가지 유형의 소리 패턴과 일치하는 세 가지 다른 종류의 촉각 자극을 경험할 수 있다.

• **환자 정보**: 청각 상실 아동, 보청기를 착용한 아동, 다양한 장애의 아동, 외상성 뇌손상 환자

• **세션 종류**: 그룹(3~6명) 및 개별 세팅

• **필요한 장비**: 각 참여자들을 위한 콩가, 피아노

• **단계별 절차**

-치료사는 드럼을 가볍게 두드리기 위해 손바닥 부분을 사용한다. 아동들에게 소리를 소개한 후 같은 동작을 반복하게 한다.

-치료사와 아동들은 소리를 묘사하고 이름을 짓는다(예: 돌풍).

-치료사는 적절한 소리 패턴을 피아노의 높은 음정에서 연주하며 소개한다. 아동들은 드럼을 연주하는 동안 높은 음역대의 피아노 패턴을 듣는 동시에 '돌풍 소리'의 시작과 끝에 집중해야 한다.

-치료사는 아동들에게 손가락 끝으로 콩가를 연주할 때 나는 소리를 소개한다. 아동들은 이 소리를 들은 후에 같은 동작 패턴을 연주하도록 한다. 이 소리는 '빗방울'로 정할 수 있다. 치료사는 이 동작을 중간음의 피아노 패턴으로 전환한다. 앞의 '돌풍' 소리와 같이 '빗방울 소리'를 연주하는 동안 연주의 시작과 끝에 집중해야 한다.

- 마지막으로, 치료사는 손으로 콩가를 가볍게 두드림으로써 아동들에게 새로운 소리를 듣게 하고 스스로 이 소리를 만들 수 있게 한다. 이러한 새로운 동작 패턴은 '천둥'이라고 정한다.
- '천둥'은 또한 낮은 음역대의 피아노 소리로 전환될 수 있다. 앞의 '돌풍' 및 '빗방울 소리'와 같이 진행된다.
- 모든 세 가지 연주 동작 패턴에 대한 피아노 패턴을 소개한다. 아동들은 패턴을 구별하고 그에 따른 동작 패턴을 일치시켜야 한다.

[글상자 20-18] 시각과 청각 자극의 혼합

- **특정 훈련 목표**: 시각과 청각 자극의 혼합
- **NMT 기법**: APT, 감각 통합
- **목표**: 시각 신호에 반응하고 청각 반응과 혼합한다.
- **환자 정보**: 청력 상실 아동들, 보청기를 착용한 아동, 다양한 장애 아동들
- **세션 종류**: 그룹(3~6명) 및 개별 세팅
- **필요한 장비**: 딸랑이(4개), 톤 바(4개), 드럼(4개), 트라이앵글(4개), 말렛, 여섯 가지 다른 색깔의 큰 종이(예: 빨간색 2개, 파란색 2개, 노란색 2개)
- **단계별 절차**
  ○ 버전 1
    - 참여자들은 원형으로 둘러앉고 치료사는 가운데에 자리한다.
    - 치료사는 첫 번째 참여자에게 딸랑이, 두 번째 참여자에게 톤 바, 세 번째 참여자에게는 트라이앵글을 건넨다.
    - 치료사는 가운데에 색종이들을 놓는다.
    - 아동들은 악기에 지정할 색깔을 다 같이 결정한다(예: 빨간색은 딸랑이, 파란색은 톤 바, 노란색은 트라이앵글).
    - 그 후 아이들은 자신이 가진 악기의 지정된 색깔을 파악하고, 색종이와 그에 맞는 악기를 일치시킨다.
    - 다음으로, 치료사는 딸랑이를 가지고 빨간색 종이 쪽으로 가서 아동들이 딸랑이를 연주할 수 있도록 한다.
    - 노란색 종이(트라이앵글)와 파란색 종이(톤 바)도 마찬가지로 진행한다.
    - 치료사는 색상을 바꿔 가며 진행하고, 아동들은 색깔에 맞는 악기를 연주한다.

–잠시 후에 아동들은 장소를 바꾸어 각각 다른 색깔 앞에 앉고, 게임을 다시 시작한다.

–장소를 바꾸는 대신에 악기의 지정 색깔을 바꿔서 다시 진행할 수 있다(변형 1: 아이들 중 1명이 치료사 역할을 맡아 색깔들을 바꿀 수 있고, 다른 아이들은 그 색깔에 맞는 악기를 연주한다.

○변형 2

–치료사는 한 아이가 색깔을 선택할 동안 기타를 연주하고 노래하며, 나머지 아이는 그 색깔에 맞는 악기들을 연주한다.

20.5.8 목소리/말소리

[글상자 20–19] 말하기와 소리 구분 I

• **특정 훈련 목표**: 말하기와 소리 구분 I
• **NMT 기법**: APT, 감각 통합
• **목표**: 목소리와 악기 소리를 구분한다.
• **환자 정보**: 보청기를 착용한 성인, 신경 질환 환자
• **세션 종류**: 그룹(3~6명) 및 개별 세팅
• **필요한 장비**: 다양한 종류의 노래 및 악기 음악 녹음 파일
• **단계별 절차**

 –참여자들은 반원 형태로 둘러앉고, 치료사는 그룹 앞에 CD 플레이어를 놓는다.

 –치료사는 노래 또는 악기 연주곡을 재생한다.

 –참여자들은 그들이 노래를 들었는지 악기 연주를 들었는지 구분해야 한다.

• **변형**

 –참여자들은 목소리가 남자인지 혹은 여자인지 구분할 수도 있다.

[글상자 20–20] 말하기와 소리 구분 II

• **특정 훈련 목표**: 말하기와 소리 구분 II
• **NMT 기법**: APT, 감각 통합

- **목표**: 목소리와 악기 소리를 구분한다.
- **환자 정보**: 청각 상실 아동, 보청기를 착용한 성인, 신경 질환 환자
- **세션 종류**: 그룹(3~6명) 및 개별 세팅
- **필요한 장비**: 치료사를 위한 피아노, 각 참여자들을 위한 클라베, 모든 참여자가 알 수 있는 유명한 노래 악보
- **단계별 절차**
  - 참여자들은 일렬로 앉고 치료사는 피아노 앞에 앉는다.
  - 참여자들은 먼저 치료사와 함께 **아카펠라** 형식으로 노래를 부른다.
  - 참여자들은 치료사의 **피아노 반주**와 함께 노래의 멜로디를 듣는다.
  - 참여자들은 번갈아 가며 다 같이 노래하거나 악기로 연주된 곡을 듣는다.
  - 참여자들은 반대로 돌아앉고 치료사가 그룹 뒤쪽에 앉는다.
  - 치료사는 노래를 연주하거나 부른다.
  - 참여자들은 노래 버전인지 혹은 악기 버전인지 구분하고, 노래 버전을 따라 부른다.
  - 마지막으로, 참여자들은 악기 버전인지 혹은 노래 버전인지 구분하고, 다 함께 박자에 맞춰 클라베를 연주한다.

참고문헌

Amir, D. and Schuchmann, G. (1985). Auditory training through music with hearing-imparied preschool children. *Volta Review, 87*, 333-43.

Anvari, S. H., Trainor, L. J., Woodside, J., and Levy, B. A. (2002). Relations among musical skills, phonological processing, and early reading ability in preschool children. *Journal of Experimental Child Psychology, 83*, 111-30.

Bang, C. (1980). A work of sound and music. *Journal of the British Association for Teachers of the Deaf, 4*, 1-10.

Darrow, A. A. and Gfeller, K. E. (1996). Music therapy with children who are deaf and hard of hearing. In: C. E. Furman (ed.) *Effectiveness of Music Therapy Procedures: documentation of research and clinical practice*, 2nd edition. Washington, DC: National Association for Music Therapy. pp. 230-66.

Fisher, K. V. and Parker, B. J. (1994). A multisensory system for the development of sound awareness and speech production. *Journal of the Academy of Rehabilitative Audiology,*

25, 13-24.

Gaab, N. et al. (2005). Neural correlates of rapid spectrotemporal processing in musicians and nonmusicians. *Annals of the New York Academy of Sciences, 1060*, 82-8.

Gfeller, K. (2000). Accommodating children who use cochlear implants in the music therapy or educational setting. *Music Therapy Perspectives, 18*, 122-30.

Kirk, J. W., Mazzocco, M. M., and Kover, S. T. (2005). Assessing executive dysfunction in girls with fragile X or Turner syndrome using the Contingency Naming Test (CNT). *Developmental Neuropsychology, 28*, 755-77.

Koelsch, S., Schröger, E., and Tervaniemi, M. (1999). Superior pre-attentive auditory processing in musicians. *Neuroreport, 10*, 1309-13.

Marie, C., Magne, C., and Besson, M. (2011). Musicians and the metric structure of words. *Journal of Cognitive Neuroscience, 23*, 294-305.

Moreno, S. et al. (2009). Musical training influences linguistic abilities in 8-year-old children: more evidence for brain plasticity. *Cerebral Cortex, 19*, 712-23.

Musacchia, G., Sams, M., Kkoe, E., and Kraus, N. (2007). Musicians have enhanced subcortical auditory and audiovisual processing of speech and music. *Proceedings of the National Academy of Sciences of the USA, 104*, 15894-8.

Pantev, C. et al. (2001). Timbre-specific enhancement of auditory cortical representations in musicians. *Neuroreport, 12*, 169-74.

Reinke, K. S., He, Y., Wang, C., and Alain, C. (2003). Perceptual learning modulates sensory evoked response during vowel segregation. *Brain Research: Cognitive Brain Research, 17*, 781-91.

Sacks, B. and Wood, A. (2003). Hearing disorders in children with Down syndrome. *Down Syndrome News and Update, 3*, 38-41.

Shahin, A. J., Bosnyak, D. J., Trainor, L. J., and Roberts, L. E. (2003). Enhancement of neuroplastic P2 and N1c auditory evoked potentials in musicians. *Journal of Neuroscience, 23*, 5545-52.

Shott, S. R. (2000). Down syndrome: common paediatric ear, nose and throat problems. *Down Syndrome Quarterly, 5*, 1-6.

Song, J. H., Skoe, E., Wong, P. C., and Kraus, N. (2008). Plasticity in the adult human auditory brainstem following short-term lingustic training. *Journal of Cognitive Neuroscience, 20*, 1892-902.

Tervaniemi, M., Castaneda, A., Knoll, M., and Uther, M. (2006). Sound processing in amateur musicians and nonmusicians: event-related potential and behavioral indices. *Neuroreport, 17*, 1225-8.

Watson, C. S. (1980). Time course of auditory perceptual learning. *Annals of Otology, Rhinology and Laryngology Supplement, 89*, 96-102.

Chapter 21

음악적 주의 조절 훈련(MACT)

•

Michael H. Thaut and James C. Gardiner

21.1 정의

음악적 주의 조절 훈련(musical attention control training: MACT)은 "기존 음악의 연주나 즉흥 연주에서의 음악 반응을 표현적 혹은 수용적 음악 훈련의 형태로 구조화한 것을 의미하며, 음악적 요소를 통해 반응을 유도하여 주의력을 향상시키는"(Thaut, 2005, p. 196) 기법으로, 비음악적 정보를 음악의 구조, 정서 등의 정보와 결합하면 정보에 대해 주의를 유지하거나 전환하기가 쉬워진다는 특성에 기초한 것이다.

주의력은 심리행동적 과제를 선택하고, 초점을 맞추며, 의도한 만큼 집중하고, 여러 가지 일에 대해 적절하게 주의를 이동하거나 전환할 수 있는 개인의 능력을 뜻한다. 주의는 사고, 학습, 기억, 의사소통, 문제해결 등의 인지 정보 처리를 가능하게 만드는 기본적인 기능이다. 주의에 대한 신경과학적 기초 정보는 Posner(2011)의 연구에 자세하게 제시되어 있다.

주의를 조절하는 방법에는 네 가지가 있다. 첫째, **선택과 집중**이다. 정신적 과제를 수행하기 위해서는, 먼저 주의 유도를 위해 경쟁하는 수많은 자극 중 목표로 하는 것에만 주의를 기울여야 한다. 주의 시스템이 적절하게 작동한다면, 불필요한 자극이나 과정은 무시하고 목표 자극에만 집중할 것이다. 둘째, 어떤 일을 완수하기 위해서는 주의를 지속하는 것이 필요하다. 셋째, 뇌의 집행 기능을 사용하여 주의를 조절하고 전환하는 작용이 필요한데, 이를 주의의 **대체** 또는 **이동**이라고도 하며, 각기 다른 자극이나 활동에 순차적으로 초점을 맞추는 것을 포함한다. 마지막으로, 두 가지 이상의 동시적 자극에 주의를 기울이는 것을 의미하는 **분할 주의**가 있다. 분할 주의는 마치 두 가지 이상의 자극을 동시에 추적하는 것처럼 인식되지만, 사실 생리적으로는 주의를 하나의 자극에서 다른 자극으로 극도로 빠르게 전환하는 작용이다.

Klein과 Lawrence(2011)는 연구를 통해 두 가지의 서로 다른 주의 자극에 대한 처리 방식을 제시하였다. **외생 모드**(exogenous mode)는 외부에서 제공된 주의 자극을 감각을 통해 정보로 입력하여 처리하는 것을 의미한다. 예를 들면, 건물에서 화재경보기 소리를 듣고 경보음과 관련된 정보를 처리하는 데 주의를 기울이는 것이다. 반면, **내생 모드**(endogenous mode)는 개인이 설정한 목표나 의도 등에 대해 주의를 두고 이를 처리하는 것이다. Klein과 Lawrence는 집중 방식에 따라 주의를 작용하는 네 가지 영역을 제안하였다.

① 공간에 집중하는 방식은 (a) 감각을 이용하여 환경을 탐색함으로써 주변의 공간과 사물에 대한 정보를 얻는 데 유용하고, (b) 새롭게 습득된 지식을 사용할 때 필요한 공간 정보를 분석하거나 이해하기 위해 사용된다.

② 시간에 집중하는 방식은 시간의 흐름을 인식함으로써 과제와 목표를 효율적으로 달성할 수 있는 스케줄을 구성하기 위해 사용된다.

③ 감각 영역은 감각을 통해 입력된 다양한 정보에 집중하고, 정보에 대한 평가와 비교를 위해 감각들 간의 주의를 효과적으로 전환시킨다.

④ 과제에 대한 집중은 목표 행동에 초점을 맞추고, 목표 수준의 성취를 위해 수행해야 하는 다양한 행동 간의 주의를 전환하게 한다.

신경 손상이나 질환으로 인해 저하된 주의 기능을 향상시키기 위해서는 개인의 기능 수준에 따라 적절한 난이도의 재활 훈련이 제공되어야 한다. 현재까지 보고된 주의 재활 연구에서는 대부분 성공적인 결과들이 보고되었는데(Cicerone et al., 2011; Mateer, 2000), 이는 주의가 재활 전문가에 의해 수행되는 대표적인 인지 재활 영역이기 때문이다. 치료적 음악 훈련은 뇌의 주의력 집중 시스템에 강력하고 복잡한 형태의 감각 자극을 제공하는 방식으로 진행되는데, 다양한 음악 요소 중에서도 리듬은 주의력 훈련에서 특히 중요한 요소로 지목된다(Klein & Riess Jones, 1996; Miller et al., 2013; Sohlberg & Mateer, 1989; Thaut, 2005).

21.2 대상군

신경학적 음악치료(NMT)는 외상성 뇌손상, 뇌졸중, 자폐 또는 치매와 같은 다양한 대상군의 주의 기능을 향상시키는 데 유용하다고 알려져 왔다. 또한 뇌종양, 다발성 경화증, 파킨슨병 등 여러 신경학 손상 환자의 인지 기능 재활에도 도움이 된다고 보고되었다. 이 밖에 집중력 향상이 필요한 건강한 대상군에게는 웰빙 트레이닝의 형태로 유용하게 적용될 수 있다.

21.3 연구 요약

주의를 포함한 인지 기능 재활에 대한 고찰 연구(Manly et al., 2002)에서는 주의 재활 훈련이 정보 수집 능력(스캐닝)을 향상시키는 데 효과적이라고 하였다. 과제 지향적 접근을 바탕으로 시행된 주의 집중 훈련은 환자의 주의 기능 재활에 효과를 보였으며, 특히 스캐닝 훈련을 통해 공간 주의, 읽기 및 변화에 대한 반응이 향상된 것으로 나타났다. 환자별로 특정하게 요구되는 목표 수준에 맞춘 재활 훈련을 시행하기 위해서는 주의력 손상 수준에 대한 정확하고 구체적인 평가가 필요하다. 인지재활협회(Society for Cognitive Rehabilitation)에서는 "주의는 모든 인지 기능의 기초가 된다."라고 하였다(Malia et al., 2004, p. 27). Gordon과 그의 동료들(2006)의 연구에서는 보상 전략 사용을 병행한 주의 훈련이 주의를 향상시키는 데 효과적이라는 결과를 보고하였고, Cicerone와 그의 동료들(2011)의 연구에서는 뇌손상 이후에 주의 재활이 치료 과정에 반드시 포함되어야 한다고 하였다. O'Connell과 Robertson(2011)은 주의에 대한 인지 훈련 효과 연구를 통해 이러한 훈련들이 "인지 재활을 위한 효과적인 방법"이라는 결론을 제안하면서(p. 470), 환자들이 훈련을 통해 향상된 기능을 일상생활로 전이시켜 일반화해야 한다는 점을 강조하였다.

Sohlberg와 Mateer(1987, 1989)도 주의력 훈련 효과에 대한 연구를 진행하였는데, 지속 주의, 선택 주의, 교대(대체) 주의 및 분할 주의 등으로 주의 과제를 계층적으로 세분화하여 많은 연구를 시행함으로써 주의 훈련이 다양한 대상군에서 여러 증상을 통해 나타나는 주의 기능의 문제를 개선시킬 수 있다는 것을 확인하였다(Bennett et al., 1998; Mateer, 2000; Palmese & Raskin, 2000; Pero et al., 2006; Sohlberg et al., 2000). 많은 연구에서는 주의에 대한 평가, 개인에 맞는 훈련 계획 및 일상생활에서의 일반화를 강조하였고, 연구에 포함된 주의 훈련은 손가락 탭핑으로 청각적 리듬 자극을 탐지하는 방식으로 시행되었다.

다양한 재활 분야에서 주의 훈련 효과의 규명을 위한 연구들이 진행되었는데(Barrow et al., 2006; Ben-Pazi et al., 2003), Bennett과 그의 동료들(1998)은 주의력이 저하된 뇌손상 환자들에게 주의 훈련을 시행한 후 신경심리학적 평가와 일상생활 수행 기능 평가를 통해 인지 기능 수준의 변화를 확인한 결과, 체계적인 주의 훈련이 대상군의 주의 기능 향상에 도움이 된다는 것을 확인하였다. McAvinue와 그의 동료들(2005)의 연구에서는 주의력이 저하된 뇌손상 환자들에게 인지적 오류에 대한 피드백을 제공하는 것이 지속 주의 향상에 도움을 줄 수 있다고 제안하였다.

70~95세의 인지 손상 환자들이 노래 감상과 노래 제목을 식별하는 활동이 포함된 두 번의 그룹 세션에 참여한 결과, 평균 3.5분 동안 음악에 지속적으로 집중할 수 있었다(Gregory, 2002). 치매 환자를 대상으로 한 다른 연구에서는 그룹 노래 부르기 세션이 주의력에 긍정적인 영향을 준다고 보고하였다(Groene, 2001). 미취학 시각장애 아동 대상 연구(Robb, 2003)에서는 음악치료를 시행한 그룹의 주의 행동이 놀이치료 그룹에 참여한 그룹에 비해 유의하게 향상되었으며, 이와 유사한 설계의 자폐 아동 대상 연구(Kim et al., 2008)에서도 즉흥 연주 음악치료 세션에 참가한 아동들의 주의 행동이 놀이치료에 참여한 아동들보다 더욱 유의하게 향상된 결과를 나타냈다.

또 다른 연구에서는 총 60명의 뇌동맥 뇌졸중 환자를 음악 감상 그룹, 오디오 북 감상 그룹, 음악이나 오디오 북을 듣지 않는 대조군 그룹에 각각 무작위로 배정하고, 뇌졸중 진단 시점을 기준으로 하여 각각 1주, 3개월, 6개월 후에 신경심리학적 평가를 진행한 결과, 음악 그룹에 속한 환자들의 주의 기능이 세 그룹 중 가장 유의하게 향상되었다(Sarkamo et al., 2008). 뇌손상 환자의 주의에 관한 단일 사례 연구(single subject design)에서는 뇌손상 환자가 멜로디 라인과 드럼 패턴에 대한 음악적 주의력 훈련 프로그램에 참여한 후 주의력 전환 능력이 향상된 것으로 나타났다(Knox et al., 2003). 인지 재활을 위해 NMT 기법을 적용한 그룹 음악치료는 시각 및 청각 구문 주의에도 효과가 있는 것으로 나타났는데, Gardiner와 Horwitz(2012)의 연구에서는 22명의 외상성 뇌손상 환자가 53회기의 NMT 세션과 심리교육적(psycho-educational) 치료 과정에 참여한 후 시각 및 청각 구문 자료 집중에 향상된 결과를 보고하였다.

21.4 치료적 메커니즘

음악은 청각 언어로서 주의 기능 재활 과정에 독립적인 역할을 한다.

- "리듬 패턴은 주의 진동(attention oscillation)과 상호작용함으로써 연결 메커니즘(coupling mechanism)을 통해 주의를 향상시킨다."(Thaut, 2005, p. 74) Thaut의 이론에 따르면 음악의 진동 역시 주의 전환 과정에서 강화의 역할을 할 수 있는데, 이를 바탕으로 관련 연구들(Miller & Buschman, 2011; Robertson et al., 1997)에서는 음악이 다양한 음향학적 요소를 통해 주의 유지 시스템과 관련된 우뇌를 자극하고 공간 주의력 향상에 도움을 줄 수 있다고 보고하였다.
- 음악은 선율이나 리듬 요소를 통해 주의를 쉽게 전환시킬 수 있다.
- 음악은 타이밍, 그룹화 및 맥락 효과를 통해 주의를 유지하게 할 수 있다.
- 음악은 교대 주의와 관련된 전두엽 부분을 공유하고 활성화한다.
- 음악은 감정과 동기 부여 요소로서 과제에 대한 집중을 돕는다(Thaut, 2005).

21.5 임상 프로토콜

21.5.1 주의: 청지각

- NMT 기법 사용: MACT-선택 주의와 지속 주의
- 인지 영역 목표: 주의
- 뇌 시스템 및 목표 기능: 주의력 시스템(전두엽 및 뇌간) 및 청지각 시스템(오른쪽 측두엽 및 오른쪽 두정엽)
- 훈련 목표: 참여자들은 주어진 자극에 대해 주의를 지속적으로 유지하여 지각된 정보의 내용을 정확히 이해할 수 있다.
- 대상군 설명: 청각 주의나 지각 능력 향상이 필요한 대상군
- 세팅: 개별 및 그룹
- 필요한 장비: 녹음된 음악(CD, MP3 등) 플레이어, 가사가 있는 노래, 밴드 음악, 심포니 음악, 종이, 연필 및 클립보드
- 절차
  ① 그룹 세션의 경우 녹음된 음악을 편안하게 앉아서 들을 수 있도록 세팅한다.
  ② 치료사는 참여자들에게 훈련의 목적을 충분히 설명하여 잘 이해하도록 함으로써 훈련에 도움이 되도록 한다.
  ③ 시작 전, 참여자들의 질문에 대해 충분히 답한다.
  ④ 그룹 참여자들은 노래를 듣고 사전에 약속된 단어가 들릴 때마다 기록하고(예: 〈Back in the Saddle〉에서 'back'), 노래가 끝나면 각자 기록한 단어의 수를 서로 비교한다.
  ⑤ 참여자들은 앞의 방법을 통해 다른 노래를 들으면서 2개의 단어를 정하여 기록한 후 다른 참여자들과 비교한다.
  ⑥ 밴드 음악(행진 밴드, 빅 밴드 또는 댄스 밴드)을 들으면서 연주되는 악기의 이름을 모두 적고, 각자 적은 내용을 비교한 후 노래를 다시 들으면서 함께 악기의 이름을 확인한다.
  ⑦ 심포니 음악으로 앞의 절차('⑥')를 동일하게 진행할 수 있다.

- 일상생활의 적용: 참여자들은 친구나 가족과 함께 다양한 음악을 들으면서 같은 방법으로 악기나 단어를 적고, 기록한 악기 소리나 노래 단어의 정확성에 대한 피드백을 얻기 위해 다른 사람이 적은 내용과 비교한다. 이러한 훈련은 듣기 능력과 다른 사람들의 말을 통해 얻은 의미에 대해 집중하는 능력을 향상시킬 수 있다.
- 변화 측정 방법
  ① 참여자들은 훈련 직후 본인이 음악을 정확하게 들을 수 있다고 생각하는 자신감에 대해 10점 만점을 기준으로 하여 자가평가한다.
  ② 훈련이 끝나고 몇 주 후에 청각 자극을 정확하게 들었던 당시의 상황에 대해 말이나 글로 표현하게 한다.

21.5.2 주의: 지금–여기(here and now)

- NMT 기법 사용: MACT–지속 주의
- 인지 영역 목표: 주의
- 뇌 시스템 및 목표 기능: 주의력 시스템, 양쪽 전두엽 및 뇌간
- 훈련 목표: 참여자들은 환경으로부터 주어진 자극에 대해 주의를 지속적으로 유지할 수 있다.
- 대상군 설명: 지속 주의 향상이 필요한 대상군
- 세팅: 개별 및 그룹
- 필요한 장비: 편안한 음악 및 리듬악기들(예: 드럼, 오토하프, 기타, 피아노)
- 절차
  ① 그룹 세션의 경우 개인 공간이 충분히 확보되도록 원형으로 둘러앉는다.
  ② 치료사는 참여자들에게 훈련의 목적을 충분히 설명하여 잘 이해하도록 함으로써 훈련에 도움이 되도록 한다.
  ③ 시작 전에 참여자들의 질문에 대해 충분히 답한다.
  ④ 그룹 참여자들에게 지금–여기의 삶(living in the here and now: LITHAN)의 개념에 대해 설명한다. 단기간에 수행되는 모든 수의적 동작의 절차를 '큰 소리로 묘사하여' 말하게 한다. 예를 들면, 치료사는 자신의 행동에 대해 이렇게 묘사할 수 있다. "지금부터 저는 노래를 부를 거예요. 먼저 발을 딛고 일어난 다음,

테이블로 걸어가서 기타를 손으로 들 거예요. 제가 하는 동작을 여러분이 주의 깊게 보시는 동안 저는 다시 돌아가서 여러분 모두를 마주 보는 방향으로 앉아 기타 연주를 시작할 거예요." 노래가 끝난 후, 치료사는 기타를 내려놓는 움직임에 대한 과정도 이전과 마찬가지로 큰 소리로 묘사한다.

⑤ LITHAN의 개념을 바탕으로 다음에 제시된 예시 활동처럼 '열쇠 찾기' 훈련을 실시한다.

⑥ 치료사는 편안한 배경 음악을 들려주면서 참여자들이 편안하게 눈을 감은 상태로 각자 호흡에 집중하도록 한다.

⑦ 참여자들이 편안한 상태가 된 것을 확인한 후 음악을 멈추고, 피아노, 기타, 오토하프 또는 드럼을 사용하여 챈팅에 적절한 리듬을 연주한다.

⑧ 참여자들은 주머니나 가방에서 열쇠를 꺼내면서 리듬에 맞춰 "나는 열쇠를 꺼내고 있어요, 나는 열쇠를 꺼내고 있어요……."를 챈팅한다.

⑨ 참여자들은 열쇠를 의자 위에 올려놓으면서 "내 열쇠는 의자 위에 있어요, 내 열쇠는 의자 위에 있어요……."를 챈팅한다.

⑩ 참여자들은 문 쪽을 향해 걸어가면서 "나는 문 밖으로 나가요, 나는 문 밖으로 나가요……."를 챈팅한다.

⑪ 참여자들은 열쇠를 집으러 가면서 "내 열쇠는 의자 위에 있어요, 나는 열쇠를 집으러 가요……."를 챈팅한다.

⑫ 참여자들은 열쇠를 손으로 집으면서 "나는 내 열쇠를 집어요, 나는 내 열쇠를 집어요……."를 챈팅한다.

⑬ 참여자들은 열쇠를 주머니나 가방에 다시 넣으면서 "열쇠는 내 주머니(가방) 안에 있어요, 열쇠는 내 주머니(가방) 안에 있어요……."를 챈팅한다.

⑭ 참여자들은 진행된 훈련의 내용과 일상생활에 적용할 수 있는 방안에 대해 토의한다.

• 변화 측정 방법

① 참여자들은 훈련 직후, 지속 주의에 대한 자신감을 10점 만점을 기준으로 하여 자가평가한다.

② 표준화된 지속 주의 평가 도구를 활용하여 기능 변화를 측정할 수 있다.

21.5.3 주의: 선택 및 집중

- NMT 기법 사용: MACT-선택 주의와 초점 주의
- 인지 영역 목표: 주의
- 뇌 시스템 및 목표 기능: 주의 시스템, 양쪽 전두엽
- 훈련 목표: 참여자들은 환경으로부터 주어진 자극을 선별하여 불필요한 자극을 무시하고 필요한 자극에만 선택적으로 주의를 지속하여 적절한 반응 수준을 유지할 수 있다.
- 대상군 설명: 선택 주의 및 초점 주의 향상이 필요한 대상군
- 세팅: 그룹(4명 이상의 참여자)
- 필요한 장비: 드럼, 타악기(예: 마라카스, 벨, 우드 블록)
- 절차
  ① 그룹 세션의 경우 개인 공간이 충분히 확보되도록 원형으로 둘러앉는다.
  ② 치료사는 참여자들에게 훈련의 목적을 충분히 설명하여 잘 이해하도록 함으로써 훈련에 도움이 되도록 한다.
  ③ 시작 전, 참여자들의 질문에 대해 충분히 답한다.
  ④ 참여자들에게 타악기를 나누어 준다.
  ⑤ 참여자들은 1, 2, 1, 2 등의 숫자로 배정된다.
  ⑥ 그룹 리더는 드럼이나 다른 리듬악기를 사용하여 단순한 패턴으로 반복되는 4박 계열의 리듬을 연주한다.
  ⑦ 1로 배정된 그룹의 참여자들은 리더와 함께 리듬 패턴을 연습한다.
  ⑧ 리더는 4/4박 리듬 연주를 멈춘다.
  ⑨ 2로 배정된 그룹 참여자들은 리더와 함께 3박 계열의 리듬을 지속하여 연주한다.
  ⑩ 리더는 3박 리듬을 멈춘다.
  ⑪ 1에 배정된 그룹의 참여자들은 4박 리듬을 연주하고 2에 배정된 참여자들은 3박 리듬을 연주하는 동안, 리더는 벨이나 클라베로 각 리듬의 첫 박만 연주한다. 즉, 각 그룹의 참여자들은 서로 다른 리듬을 연주하게 된다.

■1 (4/4): 1,2,3,4,1,2,3,4,1,2,3,4 (드럼 또는 다른 타악기)

■2 (3/4): 1,2,3,1,2,3,1,2,3,1,2,3 (드럼 또는 다른 타악기)

리더: x   x x x x x   (벨 또는 클라베)

⑫ 몇 분간 연습이 끝나면, 그룹을 서로 바꿔 같은 방법으로 연습하게 한다.

⑬ 몇 분간 연습이 끝나면, 그룹과 그 경험에 대해 토의한다.

- **일상생활의 적용:** 이 훈련의 참여자들은 여러 자극 중 자신에게 주어진 과제에만 주의를 기울이는 훈련을 함으로써 일상생활에서도 목표한 일에 더욱 집중할 수 있다.

- **변화 측정 방법:** 훈련 직후, 불필요한 정보를 무시하고 필요한 정보만을 효과적으로 선택하고 집중하는 능력에 대한 자신감을 10점 만점을 기준으로 하여 자가평가한다.

- **참고:** MACT 훈련에 대한 추가적인 정보는 『Rhythm, Music, and the Brain』(Thaut, 2005)의 부록 C, D, E, F, G에 제시되어 있다.

21.5.4 지속 주의: 집중력 향상을 위한 치료적 음악 활동

- **NMT 기법 사용:** MACT−지속 주의
- **인지 영역 목표:** 주의
- **뇌 시스템 및 목표 기능:** 주의 시스템, 양쪽 전두엽 및 뇌간
- **훈련 목표:** 참여자들은 변화하는 청각 자극에 대해 주의를 지속적으로 유지할 수 있다.
- **대상군 설명:** 지속 주의 향상이 필요한 대상군
- **세팅:** 이 훈련은 대부분 개별 세션으로 진행되지만, 경우에 따라 여러 참여자가 치료사의 음악 신호를 탐지하는 형태의 그룹 세션으로 진행되기도 한다.
- **필요한 장비:** 유율타악기(예: 실로폰, 메탈로폰, 마림바) 및 무율타악기(예: 드럼, 팀파니, 콩가, 봉고, 로토 탐, 핸드 드럼)

    유율타악기를 사용하는 경우(예: 치료사가 전자 키보드를 사용하고 환자들이 실로폰을 사용), 음고/음역 변화의 탐지를 위해 추가적인 도구를 사용할 수 있다

- **절차:** 기본적 구성은 다음과 같다. 환자는 치료사의 연주를 모방하여 연주한다. 치료사가 연주에 변화를 시도하면 환자가 그것을 모방하여 연주할 수 있도록 주의를 지속적으로 유지해야 한다.

음악치료사가 사용할 수 있는 음악적 변화 요소는 다음과 같다.

- 연주 및 멈춤 구간의 간격
- 템포
- 리듬 패턴
- 음 길이
- 음량
- 음고/음역

유율타악기를 사용할 경우, 치료사는 환자들이 쉽게 따라 할 수 있도록 단일 음으로 구성된 선율을 사용하며 화음 구성은 사용하지 않는다.

연주의 난이도는 훈련 시간과 요소, 횟수 등을 통해 조절할 수 있다.

치료사는 환자들의 주의 수준과 참여 가능한 기간에 맞춰 변화 요소를 적용할 수 있는데, 가장 기본이 되는 변화의 예는 '연주하기 vs 멈추기'로, 소리를 '들리게' 하거나 '소거'하여 기본적인 청각 주의 기능에 집중하게 한다. 이러한 초기 단계 이후 치료사는 훈련 기간을 늘리거나 다른 변화 요소들을 점차적으로 추가할 수 있다. 치료사가 제공할 수 있는 가장 어려운 난이도의 훈련은 모든 음악적 변화 요소를 통합적으로 사용하는 것이다.

- 일상생활의 적용: 이 훈련은 지속 주의가 요구되는 일상 활동에 적용될 수 있다. 예를 들어, 환자들이 독서나 식사를 끝까지 마치는 과정 등에 도움이 될 수 있다.
- 변화 측정 방법
  ① 참여자들은 훈련 직후 지속 주의에 대한 자신감을 10점 만점을 기준으로 하여 자가평가한다.
  ② 훈련을 마친 후, 참여자들은 숫자 외우기 검사(Digit Span Test)와 같은 표준화된 지속 주의 평가를 시행할 수 있다.

21.5.5 선택적 주의: 집중력 향상을 위한 치료적 음악 활동

- NMT 기법 사용: MACT-선택 주의

- 인지 영역 목표: 주의

- 뇌 시스템 및 목표 기능: 주의 시스템, 양쪽 전두엽 및 뇌간

- 훈련 목표: 참여자들은 청각 자극 중 주의를 기울일 자극을 선택하여 반응할 수 있다.

- 대상군 설명: 선택 주의 향상이 필요한 대상자

- 세팅: 치료적 음악 훈련은 선택 주의를 향상시키기 위해 대부분 개별 세션으로 이루어지지만, 여러 참여자가 선택 주의에 대한 신호에 집중하거나 한 참여자에게서만 반응을 이끌어 내고, 다른 참여자는 기본적인 음악 흐름에 따라 계속해서 연주하기 위해 그룹 세팅이 적용되기도 한다.

- 장비 및 절차: 치료사와 참여자는 즉흥 연주를 하고, 치료사는 참여자의 음악적 반응을 유도하기 위해 음악적 단서를 비예측적으로 제공한다. 예를 들어, 치료사와 참여자는 각자 실로폰으로 도리안 모드를 연주한다. 치료사는 3개 또는 4개의 선율적 모티브를 연주하는데, 만일 치료사가 키보드 또는 반음계 마림바를 연주하는 경우 모티브는 변별을 위한 요소로 갑자기 제시될 수 있다. 치료사는 즉흥 연주 시 비예측적인 구간에서 연주하기 위해 두 번째 악기(예: 트라이앵글)를 준비한다. 참여자들은 '신호'에 대해 특정한 음악 반응을 보이는데, 기본적인 반응 중 하나는 신호에 연주를 멈췄다가 다시 연주를 시작하는 것이다.

  이러한 훈련은 많은 신호 중에서 하나를 '선택'해야 하기 때문에 선택 주의를 훈련할 수 있다. 음악은 높낮이, 크기, 음색 및 리듬과 같은 다양한 요소를 통해 매우 간단한 단계부터 복잡한 단계까지 청각 구조를 형성할 수 있는 장점이 있다. 따라서 음악을 사용하면 선택 주의 훈련을 위해 다양한 변화 수준을 포함하는 '단계적인 과제'를 제공할 수 있다.

- 일상생활의 적용: 주변에서 일어나는 일들 중에 주어진 과제에 선택적으로 주의를 집중하는 것을 훈련함으로써 여러 방해 속에서 필요한 과제를 효율적으로 수행할 수 있다. 예를 들어, 참여자들은 많은 사람이 대화하는 환경에서 전화 통화를 할 수 있다.

- 변화 측정 방법: 참여자들은 훈련 직후, 원하지 않는 정보에 대한 정보를 효과적으로 무시하고 필요한 정보를 선택하고 집중하는 것에 대한 자신감을 10점 만점을 기준으로 하여 자가평가한다.

21.5.6 교대 주의 집중

- NMT 기법 사용: MACT-교대 주의

- 인지 영역 목표: 주의

- 뇌 시스템 및 목표 기능: 주의력 시스템, 양쪽 전두엽 및 뇌간

- 훈련 목표: 참여자들은 두 가지 이상의 청각 자극에 대한 변화에 집중할 수 있고, 제시된 각각의 자극에 따를 수 있다.

- 대상군 설명: 교대 주의 향상이 필요한 대상자

- 세팅: 이 훈련은 주로 그룹 세션에 적용되지만, 기술적 지원이 가능한 경우 개별 세션에도 적용이 가능하다. 간단한 손 타악기나 신체 타악기 등을 이용할 수 있다.

- 장비 및 절차: 환자들은 두 가지 이상의 신호에 따라 교대로 반응하게 된다. 각각의 신호에 대해 반응하는 과정에서 주의가 이동하면서 서로 다른 '행동적' 반응이 유도된다.

  예를 들어, 그룹 내에서 두 가지 '신호'를 제공하는 리더들이 방의 반대편에 각각 자리를 잡거나 그룹 안에 따로 위치한다. 리더 1은 박수로 간단한 리듬 패턴(예: '긴-짧은-긴-짧은')을 제공하고 참여자들은 이를 모방한다. 리더 1이 멈추면 리더 2가 다른 박수 패턴을 제공한다(예: '짧은-긴-짧은-긴'). 각 리더는 참여자들이 '연주'하는 시점을 예상할 수 없도록 무작위로 번갈아 가며 신호를 제공한다.

  참여자들이 눈을 감고 있으면 청각 주의가 더욱 강화된다. 또한 신호가 제시되는 위치가 명확하게 구분되면 주의를 '이동'하기가 더욱 용이하다. 2개의 청각 신호가 너무 가까운 곳에서 제시되면, 참여자들은 이를 하나의 신호로 지각하기 쉽다.

  개별 세션에 적용하는 경우에 치료사는 2개의 위치로부터 제시되는 각각의 소리를 원격으로 조정하여 교대로 재생할 수 있다.

- 일상생활의 적용: 이 훈련은 환자들에게 하나의 자극에서 다른 자극으로 주의를 이동하는 데 도움을 줄 수 있다. 예를 들어, 환자들이 여러 사람과 대화할 때, 한 사람이 말하는 것에 집중하다가 다른 친구의 말에 주의를 이동하여 집중하고, 다시 첫 번째 사람이 말하는 것에 주의를 집중하는 능력을 훈련할 수 있다.

- 변화 측정 방법

  ① 훈련 직후, 서로 다른 두 가지 정보에 대해 주의를 효과적으로 이동/전환하는

것에 대한 자신감을 10점 만점을 기준으로 하여 자가평가한다.

② 훈련 참여 이후에 교대 주의를 평가하는 선로 잇기 검사[Trail Making Test(Part B)[1]]를 시행할 수 있다.

21.5.7 분할 주의: 집중력 향상을 위한 치료적 음악 활동

- NMT 기법 사용: MACT-분할 주의
- 인지 영역 목표: 주의
- 뇌 시스템 및 목표 기능: 주의력 시스템, 양쪽 전두엽 및 뇌간
- 훈련 목표: 두 가지 이상의 청각 자극을 동시에 추적하고 반응할 수 있다.
- 대상군 설명: 분할 주의 향상이 필요한 대상자
- 세팅: 이 치료적 음악 훈련은 그룹 세션에 가장 적합하다.
- 장비 및 절차: 기본적인 구조는 다음과 같다. 참여자는 두 가지 음악 자극을 동시에 탐지하다가 이 중 하나의 음악 자극에 변화가 나타날 때 이를 모방한다. 각 음악 자극은 서로 다른 음악적 과제로 제공된다.

예를 들어, 3명의 참여자로 구성된 그룹에서 '주 참여자'는 낮거나 높은 음역대의 콩가 또는 낮거나 높은 드럼 헤드의 로토 탐을 연주한다. 두 번째 참여자는 마림바나 실로폰을 연주하고, 이때 마림바 연주자는 낮거나 높은 음역대에서 연주하면서 '주 참여자'에게 동일한 음역대를 연주하도록 신호를 제공한다. 세 번째 참여자는 스탠딩탐이나 팀파니를 연주하며 '주 참여자'에게 연주 혹은 멈추기 신호를 제공한다. '신호'를 제공하는 두 번째와 세 번째 참여자는 연주를 무작위로 바꿈으로써 '주 참여자'가 두 가지 음악적 신호를 동시에 집중하도록 한다.

개별 세션에서는 참여자들의 분할 주의 훈련을 위해 치료사가 두 가지 이상의 악기를 다른 방법으로 동시에 연주한다.

- 일상생활의 적용: 이 훈련은 참여자들이 운전을 하는 동안 교통 신호, 다른 운전자나 보행자 등과 같은 다양한 운전 환경에 대해 주의를 적절하게 분할하는 것에 도움이 된다.

---

1) 역자 주: 선로 잇기 검사는 작업 기억이나 집행 기능 평가에서도 유용하게 사용된다.

• 변화 측정 방법: 훈련 직후, 두 가지 이상의 자극에 대해 효과적으로 주의를 분할하는 것에 대한 자신감을 10점 만점을 기준으로 하여 자가평가한다.

참고문헌

Barrow, I. M., Collins, J. N., and Britt, L. D. (2006). The influence of an auditory distraction on rapid naming after mild traumatic brain injury: a longitudinal study. *Journal of Trauma, 61*, 1142-9.

Bennett, T. et al. (1998). Rehabilitation of attention and concentration deficits following brain injury. *Journal of Cognitive Rehabilitation, 16*, 8-13.

Ben-Pazi, H. et al. (2003). Abnormal rhythmic motor responses in children with attention-deficit-hyperactivity disorder. *Developmental Medicine and Child Neurology, 45*, 743-5.

Cicerone, K. D. et al. (2011). Evidence-based cognitive rehabilitation: updated review of the literature from 2003 through 2008. *Archives of Physical Medicine and Rehabilitation, 92*, 519-30.

Gardiner, J. C. and Horwitz, J. L. (2012). *Evaluation of a cognitive rehabilitation group featuring neurologic music therapy and group psychotherapy.* Unpublished manuscript.

Gordon, W. A. et al. (2006). Traumatic brain injury rehabilitation: state of the science. *American Journal of Physical Medicine and Rehabilitation, 85*, 343-82.

Gregory, D. (2002). Music listening for maintaining attention of older adults with cognitive impairments. *Journal of Music Therapy, 39*, 244-64.

Groene, R. (2001). The effect of presentation and accompaniment styles on attentional and responsive behaviors of participants with dementia diagnoses. *Journal of Music Therapy, 38*, 36-50.

Kim, J., Wigram, T., and Gold, C. (2008). The effects of improvisational music therapy on joint attention behaviors in autistic children: a randomized controlled study. *Journal of Autism and Developmental Disorders, 38*, 1758-66.

Klein, J. M. and Riess Jones, M. (1996). Effects of attentional set and rhythmic complexity on attending. *Perception and Psychophysics, 58*, 34-46.

Klein, R. M. and Lawrence, M. A. (2011). On the modes and domains of attention. In: M. I. Posner (ed.) *Cognitive Neuroscience of Attention*, 2nd edition. New York: Guilford. pp. 11-28.

Knox, R., Yokota-Adachi, H., Kershner, J., and Jutai, J. (2003). Musical attention training program and alternating attention in brain injury: an initial report. *Music Therapy Perspectives, 21,* 99-104.

McAvinue, L., O'Keeffe, F., McMackin, D., and Robinson, I. H. (2005). Impaired sustained attention and error awareness in traumatic brain injury: implications of insight. *Neuropsychological Rehabilitation, 15,* 569-87.

Malia, K. et al. (2004). *Recommendations for Best Practice in Cognitive Rehabilitation Therapy: acquired brain injury.* Exton, PA: Society for Cognitive Rehabilitation.

Manly, T., Ward, S., and Robertson, I. (2002). The rehabilitation of attention. In: P. J. Eslinger (ed.) *Neuropsychological Interventions: clinical research and practice.* New York: Guilford. pp. 105-36.

Mateer, C. A. (2000). Attention. In: S. A. Raskin and C. A. Mateer (eds) *Neuropsychological Management of Mild Traumatic Brain Injury.* New York: Oxford. pp. 73-92.

Miller, E. K. and Buschman, T. J. (2011). Top-down control of attention by rhythmic neural computations. In: M. I. Posner (ed.) *Cognitive Neuroscience of Attention,* 2nd edition. New York: Guilford. pp. 229-41.

Miller, J. E., Carlson, L. A., and McCauley, J. D. (2013). When what you hear influences when you see: listening to an auditory rhythm influences temporal allocation of visual attention. *Psychological Science, 24,* 11-18.

O'Connell, R. G. and Robertson, I. H. (2011). Training the brain: nonpharmacological approaches to stimulating cognitive plasticity. In: M. I. Posner (ed.) *Cognitive Neuroscience of Attention,* 2nd edition. New York: Guilford. pp. 454-74.

Palmese, C. A. and Raskin, S. A. (2000). The rehabilitation of attention in individuals with mild traumatic brain injury, using the APT-II programme. *Brain Injury, 14,* 535-48.

Pero, S. et al. (2006). Rehabilitation of attention in two patients with traumatic brain injury by means of 'attention process training'. *Brian Injury, 20,* 1207-19.

Posner, M. I. (ed.) (2011). *Cognitive Neuroscience of Attention,* 2nd edition. New York: Guilford.

Robb, S. L. (2003). Music interventions and group participation skills of preschoolers with visual impairments: raising questions about music, arousal, and attention. *Journal of Music Therapy, 40,* 266-82.

Robertson, I. H. et al. (1997). Auditory sustained attention is a marker of unilateral spatial neglect. *Neuropsychologia, 35,* 1527-32.

Sarkamo, T. et al. (2008). Music listening enhances cognitive recovery and mood after middle cerebral artery stroke. *Brain, 131,* 866-76.

Sohlberg, M. M. and Mateer, C. A. (1987). Effectiveness of an attention-training program. *Journal of Clinical and Experimental Neuropsychology, 9,* 117-30.

Sohlberg, M. M. and Mateer, C. A. (1989). *Attention Process Training.* Puyallup, WA: Association for Neuropsychological Research and Development.

Sohlberg, M. M. et al. (2000). Evaluation of attention process training and brain injury evaluation in persons with acquired brain injury. *Journal of Clinical and Experimental Neuropsychology, 22,* 656-76.

Thaut, M. H. (2005). *Rhythm, Music, and the Brain: scientific foundations and clinical applications.* New York: Routledge.

Mutsumi Abiru

Chapter 22
음악적 무시 훈련(MNT)

22.1 정의

음악적 무시 훈련(musical neglect training: MNT)은 음악의 시간, 템포, 리듬 또는 공간적 구조 요소를 활용한 방법이다. 편측 무시가 나타나는 시야측(대부분 좌측)에 주의 기능을 훈련하기 위해 표현적 음악 활동(악기 연주)을 시행하거나, 뇌의 각성을 유도하기 위해 감상 등의 수용적 음악 활동을 적용하여 진행한다(Frassinetti et al., 2002; Hommel et al., 1990; Thaut, 2005).

22.2 대상군

편측(시각) 무시(hemispatial neglect, spatial neglect, unilateral visual neglect)는 신경학적 질환에 의해 나타나며, 감각(시력) 이상이 아닌 한 측면의 신체 또는 환경에 대한 주의 및 지각 능력이 저하된 상태를 뜻한다(Unsworth, 2007). 대부분의 편측 시각 무시는 손상된 뇌 측면의 반대쪽에 나타난다(Kim et al., 1999).

편측 시각 무시는 일반적으로 뇌졸중으로 인한 우측 반구 손상에 의해 나타나며([그

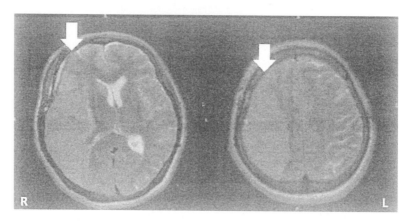

[그림 22-1] 시각 무시는 일반적으로 뇌손상이나 오른쪽 대뇌 반구 뇌졸중으로 인해 나타난다.

림 22-1] 참조), 이로 인해 좌측 시야의 정보가 무시되는 경우가 많다. 그런데 뇌의 좌우 반구에서 각각 언어와 공간 정보를 주로 처리하고, 양 반구에 의해 오른쪽 시야의 중복 처리 과정이 일어나기 때문에, 우측 시각 무시는 거의 드물게 나타난다. 따라서 우측 반구는 좌측 반구의 기능적 손상을 보상할 수 있는 반면에 좌측 반구는 우측 반구의 손상된 기능을 보상하기 어려운 것으로 알려져 있다(Iachini et al., 2009).

편측 시각 무시 환자들은 마치 왼쪽 부분의 공간 감각이 사라진 것처럼 행동한다. 예를 들어, 식사할 때 접시의 왼쪽 부분의 음식을 남겨 두거나, 시계를 그릴 때 12시에서 6시까지만 그리거나, 12개의 숫자를 모두 오른쪽에만 쓰고 왼쪽에는 아무것도 그리지 않는다. 또한 면도나 화장을 할 때 무시되지 않은 측면(오른쪽)만 하는 양상도 나타난다. 환자들은 무시되는 측면의 문틀과 같은 물건이나 구조물에 자주 충돌할 수 있는 위험이 있다.

편측 시각 무시에 대한 치료는 환자의 좌측에 제시되는 자극에 대한 주의의 유도를 목표로 한다. 일반적으로 정중앙선으로부터 약간 벗어난 각도에서 시작하여 무시된 범위까지 점차적으로 진행한다. 시각 무시 재활은 주로 신경심리학자, 작업치료사, 언어 치료사, 물리치료사 또는 신경학적 음악치료사에 의해 진행된다.

치료 · 재활 방법으로는 프리즘, 시각 스캐닝 훈련, 멘털 이미지 훈련, 비디오 피드백 훈련 및 체간 돌리기가 있다. 이 중 프리즘 훈련이 주로 사용되며, 단기적 접근보다는 장기적 접근이 더욱 효과적인 것으로 보고되었다. 그러나 이러한 방법은 최근에 시작되어 관련 근거들이 아직 충분하지 않다. 따라서 효과를 입증할 근거를 기반으로 한 후속 연구가 필요하다(Luaute et al., 2006).

22.3 연구 요약

Hommel과 그의 동료들(1990)은 편측 시각 무시 환자들에게 수동적 감각 자극을 제공한 후 그림 그리기를 통해 무시 정도의 변화에 대해 연구하였다. 실험 조건으로는 ① 무자극, ② 한쪽·양쪽 촉각, ③ 비언어적 자극(음악, 백색 소음) 및 ④ 양이 구두 청각(binaural auditory verbal)이 환자들에게 무작위로 제공되었는데, 이 중 음악을 사용한 비언어적 자극에서만 무시 정도가 감소되는 것으로 나타났다. 편측 무시 환자를 대상으로 한 기능적 자기공명영상(functional magnetic resonance imaging: fMRI) 연구(Soto et al., 2009)에서는 선호곡, 비선호곡, 무음악의 세 조건 중 선호곡이 제공된 조건에서 감정 및 주의와 관련된 뇌 영역이 더욱 활성화되면서 시각적 인식이 증가하는 것으로 나타났다. 또한 Frassinetti와 그의 동료들(2002)은 청각 톤이나 청각 알림(alerting)이 시각 무시 환자의 시공간적 주의력을 일시적으로 개선하는 데 도움을 줄 수 있다는 연구 결과도 제시하였다(Robertson et al., 1998).

Van Vleet과 Robertson(2006)은 청각 자극이 편측 무시 환자들에게 공간 및 비공간 정보에 편재된 주의 결핍에 미치는 영향을 연구하기 위해 감각 교차(cross-modal interaction) 방법을 적용하였다. 그 결과, 일반적 알림과 교차 양상의 공간적 통합 모두에서 시각 탐색 효과가 나타났으나, 손상된 반대쪽 공간에서 시각적 표적과 청각 신호음이 제공되었을 때 가장 효과적인 것으로 보고되었다.

Noto와 그의 동료들(1999)의 연구에서는 좌측 편측 무시 환자에게 우측에서부터 좌측으로 하행하는 음을 실로폰으로 연주하게 한 후 지우기 검사(cancellation test)를 시행한 결과, 좌측에 제시된 공간 정보에 대한 주의가 향상된 것으로 나타났다. 이와 유사한 방법으로 Kouya와 Saito(2004)는 환자들이 반복적인 실로폰 연주를 한 후에 좌측의 얼굴을 씻는 것과 같은 일상적 활동으로의 전이 면에서도 향상된 결과를 보여 줌으로써 중재 효과의 예시를 확장하였다. 또한 음의 상행 패턴(ascending)을 연주하게 함으로써 오른쪽에서 왼쪽으로의 팔의 움직임을 통해 주의를 향상시켰다.

Abiru와 그의 동료들(2007)의 연구에서는 환자의 무시 정도 수준에 따른 톤 바의 공간 배열을 적용한 악기 연주 훈련 후, 선 지우기 검사(line cancellation test; [그림 22-2] 참조)와 꽃 그리기 검사([그림 22-3] 참조)를 통해 훈련의 긍정적 효과를 증명하였으며, 휠체어 왼쪽 측면의 충돌이 줄어드는 결과를 발견하였다. 소개된 연구들은 공간 배열이 가능한 악기 연주 또는 화음 배열 및 선율 패턴을 기반으로 한 음악 프로토콜을 사용하

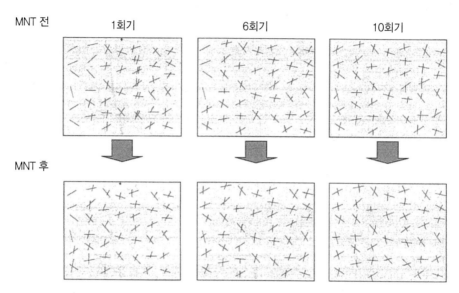

[그림 22-2] 좌측 무시 환자의 선 지우기 검사 향상 결과

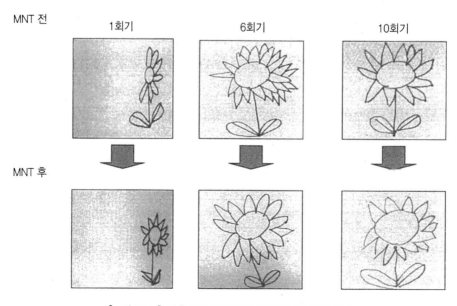

[그림 22-3] 좌측 무시 환자의 꽃 그리기 검사 향상 결과

여 주의 및 지각의 향상 효과에 대해 살펴보았다. 편측 시각 무시가 환자들의 일상생활에 미치는 영향을 생각할 때, 이러한 연구들은 수용적 및 표현적 형태로서의 MNT가 기간 및 기능 면에서 지금까지 발전해 온 편측 시각 무시 재활에 기능적 가치를 더해 줄 것이다.

22.4 치료적 메커니즘

청각 경로는 일방 또는 교차 회로를 모두 사용하므로 우뇌와 좌뇌를 모두 활성화한다(Carpenter, 1978). 청각 신호는 구어나 비구어적 형태로 모두 제시될 수 있는데, 구두 청취 및 처리 과정을 통해 청각 신호가 입력될 때 좌뇌의 대뇌 혈류가 증가할 뿐만 아니라(Knopman et al., 1982; Larsen et al., 1977) 우뇌의 대뇌 혈류도 증가하는 것으로 나타났다. 이는 우반구가 높은 수준의 주의 집중과 자극에 더욱 활성화되고(Heilman & van Den Abell, 1980), 이를 통해 대뇌 혈류 및 신진대사가 증가하기 때문이다. 또한 좌우 반구의 불균형도 시각 무시의 원인 중 하나로 밝혀졌다(Kinsbourne, 1970). 그런데 언어에 대한 좌반구 특화성 때문에 구두 청각 자극만으로는 좌우 반구의 균형화에는 한계가 있지만, 음악 처리 과정은 훈련과 처리 전략에 따라 우반구의 활성화가 강화됨과 동시에 양쪽 뇌를 활성화시킨다. 대뇌 혈류(Lassen et al., 1977; Roland et al., 1981) 및 신진대사(Mazziotta et al., 1982)는 음악을 들을 때 증가한 것으로 나타났으나, 위치와 활성화 정도는 자극 처리 과정 중 사용하는 전략에 따라 다르게 나타났다. 분석적인 전략을 사용할 때는 좌뇌의 신진대사가 더 증가하였고, 비분석적(전체적·구조적)인 접근을 사용할 때는 우뇌가 더욱 활성화되었다(Alluri et al., 2012; Peretz & Zatorre, 2005). 따라서 편측 시각 무시 훈련에 음악을 적용하면 주의에 사용되는 우뇌(Bhattacharya et al., 2001)가 더욱 자극되고, 우뇌와 좌뇌 사이의 연결이 강화되는 효과가 있으며, 수용적 음악 감상을 통해 음악의 정서 처리 원리에 의해서도 우뇌 반구가 자극될 수 있다고 보고되었다(Soto et al., 2009).

22.5 임상 프로토콜

22.5.1 수용적 음악 듣기 훈련

음악치료사는 중증의 편측 시각 무시 환자들을 위해 음악을 통한 청각, 촉각 및 진동 자극을 제공함으로써 무시된 쪽의 주의를 향상시킬 수 있다. 예를 들어, 치료사는 무시된 쪽에서 악기 연주를 통한 라이브 음악을 제공할 수 있다. 경우에 따라 톤 차임이나 에너지 차임과 같은 지속되고 부드러운 소리를 제공할 수 있다. 환자들이 소리가 들려오는 위치를 찾는 데 도움을 주기 위해, 악기가 환자의 시야 밖에 있을 때는 무시된 측면에 놓인 악기를 만지게 하거나 악기의 진동, 온도 및 질감을 느낄 수 있도록 한다([그림 22-4] 참조). 이러한 감각 기반 훈련을 통해 시각, 청각 및 촉각 경로의 활성화가 일어나 무시 측 사물을 인지할 수 있게 되며, 자극의 수준은 손상 정도에 따라 조절될 수 있다. 수용적 음악 듣기 훈련 중 연구 결과에 기반한 또 다른 기법 중 하나는 충분한 공간 지각이 요구되는 일상적인 생활(예: 식사, 옷 입기)을 할 때 환자들에게 친숙도 및 선호도가 높은 음악을 제공하는 것이다.

[그림 22-4] 중증의 시각 무시 환자들은 음악을 듣거나 무시 측면에서 제공되는 음악을 듣는 것만으로도 효과적일 수 있다.

22.5.2 능동적 악기 연주 훈련

중증의 편측 시각 무시 환자들에게는 간단한 악기 연주 훈련이 적합하며, 치료사는 모든 프로토콜에서 환자들의 연주에 멜로디, 하모니 및 리듬 패턴을 포함하는 적절한 반주를 제공함으로써 환자의 연주를 치료 목표에 맞는 방향 또는 방법으로 안내할 수 있다. 환자가 운동 패턴을 숙지한 후에는 적절한 치료 절차를 진행하기 위해 외부의 시간적 신호로서 메트로놈을 추가로 활용할 수 있다. 예를 들어, 치료사가 정상 시야에서 무시 측까지 둠(드럼)-샨(탬버린)-트윙클(트리차임) 패턴([그림 22-5]의 (a) 참조)으로 악기를 배열하고, 간단한 리듬 패턴을 설정할 수 있다. 이러한 패턴은 매우 간단하므로, 몇 번의 반복 후에 쉽게 '둠-샨-트윙클' 패턴을 외울 수 있다. 편측 무시 환자들은 무시 측에 있었던 '둠-샨-트윙클' 패턴을 연주하려 해도 다시 빠른 속도로 정상 시야 측으로 되돌아가서 '둠-샨-둠'과 같이 연주하게 되겠지만, 청각 피드백은 연주 패턴 중 생략된 소리를 다시 상기시킴으로써 무시 측을 시각적으로 탐색하도록 유도할 수 있다.

멜로디 패턴은 무시되지 않은 쪽에서 시작하여 무시된 쪽까지 간단한 음계 '도-시-라-솔-파-미-레-도'([그림 22-5]의 (b) 참조)와 같은 친숙한 패턴을 연주하기 위한 긴 공간의 악기 구성을 만드는 데 더욱 적합하다. 이러한 패턴은 음악적 경험이 전혀 없는 사람에게도 매우 친숙하고, 환자들은 무시되지 않은 측면에서 '연주를 해야 하는' 톤 바가 사라질 때(인식하지 못할 때) 무시된 공간 안에서 '없어진 소리를 찾아' 음악 구조를 완성하기 위해 노력할 것이다. 쉽게 휴대할 수 있는 톤 바는 환자들의 무시 정도에 따라 악기 사이의 간격을 조절할 수 있는 이점을 가지고 있다. 2개 또는 3개의 톤 바를 환자 시야 가운데에 놓은 상태로 시작하고, 왼쪽에 톤 바를 점차 추가하는 식으로 진행할 수 있다. 처음 시작하는 톤 바는 환자의 중간 또는 약간 오른쪽에 놓는다.

환자들은 또한 '도-미-솔 -트윙클'과 같은 짧은 화음 패턴을 이용할 수도 있다([그림 22-5]의 (c) 참조). 이러한 패턴은 C 코드를 포함하고 있지만, 마지막 소리가 트리 차임으로 끝나기 때문에 소리와 음색의 진행은 부드러운 음색이 끝에 더해져 환자들이 반복 훈련을 할 수 있도록 자극할 뿐 아니라 점차 무시된 측으로 주의를 이동시킬 수 있다. 음악 패턴을 완성하기 위한 추가적 피드백은 익숙한 노래를 사용하여 적절한 음을 연주하게 하거나 가사를 따라 부르게 하는 방법 등을 통해 제공될 수 있다. 환자들이

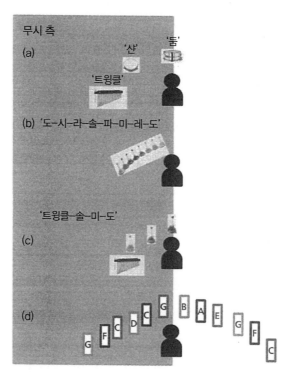

[그림 22–5] 중증의 시각 무시 환자들은 간단한 악기 연주 훈련을 통해 무시된 측면의 지각 수준을 향상시킬 수 있다. (a) 치료사는 무시되지 않는 쪽에서 무시된 쪽으로 간단하고 이해하기 쉬운 리듬 패턴을 설정할 수 있다 [예: 둠(드럼) – 샨(탬버린) – 트윙클(트리차임)]. (b) 환자들은 무시되지 않는 쪽부터 무시되는 쪽까지 길지만 친숙한 패턴을 이용할 수 있다(예: 도-시-라-솔-파-미-레-도). 전문적 음악 경험이 없는 환자들도 이러한 음 진행은 매우 친숙할 수 있다. (c) 환자들은 화음 패턴을 시도할 수 있다. 예를 들면, C 코드를 사용한다면, [도-미-솔과 트리차임]을 사용할 수 있다. (d) 치료사는 또한 여러 가지 다른 코드를 사용함으로써 환자들에게 어려운 과제를 제공할 수 있다[예: I(도) – IV(파) – V(솔)]. 환자는 C 코드(도-미-솔)는 파란색, F 코드(파-라-도)는 빨간색, G 코드(솔-시-레)는 초록색으로 표시하고, 각 음들을 비무시 측면부터 무시 측면까지 연주할 수 있다. 이 세 가지 코드를 사용하여 12바 블루스와 같은 음을 연주할 수 있다.

악기를 연주하면서 노래를 부르는 것이 가능하기는 하지만, 개인별 집행 기능이나 주의 집중 정도에 따라 '이중 과제'가 가능한지는 신중하게 판단해야 한다.

마지막으로, 환자들에게 악기 연주에 시각적 신호를 추가하여 훈련을 진행할 수 있다. 예를 들어, 옥타브나 그 이상을 구성하는 톤 바의 배열 안에서 서로 다른 색의 3화음을 설정할 수 있다. C 코드(도-미-솔)는 파란색으로 지정하고, F 코드(파-라-도)는 빨간색, 그리고 G 코드(솔-시-레)는 초록색으로 표시할 수 있다. 이 예시는 9개의 톤 바가 필요하고, 비무시 측면(오른쪽)에서 무시 측면(왼쪽)까지 적절한 공간을 이용하여 배치해야 한다. 이러한 세팅에서 환자들은 순서에 따라 톤 바를 연주할 뿐만 아니라 패턴에 맞는 소리의 위치를 찾기 위해 노력해야 하고, 적절하지 않은 패턴의 소리는 생략하면서 각 화음의 시작 음정을 초기화하여 다시 시작해야 한다. 두 가지, 세 가지 또는 더욱 다양한 화음으로 이루어진 노래들이 가장 적절한 도구로 이용될 수 있다. 쉬운 노래(예: 두 가지 코드로 이루어지며 한 번의 반복으로 구성된)부터 어려운 노래의 패턴(예: 3개의 코드가 균일하지 않게 바뀌는 블루스 패턴)으로 이루어질 수 있다([그림 22–5]의 (d) 참조).

여기서 중요한 점은 환자들이 자신들의 실수(생략 및 음 빠뜨리기)를 인지하고, 주의를 조절하여 시각적·청각적 및 공간적 정보를 조정하고, 자가수정할 수 있는 정도의 난이도를 적용하여 간단하고 익숙하며 쉽게 인지할 수 있는 음악적 패턴을 사용해야 한다는 것이다.

22.5.3 임상 세팅 시 주의 사항

- 편측 시각 무시를 가지고 있는 편마비 환자들은 운동 조절 문제의 제한 없이 훈련에 집중할 수 있도록 손상되지 않은 측면(오른쪽)으로 연주해야 한다.
- 환자들은 편안하게 앉은 자세로 훈련하고, 치료사들은 무시되지 않은 쪽에서 세션을 진행해야 한다.

22.6 평가

현장에서 사용하기 쉬운 근거 기반 임상 평가 도구로는 선 지우기 검사([그림 22–2] 참조)와 시계 및 꽃 그리기 검사([그림 22–3] 참조)가 있다. 환자가 휠체어에 앉아 있을 경우 치료사는 MNT 세션 전후에 무시된 측면의 휠체어 충돌 횟수가 감소하는지 확인할 필요가 있다. 일상생활에 대한 관찰 기록도 도움이 될 수 있으며, 무시된 측면의 활동 또는 보상 전략 사용에 대해서도 관찰할 필요가 있다.

참고문헌

Abiru, M. et al. (2007). The effects of neurologic music therapy on hemispatial neglect in a hemiparetic stroke patient. A case study. *Neurological Medicine, 67,* 88-94.

Alluri, V. et al. (2012). Large-scale brain networks emerge from dynamic processing of musical timbre, key and rhythm. *NeuroImage, 59,* 3677-89.

Bhattacharya, J., Petsche, H., and Pereda, E. (2001). Interdependencies in the spontaneous EEG in the brain during listening to music. *International Journal of Psychophysiology, 42,* 287-301.

Carpenter, M. B. (1978). *Core Text of Neuroanatomy.* Baltimore, MD: Williams & Wilkins.

Frassinetti, F., Pavani, F., and Ladavas, E. (2002). Acoustical vision of neglected stimuli: interaction among spatially converging audiovisual inputs in neglect patients. *Journal of Cognitive Neuroscience, 14,* 62-9.

Heilman, K. M. and Van Den Abell, T. (1980). Right hemisphere dominance for attention: the mechanism underlying hemispheric asymmetries of inattention (neglect). *Neurology, 30,* 327-30.

Hommel, M. et al. (1990). Effects of passive tactile and auditory stimuli on left visual neglect. *Archives of Neurology, 47,* 573-6.

Iachini, T., Ruggiero, G., Conson, M., and Trojano, L. (2009). Lateralization of egocentric and allocentric spatial processing after parietal brain lesions. *Brain and Cognition, 69,* 514-20.

Kim, M. et al. (1999). Ipsilesional neglect: behavioural and anatomical features. *Journal of Neurology, Neurosurgery, & Psychiatry, 67,* 35-8.

Kinsbourne, M. (1970). A model for the mechanism of unilateral neglect of space. *Transactions of the American Neurological Association, 95,* 143-6.

Knopman, D. S., Rubens, A. B., Klassen, A. C., and Meyer, M. W. (1982). Regional cerebral blood flow correlates of auditory processing. *Archives of Neurology, 39,* 487-93.

Kouya, I. and Saito, Y. (2004). A report with regard to the efficacy of the Japanese drum therapy carried out for the rehabilitation of a cerebral apoplexy patient: Part 2. *Japanese Journal of Music Therapy, 4,* 198-207.

Larsen, B. et al. (1977). The pattern of cortical activity provoked by listening and speech revealed by rCBF measurements. *Acta Neurologica Scandinavica Supplementum, 64,* 268-9, 280-1.

Lassen, N. A. et al. (1977). Mapping of human cerebral functions: a study of the regional cerebral blood flow pattern during rest, its reproducibility and the activations seen during basic sensory and motor functions. *Acta Neurologica Scandinavica Supplementum, 64,* 262-3.

Luaute, J. et al. (2006). Prism adaptation first among equals in alleviating left neglect: a review. *Restorative Neurology and Neuroscience, 24,* 409-18.

Mazziotta, J. C., Pheips, M. E., Carson, R. E., and Kuhl, D. E. (1982). Topographic mapping of human cerebral metabolism: auditory stimulation. *Neurology, 32,* 921-37.

Noto, S. et al. (1999). Effect of "xylophone therapy" for a patient of unilateral spatial neglect. *Journal of the Japanese Occupational Therapy Association, 18,* 126-33.

Peretz, I. and Zatorre, R. J. (2005). Brain organization for music processing. *Annual Review of Psychology, 56,* 89-114.

Robertson, I. H., Mattingley, J. B., Rorden, C., and Driver, J. (1998). Phasic alerting of neglect patients overcomes their spatial deficit in visual awareness. *Nature, 395,* 169-72.

Roland, P. E., Skinhoj, E., and Lassen, N. A. (1981). Focal activations of human cerebral cortex during auditory discrimination. *Journal of Neurophysiology, 45,* 1139-51.

Soto, D. et al. (2009). Pleasant music overcomes the loss of awareness in patients with visual neglect. *Proceedings of the National Academy of Sciences of the USA, 106,* 6011-16.

Thaut, M. H. (2005). *Rhythm, Music, and the Brain: scientific foundations and clinical applications.* New York: Routledge.

Unsworth, C. A. (2007). Cognitive and perceptual dysfunction. In: T. J. Schmitz and S. B. O'Sullivan (eds) *Physical Rehabilitation.* Philadelphia, PA: F. A. Davis Company. pp. 1149-85.

Van Vleet, T. M. and Robertson, L. C. (2006). Cross-modal interactions in time and space: auditory influence on visual attention in hemispatial neglect. *Journal of Cognitive Neuroscience, 18,* 1368-79.

Chapter 23

음악적 집행 기능 훈련(MEFT)

●

James C. Gardiner and Michael H. Thaut

23.1 정의

집행 기능(executive function: EF)은 뇌의 많은 기능 중 매우 중요한 역할을 한다. 전 전두엽(prefrontal) 영역을 중심으로 복잡한 연결망으로 확장되어, 새로운 일을 기획하고, 목표를 세우며, 그 목표를 달성하기 위한 절차를 구성하는 통합적인 인지 기능이다. 또한 동기를 부여하고, 필요한 내용을 구상하고, 부적절한 행동을 억제하고, 계획을 시작하고 집행하며, 그에 따른 결과를 모니터링하고, 필요한 경우 목표를 달성하기 위해 계획을 조정한다. 집행 기능에 대한 더욱 자세한 정보는 Goldberg(2001), Stuss와 Knight(2002), Miller와 Cummings(2007)에 제시되어 있다.

신경학적 손상이나 질환으로 인해 집행 기능이 저하된 사람들은 이전의 일상생활로 돌아가는 데 심각한 어려움을 겪는 경우가 종종 있다(Gordon et al., 2006). 집행 기능 향상을 위한 인지재활치료는 매우 중요한 과정으로, 이론을 통해 설명되는 전문적인 지식을 바탕으로 접근해야 한다. 집행 기능 저하는 주의 집중, 기억력 및 다른 두뇌 기능을 담당하는 전두엽(frontal lobe) 손상으로 인해 나타날 수 있으며, 평가를 통해 원인 규명과 함께 치료 목표와 재활의 방향을 결정해야 한다. 이를 통해 문제의 근원을 파악함으로써 집행 기능 향상을 위한 더욱 성공적인 치료 및 재활을 기대할 수 있다.

음악적 집행 기능 훈련(musical executive function training: MEFT)에는 "구상, 문제해결, 결정하기, 합리화 및 통합하기 등과 같은 집행 기능 향상을 위한 개인이나 그룹의 즉흥 연주 및 작곡 활동이 포함된다"(Thaut, 2005, p. 197).

23.2 대상군

신경학적 음악치료(NMT)는 다양한 대상군의 집행 기능 향상에 유용하게 사용될 수 있다. 많은 연구를 통해 주의력결핍장애, 외상성 뇌손상, 뇌졸중 및 행동장애 환자들뿐 아니라 뇌종양, 다발성 경화증, 파킨슨병, 산소결핍증, 독소 노출 및 다른 신경학적 질병 및 손상 환자들의 집행 기능에 대한 음악치료의 효과성이 보고되었다. 이 외에도 일반인의 집행 기능, 즉 계획, 구성 및 문제해결 기능 강화를 위한 훈련 방법으로 음악치료가 유용하게 활용될 수 있다.

23.3 연구 요약

Cicerone과 그의 동료들(2000)은 인지 재활 후 집행 기능 향상에 대한 근거와 함께 다음과 같은 가이드라인을 제시하였다. 집행 기능에 대한 재활은 "문제해결 전략을 훈련하고 일상생활에서의 기능적 활동으로 적용하는 것"을 포함해야 한다(Cicerone et al., 2000, p. 1606). 또한 인지재활협회(Society for Cognitive Rehabilitation)에서는 "집행 기능 및 인지 발달의 모든 단계에서의 지각"을 훈련하는 것을 권장하였다(Malia et al., 2004, p. 27).

Burgess와 Robertson(2002)은 이론, 연구 및 임상을 바탕으로 집행 기능 재활을 위한 다음의 여섯 가지 원리를 제공하였다.

- 목표와 행동의 적절성을 점검하기 위해 즉각적 피드백(moment-to-moment feedback) 시스템을 사용한다.
- 환자가 과제 수행 중 벗어난 행동을 했을 때, 간단한 방해를 통하여 목표 행동에

대한 방향 전환을 유도한다.

- 지시 사항은 간단하고 명료하게 전달한다.

- 보상과 강화 전략을 사용한다. 언어적 보상 외에 행동을 통한 실제적 보상을 병행하여 제공하는 것이 좋다.

- 집행 기능의 평가와 치료는 다양한 환경에서의 역량을 고려해야 하기 때문에 "재활에서는 환자가 어려움을 경험하는 특정한 상황을 목표로 할 수 있다"(Burgess & Roberston, 2002, p. 566).

- 가장 고질적인 문제 행동에 대한 재활을 시작하는 것보다는 오류나 실수를 줄일 수 있도록 계획, 지각, 주의 등과 같은 저하된 하위 기능을 먼저 훈련한다.

근적외선 분광법(near-infrared spectroscopy: NIRS)을 사용한 뇌 반응 연구에서는 (Hashimoto et al., 2006) 피아노 연주 그룹의 전두엽 혈류량이 대조군에 비해 유의하게 높게 나타나, 주의를 담당하는 전두엽이 음악 만들기 활동을 통해 활성화된다는 사실을 확인하였다. 주의력결핍 과잉행동장애(ADHD) 아동 대상 연구(Miller, 2007)에서는 뇌전도 뉴로피드백(electroencephalography neurofeedback)만을 받은 그룹과 이를 음악 활동과 병행한 그룹의 집행 기능 평가 결과를 비교했을 때 음악 활동을 병행한 그룹에서 유의미한 향상이 나타나, 음악 활동이 ADHD 아동의 뉴로피드백에 긍정적인 영향을 주는 것으로 제안되었다. 또한 60~85세의 건강한 노인을 대상으로 한 연구에서도 6개월간의 개인 피아노 레슨 후 집행 기능이 유의하게 향상되어 노화에 따른 인지 기능 저하에 음악 훈련이 효과적인 중재 기법으로 보고되기도 하였다(Bugos et al., 2007).

Hitchen과 그의 동료들(2010)은 두부 손상 후 신경 행동 장애를 보인 2명의 환자를 대상으로 음악치료 효과에 대해 연구한 결과, 독립적인 수행 기능이 증가하고 이상 행동은 감소하여 전반적인 일상생활 수행 기능이 향상되었다고 보고하였다. 연구자들은 논의를 통해 "음악치료가 불안과 긴장을 감소시키고, 과제 개시에 대한 두려움을 극복하게 하여, 신경 행동 장애 증상에 대한 긍정적 개선에 도움을 줄 수 있다."라고 기술하였다(Hitchen et al., 2010, p. 63). Lane-Brown과 Tate(2009, p. 481)는 후천성 뇌손상으로 인한 무감각증에 대한 비약물치료법을 주제로 한 고찰 연구에서 "음악치료가 중증 장애 환자를 위한 강력한 도구가 될 수 있다."라고 하였다.

Thaut와 그의 동료들(2009)은 비예측적인 간격으로 제시되는 리듬을 사용한 30분간의 훈련을 통해 심리적 유연성이 유의하게 향상되는 것을 발견하기도 하였다. Gardiner과 Horwitz(2012)는 평균 54회기의 NMT 세션과 그룹 심리치료에 참가한 뇌손상 환자 22명의 집행 기능 변화를 평가하여 '계획하기' 항목에서 사전 검사 시 평균치 이하로 측정되었던 점수가 사후 검사에서는 평균치로 유의하게 향상되고, 심한 정도로 손상되었던 심리적 유연성이 중간 수준으로 향상된 결과를 보고하였다. 이후 Ceccato와 그의 동료들(2006)은 후속 연구를 통해 음악적 접근을 정신의학 재활 영역에 확장시켰으나, 아직 NMT 기법을 적용한 인지 및 정신 의학 관련 연구가 부족하여 관련 연구들이 지속적으로 진행될 필요가 있다.

23.4 치료적 메커니즘

음악은 집행 기능 재활을 위해 사용될 수 있다.

- 음악은 뇌를 자극하고, 집행 기능 과제를 수행하는 데 필요한 활동 수준을 증가시킨다.
- 음악은 프로젝트를 완료하기 위한 특정 과제와 연결될 때 명확한 단서 및 신호를 제공한다.
- 음악은 과제를 진행할 수 있도록 타이밍, 그룹화 및 구성력을 제공한다.
- 음악은 집행 기능 활동 시 전두엽을 활성화시키는 것과 유사한 역할을 하는 뇌 체계를 구성한다.
- 치료적 음악 훈련은 과제의 해결 과정과 결과를 실시간으로 형성한다.
- 음악은 집행 기능 훈련에서 정서 및 인지 처리 과정을 통합하고, 동기 부여와 긍정적 정서 환기 등의 부가적 기능을 통해 과제를 수행하게 한다(Thaut, 2005). 최근에 Schweizer와 그의 동료들(2011)의 연구에서는 집행 기능에 정서적 과정을 포함시키는 것에 대한 필요성을 제안하였다.

23.5 임상 프로토콜

23.5.1 집행 기능

- NMT 기법 사용: 음악적 집행 기능 훈련(MEFT)−구상, 문제해결, 의사 결정, 합리화, 통합
- 뇌 시스템 및 목표 기능: 전두엽 집행 제어 시스템
- 훈련 목표: 참여자들은 결과를 시각화하고, 적절한 목표를 설정하며, 행동 계획을 결정하고, 필요한 모든 요소를 체계화하고, 행동을 시작하고, 행동을 방해하는 요소를 억제하고, 행동의 진행 상황을 모니터링하고, 이러한 행동들이 성공적으로 완료될 때까지 조절함으로써 집행 기능의 모든 요소를 향상시킨다.
- 대상군: 문제해결 능력을 향상하고자 하는 모든 대상군
- 세팅: 개별 및 그룹
- 필요한 장비: 드럼, 타악기(예: 마라카스, 벨, 우드 블록)
- 절차
  ① 그룹 세션의 경우 개인 공간이 충분히 확보되도록 원형으로 둘러앉는다.
  ② 치료사는 참여자들에게 훈련의 목적을 충분히 설명하여 잘 이해하도록 함으로써 훈련에 도움이 되도록 한다.
  ③ 시작 전, 참여자들의 질문에 대해 충분히 답한다.
  ④ 참여자들에게 드럼 및 타악기를 나누어 준다.
  ⑤ 치료사는 참여자들에게 훈련을 통해 기대되는 결과와 그 결과를 얻기 위해 필요한 과정을 마음속으로 그리도록 한다.
  ⑥ 리듬을 설정할 1명의 참여자(리더)를 뽑고, 리듬을 연주할 참여자들을 뽑은 후 악기를 선택하게 한다. 악기를 선택한 각 참여자들에게 리듬을 익히도록 한다.
  ⑦ 리듬 연주의 방해 요소를 설정한다. 예를 들어, 함께 연주하는 다른 참여자들에게 잘못된 리듬을 연주하도록 하거나, 원 밖에 앉도록 하거나, 참여를 거부하도록 한다.
  ⑧ 리더가 방해 요소를 모니터링하고 문제를 해결하는 것을 돕는다.

⑨ 목표가 성공적으로 이루어졌을 때, 리더에게 리듬 연주를 멈추도록 신호를 제공한다.

⑩ 그룹 구성원들이 모두 계획과 목표를 이룰 때까지 ⑥에서 ⑨번 단계를 반복한다.

⑪ 그룹 구성원들끼리 진행한 과정에 대해 논의하고, 활동을 통해 습득한 기능들이 일상생활에서 어떻게 사용될 수 있는지에 대해 강조한다.

• 일상생활로의 적용: 참여자들은 그룹 활동에 대한 목표를 설정하고, 계획을 구상하고, 실행하며, 적용시킬 수 있다.

• 변화 측정 방법

① 훈련 직후 참여자들은 결과, 목표 세우기 및 계획, 구성, 집행, 관찰에 대한 자신감에 대해 10점 만점을 기준으로 하여 자가평가한다.

② 몇 주 후, 참여자들에게 목표를 세우고 그 목표를 달성하기 위한 계획을 세울 때의 상황에 대해 말이나 글로 표현하도록 한다.

③ 음악 훈련 참여 전후로 표준화된 집행 기능 평가를 진행할 수 있다.

23.5.2 목표 설정

• NMT 기법 사용: MEFT−문제해결, 의사 결정
• 목표 인지 분야: 집행 기능, 사회성
• 뇌 시스템 및 목표 기능: 집행 기능, 전두엽 시스템
• 훈련 목표: 참여자들은 선택한 목표를 설정하고, 수행하며, 그 목표를 달성하기 위한 사회적 도움을 받을 것이다.
• 대상군: 목표를 설정하고 달성하는 능력을 향상하고자 하는 모든 대상군을 포함
• 세팅: 그룹
• 필요한 장비: 드럼, 타악기(예: 마라카스, 벨, 우드 블록)
• 절차

① 그룹 세션의 경우 개인 공간이 충분히 확보되도록 원형으로 둘러앉는다.

② 치료사는 참여자들에게 훈련의 목적을 충분히 설명하여 잘 이해하도록 함으로써 훈련에 도움이 되도록 한다.

③ 시작 전, 참여자들의 질문에 대해 충분히 답한다.

④ 참여자들이 특정 행동 목표를 선택하는 것을 돕는다.

⑤ 참여자들에게 드럼 및 타악기를 나누어 준다.

⑥ 참여자의 목표를 챈트 형식으로 읊을 수 있도록 다른 참여자들은 그에 맞춰 리듬을 확장시킨다.

⑦ 치료사는 참여자 중 1명이 목표를 챈트로 읊을 때 다른 참여자들이 리듬을 같이 연주할 수 있도록 돕는다.

⑧ 훈련이 끝난 후 참여자들의 반응을 정리한다.

- **일상생활로의 적용**: 참여자들은 목표를 달성했을 때 다른 참여자들에게 도움과 지원을 받았음을 기억하게 되고, 이것이 다른 사람들의 목표 성취 과정을 돕는 것으로 이어질 가능성이 높다.

- **변화 측정 방법**

  ① 훈련 직후 참여자들은 추가적인 도움을 받으면서 달성한 목표에 대한 자신감을 10점 만점을 기준으로 하여 자가평가한다.

  ② 몇 주 후, 참여자들에게 목표를 달성했거나, 다른 사람이 목표를 성취할 때 도움을 주었거나 지원해 준 상황에 대해 말이나 글로 표현하도록 한다.

23.5.3 외부적인 상호작용 동기 부여

- **NMT 기법 사용**: MEFT
- **목표 인지 분야**: 집행 기능, 정신사회적
- **뇌 시스템 및 목표 기능**: 전두엽 집행 제어 시스템
- **훈련 목표**: 참여자들은 외부적으로 제공되는 동기 부여에 대한 반응을 결정할 수 있다.
- **대상군**: 외부적으로 제공되는 동기 부여에 대해서 적절하게 반응하고 인식하는 기능을 향상하고자 하는 모든 대상군
- **세팅**: 개별 및 그룹
- **필요한 장비**: 핸드 드럼
- **절차**

  ① 그룹 세션의 경우 개인 공간이 충분히 확보되도록 원형으로 둘러앉는다.

② 치료사는 참여자들에게 훈련의 목적을 충분히 설명하여 잘 이해하도록 함으로 써 훈련에 도움이 되도록 한다.

③ 시작 전, 참여자들의 질문에 대해 충분히 답한다.

④ 참여자들은 2명씩 짝을 짓는다.

⑤ 한 사람(A)은 다른 사람(B)에게 리듬을 제공한다.

⑥ 듣는 사람(B)은 리듬을 따라 하면서 반응한 후 자신의 리듬을 만들기 시작한다.

⑦ 리듬을 처음으로 제공한 사람(A)은 듣는 사람(B)이 제공한 새로운 리듬에 점차 동조화된다.

⑧ 몇 번의 순서 바꾸기 후 처음에 리듬을 시작했던 사람(A)은 연주를 끝내는 '굿바 이' 비트를 연주함으로써 순서 바꾸기가 끝난다.

⑨ 이러한 음악적 연주 대화 후에 그룹 참여자들은 동기 부여 및 설득에 대한 리듬 및 서로의 반응에 대해서 토의한다.

- 일상생활로의 적용: 참여자들은 음악을 통해 동기를 부여받거나, 다른 사람에게 동 기를 부여할 수 있는 점을 일상생활에 적용하게 될 것이다. 또한 동기를 부여하거 나 설득하기 위해 노력하는 주변 사람들에 대해 인식할 수 있다.

- 변화 측정 방법: 몇 주 후, 참여자들에게 다른 사람에 의해 영향을 받았거나 동기 부 여가 된 상황에 대한 대처 방법을 말 또는 글로 표현하도록 한다.

23.5.4 개시

- NMT 기법 사용: MEFT-구성, 의사 결정, 시작

- 목표 인지 분야: 집행 기능, 사회성

- 뇌 시스템 및 목표 기능: 전두엽 집행 제어 시스템

- 훈련 목표: 참여자들은 효과적으로 행동을 시작하고 집행할 수 있다.

- 대상군: 행동 개시 능력을 향상하고자 하는 모든 대상군

- 세팅: 개별 및 그룹

- 필요한 장비: 드럼, 타악기(마라카스, 벨, 우드 블록 등)

- 절차

① 그룹 세션의 경우 개인 공간이 충분히 확보되도록 원형으로 둘러앉는다.

② 치료사는 참여자들에게 훈련의 목적을 충분히 설명하여 잘 이해하도록 함으로써 훈련에 도움이 되도록 한다.

③ 시작 전, 참여자들의 질문에 대해 충분히 답한다.

④ 악기를 나누어 준다.

⑤ 리듬 연주를 시작할 지원자를 구한다.

⑥ 자원자에게 리듬을 선택하도록 하고, 참여자들과 같이 연주하게 하여 리듬이 완성되면 멈춘다.

⑦ 모든 참여자에게 리듬을 시작하는 기회가 제공될 때까지 여섯 번째 단계를 반복한다.

- 일상생활로의 적용: 참여자들은 과거에 망설였던 행동들을 그룹 세팅에서 시작/개시할 수 있을 것이다.

- 변화 측정 방법

① 훈련 직후 참여자들은 과제를 시작할 수 있는 능력의 자신감에 대해 10점 만점을 기준으로 하여 자가평가한다.

② 몇 주 후, 참여자들에게 적절한 행동 개시 상황에 대해 말이나 글로 표현하도록 한다.

23.5.5 충동 조절

- NMT 기법 사용: MEFT−문제해결, 의사 결정
- 목표 인지 분야: 집행 기능
- 뇌 시스템 및 목표 기능: 충동 조절을 담당하는 안와 전두(orbital-frontal) 시스템
- 훈련 목표: 참여자들은 원치 않는 행동을 예상하고, 그 행동이 발생하는 것을 막을 수 있다.
- 대상군: 충동 조절 능력을 향상시키고자 하는 모든 대상군
- 세팅: 개별 및 그룹
- 필요한 장비: 드럼, 타악기(마라카스, 벨, 우드 블록 등)
- 절차

① 그룹 세션의 경우 개인 공간이 충분히 확보되도록 원형으로 둘러앉는다.

② 치료사는 참여자들에게 훈련의 목적을 충분히 설명하여 잘 이해하도록 함으로써 훈련에 도움이 되도록 한다.

③ 시작 전, 참여자들의 질문에 대해 충분히 답한다.

④ 그룹 리더는 참여자들에게 '1-2-3-4'와 같은 간단한 리듬 패턴을 알려 주고, 참여자들은 패턴을 따라 하며 리듬을 익힌다.

⑤ 그룹 리더는 참여자들에게 세 번째 비트에 반응하지 않도록 지시하여 억제를 연습하게 한다. 이 그룹의 리듬 패턴은 '1-2-_-4'로 반복한다.

⑥ 그룹 리더는 다른 비트를 생략함으로써 억제를 훈련한다(즉, 1, 2 또는 4).

⑦ 마지막으로, 참여자들이 리듬을 연주할 수 있는 기회가 제공되며, 리듬 패턴 중 소거하고 싶은 비트를 결정하게 한 후 그룹을 리드하게 한다.

• 일상생활로의 적용: 참여자들은 행동을 조절해야 하는 상황에서 부적절한 행동을 하기 전에 생각하고 멈출 수 있다.

• 변화 측정 방법

① 훈련 직후 참여자들은 자신들의 행동을 억제할 수 있는 자신감에 대해 10점 만점을 기준으로 하여 자가평가한다.

② 몇 주 후, 참여자들에게 적절하게 느끼고, 생각하고, 행동했던 상황에 대해 말이나 글로 표현하도록 한다.

23.5.6 억제

• NMT 기법 사용: MEFT-억제

• 목표 인지 분야: 집행 기능

• 뇌 시스템 및 목표 기능: 집행 기능과 연결된 전두엽, 충동 조절을 담당하는 안와 전두 시스템

• 훈련 목표: 참여자들은 부적절한 행동에 대한 충동이 일어나는 상황을 자각하고, 충동이 행동으로 실행되는 것을 방지할 수 있다.

• 대상군: 적절한 억제 기능을 향상시키고자 하는 모든 대상군

• 세팅: 개별 및 그룹

• 필요한 장비: 드럼, 타악기(마라카스, 벨, 우드 블록 등)

- 절차

  ① 그룹 세션의 경우 개인 공간이 충분히 확보되도록 원형으로 둘러앉는다.

  ② 치료사는 참여자들에게 훈련의 목적을 충분히 설명하여 잘 이해하도록 함으로써 훈련에 도움이 되도록 한다.

  ③ 시작 전, 참여자들의 질문에 대해 충분히 답한다.

  ④ 셰이커나 다른 타악기로 워밍업을 한다.

  ⑤ 그룹 참여자들에게 드럼을 나누어 준다.

  ⑥ 그룹의 리더는 참여자들이 기본 4박자 리듬('1-2-3-4')을 연주할 수 있도록 훈련시킨다.

  ⑦ 참여자들은 네 번째 비트를 시작으로 그다음에는 세 번째 비트, 비트들 중 하나를 소거한다. 두 번째, 첫 번째 비트를 생략할 때까지 계속된다.

  ⑧ 다음으로, 전체 참여자를 두 그룹으로 나눈다. 한 그룹은 네 번째 비트에 쉬고, 다른 한 그룹은 두 번째 비트에 쉬게 한다.

  ⑨ 마지막으로, 각 그룹을 한 번 더 나누어 총 4개의 그룹으로 구분한 후 그룹마다 '1-2-3-4' 숫자를 배정한다. 1번을 배정받은 그룹은 첫 번째 비트만 연주하고, 2번을 배정받은 그룹은 두 번째 비트만 연주하고, 3번을 배정받은 그룹은 세 번째 비트만 연주하며, 4번을 배정받은 그룹은 네 번째 비트만 연주한다. 리더는 처음에 각 소절의 박자를 세어 참여자들이 지침을 쉽게 따를 수 있도록 한다. 리듬이 진행되는 동안 리더는 박자를 더 이상 세지 않고 참여자들 스스로가 박자를 인식할 수 있도록 한다.

  ⑩ 훈련이 끝난 후에는 참여자들의 경험과 이 훈련이 일상생활에 어떻게 적용될 것인지에 대해 토의한다.

- 일상생활로의 적용: 참여자들은 일상생활에서 행동을 적절하게 억제할 수 있다.

- 변화 측정 방법

  ① 훈련 직후 참여자들이 적절한 시기에 성공적인 행동 억제에 대한 자신감을 10점 만점을 기준으로 하여 자가평가한다.

  ② 몇 주 후, 참여자들이 경험한 적절한 행동 억제에 대해 말이나 글로 표현하게 한다.

23.5.7 책임감

- NMT 기법 사용: MEFT−문제해결, 의사 결정
- 목표 인지 분야: 집행 기능, 사회성
- 뇌 시스템 및 목표 기능: 시작, 계획 및 목표 설정과 관련된 전두엽 시스템
- 훈련 목표: 자신감을 향상시키는 사회적 지원 제공
- 대상군: 삶에 대한 긍정적 반응을 향상시키고자 하는 모든 대상군
- 세팅: 그룹
- 필요한 장비: 핸드 드럼
- 절차

  ① 그룹 세션의 경우 개인 공간이 충분히 확보되도록 원형으로 둘러앉는다.

  ② 치료사는 참여자들에게 훈련의 목적을 충분히 설명하여 잘 이해하도록 함으로써 훈련에 도움이 되도록 한다.

  ③ 시작 전, 참여자들의 질문에 대해 충분히 답한다.

  ④ 참여자들에게 드럼을 나누어 준다.

  ⑤ 각 참여자들은 인생에서 어려움을 겪고 있는 부분에 대해 생각하도록 한다.

  ⑥ 치료사는 참여자들에게 이와 같은 어려움들을 어떻게 하면 단계적으로 극복할 수 있을지 질문한다.

  ⑦ 참여자들에게 그 단계들을 상상하도록 한다.

  ⑧ 참여자 1명씩 드럼 연주를 하며 "나는 _____을 할 수 있다."라고 자신 있게 말하도록 한다.

  ⑨ 나머지 참여자는 드럼을 이용하여 "넌 할 수 있었어!" 또는 다른 격려의 말로 응답한다.

  ⑩ 모든 그룹원이 이와 같은 순서에 참여한 후, 이 훈련이 각자에게 어떻게 영향을 미쳤는지에 대해서, 문제해결 능력에 대한 자신감에 대해서 토의한다.

- 일상생활로의 적용: 자신감을 표현하기 위한 사회적 도움 및 지지를 받고 세션 과정에서 받았던 이러한 느낌을 실제 일상생활에 적용할 수 있다.
- 변화 측정 방법

  ① 훈련 직후 참여자들은 훈련 시 언급한 어려운 일을 극복하는 능력에 대해 10점

만점을 기준으로 하여 자가평가한다.

② 몇 주 후, 참여자들이 어려움을 극복하였거나 자신감이 향상된 상황을 말이나 글로 표현하게 한다.

23.5.8 창조적 문제해결

- NMT 기법 사용: MEFT—의사 결정
- 목표 인지 분야: 주의 집중, 말하기, 집행 기능, 심리사회적 영역
- 뇌 시스템 및 목표 기능: 집행 기능과 관련된 전두엽 시스템, 변연계(limbic system)
- 훈련 목표: 창의적 행동을 향상시키고 참여자들에게 즐거움을 준다.
- 대상군: 창의성을 향상시키고, 즐기고 싶은 모든 대상군
- 세팅: 그룹
- 필요한 장비: 반주 악기(예: 기타, 피아노, 오토하프), 칠판 또는 노래 악보를 제공할 수 있는 종이, 칠판/종이에 쓸 수 있는 분필 또는 마커
- 절차

① 그룹 세션의 경우 개인 공간이 충분히 확보되도록 원형으로 둘러앉는다.

② 치료사는 참여자들에게 훈련의 목적을 충분히 설명하여 잘 이해하도록 함으로써 훈련에 도움이 되게 한다.

③ 시작 전, 참여자들의 질문에 대해 충분히 답한다.

④ 그룹 세션이 시작되기 전에 여러 가지 노래를 준비하고 키워드를 정하여 참여자들이 '빈칸 채우기'를 할 수 있도록 한다. 리더는 여러 가지 노래를 사용하여 노래 안에 대체될 단어를 다양하게 바꿀 수 있다(100%부터 2개 또는 3개). 단어를 대체할 빈칸은 어떤 종류의 단어인지 단서를 제공한다(예: 복수명사, 끝이 −ing로 끝나는 동사).

⑤ 참여자들에게 창의적이며 즐겁고 새로운 아이디어를 제시할 수 있도록 유도한다.

⑥ 칠판이나 종이에 대체될 단어를 쓰고 밑줄을 긋는다.

⑦ 참여자들이 대체 단어를 노래에 적용할 때까지 노래 제목은 비밀로 한다. 이것 또한 즐거운 활동이 될 수 있다.

⑧ 각 밑줄 아래에 단어의 종류를 쓴다(예: 명사, 사물 이름, 행동 단어, 묘사 단어).

⑨ 참여자들에게 빈칸을 채우도록 한다.

⑩ 새로운 단어가 포함된 노래를 다 같이 부른다.

⑪ 노래를 부른 후 참여자들이 원하는 단어를 바꾸도록 하여 보다 의미 있고 흥미로운 노래를 만든다.

⑫ 훈련이 끝나면 다른 새로운 노래로 진행한다.

'음악'의 예시는 다음과 같다.

① Home on the Range: "Oh give me a (명사), where the (명사) (동사), and the (복수명사) and the (복수명사). Where (부사) is (과거형 동사), a (부사) (명사), and the skies are not (형용사) all (명사)."

② You Are My Sunshine: "You are my (명사), my only (같은 명사). You make me (감정), when skies are (색깔). You'll never know (같은 명사), how much I (동사) you. Please don't (동사) my (같은 명사) away."

③ Michael Row Your Boat Ashore: "Michael (동사) your (물건) ashore, hallelujah, Michael (같은 동사) your (같은 물건) ashore, hallelujah."

④ Twinkle, Twinkle, Little Star: "Twinkle, Twinkle, (형용사) (명사), how I wonder what you are. Up above the (명사) so (형용사). Like a (명사) in the sky. Twinkle, Twinkle, (형용사) (명사), how I wonder what you are."

⑤ She'll Be Comin' Round The Mountain: "She'll be (동사) round the (명사) when she comes. She'll be (같은 동사) round the (같은 명사) when she comes. She'll be (같은 동사) round the (같은 명사), she'll be (같은 동사) round the (같은 명사), she'll be (같은 동사) round the (같은 명사) when she comes."

⑥ The Old Gray Mare: "The (형용사, 색깔, 명사), she ain't what she used to be, ain't what she used to be, ain't what she used to be. The (형용사, 색깔, 명사), she ain't what she used to be, many long years ago. Many long years ago, many long years ago. The (형용사, 색깔, 명사), she ain't what she used to be, many long years ago."

- 일상생활로의 적용: 참여자들은 일상생활에서 창의성이 더욱 향상됨을 느낀다.
- 변화 측정 방법
  ① 훈련 직후 참여자들은 창의성에 대해 10점 만점을 기준으로 하여 자가평가한다.
  ② 몇 주 후, 참여자들에게 창의성이 필요했던 상황에 대해 말이나 글로 표현하도록 한다.

23.5.9 의사 결정과 추론 형성: 집행 기능 향상을 위한 치료적 음악 훈련

- NMT 기법 사용: MEFT─문제해결, 의사 결정, 창의성 및 추리
- 목표 인지 분야: 집행 기능
- 뇌 시스템 및 목표 기능: 집행 기능과 관련된 전두엽 시스템
- 훈련 목표: 이 치료적 음악 훈련은 환자들이 집행 기능을 사용하여 작곡하고 연주하는 과정을 포함하는 작곡 게임이다.
- 대상군: 창의성, 추리, 의사 결정 및 문제해결능력을 향상하고자 하는 모든 대상군
- 세팅: 이 훈련은 다른 자극이나 주변 환경의 방해 자극이 없이 집행 기능의 구성 요소에 대한 집중이 필요하기 때문에 주로 개별 세션으로 진행되는 경우가 많지만, 한 참여자가 다른 참여자들이 작곡한 곡의 연주를 유도함으로써 그룹 세팅에도 적용할 수 있다.
- 필요한 장비: 다양한 연주 기능을 포함한 신시사이저, 드럼, 타악기(예: 마라카스, 벨, 우드 블록) 및 키보드
- 절차
  ① 치료사는 참여자들에게 집행 기능이 필요한 질문과 제안으로 이루어진 구조적 음악을 작곡하도록 한다. 작곡의 모든 과정은 참여자 혼자 진행하거나 참여자가 리드하는 그룹이 작곡한 곡을 연주할 수 있도록 한다.
  ② 치료사들의 질문과 제안은 참여자들이 음악 구성 과정의 각 단계에서 의사 결정, 문제해결력, 추리력, 통합 능력, 구성력, 평가, 창의적인 생각 등과 같은 집행 기능을 사용하여 응답하도록 한다.
  ③ 악기는 유율/무율 악기, 키보드 및 신시사이저가 모두 사용될 수 있다.
  ④ 기본 구성과 치료적 음악 훈련의 목표를 참여자들에게 충분히 설명한 후, 치료

사들은 질문과 제안으로 대화를 시작한다. 예를 들면 다음과 같다.

-작곡을 어떻게 시작할까요? 음악적 심상이나 그림을 사용해 볼까요, 아니면 이미지 또는 기분을 사용해 볼까요?

-당신의 생각을 어떤 소리로 표현할 수 있나요?

-곡에 변화를 주고 싶은가요, 아니면 끝까지 한 가지 생각에 집중하고 싶은가요?

-어떤 악기를 사용하기 원하나요?

-어떤 종류의 소리를 사용하기 원하나요(멜로디, 리듬, 템포 등)?

-그룹 연주자를 참여시키고 싶나요?

-연주자들은 무엇을 연주할 것인지 어떻게 알 수 있나요?

-지휘를 하고 싶은가요?

신시사이저 및 톤 뱅크는 환자들이 다양한 소리를 사용하여 작곡하고 연주할 수 있을 뿐 아니라 작업한 곡을 저장할 수 있어 그 위에 다른 음악을 점차 추가하거나 입힐 수도 있다. 타악기들은 그룹이나 개별 연주를 할 때 사용될 수 있다. 개별 세션의 경우 환자에게는 드럼 세트가, 치료사에게는 키보드가 주어지게 되며, 그룹 연주에서는 사회적 역량과 리더십의 훈련 요소가 추가된다.

환자들의 인지 기능 수준에 따라 치료사들은 개방형 또는 단답형 질문을 사용할 수 있다. 단답형 질문의 예로는 "두 가지 슬픈 멜로디를 연주할게요. 둘 중 어떤 멜로디가 곡을 표현하기에 더 적절한가요?" 개방형 질문의 예로는 "슬픔을 어떻게 표현하고 싶은지 말하거나 보여 주세요." 등이 있다.

• 일상생활로의 적용: 참여자들은 훈련을 통해 스스로 행동을 조절하는 방법을 배움으로써 일상생활에서 적절하지 않은 충동이 발생했을 때 적절한 수준으로 그것을 조절하고 선택할 수 있다.

• 변화 측정 방법

① 훈련 직후 참여자들은 추리, 문제해결 또는 새로운 것을 창작하는 것에 대해 10점 만점을 기준으로 하여 자가평가한다.

② 몇 주 후, 참여자들에게 추리, 문제해결 혹은 새로운 것을 창작하기 위한 상황을 말이나 글로 표현하도록 한다.

③ 추론에 대한 표준화된 심리 평가(예: 웩슬러 지능검사), 문제해결(예: Delis-Kaplan 집행 기능 평가의 스무 가지 질문) 또는 집행 기능 능력을 평가할 수 있다.

참고문헌

Bugos, J. A. et al. (2007). Individualized piano instruction enhances executive function and working memory in older adults. *Aging & Mental Health, 11,* 464-71.

Burgess, P. W. and Robertson, I. H. (2002). Principles of the rehabilitation of frontal lobe function. In: D. T. Stuss and R. T. Knight (eds) *Principles of Frontal Lobe Functioning.* New York: Oxford University Press. pp. 557-72.

Ceccato, E., Caneva, P., and Lamonaca, D. (2006). Music therapy and cognitive rehabilitation in schizophrenic patients: a controlled study. *Nordic Journal of Music Therapy, 15,* 111-20.

Cicerone, K. D. et al. (2000). Evidence-based cognitive rehabilitation: recommendations for clinical practice. *Archives of Physical Medicine and Rehabilitation, 81,* 1596-615.

Gardiner, J. C. and Horwitz, J. L. (2012). *Evaluation of a cognitive rehabilitation group featuring neurologic music therapy and group psychotherapy.* Unpublished manuscript.

Goldberg, E. (20010. *The Executive Brain: frontal lobes and the civilized mind.* New York: Oxford.

Gordon, W. A., Cantor, J., Ashman, T., and Brown, M. (2006). Treatment of post-TBI executive dysfunction: application of theory to clinical practice. *Journal of Head Trauma Rehabilitation, 21,* 156-67.

Hashimoto, J. et al. (2006). Examination by near-infrared spectroscopy for evaluation of piano performance as a frontal lobe activation task. *European Neurology, 55,* 16-21.

Hitchen, H., Magee, W. L., and Soeterik, S. (2010). Music therapy in the treatment of patients with neuro-behavioural disorders stemming from acquired brain injury. *Nordic Journal of Music Therapy, 19,* 63-78.

Lane-Brown, A. T. and Tate, R. L. (2009). Apathy after acquired brain impairment: a systematic review of non-pharmacological interventions. *Neuropsychological Rehabilitation, 19,* 481-516.

Malia, K. et al. (2004). *Recommendations for Best Practice in Cognitive Rehabilitation Therapy: acquired brain injury.* Exton, PA: Society for Cognitive Rehabilitation. www.societyforcognitiverehab.org/membership-and-certification/documents/EditedRecsBestPrac.pdf

Miller, B. L. and Cummings, J. L. (eds) (2007). *The Human Frontal Lobes: functions and disorders*, 2nd edition. New York: Guilford.

Miller, E. B. (2007). *Getting from psy-phy (psychophysiology) to medical policy via music and neurofeedback for ADHD children*. Doctoral dissertation. Bryn Mawr, PA: Bryn Mawr College, Graduate School of Social Work.

Schweizer, S., Hampshire, A., and Dalgleish, T. (2011). Extending brain training to the affective domain: increasing cognitive and affective executive control through emotional working memory training. *PLoS One, 6*, 1–7.

Stuss, D. T. and Knight, R. T. (eds) (2002). *Principles of Frontal Lobe Function*. New York: Oxford University Press.

Thaut, M. H. (2005). *Rhythm, Music, and the Brain: scientific foundations and clinical applications*. New York: Routledge.

Thaut, M. H. et al. (2009). Neurologic music therapy improves executive function and emotional adjustment in traumatic brain injury rehabilitation. *Annals of the New York Academy of Sciences, 1169*, 406–16.

Chapter 24

음악적 기억술 훈련(MMT)

●

James C. Gardiner and Michael H. Thaut

24.1 정의

기억은 과거의 경험을 바탕으로 특정 정보나 장면을 마음속에서 재생산하는 기능으로, 재생산과 관련된 것을 활성화시키기 위한 인지 기능을 뜻하며, 신경학적 질병이나 손상으로 인해 부분적으로 저하되거나 완전히 손실될 수도 있다.

Wilson(2009, p. 74)은 기억술(mnemonic, 니모닉)을 가리켜 "어떤 정보를 더 쉽게 기억하도록 도와주는 시스템"이라고 정의하였다. 다시 말해, 기억술은 정보를 보다 효과적으로 저장하여 인출하기 위한 모든 방법을 뜻한다. 기억술의 예로는 언어적인 방법(예: 기억하고 싶은 단어의 첫 글자를 말하면서 상기시키기), 시각적인 방법(예: 얼굴과 이름 관련 짓기), 동작을 이용하는 방법(예: 노래와 동작 연결 짓기), 음악적인 방법(예: 암기하고 싶은 것을 익숙한 노래 멜로디에 주입) 등이 있다.

음악적 기억술 훈련(musical mnemonics training: MMT)은 음악을 리듬, 노래, 라임, 챈트 등의 형태로 사용하여 정보를 순서대로 배열하거나 조직화하고, 감정 및 동기 등을 포함한 의미를 부여함으로써 기억이나 학습과 관련된 기능을 향상시킬 수 있다(Thaut, 2005).

24.1.1 기억의 종류

기억에는 다양한 종류가 있으며, 다양한 유형으로 분류된다.

- 작업 기억(working memory): 정보가 필요한 몇 초 동안만 유지되는 기억이다(예: 웹 브라우저에 사이트를 입력하기 전에 누군가로부터 들은 웹사이트 이름을 기억하는 것).
- 의미 기억(semantic memory): 일반 상식에 대한 정보와 관련된 기억이다(예: 대륙의 이름).
- 일화 기억(episodic memory): 개인적 경험 및 사건·이벤트 등과 관련된 기억이다 (예: 열여섯 번째 생일에 무엇을 했는지 기억하는 것).
- 지각적 표상 체계(perceptual representation system: PRS): PRS는 새로운 정보를 이전에 알았던 정보와 함께 분석하고 비교하는 것이다(예: 명왕성은 더 이상 행성이 아니라고 들었지만, PRS는 여전히 명왕성을 행성이라고 기억하므로 태양계의 행성에 대한 기억을 수정해야 한다).
- 절차 기억(procedural memory): 운동 및 인지적 수행에 필요한 기능적 절차와 관련된 기억이다(예: 기타를 연주할 때 손가락, 손, 팔 등과 같은 운동 기관의 움직임의 순서에 관한 기억). 종종 '근육 기억(muscle memory)'이라고도 한다.
- 미래 기억(prospective memory): 사람들이 적절한 시기에 맞춰 특정 행동을 할 수 있도록 기억하는 것이다(예: 미래의 특정 콘서트 날짜를 기억하는 것).

24.2 대상군

MMT는 외상성 뇌손상, 뇌졸중, 뇌종양, 다발성 경화증, 파킨슨병 등의 신경학적 손상 환자 외에도 산소 결핍이나 독성 물질 노출 등으로 인해 뇌 기능이 손상된 환자 등, 다양한 대상군의 기억 향상에 도움을 줄 수 있다. 이 기법은 특히 기억상실증 환자들의 자서전적 기억(autobiographical memory)을 향상시키거나 일화 기억(episodic memory), 알츠하이머 환자들의 재인 기억(recognition memory) 및 절차 기억(procedural memory) 등의 개선에 효과적인 것으로 나타났으며, 건강한 성인들의 기억 향상에도 효과적으로 적용될 수 있는 것으로 보고되었다.

24.3 연구 요약

회복 및 보상 기능을 목표로 하는 재활 프로그램은 시각과 구문 기억을 모두 향상시키는 것으로 나타났다. 외상성 뇌손상 환자들을 대상으로 한 Ho와 Bennett(1997)의 연구에서는 평균 59회기 동안 인지 재활 프로그램을 진행한 후 경도 또는 중증도의 외상성 뇌손상 환자들이 언어 학습과 복잡한 시각 기억이 개선된 결과를 보고하였다. Thickpenny-Davis와 Barker-Collo(2007)의 연구에서는 기억 재활에 참여한 외상성 뇌손상 또는 뇌졸중 환자들의 단어 및 숫자 지연 회상 과제의 수행력이 유의한 수준으로 향상되었고, 최소 1개월 이상 이러한 효과가 지속된 것으로 나타났다. 다른 연구에서도 기억 전략 학습이 기억력 유지와 향상에 도움이 되는 것으로 나타났다(Gordon et al., 2006). Berg와 그의 동료들(1991)의 연구에서 일상생활 기능과 관련된 '보편화된 기억원리'로 이루어진 기억 과제 훈련을 진행한 그룹과 게임을 통해 기억 과제 훈련을 진행한 그룹을 비교한 결과, 보편화된 기억 원리에 의해 전략을 습득한 참여자들에게서 유의한 기억력 향상이 나타났고, 이 결과는 4개월 후 시행된 추적 조사에서도 지속된 것으로 나타났다.

시각 이미지 훈련은 서술적 기억 및 미래 시점에 대한 기억을 효과적으로 향상시킨 것으로 나타났다. Kaschel과 그의 동료들(2002)의 연구에서 10주 동안의 시각 이미지 기억 훈련을 진행한 결과, 서술적 기억과 미래 시점에 대한 기억이 향상되었으며, 이 효과가 3개월 후에도 유지되는 것으로 나타났다. Glisky와 Glisky(2002)는 기억 재활에 대한 연구를 통해 다음의 네 가지 접근법을 제안하였다.

① 연습 및 리허설: 단순한 훈련만으로 신경 질환 환자들의 기억력을 향상시키기는 어렵지만, 일상생활에서 사용되는 의미 있는 정보를 기억하기 위한 집중력 향상에는 도움을 줄 수 있다. '간헐적 인출(spaced retrieval)'(일정한 주기마다 반복하여 평가)이나 인출 간격을 점차 증가시키는 방법을 기억 인출 훈련에 적용할 수 있다.
② 기억술 전략: 중증의 신경학적 질환이나 손상 환자들은 기억술 전략을 습득하는

것은 어렵지만 일상생활에서 요구되는 기술이나 시각적 이미지를 기억하는 것은 비교적 가능하고, 의미 있는 순서의 기억(예: 스케줄이나 특정 작업 수행 절차)을 위해 연쇄(chaining) 또는 연관을 통해 정보를 연결하는 방법이 도움이 되는 것으로 나타났다(Glisky & Schacter, 1989). 읽기 과제에서 기억력 향상을 위한 유용한 방법에는 3Q3R(Robinson, 1970) 또는 PQRST 접근 방법이 있다. 이 방법은 읽어야 할 자료를 미리 보고(Previewing), 정보에 대해 질문하고(Question), 단락을 읽고(Reading), 질문에 대한 답을 쓰고(Stating), 읽은 자료에 대한 기억을 검사하는(Testing) 것을 포함한다. Wilson(2009)은 PQRST가 신경 재활에 효과적인 방법이라고 보고하였다.

③ **외부 도움 및 환경 지원**: 이 접근은 기억하고자 하는 정보를 가까운 주변 환경(예: 방, 찬장)에 배치하여 노출 빈도를 높이는 방법이다. 이를 위해 노트북, 알람, 타이머, 달력, 일기 또는 스마트폰과 같은 전자 장비 등이 사용될 수 있다.

④ **특정 영역 학습**

- **암묵적 기억(implicit memory)**은 이전에 학습이나 경험을 통해 습득한 정보를 의식하거나 지각하지 않고 떠올리는 것을 말한다. Schacter와 그의 동료들(1993)의 연구에서는 중증의 기억손상 환자가 새로운 정보를 습득할 때, 점화(이 맥락에서는 이전에 학습된 정보를 회상하는 데 도움을 주기 위한 신호 또는 힌트로 해석할 수 있음)가 심각하게 손상된 기억에도 과거에 알고 있었던 지식 또는 동작과 연관되어 기억에 도움이 되었다고 주장하였다. 암묵적 기억을 활용한 예로는, 과거에 배웠던 친숙한 노래를 부른 후, 새로운 정보를 그 노래의 가사로 하여 다시 부름으로써 새로운 정보를 기억하도록 하는 활동이 있다.

- **착오(오류) 없는 학습(errorless learning: EL)**은 초기 단계에 신호를 제공함으로써 학습자가 기억해야 할 정보를 반복하게 한다. 신호가 점차 소거되면서 시간이 지남에 따라 기억이 강화되고 결과적으로는 신호가 필요하지 않게 된다. Wilson(2009)은 뇌손상 환자들에게 착오 없는 학습이 시행착오를 통해 습득하는 것보다 효과적이라고 보고하였다. Dewar와 Wilson(2006)이 진행한 단일 대상 연구에서는 착오 없는 학습 및 소거된 신호를 통해 얼굴 인식 능력이 향상되었고, 이후에도 지속적인 효과가 나타났다.

뇌손상 후 인지 재활에 대한 고찰 연구(Circerone et al., 2011)에서는 기억 향상을 위해 인지 훈련과 통합적 재활 훈련이 가장 효과적이라고 보고되었고, 또 다른 연구(Gordon et al., 2006)에서는 보상 훈련이 기억 치료에 대한 효과적 전략이라고 하였다. 이 외에 인지 재활 치료에서 가장 주요한 요소로 보상 기억 훈련과 일상생활에 적용 가능한 기능적인 훈련 등을 제안한 연구도 있었다(Malia et al., 2004).

음악은 학습에 사용되는 뇌 영역을 활성화시키는 것으로 나타났다. Peterson과 Thaut(2007)의 연구에서는 EEG를 통해 뇌파를 측정한 결과, 음악을 들을 때 뇌의 전두엽에서 언어 학습과 관련된 네트워크가 활성화되는 것으로 나타났다. Chan과 그의 동료들(1998), Ho와 그의 동료들(2003)의 연구에서는 밴드, 오케스트라 및 개인 음악 레슨과 같은 음악 훈련을 받은 학생들과 그렇지 않은 또래 학생들이 시각적 기억에는 차이가 없었지만, 언어 기억에서는 유의하게 큰 차이가 나타나는 것으로 보고되었다.

이와 같은 음악의 언어 기능 향상 효과는 중증 기억상실 환자들을 대상으로 한 연구에서도 나타났다(Baur et al., 2000). 선율과 리듬은 생각이나 사건을 회상하는 데 도움이 되는 것으로 보고되었는데, Wallace와 Rubin(Rubin & Wallace, 1990; Wallace, 1994; Wallace & Rubin, 1988, 1991)은 언어 정보 회상 능력에 대한 선율과 리듬의 효과에 대한 연구에서 선율이 노래의 가사를 기억하기 위한 단서를 제공할 수 있다는 사실과 선율과 리듬이 언어로 제공되는 단서보다 기억을 강화하는 데 더 도움이 된다는 것을 발견하였다.

또한 음악은 치매 환자의 기억 향상에 효과가 있었다. 클래식 음악 감상은 일화 기억을 향상시키고(Irish et al., 2006), 치매 환자들이 노래의 가사를 들으면 다음 가사를 재인하는 데 도움이 되는 것으로 나타났다(Simmons-Stern et al., 2010). 노래 만들기(Hong & Choi, 2011)와 음악이 추가된 가상 현실 훈련(Optale et al., 2001)도 치매 환자들의 기억력 향상에 도움이 되는 것으로 보고되었다.

노래 부르기 역시 이름이나 다른 언어 정보를 기억하는 데 효과적인 것으로 나타났다. Carruth(1997)는 기억력이 저하된 노인들이 사람들의 이름을 기억하는 데 노래 부르기가 도움이 되었다고 보고하였다. 음성 및 음악 조건에서의 언어 정보 기억의 비교 실험을 위한 뇌파 연구(Thaut et al., 2005)에서는 음악 조건에서 학습 능력과 기억력이 더욱 높게 나타났다. 다발성 경화증 환자들을 대상으로 한 다른 연구(Thaut et al., 2008)에서는 노래를 통한 연습이 말로 하는 것보다 단어 순서를 기억하는 데 더욱 효과적인 결과를 보였으며, Thaut(2010)는 음악 자극에 의해 뇌의 공유 네트워크가 활성화되면서 기억과 관련된 기능을 향상시킬 수 있다고 보고하였다. Iwata(2005)는 외국어를 배울 때 노래로 습득하는 것이 다른 방법보다 학습에 효과적이라는 것을 발견하였고, 다른 연구에서도 음악적 기억술 훈련이 구문 학습에 효과적인 것으로 나타났다(Moore et al., 2008).

이 밖에도 리듬은 숫자 정보의 작업 기억을 향상시킨다고 보고되었다. Silverman(2012)의 연구에서는 정보를 리듬과 연결하여 기억할 때 리듬이 포함되지 않았을 때보다 기억이 더욱 향상된 것으로 나타났다. Morton과 그의 동료들(1990)의 연구에서도 음악이 동반될 때 숫자 기억 능력이 향상되었다고 보고하였다.

음악 감상 역시 기억력에 도움을 줄 수 있다. Sarkamo와 그의 동료들(2008)의 연구에서는 음악 감상에 참여한 뇌졸중 환자들이 오디오 북이나 다른 재활 훈련에 참여한 환자들보다 기억력이 유의하게 향상된 것으로 나타났다. 또한 NMT 인지 재활 프로그램을 통해 시각과 구문 기억 모두가 향상되었는데, 예를 들면 Gardiner와 Horwitz(2012)의 연구에서는 22명의 외상성 뇌손상 환자가 평균 53회기의 NMT 세션 및 심리교육 중재법(psycho-educational)에 참여했을 때, 구문 학습, 구문 기억 및 시각 기억이 유의하게 향상된 것을 보고하였다.

Thaut 박사는 "음악은 비음악적·서술적 및 절차적 학습을 위한 언어적 정보를 구성하는 효과적인 기억의 표상으로 사용될 수 있다."라고 정리하였다(Thaut, 2005, p. 75). 다음에 제시된 그의 이론적 개념은 음악 자극이 뇌 기능 향상에 도움이 된다는 사실을 뒷받침한다.

- 음악은 즉각적인 자극과 구조를 제공한다.
- 음악은 시간, 그룹화 및 동기화를 사용하여 기억의 구성도를 높인다.
- 음악은 주어진 과제를 마무리하기 위해 도움이 되는 유사한 (공유 또는 평행적) 뇌 시스템을 구성한다.
- 마지막으로, 음악을 통한 동기 부여 및 정서적 효과를 앞의 과정에 추가한다.

24.4 치료적 메커니즘

[그림 24-1]은 기억 능력을 향상시키기 위한 원리와 기술을 쉽게 기억할 수 있도록 앞글자를 딴 두문자어 형태로 제시하였다(RECALL: Repetition, Emotion, Confidence, Action, Link, Learn).

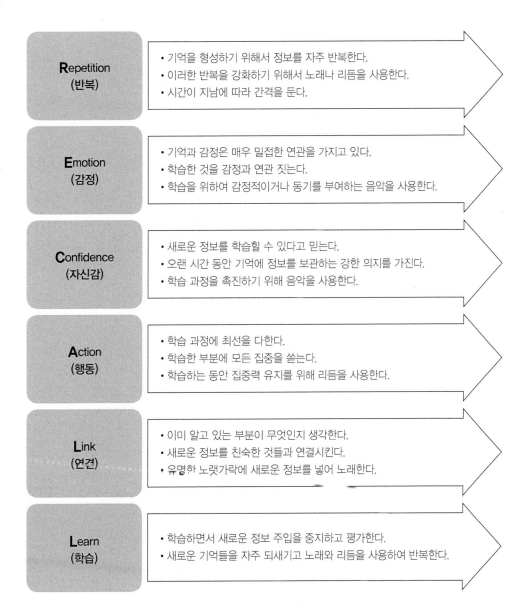

Repetition (반복)
- 기억을 형성하기 위해서 정보를 자주 반복한다.
- 이러한 반복을 강화하기 위해서 노래나 리듬을 사용한다.
- 시간이 지남에 따라 간격을 둔다.

Emotion (감정)
- 기억과 감정은 매우 밀접한 연관을 가지고 있다.
- 학습한 것을 감정과 연관 짓는다.
- 학습을 위하여 감정적이거나 동기를 부여하는 음악을 사용한다.

Confidence (자신감)
- 새로운 정보를 학습힐 수 있다고 믿는다.
- 오랜 시간 동안 기억에 정보를 보관하는 강한 의지를 가진다.
- 학습 과정을 촉진하기 위해 음악을 사용한다.

Action (행동)
- 학습 과정에 최선을 다한다.
- 학습한 부분에 모든 집중을 쏟는다.
- 학습하는 동안 집중력 유지를 위해 리듬을 사용한다.

Link (연견)
- 이미 알고 있는 부분이 무엇인지 생각한다.
- 새로운 정보를 친숙한 것들과 연결시킨다.
- 유명한 노랫가락에 새로운 정보를 넣어 노래한다.

Learn (학습)
- 학습하면서 새로운 정보 주입을 중지하고 평가한다.
- 새로운 기억들을 자주 되새기고 노래와 리듬을 사용하여 반복한다.

[그림 24-1] 기억을 용이하게 해 주는 메모리 메커니즘

24.5 임상 프로토콜

24.5.1 명칭 기억: 리듬과 챈팅

- NMT 기법 사용: 음악적 기억술 훈련(MMT)
- 뇌 시스템 및 목표 기능: 전두엽을 포함한 기억 시스템, 해마(hippocampus), 변연계(limbic system) 및 소뇌(cerebellum)
- 훈련 목표: 각 참여자들의 이름을 기억할 수 있고, 세션 후 새로운 참여자들의 이름을 기억하는 능력을 향상시킨다.
- 대상군: 기억력 향상을 원하는 모든 대상군
- 세팅: 그룹
- 필요한 장비: 드럼, 타악기(예: 마라카스, 벨, 우드 블록)
- 절차
  ① 개인 공간이 충분히 확보되도록 원형으로 둘러앉는다.
  ② 치료사는 참여자들에게 훈련의 목적을 충분히 설명하여 잘 이해하도록 함으로써 훈련에 도움이 되도록 한다.
  ③ 시작 전 참여자들의 질문에 대해 충분히 답한다.
  ④ 참여자들에게 리듬악기를 나누어 준다.
  ⑤ 리듬 훈련과 함께 워밍업을 한다.
  ⑥ 외워야 하는 이름과 리듬을 연결하여 시범을 보인다(예: George Washington, John F. Kennedy, 또는 그룹 구성원들이 제안한 존경하는 인물 이름).
  ⑦ 리더는 참여자의 이름을 다른 참여자들에게 소개하는 방법에 대해 시범을 보인다. 처음에는 이름을 분명하게 말하고, 이름과 일치하는 리듬을 연주한다. 이를 반복하면서 다른 참여자들이 자신의 이름에 맞춰 리듬을 드럼으로 연주하며 챈팅하도록 유도한다.
  ⑧ 각 참여자들은 앞과 같은 방법으로 자신들의 이름을 다른 참여자들에게 알려 준다. 이때 다른 참여자들이 리듬에 맞춰 자신의 이름을 알게 한 후, 마무리 신호를 제공하며 마친다.

⑨ 이러한 방법으로 모든 참여자의 이름을 익힌 후, 리더가 한 참여자의 이름을 말하면 해당 참여자를 보면서 천천히 얼굴의 특징을 관찰하고 악기의 리듬에 맞춰 참여자의 이름을 챈팅한다.

⑩ 3~4명의 참여자가 서로의 이름을 제시한 후, 리더는 지금까지 진행된 참여자들의 이름을 복습한다. 복습은 훈련이 끝날 때까지 주기적으로 시행된다.

⑪ 학습이 끝난 후에는 모든 참여자의 이름을 말하도록 하여 기억력에 대한 평가를 진행한다.

- 변형: 참여자들의 이름을 기억하도록 관련된 연상 장치를 행동으로 제시하고, 참여자들이 이를 음악적으로 표현하게 한다. 예를 들어, Tony는 그의 이름을 드럼으로 표현하고, 첫 번째 비트 후에는 발가락(toe)을 가리키며, 두 번째 비트 후에는 무릎(knee)을 가리킨다.

- 일상생활로의 적용: 행동, 반복, 리듬 및 시간차를 둔 훈련 원리는 일정이나 새로운 친구의 이름을 기억하는 것과 유사한 형태의 학습 및 기억 수행에 적용될 수 있다.

- 변화 측정 방법

  ① 훈련 직후, 정보 기억력에 대한 자신감을 10점 만점 기준으로 자가평가한다.

  ② 몇 주 후, 참여자들에게 좀 더 효과적으로 정보를 기억할 수 있었던 상황에 대해 말 또는 글로 표현하도록 한다.

  ③ 음악 훈련 전후에 그들의 기억력을 측정하는 표준화된 기억력 평가를 시행할 수 있다.

24.5.2 목록 기억

- NMT 기법 사용: MMT−서술적 기억술(declarative mnemonics), 의미 및 일화 기억

- 뇌 시스템 및 목표 기능: 기억 합병 및 시스템을 포함하는 양측 측두엽(bilateral temporal lobes), 변연계 및 소뇌

- 훈련 목표: 참여자들은 쇼핑 목록과 같은 단어 목록을 기억할 수 있다.

- 대상군: 의미 기억 능력을 향상시키고 싶은 모든 대상군

- 세팅: 개별 및 그룹

- 필요한 장비: 단어를 쓸 수 있는 칠판 또는 스케치북, 다양한 타악기 및 반주가 가능

한 기타, 피아노 또는 오토하프와 같은 악기

- 절차

① 그룹 세션의 경우 개인 공간이 충분히 확보되도록 원형으로 둘러앉는다.

② 치료사는 참여자들에게 훈련의 목적을 충분히 설명하여 잘 이해하도록 함으로써 훈련에 도움이 되도록 한다.

③ 시작 전 참여자들의 질문에 대해 충분히 답한다.

④ 참여자들에게 리듬악기를 나누어 준다.

⑤ 훈련과 함께 워밍업을 한다.

⑥ 세션 동안 배워야 할 열다섯 가지의 단어 목록을 소개한다: 강아지, 하늘, 호수, 나무, 깃발, 자동차, 옷, 기차, 사과, 컵, 동전, 햇빛, 길, 부츠, 퀼트.

⑦ 참여자들의 의견에 따라 의미를 부여할 수 있는 단어 목록을 만들 수도 있다(예: 쇼핑 목록).

⑧ 열다섯 가지의 단어를 모두 포함하여 재미있게 연주할 수 있는 생동감 있는 리듬을 구성한다.

⑨ 단어를 리듬에 맞춰 반복적으로 챈팅하고, 악기로 반주를 제공한다.

⑩ 참여자들이 단어 목록을 외워서 말하게 한다.

⑪ 단어와 관련 없는 노래를 부르게 하면서 잠시 주의를 분산시킨다.

⑫ 단어 목록을 다시 외워서 말하게 한다.

⑬ 활기차고 재미있는 노래에 단어 목록을 넣어 다시 소개한다.

⑭ 참여자들에게 노래를 들려주고, 악기를 연주하면서 여러 번 반복하도록 한다.

⑮ 단어 목록을 외워서 말하게 한다.

⑯ 단어를 의미 있는 순서로 재구성한다(예: 옷을 차려입은 강아지가 탄 자동차가 호수 근처에 있는 사과나무 옆에 있고, 그 뒤로는 기차가 지나가고 있다).

⑰ 새로운 순서로 정렬된 단어를 새로운 노래에 적용한다.

⑱ 참여자들에게 노래를 알려 주고, 악기를 연주하면서 몇 번 반복하도록 한다.

⑲ 단어 목록을 외워서 말하게 한다.

- 일상생활로의 적용: 참여자들과 쇼핑 목록 같이 일상생활에서 얻게 되는 새로운 정보를 배우고, 유지하고, 사용할 수 있는 방법을 토의한다.

- 변화 측정 방법

① 훈련 직후, 새로운 정보를 배우고 유지하고 사용하는 능력의 자신감에 대해 10점 만점을 기준으로 자가평가한다.

② 몇 주 후, 참여자들에게 정보를 기억할 때 적절하게 기억할 수 있었던 상황에 대해 말 또는 글로 표현하도록 한다.

③ 음악 훈련 전후에 기억력을 측정하는 표준화된 기억력 평가를 시행할 수 있다.

24.5.3 고정적 목록 기억

- NMT 기법 사용: MMT−서술적 기억술, 의미 기억
- 뇌 시스템 및 목표 기능: 기억 시스템을 포함하는 양측 측두엽, 해마, 변연계 및 소뇌
- 훈련 목표: 참여자들은 최근에 습득한 쇼핑 목록과 같은 구문 정보의 목록을 기억할 수 있다.
- 대상군: 의미 기억을 향상시키고 싶은 모든 대상군
- 세팅: 개별 및 그룹
- 필요한 장비: 반주 가능한 악기(기타, 피아노 또는 오토하프), 드럼, 타악기(예: 마라카스, 벨, 우드 블록)
- 절차

① 그룹 세션의 경우 개인 공간이 충분히 확보되도록 원형으로 둘러앉는다.

② 치료사는 참여자들에게 훈련의 목적을 충분히 설명하여 잘 이해하도록 함으로써 훈련에 도움이 되도록 한다.

③ 시작 전 참여자들의 질문에 대해 충분히 답한다.

④ 참여자들에게 익숙한 내용으로 정보를 관련(associating)짓고 연결(chaining)시키면서 신체 목록을 사용하여 기억하는 법을 가르친다. 예를 들어, 달걀 사는 것을 기억하기 위해 머리카락과 연결시킨다면, 머리 위로 몇 개의 달걀이 떨어져 머리카락에 흘러내린다고 상상할 수 있다. 이러한 강한 이미지에 대한 감각과 정서적 반응을 통해 기억해야 할 항목이 더욱 강하게 기억된다.

⑤ 기억과 연결시킬 수 있는 신체 목록은 머리카락, 눈, 코, 입, 턱, 어깨, 허리, 허벅지, 무릎 및 발로 구성된다.

⑥ 참여자들은 열 가지 쇼핑 목록을 구성한다.

⑦ 열 가지 목록이 정해지면 즉흥 연주 노래를 통해 다음 빈칸에 목록을 채워 넣게 함으로써 신체 목록과 쇼핑 목록을 연결 짓는다.

⑧ "내 머리에는 _____가 있고, 눈에는 _____가 있어요. 코에는 _____가 있고, 턱에는 _____가 있지요. 어깨에는 _____와 _____를 올려놓고, _____는 허리에 달려 있어요. _____는 내 허벅지에 놓여 있고, _____는 무릎에 있어요. 발가락 사이에는 _____가 있어요."

⑨ 참여자들과 함께 이 노래를 연습하고 리듬을 제공하기 위해 타악기를 사용한다.

⑩ 참여자들에게 처음에는 열 가지 목록을 노래와 함께 외우게 하고, 그다음에는 노래 없이 외우도록 한다.

• **일상생활로의 적용**: 참여자들은 일상생활에서 신체 노래를 사용하여 절차 목록, 쇼핑 목록 등을 외울 수 있다.

• **변화 측정 방법**

① 훈련 직후, 새로운 정보를 배우고 유지하고 사용하는 능력의 자신감에 대해 10점 만점을 기준으로 자가평가한다.

② 몇 주 후, 참여자들에게 새로운 정보를 배우고 유지한 상황에 대해 말 또는 글로 표현하도록 한다.

③ 음악 훈련 전후에 기억력을 측정하는 표준화된 기억력 평가를 시행할 수 있다.

24.5.4 일화 기억

• **NMT 기법 사용**: MMT−일화 기억

• **뇌 시스템 및 목표 기능**: 기억 시스템을 포함하는 양측 측두엽, 해마, 변연계 및 소뇌

• **훈련 목표**: 참여자들은 과거의 중요하고 의미 있는 정보를 기억해 낼 수 있다.

• **대상군**: 기억력을 향상시키고 싶은 모든 대상군

• **세팅**: 그룹

• **필요한 장비**: 드럼, 타악기(예: 마라카스, 벨, 우드 블록)

• **절차**

① 그룹 세션의 경우 개인 공간이 충분히 확보되도록 원형으로 둘러앉는다.

② 치료사는 참여자들에게 훈련의 목적을 충분히 설명하여 잘 이해하도록 함으로

써 훈련에 도움이 되게 한다.

③ 시작 전 참여자들의 질문에 대해 충분히 답한다.

④ 참여자 또는 가족은 과거에 있었던 중요한 일의 목록을 만든다.

⑤ 참여자들에게 리듬악기를 나누어 준다.

⑥ 참여자들에게 과거의 중요한 일 중 하나를 선택하도록 한다. 리듬악기를 사용하면서 중요한 일을 기념하기 위한 챈트를 만든다(예: "나는 1963년에 베트남을 갔다.").

⑦ 만약 참여자가 과거의 기억을 떠올리고 말하는 데 어려움을 겪는다면 리더는 참여자가 15세에서 25세 사이일 때 유명했던 노래를 연주하며 참여자들의 10대 후반 및 젊었을 때의 기억을 불러오는 데 도움을 준다.

⑧ 모든 참여자에게 기회가 제공될 때까지 계속 진행한다.

⑨ 결과에 대해 토의한다. 다른 참여자들의 중요했던 경험을 듣고 어떤 기억이 떠올랐는지 토의한다.

- 일상생활로의 적용: 이 훈련은 참여자가 상담이나 인생의 의미를 탐색하는 과정에서 필요한 기억을 떠올리도록 도울 수 있다.

- 변화 측정 방법

① 몇 주 후, 참여자들에게 과거의 기억을 회상한 후에 다르게 느끼거나, 생각하거나, 행동한 상황에 대해서 말 또는 글로 표현하도록 한다.

② 음악 훈련 전후에 감정 상태를 측정하기 위한 단축형 간이 정신 진단 검사(Brief Symptom Inventory 18)와 같은 간략한 정서적 적응 설문지를 작성할 수 있다.

24.5.5 리듬 기억

- NMT 기법 사용: MMT

- 뇌 시스템 및 목표 기능: 기억 시스템을 포함하는 전전두엽(prefrontal lobe), 해마 및 소뇌

- 훈련 목표: 참여자들은 행동 과정을 기억하는 기능이 향상될 것이다.

- 대상군: 기억력을 향상시키고 싶은 모든 대상군

- 세팅: 개별 또는 그룹

- 필요한 장비: 드럼, 타악기(예: 마라카스, 벨, 우드 블록)
- 절차

  ① 그룹 세션의 경우 개인 공간이 충분히 확보되도록 원형으로 둘러앉는다.

  ② 치료사는 참여자들에게 훈련의 목적을 충분히 설명하여 잘 이해하도록 함으로써 훈련에 도움이 되도록 한다.

  ③ 시작 전 참여자들의 질문에 대해 충분히 답한다.

  ④ 셰이커로 워밍업을 하여 참여자들이 리듬을 편안하게 느끼도록 한다.

  ⑤ 리더가 참여자들에게 리듬을 소개하고 리듬의 이름을 짓는다. 리듬과 이름이 밀접한 관련이 있다면 더욱 유용할 것이고, 그룹에게 의미 있는 이름(예: 지역 명소의 이름)이거나 특별한 의미로 관련 있는 것(예: '리듬 빌더'라고 이름을 짓고, 그들의 이름과 관련된 특정한 리듬을 쌓는다)이 도움이 될 것이다.

  ⑥ 리더가 연주하는 리듬을 연습한 후 참여자들은 의미 있는 이름을 선택하고, 그 이름과 관련된 리듬을 구상하게 한다.

  ⑦ 그룹은 관련된 이름이나 문구를 챈팅하면서 리듬을 연습한다.

  ⑧ 몇 가지 리듬 패턴을 적용해 본 후 한 가지 패턴을 선택하여 연습하고, 리듬과 관련하여 이름을 외우도록 한다.

  ⑨ 리듬과 관련 없는 다른 활동에 참여함으로써 주의를 잠시 분산시킨다.

  ⑩ 리더는 참여자들에게 리듬의 이름을 기억하게 하고, 리듬과 관련된 기억을 이끌어 내기 위해 주기적인 리듬 연주를 제공한다.

  ⑪ 다음 세션에서 그룹이 다시 만났을 때, 지난번에 연주한 리듬을 듣거나 연주함으로써 관련된 기억을 불러올 수 있다.

  ⑫ 다른 리듬 또한 참여자들이 만들고 이름을 지음으로써 그룹만의 문화를 형성할 수 있다.

- 일상생활로의 적용: 행동, 반복, 리듬 및 간격 리허설의 기억 원리는 일정을 기억하거나 새로운 지인의 이름을 배우는 것과 같은 다른 학습 및 기억 과제에 적용될 수 있다.

- 변화 측정 방법

  ① 훈련 직후, 자신의 정보 기억 능력에 대한 자신감을 평가하도록 한다.

  ② 몇 주 후, 정보를 더욱 효과적으로 기억할 수 있었던 상황에 대해서 말 또는 글

로 표현하게 한다.

③ 음악 훈련 전후에 기억력을 측정하기 위해 표준화된 기억력 평가를 시행할 수 있다.

24.5.6 곡 제목 맞히기: 개인 또는 '모두를 위한 자유'

- **NMT 기법 사용**: MMT—서술적 기억술, 의미 및 일화 기억
- **목표 인지 영역**: 서술 기억(declarative memory)
- **뇌 시스템 및 목표 기능**: 기억 재생 시스템의 측두엽(temporal lobe), 집중 시스템의 전두엽(frontal lobe), 변연계 시스템 및 문제해결과 시작을 위한 집행 기능 기관의 전전두엽
- **훈련 목표**: 참여자는 중요한 정보를 주의 깊게 경청하고, 정보에 대한 적절한 결정을 내리며, 그 결정에 대해 의사소통을 시작할 수 있다.
- **대상군**: 기억력과 의사소통 능력 향상을 원하는 모든 대상군
- **세팅**: 그룹
- **필요한 장비**: 음악 재생기(예: CD 플레이어 및 MP3 플레이어) 및 다양한 녹음 음악
- **절차(그룹)**

① 그룹 세션의 경우 개인 공간이 충분히 확보되도록 원형으로 둘러앉는다.

② 치료사는 참여자들에게 훈련의 목적을 충분히 설명하여 잘 이해하도록 함으로써 훈련에 도움이 되도록 한다.

③ 시작 전 참여자들의 질문에 대해 충분히 답한다.

④ 참여자들은 번갈아 가면서 지정된 '특별한 의자(이미 앉아 있는 의자로 지정할 수 있다)'에 앉아 노래를 듣고 노래의 제목, 가수 및 작곡가(가능하다면)를 맞힌다.

⑤ 정답(제목, 가수, 작곡가)을 맞히면 1점씩 부여하며, 한 노래당 최대 3점을 획득할 수 있다.

⑥ 만약 답을 알지 못한다면 다른 참여자들에게 물어볼 기회가 주어지며, 정답이라고 생각되는 답을 고를 수 있다. 만약 정답이면 각 정답마다 1점을 획득할 수 있다.

⑦ 만약 다른 참여자들이 오답을 말한다면 참여자에게는 2~3개 중에서 정답을 고

를 기회가 주어지며, 정답을 추측하면 1점을 획득할 수 있다.

⑧ 모든 참여자가 '특별한 의자'에 앉는 기회를 가진 후 점수를 계산하여 가장 높은 점수를 얻은 참여자가 이기게 된다.

• 절차(모두에게 적용 가능)

① 참여자들은 노래를 듣고 노래의 제목, 가수 및 작곡가(가능하다면)를 맞힌다.

② 첫 번째로 손을 든 참여자에게 답할 기회가 주어진다.

③ 각 항목에 대한 정답(제목, 가수 및 작곡가)에 1점씩 부여된다.

④ 오답일 경우 다른 참여자들에게 정답을 말할 기회가 주어진다.

⑤ 세션에 할당된 시간이 지나면 알람이 울리도록 설정한다. 가장 많은 점수를 획득한 사람이 이기게 된다.

• 변형

① 그룹에게 다양한 장르의 음악을 들려준다(예: 밴드 음악, 컨추리 및 웨스턴, 로큰롤, 클래식, 블루스, 가스펠, 재즈, 라틴). 참여자들이 '특별한 의자'에 앉으면 음악의 장르를 맞히도록 한다.

② 작곡 연도, 노래를 녹음한 다른 가수들 등과 같이 노래에 대한 다른 정보를 맞히면 보너스 점수를 획득할 수 있다.

③ 노래 제목이 가사에 있는 경우에는 노래 가사에 집중하여 제목을 맞힐 수 있도록 제목이 노래에서 흘러나올 때 스피커를 가리키는 등과 같은 힌트 신호를 제공한다.

④ 참여자들에게 종이와 연필을 나누어 주고 모든 정답을 적도록 한다.

⑤ 그룹이나 개인이 노래를 기억하지 못하는 경우에는 힌트를 제공하여 답을 이끌어 낸다. 예를 들면, Frank Sinatra의 노래 〈My Way〉의 경우 리더는 "M으로 시작하는 노래!" 혹은 "M과 W로 시작하는 2개의 단어로 이루어진 노래" 또는 "아티스트의 별명은 블루아이즈(blue eyes)" 등의 힌트를 줄 수 있다.

• 일상생활로의 적용: 이 훈련은 참여자의 기억력 향상(탐색, 시작, 의사 결정 및 의사소통 능력)을 위해 발전되었다. 이러한 기술은 가족의 역사를 기억하고, 가까운 가족과의 의사소통을 향상시키거나 그룹 프로젝트를 완성하는 데 도움을 주며, 읽기에서 얻어진 정보들을 기억하는 것과 같이 다양한 일상생활에서 도움이 될 것이다.

• 변화 측정 방법

① 훈련 직후, 중요한 정보를 기억하고, 의사 결정 및 의사소통을 할 수 있는 능력의 자신감에 대해 10점 만점을 기준으로 자가평가한다.

② 음악 훈련 전후에 기억력을 측정하기 위한 표준화된 기억력 평가를 시행할 수 있다.

24.5.7 미래 기억

- NMT 기법 사용: MMT−서술 기억술, 의미 및 미래 계획 기억
- 뇌 시스템 및 목표 기능: 기억 시스템을 포함하는 양측 측두엽과 시작(개시)을 담당하는 전전두엽
- 훈련 목표: 참여자들은 미래에 계획한 행동을 할 수 있다.
- 대상군: 미래 계획 기억력을 향상시키고 싶은 모든 대상군
- 세팅: 개별 혹은 그룹
- 필요한 장비: 드럼, 타악기(예: 마라카스, 벨, 우드 블록)
- 절차
  ① 그룹 세션의 경우 개인 공간이 충분히 확보되도록 원형으로 둘러앉는다.
  ② 치료사는 참여자들에게 훈련의 목적을 충분히 설명하여 잘 이해하도록 함으로써 훈련에 도움이 되게 한다.
  ③ 시작 전 참여자들의 질문에 대해 충분히 답한다.
  ④ 참여자들에게 리듬악기를 나누어 준다.
  ⑤ 미래에 대한 일을 선택한다(예: 다음 주 그룹, 약속 또는 임무).
  ⑥ "다음 주 수요일 3시에 그룹 활동에 참여한다!"와 같은 구절을 기반으로 리듬을 형성한다.
  ⑦ 참석해야 하는 약속이나 기억해야 할 일들을 떠올리도록 이 기술의 사용 방법을 알려 준다.
  ⑧ 참여자들은 가까운 미래에 있는 중요한 사건을 순차적으로 말한다.
  ⑨ 참여자들은 모두 함께 리듬을 연주하고, 사건을 기억해야 하는 사람은 사건의 날짜와 시간을 챈팅한다.
  ⑩ 이 과정은 리듬과 함께 사건을 기억하는 기회가 모든 참여자에게 제공될 때까

지 계속된다.

⑪ 일상생활에 적용할 수 있는 방법에 대해 토의한다.

• **일상생활로의 적용**: 참여자들은 약속을 지키거나 병원 예약 등과 같은 미래 계획 기억 능력에 적용할 수 있다.

• **변화 측정 방법**

① 훈련 직후, 미래에 있을 중요한 약속이나 과제를 기억하는 것의 자신감에 대해 10점 만점을 기준으로 자가평가한다.

② 몇 주 후, 참여자들이 적절하게 행동하기 위해 필요한 정보를 기억할 수 있었던 상황에 대해 말이나 글로 표현하게 한다.

③ 음악 훈련 전후에 기억력을 측정하기 위해 표준화된 기억력 평가를 시행할 수 있다.

참고문헌

Baur, B. et al. (2000). Music memory provides access to verbal knowledge in a patient with global amnesia. *Neurocase, 6,* 415-21.

Berg, I. J., Koning-Haanstra, M., and Deelman, B. G. (1991). Long-term effects of memory rehabilitation: a controlled study. *Neuropsychological Rehabilitation, 1,* 97-111.

Carruth, E. K. (1997). The effects of singing and the spaced retrieval technique on improving face-name recognition in nursing home residents with memory loss. *Journal of Music Therapy, 34,* 165-86.

Chan, A. S., Ho, Y. C., and Cheung, M. C. (1998). Music training improves verbal memory. *Nature, 396,* 128.

Cicerone, K. D. et al. (2011). Evidence-based cognitive rehabilitation: updated review of the literature from 2003 through 2008. *Archives of Physical Medicine and Rehabilitation, 92,* 519-30.

Dewar, B. and Wilson, B. A. (2006). Training face identification in prosopagnosia. *Brain Impairment, 7,* 160.

Gardiner, J. C. and Horwitz, J. L. (2012). *Evaluation of a cognitive rehabilitation group featuring neurologic music therapy and group psychotherapy.* Unpublished manuscript.

Glisky, E. L. and Schacter, D. L. (1989). Extending the limits of complex learning in organic amnesia: computer training in a vocational domain. *Neuropsychologia, 25,* 107–20.

Glisky, E. L. and Glisky, M. L. (2002). Learning and memory impairments. In: P. J. Eslinger (ed.) *Neuropsychological Interventions: clinical research and practice.* New York: Guilford. pp. 137–62.

Gordon, W. A. et al. (2006). Traumatic brain injury rehabilitation: state of the science. *American Journal of Physical Medicine and Rehabilitation, 85,* 343–82.

Ho, M. R. and Bennett, T. L. (1997). Efficacy of neuropsychological rehabilitation for mild-moderate traumatic brain injury. *Archives of Clinical Neuropsychology, 12,* 1–11.

Ho, Y. C., Cheung, M. C., and Chan, A. S. (2003). Music training improves verbal but not visual memory: cross-sectional and longitudinal explorations in children. *Neuropsychology, 17,* 439–50.

Hong, I. S. and Choi, M. J. (2011). Songwriting oriented activities improve the cognitive functions of the aged with dementia. *Arts in Psychotherapy, 38,* 221–8.

Irish, M. et al. (2006). Investigating the enhancing effect of music on autobiographical memory in mild Alzheimer's disease. *Dementia and Geriatric Cognitive Disorders, 22,* 108–20.

Iwata, K. (2005). *The effect of active and passive participation with music on the foreign language acquisition and emotional state of university students.* Master's Thesis. Tallahassee, FL: Florida State University.

Kaschel, R. et al. (2002). Imagery mnemonics for the rehabilitation of memory: a randomised group controlled trial. *Neuropsychological Rehabilitation, 12,* 127–53.

Malia, K. et al. (2004). *Recommendations for Best Practice in Cognitive Rehabilitation Therapy: acquired brain injury.* Exton, PA: Society for Cognitive Rehabilitation. http://www.societyforcognitiverehab.org/membership-and-certification/documents/EditedRecsBestPrac.pdf

Moore, K. S. et al. (2008). The effectiveness of music as a mnemonic device on recognition memory for people with multiple sclerosis. *Journal of Music Therapy, 45,* 307–29.

Morton, L. L., Kershner, J. R., and Siegel, L. S. (1990). The potential for therapeutic applications of music on problems related to memory and attention. *Journal of Music Therapy, 26,* 58–70.

Optale, G. et al. (2001). Music-enhanced immersive virtual reality in the rehabilitation of memory-related cognitive processes and functional abilities: a case report. *Presence: Teleoperators and Virtual Environments, 10,* 450–62.

Peterson, D. A. and Thaut, M. H. (2007). Music increases frontal EEG coherence during verbal learning. *Neuroscience Letters, 412,* 217–21.

Robinson, F. B. (1970). *Effective Study.* New York: Harper & Row.

Rubin, D. C. and Wallace, W. T. (1990). Rhyme and reason: analyses of dual-retrieval cues. *Journal of Experimental Psychology: Learning, Memory, and Cognition, 15,* 698–709.

Sarkamo, T. et al. (2008). Music listening enhances cognitive recovery and mood after middle cerebral artery stroke. *Brain, 131,* 866–76.

Schacter, D. L., Chiu, C. Y. P., and Oshsner, K. N. (1993). Implicit memory: a selective review. *Annual Review of Neuroscience, 16,* 159–82.

Schacter, D. L., Wagner, A. D., and Buckner, R. L. (2000). Memory systems of 1999. In: E. Tulving and F. I. M. Craik (eds) *The Oxford Handbook of Memory.* Oxford: Oxford University Press. pp. 627–43.

Silverman, M. J. (2012). Effects of melodic complexity and rhythm on working memory as measured by digit recall performance. *Music and Medicine, 4,* 22–7.

Simmons-Stern, N. R., Budson, A. E., and Ally, B. A. (2010). Music as a memory enhancer in patients with Alzheimer's disease. *Neuropsychologia, 40,* 3164–7.

Thaut, M. H. (2005). *Rhythm, Music, and the Brain: scientific foundations and clinical applications.* New York: Routledge.

Thaut, M. H. (2010). Neurologic music therapy in cognitive rehabilitation. *Music Perception, 27,* 281–5.

Thaut, M. H., Peterso, D. A., and McIntosh, G. C. (2005). Temporal entrainment of cognitive functions: musical mnemonics induce brain plasticity and oscillatory synchrony in neural networks underlying memory. *Annals of the New York Academy of Sciences, 1060,* 243–54.

Thaut, M. H., Peterson, D. A., Sena, K. M., and Mcintosh, G. (2008). Musical structure facilitates verbal learning in multiple sclerosis. *Music Perception, 25,* 325–30.

Thickpenny-Davis, K. L. and Barker-Collo, S. L. (2007). Evaluation of a structured group format memory rehabilitation program for adults following brain injury. *Journal of Head Trauma Rehabilitation, 22,* 303–13.

Wallace, W. T. (1994). Memory for music: effect of melody on recall of text. *Journal of Experimental Psychology, 20,* 1471–85.

Wallace, W. T. and Rubin, D. C. (1988). "The Wreck of the Old 97": a real event remembered in song. In: U. Neisser and E. Winograd (eds) *Remembering Reconsidered: ecological and traditional approaches to the study of memory.* Cambridge, UK: Cambridge

University Press. pp. 283–310.

Wallace, W. T. and Rubin, D. C. (1991). Characteristics and constraints in ballads and their effect on memory. *Discourse Processes, 14,* 181–202.

Wilson, B. A. (2009). *Rehabilitation of Memory,* 2nd edition. New York: Guilford.

Chapter 25

음악적 음향 기억 훈련(MEM)

●

Michael H. Thaut

25.1 정의

음향 기억(echoic memory)은 청각 기억 형성에 가장 선행된 단계이며, 감각 기억 레지스터와 같이 작동한다. 이는 방금 인지한 즉각적인 청각 정보를 작업 기억에서 더 정교하게 이해할 수 있을 때까지 유지하는 것이다. 음향 기억의 또 다른 기능은 소리에 의미를 할당하는 후속 소리가 들릴 때까지 청각 정보를 감각 레지스터 소리에 유지하는 것이다. 음향 기억은 2~4초의 짧은 시간 동안 처리되는데, 1000ms 이하로 지속되는 심상 기억(iconic memory, 시각적 정보에 대한 기억) 또는 최대 2초간 지속되는 촉각 기억(haptic memory, 촉각 정보에 대한 기억)보다는 길게 지속되는 것으로 나타났다. 이는 반복적인 스캐닝이 가능한 시각 정보와 달리, 시간적 파형의 특성을 갖는 청각 정보는 자극이 반복되지 않는 이상 반복적인 스캐닝이 어렵기 때문이다(Cowan, 1988).

음악적 음향 기억 훈련(musical echoic memory training: MEM)은 음향 기억을 재훈련하기 위해 노래, 악기 연주 또는 녹음된 음악의 소리를 즉각적으로 기억하는 절차를 훈련한다.

25.2 대상군

음향 기억 훈련을 위한 주요 대상군은 배외측 전전두엽(dorsolateral prefrontal) 또는 측두-두정엽 피질(temporal-parietal cortex) 손상을 입은 뇌졸중, 외상성 뇌손상, 인공 와우, 발달 언어 장애, 자폐증, 치매(Pekkonen et al., 1994), 또는 조현병(Javitt et al., 1997) 등으로 인해 음향 기억 기능이 저하된 환자들이다.

25.3 연구 요약

음향 기억이라는 용어는 1960년대 시감각 기억 저장에 관해 시작된 연구에서 청감각 기억의 부분 연구로서 처음 사용되었다(Neisser, 1967; Sperling, 1963). 청각 정보 처리 과정은 작업 기억에 대한 Baddeley의 모델을 기반으로 하여 두 단계로 이루어진다. 첫 번째 단계는 음운 루프(phonological loop)인데, 여기에는 최대 4초 동안 청각 정보가 소멸되지 않고 유지되게 하는 음운 저장소(phonological store)가 포함된다. 이 '저장소' 또는 '청각 보유 탱크'는 음향 기억 과정을 구성한다. 두 번째 단계는 20~30초간 유지되는 작업 기억에 통합되는 정보를 초기화하고 잔존 기억을 추적하는 서브 보컬 리허설 과정인 조음 통제 과정(articulatory control process)으로 이루어져 있는데(Baddeley et al., 2009), 음악은 기본적으로 비언어적 형태의 청각 기억을 생성하기 때문에 음성학적 고리의 독립적인 부분을 구성할 수 있다.

청각 감각 기억 저장소는 1차 청각 피질(primary auditory cortex)에서 반대편 귀까지 연결된 것으로 알려져 있다. 음향 기억 시스템이 양쪽 귀를 통해 자극되었다면, 뇌의 양쪽 반구의 1차 청각 피질이 자극될 것이다. 작업 기억으로 이어지기 위한 음성학적 고리의 주의 집중 제어 및 부가적인 단계는 서브 보컬 리허설을 위하여 청각 피질(auditory cortex)에서 외배측 전두엽 피질(ventrolateral prefrontal cortex, 좌반구 브로카 영역에 대응되는 우반구 영역으로)로 연결해 주고, 리듬 구성을 위해 전운동 피질(premotor cortex), 그리고 공간 위치 및 시간 패턴 구별을 위한 후두정엽 피질(posterior parietal cortex)로 연결된다(Alain et al., 1998).

음향 기억에 대한 연구가 많지는 않지만, 청각 분야의 몇몇 기초 연구에서는 중요한 점이 발견되었다(Naatanen et al., 1989). Inui와 그의 동료들(2010)은 단일 톤으로도 상측두엽(청각 피질)의 뚜렷한 피질 반응을 유도하여 기억 형성 과정에 충분하다는 것을 보여 주었고, 이후에도 음악 자극과 관련된 음향 기억 처리 과정에 대한 연구들이 진행되었다(Koelsch, 2011; Koelsch et al., 1999; Kubovy & Howard, 1976).

이 외에도 서로 다른 2개의 음높이를 변별하는 청각(음향) 기억 훈련은 초기 청감각 기억과 관련된 뇌파의 신경생리학적 변화를 보여 주었다(Atienza et al., 2002). 뇌졸중 환자를 대상으로 한 임상 연구에서는 일상적 음악 또는 오디오 북 듣기가 음향 기억을 향상시키는 것으로 나타났다(Saerkaemoe et al., 2010).

25.4 치료적 메커니즘

청각 정보 처리의 초기 단계에서 내이(inner ear)는 음파를 주파수(음고), 진폭(음량) 및 파형(음색 변별을 가능하게 하는 배음 관련 특성)과 같은 음향물리학적 요소의 기본 특징을 나타내는 신경 자극으로 전환하는 역할을 한다. 이러한 감각 자극은 지각 과정을 거쳐 음향 기억으로 저장된다. 음악은 음향학적 파장 스펙트럼으로 이루어진 복합적인 청각적 매개체이다. 음악 정보에 대한 음향 기억은 고유한 주파수와 진폭으로 청감각을 통해 동시에 지각되는 진동 패턴으로 구성된다. 따라서 음악은 음향 기억 처리 과정에서 청감각 정보를 자극하고 지각적 구성을 형성하기 위해 요구되는 충분한 청각적 환경을 제공한다.

25.5 임상 프로토골

25.5.1 치료적 음악 훈련 1

노래를 부르거나 녹음되어 있는 노래를 재생하고 무작위로 멈춘 후 환자들에게 마지막 단어 또는 문장이 무엇이었는지 질문한다.

25.5.2 치료적 음악 훈련 2

1번 훈련을 반복하되 방해가 되는 배경음악을 추가한다.

25.5.3 치료적 음악 훈련 3

1번 훈련을 반복하되 노래가 멈추기 전 2~4개의 단어가 무엇이었는지 질문한다.

25.5.4 치료적 음악 훈련 4

전자 키보드나 음정이 있는 악기에서 연속된 2개의 음정을 들려주고, 각각의 소리가 같았는지 또는 달랐는지 질문한다.

25.5.5 치료적 음악 훈련 5

무작위 패턴의 음악이나 익숙한 멜로디를 연주하다가 멈춘 후, 멈추기 직전의 마지막 한 음(또는 마지막 2개, 3개, 4개의 음)을 연주하거나 노래하게 한다.

참고문헌

Alain, C., Woods, D. L., and Knight, R. T. (1998). A distributed cortical network for auditory sensory memory in humans. *Brain Research, 812,* 23-37.

Atienza, M., Cantero, J. L., and Dominguez-Marin, E. (2002). The time course of neural changes underlying auditory perceptual learning. *Learning & Memory, 9,* 138-50.

Baddeley, A. D., Eysenck, M. W., and Anderson, M. (2009). *Memory.* New York: Psychology Press.

Cowan, N. (1988). Evolving conceptions of memory storage, selective attention and their mutual constraints within the human information-processing system. *Psychological Bulletin, 104,* 163-91.

Inui, K. et al. (2010). Echoic memory of a single pure tone indexed by change-related brain activity. *BMC Neuroscience, 11,* 135.

Javitt, D. C. et al. (1997). Impaired precision but normal retention of auditory sensory (echoic) memory information in schizophrenia. *Journal of Abnormal Psychology, 106,* 315-24.

Koelsch, S. (2011). Toward a neural basis of music perception—a review and updated model. *Frontiers in Psychology, 2,* 110.

Koelsch, S., Schroeger, E., and Tervaniemi, M. (1999). Superior pre-attentive auditory processing in musicians. *Neuroreport, 10,* 1309-13.

Kubovy, M. and Howard, F. P. (1976). Persistence of a pitch-segregating echoic memory. *Journal of Experimental Psychology: Human Perception and Performance, 2,* 531-7.

Naatanen, R. et al. (1989). Do event-related potentials reveal mechanisms of the auditory sensory memory in the human brain? *Neuroscience Letters, 98,* 217-21.

Neisser, U. (1967). *Cognitive Psychology.* New York: Appleton-Century-Crofts.

Pekkonen, E. et al. (1994). Auditory sensory memory impairment in Alzheimer's disease: an event-related potential study. *Neuroreport, 5,* 2537-40.

Saerkaemoe, T. et al. (2010). Music and speech listening enhance the recovery of early sensory processing after stroke. *Journal of Cognitive Neuroscience, 22,* 2716-27.

Sperling, G. (1963). A model for visual memory tasks. *Human Factors, 5,* 19-31.

Chapter 26

연상적 기분과
기억 훈련(AMMT)

●

Shannon K. de l'Etoile

26.1 정의

연상적 기분과 기억 훈련(associative mood and memory training: AMMT)은 음악 활동을 통해 다음 세 가지 기억 과정 향상 방법을 사용한 인지 재활 기법을 말한다. ① 기억 회상을 촉진하기 위한 기분 일치 상태(mood-congruent state)를 형성하고, ② 장기 기억에 접근하기 위해 관련된 감정·기분과 기억 사이의 네트워크를 활성화하고, ③ 학습과 기억 기능을 향상시키기 위해 부호화(encoding) 및 회상(recall) 과정에 긍정적 정서를 유도한다(Gardiner, 2005; Hurt-Thaut, 2009; Thaut et al., 2008).

AMMT에서 설명하는 기억 과정에서의 부호화(encoding)는 정보가 기억을 위해 입력되는 방식을 포함하는 반면, 표상(representation)은 정보가 기억에 저장되는 방식과 관련되어 있다(Schwartz, 2011a). 인출(retrieval)은 장기 기억에 저장된 정보를 작업 기억을 위해 찾아내는 것을 뜻한다. 다양한 종류의 기억은 장기 기억(저장) 장치 안에 존재한다. 암묵 기억(implicit memory)은 운전하는 법과 같이 자동적이거나 무의식적으로 사용되는 정보나 기술에 대한 기억을 포함한다(Lim & Alexander, 2007). 반면에 외현 기억(explicit memory)은 의식적인 정보나 사건을 회상하는 것을 뜻하며, 의미 기억(semantic memory)과 일화 기억(episodic memory)을 포함한다.

의미 기억은 사실, 형태, 요소 및 규칙과 같은 일반적 지식을 기억하는 것을 말하며, 일화 기억은 인생에서 몇 년 전에 일어났던 사건(예: 결혼식)이나 몇 시간 전에 일어난 사건(예: 아침에 강아지와의 산책)과 같이 개인적인 경험과 관련된 장기 기억에 속한다 (Lim & Alexander, 2007; Schwartz, 2011a). 예전에 살았던 첫 번째 집 주소를 기억하는 것은 자신과 관련된(self-referential) 의미 기억인 반면, 가족 연휴에 특정한 사건이 일어난 장소를 기억하는 것은 일화 기억으로 설명될 수 있다. 자신과 관련된 의미 기억과 일화 기억은 서로 통합되어 자서전적 기억(autobiographical memory)을 구성한다(Birren & Schroots, 2006; Conway & Pleydell-Pearce, 2000; Schwartz, 2011a).

자서전적 기억은 장소와 시간 개념 안에서의 자기인식을 촉진하여 일상생활에서 앞으로 일어날 일에 대해 예측하는 추론 능력에도 도움이 되며, 일상생활을 구조화하고 미래의 사건을 예상하기 위한 의미를 부여하기도 한다(Foster & Valentine, 2001; O'Rourke et al., 2011). 따라서 자서전적 기억을 부호화하고, 유지하고, 회상하는 능력은 계획을 세우거나 문제를 해결하는 것과 같은 다른 인지 기능과 마찬가지로 매우 중요하다(Berry et al., 2010; Buijssen, 2005). AMMT는 인지 기능 향상을 목표로 하여 자서전적 기억을 회상하거나 (가능하다면) 기억을 새롭게 구성하게 한다.

26.2 대상군

AMMT가 가장 필요한 대상은 삶을 회고하기 위해 장기 기억이 필요한 개인과 기억 재활이 요구되는 신경학적 손상 환자이다. 기억장애는 신경학적 손상에 의해 인지 기능이 저하되면서 나타나게 된다(Glisky, 2004). 일반적으로는 내측 측두엽(medial temporal lobe), 간뇌(diencephalone), 전두엽(frontal lobes) 및 기저 전뇌(basal forebrain)와 같이 기억 능력과 관련된 뇌 구조 손상으로 인해 발생한다. 이러한 뇌 영역들의 손상은 새로운 정보를 부호화하여 일화 기억으로 저장하는 데 주로 영향을 끼치고, 일화 기억 및 의미 기억 모두를 인출하는 기능의 저하를 야기시키며(Schwartz, 2011b), 이는 기억상실증을 포함한다.

순행성 기억상실증(anterograde amnesia)은 뇌손상 이후 새로운 정보를 기억하기 어려운 증상이 나타나는 것으로, 증상의 단계가 다양하며, 영구적 뇌손상에 의해 발생한 경우에는 기억이 완전히 상실될 수도 있다(Glisky, 2004; Schwartz, 2011b). 반대로, 역행성 기억상실증(retrograde amnesia)은 손상 전의 사건이나 정보를 기억하지 못하는 증상으로, 개인차가 매우 다양하며, 짧게는 분 단위에서 길게는 몇 년까지의 기억을 잃는 경우도 있다. 역행성 기억상실증 환자들은 새로운 정보에 대한 학습이 가능하고, 상대적으로 회복에 대한 가능성이 높고, 기억 감퇴 기간은 점차 감소하게 되는 경우가 많다(Schwartz, 2011b). 오래된 기억들부터 먼저 회복되는 경향이 있어, 최근 경험한 사건(즉, 손상 시기에 가까운 사건)일수록 늦게 회복되는 경향이 있다. 몇몇 환자는 순행성 기억상실과 역행성 기억상실을 모두 겪는 복합적 기억상실증이 나타나기도 한다.

기억상실증과 구별되는 일화 기억 장애는 외상성 뇌손상, 종양, 뇌졸중, 다발성 경화증 또는 치매로 인해 발생한다(Fischer, 2001; Glisky, 2004; Lim & Alexander, 2007). 모든 기억장애 중에서 가장 심각한 기억 손실을 불러오는 치매는 주의, 언어, 인지 및 기억 능력 감소를 포함한 다양한 인지 결핍으로 나타날 수 있다(American Psychiatric Association, 2000; Sweatt, 2003). 치매는 대개 알츠하이머 증상으로부터 나타나지만, 일반적 질병(예: HIV) 또는 다른 신경학적 질병 및 질환(예: 뇌졸중, 파킨슨병)으로부터 발생할 수도 있다(American Psychiatric Association, 2000; Robottom et al., 2010).

치매 환자들은 정보를 단기 기억에서 장기 기억으로 전환하는 데 필요한 부호화 과정에 어려움을 겪고, 새로운 정보를 학습하거나 습득하기 어렵기 때문에 입력된 정보를 쉽게 잊어버리는 증상이 나타난다(American Psychiatric Association, 2000; Buijssen, 2005). 치매 초기 단계에서는 일상생활에서의 시간이나 장소 및 새로운 사람들의 이름 등의 정보를 기억하는 데 어려움을 경험하며(Sweatt, 2003), 단계가 진행될수록 중요한 물건들(예: 지갑, 열쇠)을 잃어버리거나 친한 이웃들도 알아보지 못하는 증상들이 나타나게 된다. 후기 치매 단계에서는 심각한 수준의 기억상실이 나타나고, 읽고 쓰기에도 어려움이 발생하며, 영화나 텔레비전 쇼도 이해하기 힘들게 된다. 결국 환자들은 앞뒤가 맞지 않는 말을 하게 되고, 친한 사람들을 알아차리지 못하며, 자신의 직업, 생일 또는 이름도 잊게 된다(American Psychiatric Association, 2000; Sweatt, 2003).

일반 노인들 역시 기억과 관련된 뇌 영역(예: 해마, 전전두엽)이 점차 위축되는 현상이 나타나면서 부호화, 주의 억제, 지속 주의 등에 대한 처리 속도가 느려지기 때문에 AMMT가 필요할 수 있다(Hoyer & Verhaeghen, 2006; Schenkenberg & Miller, 2000; Schwartz, 2011c). 노인들은 60세 이후부터 일화 기억을 회상하거나 시간 및 장소와 같은 과거 사건에 대한 맥락을 기억하기 어렵게 된다(Berry et al., 2010; Hill & Bäckman, 2000; Hoyer & Verhaeghen, 2006; Sweatt, 2003). 또한 이름, 사건 및 구체적인 장소에 대한 새로운 정보를 기억하고 학습하는 데 어려움을 겪는다(Hill & Bäckman, 2000; Sweatt, 2003).

AMMT에 적합한 또 다른 대상군은 시한부 환자로, 죽음을 앞둔 상태에서 지나온 인생 경험을 되돌아보는 데 이 기법을 적용할 수 있다(Connor, 2009; Salmon, 1993; Soltys, 2007). 이 환자들은 AMMT를 통해 삶을 되돌아보는 과정을 경험함으로써 현재 자신의 상태에 대처할 수 있다.

26.3 연구 요약

AMMT 원리를 설명하는 기분 및 기억과 관련된 기초 연구들을 통해 두 가지의 중요한 개념이 밝혀졌다. 첫 번째 개념은 환자들이 부호화하거나 회상하는 정보가 현재 기분과 일치된다는 기분 일치 기억(mood-congruent memory)이다(Eich & Schooler, 2000; Schwartz, 2011a). 예를 들어, 기분이 좋은 상태에서는 과거의 행복한 기억을 떠올리거나 긍정적인 정서를 포함하는 정보에 더 주의를 기울이기 쉽기 때문에 결과적으로 이와 관련된 정보가 기억에 저장될 가능성이 높아진다.

두 번째 개념은 상태 의존적 기억(state-dependent memory)으로, 특정한 상황에서 부호화된 정보가 이와 유사한 상황이나 감정을 통해 회상될 경우 더 쉽게 인출된다는 것이다(Eich & Schooler, 2000; Schwartz, 2011a). 특히 일화 기억은 특정한 공간 및 시간뿐만 아니라(Schacter & Tulving, 1994; Schwartz, 2011a), 그 당시의 기분에 의해 만들어진 '상태'에 의해 달라질 수 있다. 기억 인출은 부호화할 때의 기분과 기억할 때의 기분이 일치했을 때 강화되는데, 이처럼 기분이나 분위기가 부호화 및 회상에 영향을 미치는 상태의 기억을 '상태 의존 기억'이라고 한다.

Bower(1981)는 이러한 개념들을 기억 감정 연합 연결망 이론(associative network theory of memory and emotion)을 통하여 확장하였다. 기억 정보는 사건을 묘사하는 개념들과 연합되어 기록되는 연결망으로 구성되어 있다. 예를 들어, 특정 사건에 대한 기억(예: 졸업식)은 날씨(맑은 날), 장소(큰 강당) 및 사건에 참석했던 다른 사람들(예: 가족,

친구)과 같은 다른 정보들과 연관되어 저장될 수 있다. 이러한 세부 사항들은 연합 연결
망 내의 의미론적 절(node)로서 서로 관련되어 확립된다.

사건을 회상하는 것은 연결망을 활성화시키는 것을 포함하는데, 특정한 절의 활동은
관련된 개념 또는 다른 절로 확장되어 사건에 대한 기억을 유도한다. 예를 들어, 날씨
가 좋은 날에 '맑은 날씨'라는 절을 활성화시키면, 이 활동은 큰 강당 또는 강당에서 마
지막으로 본 친구들과의 기억과 같은 근처의 절로 확장된다. 관련된 절들의 확장 및 활
동들과 함께 졸업식의 모든 기억을 회상하게 된다.

졸업식과 같은 특별한 사건은 흥분, 미래에 대한 불안감 또는 큰 성취에 따른 안도감
등과 같은 특정한 감정과 연관되면서 '졸업식'이라는 사건이 이러한 감정 상태들과 함
께 연관되어 기억될 수 있다. 감정은 또한 연결망 안의 다른 개념 절들과 함께 활성화
될 수 있으며, 감정 절의 활동이 일정 수준을 넘으면 그때 활성화된 정보들이 관련 절로
확장되어 저장됨으로써 사건의 회상이 강화될 수 있다. 신호와 함께 이루어지는 감정
절 활동의 조합은 연결망 전체 활동을 증가시키며, 사건에 대한 기억이 의식 단계에 저
장된다.

Bower의 이론은 기억 회상에서 감정의 중요성을 강조했고, 이를 기반으로 기분 상
태 의존 기억의 효과를 설명하였다. 연구들에 따르면, 기분 상태 의존 회상은 기억에
저장된 사건과 관련된 감정과 함께 일어났거나 감정이 학습, 기억 및 주의―정서적 주
입(affective infusion)―에 영향을 끼칠 만큼 강할 때 더욱 활성화된다고 설명하였다
(Bower & Forgas, 2000; Eich & Scholler, 2000; Forgas, 1995). 현재 기분은 정보를 부호화
하고 인출할 때 중요하며, 기분 상태 의존 효과는 강하고 지속적인 감정일 경우 또는
부호화와 회상을 할 때 정서적 주입이 강할 경우 발생하게 된다(Bower & Forgas, 2000;
Eich & Schooler; 2000; Forgas, 1995).

26.3.1 음악적 기분 유도

기분 유도 기법으로는 최면, 성공·실패 패러다임(예: 컴퓨터 게임에서 승리 또는 패배)
또는 감정 잡기(예: 현재 감정을 표현하는 얼굴 표정 짓기 및 몸짓으로 표현)가 있다. 이 외
에도 슬픈 이야기 듣기, 행복하거나 슬픈 감정에 대한 자기참조 진술 읽기[예: 벨텐 감정
유도 설명서(Velten Mood Induction Procedure: VMIP)] 또는 음악 듣기[예: 음악적 기분 유도

과정(musical mood induction procedures: MMIP)]가 있다(Albersnagel, 1988; Bower, 1981; Davies, 1986; Eifert et al., 1988; Gerrards-Hesse et al., 1994; Martin, 1990). VMIP와 비교하여 MMIP는 더욱 높은 신뢰도와 효과성을 보여 주었다.

MMIP는 또한 VMIP보다 특별한 대상이나 성별에 구분 없이(Clark & Teasdale, 1985; de l'Etoile, 2002; Pignatiello et al., 1986) 더욱 강하게 오랫동안 지속되는 종류의 감정을 변화시키는 데 효과적이었으며(Albersnagel, 1988), VMIP(약 60%)보다 높은 성공률을 나타냈다(Clark, 1983; de l'Etoile, 2002; Gerrards-Hesse et al., 1994; Rachman, 1981). 대체적으로 MMIP가 기분 상태 의존 효과(mood state-dependent effect)를 기반으로 충분한 감정 상태에 도달하게 도와주었고, 지속적인 반복을 통해 의미 있는 기분 변화를 유도하였다(Eich & Schooler, 2000; Hernandez et al., 2003).

수동적 음악 감상은 대체적으로 기분 기반 기억 효과(mood-based memory effect) 유도 과정에서 감정을 변화시키거나 강화하지 않기 때문에, 효과적인 MMIP는 기분의 변화를 위해서는 주로 표현적 음악 활동을 사용한다. MMIP에 수동적 음악 감상을 적용할 때에는 "이 음악에 대한 감정을 설명해 보세요." 또는 "음악에 감정을 맡겨 보세요." 와 같이 유도한다(Clark & Teasdale, 1985; de l'Etoile, 2002; Hernandez et al., 2003). 다른 예로는 "음악을 주의 깊게 듣고, 음악의 분위기에 자신을 채워 넣고, 그 감정을 유지해 보세요."가 있다(Martin & Metha, 1997). MMIP가 적절하게 적용됐을 때 관련 기억 네트워크들을 활성화시키기 위한 충분한 강도의 감정을 불러일으키며, 이로써 기분과 정보가 일치(mood-congruent information)되기 위한 과정을 제공하고 기분 상태 의존 기억의 회상을 촉진시킨다(Thaut, 2002).

26.3.2 음악적 기분 유도 및 기분 상태 의존 기억

MMIP는 일반 대상군과 임상 대상군 모두에게 기분 상태 의존 효과를 보인다. MMIP는 단어 인출(de l'Etoile, 2002; Thaut & de l'Etoile, 1993)과 자서전적 기억 회상(Cady et al., 2008; Janata et al., 2007; Martin & Metha, 1997)에 도움이 되는 것으로 나타났으며, 모든 연령대의 대상군이 장기 기억 정보와 관련되는 음악에 대해 강한 정서 반응을 경험한 것으로 보고되었다(Alfredson et al., 2004; Knight et al., 2002; Schulkind et al., 1999). 노인들은 자신들이 젊을 때 들었던 음악과 관련된 감정을 오랜 기간 유지하며 반응할 수 있었고, 젊은 성인들보다 많은 장기 기억 정보를 인출할 수 있었다. 이는 기억과 관련된 감정의 효과가 시간이 지남에 따라 더욱 공고화된다는 사실을 뒷받침한다(Schulkind et al., 1999).

치매 환자들의 경우, 음악에 대한 기억은 치매가 진행되는 마지막 단계까지도 보존되는 것으로 나타났다(Cuddy & Duffin, 2005; Prickett & Moore, 1991). 치매 환자들은 주변 소리가 들릴 때나 아무 자극이 없을 때에 비해 음악 듣기 활동을 한 후에 자서전적 기억의 회상 수준이 유의하게 향상된 것으로 나타났다(Foster & Valentine, 2001; Irish et al., 2006). 연구자들은 음악이 환자의 각성과 주의를 유도함으로써 회상 기능이 향상된다고 하였다. 또한 치매 환자들은 새로운 구문 정보를 학습하는 환경에서 문장(예: 시)보다는 노래를 배우기가 쉽고, 새로운 노래에 대한 기억이 더욱 장기적으로 유지되는 것으로 나타났다(Prickett & Moore, 1991; Samson et al., 2009). 음악 인지는 대뇌 피질 네트워크뿐 아니라 특정 피질 하부까지 광범위하게 영향을 끼친다고 알려져 있다. 알츠하이머 환자들의 경우에는 음악 처리 과정에 필요한 피질 하부 구조들이 손상되지 않고, 음악을 처리하는 과정 동안 강하게 활성화되는 영역이 덜 활성화되는 영역의 기능을 보조하는 것으로 나타났다(Cuddy & Duffin, 2005).

26.4 치료적 메커니즘

뇌 영상 기법은 음악과 관련된 정서와 인지 관계에 대한 추가적 근거를 찾는 데 많은 도움이 되었다. 긍정적인 정서 경험은 피질 하층 변연계 구조[limbic system, 예: 기저핵(amygdala), 측좌핵(nucleus accumbens)]와 배외측전전도 구조[dorsal prefrontal system, 예: 배외측 전전두엽(dorsal lateral prefrontal), 배외측 전방 대상 피질(dorsal anterior cingulate cortex)]를 연결하는 좌측 회로를 활성화한다(Ashby et al., 1999; Breiter et al., 2001; Dolan, 2002; Whittle et al., 2006). 이 영역들은 강한 도파민 분비와 관련된 보상 관련 구조를 형성하는 반면, 부정적인 정서는 기저핵과 배측 전방 대상 피질(ventral anterior cingulate cortex)을 포함한 피질 하층 변연계의 반응을 통해 나타나고, 해마(hippocampus), 배외측 전방 대상 피질 및 배외측 전전두엽을 포함한 우뇌와 연결되어 있다. 특히 기저핵은 특정한 감정과 관련된 장기 기억을 형성하고 저장한다(Cahill et al., 1996; Dolan, 2002).

이와 같이 정서와 인지 관계에 관련된 뇌 영역은 음악 감상 시에도 활성화되는 것으로 나타났고, 특히 감정적 판단 또는 반응을 할 때 더욱 비슷하게 나타나는 것으로 나타났다. 일반 성인을 대상으로 한 연구에서 음악을 들었을 때 복측 선조체(ventral striatum), 측좌핵, 기저핵, 뇌도엽(insula), 해마, 시상하부, 복측 피개 영역(ventral tegmental area), 전측 대상회, 안와 전두 피질(orbitofrontal cortex)과 복부 내측 전전두 피질(ventral medial prefrontal cortex)을 포함한 피질 하층 및 피질층이 모두 활성화되었다(Blood et al., 1999; Blood & Zatorre, 2001; Brown et al., 2004; Menon & Levitin, 2005). 음악에 대한 정서적 반응 동안 관찰된 신경 활동의 패턴은 음식, 성생활 및 약물 복용과 같은 다른 행복감을 유발하는 자극에 반응하는 것과 유사하게 나타났다(Bardo, 1998; Berridge & Robinson, 1998; Gardner & Vorel, 1998). 따라서 음악은 즐거움이나 보상을 포함한 일반 정서적 경험에 대한 뇌 활동을 자극하고 특정한 기분 상태를 유도할 수 있다고 설명된다(Menon & Levitin, 2005).

음악 감상의 정서적 반응을 통해 활성화되는 도파민 중뇌 피변연계 시스템(dopaminergic mesocorticolimbic)은 기억에도 중요한 역할을 한다(Ashby et al., 1999). 특히 도파민 수준의 증가는 경계, 정보 처리 과정 속도, 주의 및 기억과 같은 많은 인지 기능을 강화한다(Schück et al., 2002). 따라서 음악 감상 반응은 정서와 인지 정보를 연결하는 기억의 저장 영역을 활성화시킬 수 있다(Blood et al., 1999; Brown et al., 2004; Menon & Levitin, 2005).

음악적 정서의 판단은 음악과 연관된 자서전적 기억의 인출(Platel et al., 2003)과 연관된 전측내측 전전두 피질(rostral medial prefrontal cortex: RMPFC)을 활성화한다고 나타났다(Janata, 2005). 알츠하이머 환자들의 내측 전전두 피질(medial prefrontal cortex: mPFC)의 전측(rostral, 머리 쪽을 향하는)과 배측(ventral) 부분이 가장 나중에 위축되는 현상으로 미루어(Thompson et al., 2003), 알츠하이머 환자들도 친숙한 음악에 대한 긍정적인 반응을 보일 수 있을 것이라고 보고되었다(Janata, 2005). 이러한 점은 RMPFC가 음악과 자서전적 기억을 완성하기 위한 중요한 영역이라는 사실을 뒷받침한다.

음악이 노인 및 임상 대상군의 감정과 기억에 미치는 영향에 대한 연구에서는 관련 기억들의 회상을 유도하는 노래를 듣는 동안 우측의 측두엽(temporal lobe) 활동이 증가하는 것으로 나타났고, 음악 인식, 감정적 반응 및 기억과 관련된 신경 메커니즘이 규명되었다(Alfredson et al., 2004). 또한 즐거운 음악을 듣는 동안에는 간질이나 청각 실인증 환자들에게서도 건강한 젊은 성인들과 유사한 뇌 반응이 관찰되었다(Dellacherie et al., 2009; Matthews et al., 2009). 뇌졸중 환자 대상 연구에서는 좋아하는 음악을 들은 그룹에서 오디오 북을 듣거나 아무것도 듣지 않은 그룹과 비교하여, 구문 기억 및 주의 집중을 포함한 인지 회복에 유의한 향상이 나타난 결과가 보고되었다(Sarkamo et al., 2009). 특히 음악 듣기 그룹에서 다른 두 그룹보다 우울감과 혼란감이 감소된 것으로 나타나, 일상적 음악 듣기를 통해 유도된 긍정적 기분이 인지 기능을 향상시키는 데 도움이 된다는 결과가 함께 보고되었다.

이를 종합하면, 음악에 대한 감정적 반응은 보상 회로와 관련된 뇌 구조들을 활성화시키기 때문에, 음악은 감정 유발을 위한 적절한 자극이 된다. 또한 음악을 들을 때 활성화되는 뇌 영역은 강력한 감정 유발을 통해 기억 회상과 같은 인지 활동에도 영향을 준다. 강한 정서적 자극으로서의 음악은 변연계 기반 신경 네트워크를 활성화시키고(Thaut, 2010), 인지 활동을 위한 감정적 맥락을 제공함으로써 기억을 구성하는 감정을 강화하는 역할을 한다. 이러한 과학적 원리들은 음악이 감정을 유도한다는 근거를 뒷받침하고, 감정 기억 회상 일치뿐 아니라 감정 상태 의존 기억의 인출을 촉진시키는 것으로 나타났다.

26.5 임상 프로토콜

AMMT는 음악을 통해 장기 기억에 저장된 정보와 관련된 특정 기분 상태, 특히 자아와 과거 경험에 관한 자서전적 기억을 유도한다. 환자들은 음악을 듣는 동안 기분을 전환하거나 현재의 기분을 강화함으로써 관련 기억 네트워크를 활성화시켜 과거의 정보나 사건에 대한 기억에 접근할 수 있다. 따라서 AMMT는 회상이나 삶을 돌아보는 방법에 도움을 줄 수도 있다.

추억은 사건, 사고 및 감정을 포함하는 과거에 대한 회상을 의미한다(Bulechek et al., 2008; Soltys, 2007). 이러한 추억 회상 과정이 체계적으로 적용되었을 때 인생에 대한 검토로 발전될 수 있으며, 자서전적 기억 회상은 상황 대처 능력을 유지하거나 습득하고 미래에 대한 중요한 결정을 내리는 데 사용될 수 있다(Garland & Garland, 2001a; Soltys, 2007).

인생 회고는 기억상실 장애(amnestic disorders) 또는 다른 일화 기억 장애 환자에게 도움이 되며, 인생을 마무리하거나 삶의 경험을 돌아보기 위한 사람들에게도 유용하다 (Butler, 1963; Haight & Burnside, 1993; Koffman, 2000; Kunz, 2002; Stinson, 2009; Walker & Adamek, 2008).

이는 전 생애 발달 이론(life-span developmental theory)의 맥락을 가장 잘 반영한 것이다(Garland & Garland, 2001a; Giblin, 2011). Erikson(1959)에 따르면, 성격과 자아개념은 갈등의 해결과 학습을 통해 발달하는데, 노년기나 삶의 후반에서 경험하는 갈등은 후회와 비통함 및 자신의 결정과 지난 삶을 수용하는 것과 관련되어 있다(Erikson, 1997). 인생 회고는 이러한 갈등들을 해결하는 데 도움을 줄 수 있고, 노인 및 불치병 환자들에게도 효과적으로 사용될 수 있다(Birren & Schroots, 2006; Garland & Garland, 2001b; Koffman, 2000; Middleton & Edwards, 1990; O'Rourke et al., 2011; Soltys, 2007).

한편, 중도 지적장애나 과장된 생각 패턴을 가진 사람들에게는 부정적인 사건을 잘못된 방식으로 고정시킬 가능성이 있기 때문에 인생 회고가 적절하지 않을 수 있다(Garland & Galand, 2001b). 일부 치매 환자는 회상이 가능하지만, 시간을 구성하는 데 어려움을 겪기 때문에 과거와 현재를 연결하는 데 어려움을 겪을 수 있다. 이러한 환자들에 있어서는 과거의 사건을 회상하는 것이 치료적 목표로 적합할 수 있지만, 현재와 미래 사건에 대한 통찰력을 얻는 것은 불가능할 수도 있다.

26.5.1 음악 선택 시 고려 사항

치료사들은 AMMT를 위해 음악을 선택할 때 환자들의 통계적 자료를 고려해야 한다. 노인은 그들이 젊었을 때 인기가 있었던 음악을 선호하며, 이러한 음악에 더욱 강한 정서 반응을 보일 가능성이 크다(Bartlett & Snelus, 1980; Gibbons, 1977; Hanser et al., 2011; Jonas, 1991; Lathom et al., 1982; Schulkind et al., 1999). 이 시기의 기억은 강한 수준의 감정 반응을 이끌어 낼 수 있는 새로운 사건과 관련이 있으며, 높은 빈도와 생생한 회상을 도울 수 있다(Birren & Schroots, 2006; Rubin et al., 1998). 더욱이 대부분의 노인은 부정적인 기억보다 긍정적인 기억을 더욱 잘 떠올리는 경향이 있으며, 노년 여성들은 가족 및 건강과 관련된 기억을 주로 회상하는 반면, 남성들은 일과 관련된 기억을 더욱 잘 회상하는 것으로 나타났다. 특히 치매 환자들은 발병 시기 이전의 경험과 강한 감정적 각성을 일으킨 특별한 삶의 사건을 잘 기억하는 경향이 있다(Buijssen, 2005).

다음으로는 음악에 대한 친숙도를 고려해야 한다. 음악은 다른 의미적 개념이나 감정과 관련된 네트워크 안에 저장된다(Krumhansl, 2002). 예를 들면, '환희의 송가'는 환자의 결혼식(강한 감정과 연관되어 있는 특정한 삶의 사건)에서 연주되었을 것이고, 후에 이 곡을 들을 때 결혼식 관련 기억을 포함한 관련 네트워크를 활성화시키는 동시에 같은 네트워크 안의 절(노드)로서 결혼식 당시의 감정들 또한 활성화시킬 것이다. 이러한 두 가지의 강한 신호가 복합되어 추가적인 절을 활성화시키며, 환자들이 결혼식 날에 대한 상세한 기억을 이끌어 낼 수 있다. 특정 사건과는 달리 친숙한 음악은 거의 동일한 방식으로 효과적인 회상을 유도할 수 있다(Krumhansl, 2002).

그러나 환자들이 기억 인출을 유도하는 감정 반응을 기대할 수 있는 음악을 반드시 알고 있을 필요는 없다(Janata et al., 2007). 만일 환자가 가수, 스타일 또는 음악 장르를 알거나, 문화적 또는 역사적 맥락에서 소속된 음악을 인지할 수 있는 경우, 이러한 신호는 과거 사건의 기억과 관련된 분위기를 유도하기에 충분할 것이다(J. Goelz, 개인 대화, 2012. 1. 31; Janata et al., 2007). 예를 들어, 환자는 1950년대에 Frank Sinatra의 유명했던 노래를 더욱 선호하겠지만, 동시대에 덜 유명했던 Sinatra의 노래를 들었을 때, 환자들은 여전히 'Sinatra 같은' 노래라는 것을 알게 됨으로써 기억 회상에 충분한 감정 반응을 경험할 수 있다. 이와 같이 음악에 대한 특정 정보 없이도 주어진 음악의 본질적인 의미를 통해 성공적인 감정 유발로 이어질 수 있다(Krumhansl, 2002).

26.5.2 연상적 감정과 기억 훈련 세션 계획 및 적용 시 고려 사항

치료사들은 세션 형식이나 횟수를 주의 깊게 고려해야 한다. 몇몇 환자에게는 그룹 형식이 치료적 기분 변화와 기억 회상에 더욱 도움을 줄 수 있다(Suzuki, 1998). 다른 그룹 구성원과의 공통된 경험 발견은 정체성 또는 소속감을 향상시키고, 이는 필요에 따라 효과적인 대처 능력 및 의사 결정을 위한 자아개념 형성에 도움이 될 수 있다(Birren & Schroots, 2006; Cheston & Bender, 1999; Middleton & Edwards, 1990). 반면, 치매 후기 단계에서는 치료사가 환자와 가까이 대면하면서 일대일로 상호작용하는 개별치료가 최상의 결과를 가져올 수 있으며(Prickett & Moore, 1991), 매일 또는 일주일에 2~3회기 진행되는 세션이 더욱 큰 치료적 효과를 가져올 수 있다.

치료사는 음악과 관련하여 각 환자에게 먼저 중요한 삶의 사건과 시간대(즉, 대학 생활, 결혼, 가족, 직업 등)를 확인한 다음(Grocke & Wigram, 2007), 그 사건과 관련된 음악 또는 분위기를 선택해야 한다. 음악은 삶의 사건의 시간적 순서를 맞추기 위해서 세션 안에서 또는 세션 간의 순서가 정해져야 한다. 자서전적 기억은 본래 발생한 것과 동일한 순서로 구성되기 때문에, 회상이 인출 신호와 동일했을 때 더욱 효과적일 수 있다 (Anderson & Conway, 1997). 녹음된 음악을 재생하거나 라이브로 연주할 수 있고, 환자들은 음악을 듣거나 노래를 따라 부를 수 있다(Grocke & Wigram, 2007). 녹음된 음악이나 라이브 음악의 사용을 결정할 때는 감정을 최대로 유도할 수 있는 부분을 가장 중요하게 생각해야 한다.

치료사들은 음악을 제공하기 전에 음악적 감정을 유도하기 위해 음악 감상에 적절한 에너지 수준과 분위기를 구성해야 한다. 예를 들면, "음악에 감정을 맡겨 보세요." 또는 "이 노래에 대한 분위기를 생각해 보고, 당신의 감정을 맡겨 보세요." 또는 "그 감정을 유지해 보세요."와 같은 표현을 사용하면 환자들은 이를 통해 음악에 대한 분위기와 일치되는 사건에 대해 생각하게 될 것이다(Eich & Schooler, 2000). 또한 치료사가 개방형 질문을 사용하면, 음악에 대한 감정적인 묘사를 하지 않고도 더욱 의미 있고 주관적인 환자의 반응을 유도할 수 있을 것이다.

치료사는 음악을 듣는 동안 환자들이 감정 반응에 대해 어떤 행동을 보이는지 주의 깊게 살펴보고, 음악이 끝난 후 잠시 동안 침묵의 시간을 제공한다(Grocke & Wigram, 2007). 치료사들은 다음과 같은 예시 과정에 따라 음악에 대한 반응을 말로 표현할 수 있도록 도와주어야 한다(S. de l'Etoile의 2011년 3월 1일 강의에서 인용; J. Goelz, 개인 대화, 2012. 1. 31; Grocke & Wigram, 2007; Thaut, 1999).

26.5.2.1 1단계: 지남력

치료사는 환자가 방금 듣거나 불렀던 노래와 관련하여 질문이나 제안을 하면서 환자의 적절한 반응을 유도하면서 음악에 대한 현실적 인지와 주의를 확인해야 한다. 예시는 다음과 같다.

- 노래는 어떠셨나요?
- 어떤 단어들이 포함되어 있었나요?

- 음악이 좋으셨나요?
- 이 노래의 가수나 작곡가에 대해서 어떻게 생각하세요?

26.5.2.2 2단계: 회상

치료사의 질문이나 제안 사항을 통해 환자들은 노래에 대한 감정적 반응과 그와 관련된 개인적 경험(즉, 기억)을 공유한다. 예시는 다음과 같다.

- 이 노래를 들었을 때/불렀을 때, 어떤 기분이 들었나요?
- 노래를 듣는 동안 어떤 생각이나 이미지가 떠올랐나요?
- 이 노래를 통해 무엇이 생각나나요?
- 노래를 들은 후 현재 무슨 감정이 드나요?

26.5.2.3 3단계: 적용

치료사들은 환자들이 기억의 의미를 해석할 수 있도록 돕고, 그에 대한 정보를 현재 삶의 상황에 적용하도록 해야 한다. 환자들은 가치 있는 통찰을 얻고, 특정한 경험을 기억하게 되며, 과거에 성취했던 일들의 만족감에 대해 회상하게 될 것이다. 이러한 과정은 환자들의 기억 능력뿐 아니라 현재 상황에 대한 어려움을 극복하는 능력을 향상시킬 것이다. 예시는 다음과 같다.

- 당신의 인생에서 가장 의미 있는 때는 언제였나요?
- 가장 기뻤던(어려웠던) 순간은 언제였나요?
- 그러한 경험을 통해서 무엇을 배웠나요?
- 같은 상황에 처한다면 다른 사람에게 어떤 조언을 해 주고 싶은가요?

질문은 환자들의 특성과 필요에 맞게 조절되어야 하고, 음익에 의해 발생되 감정과 사고 또한 반영되어야 한다.

말하기 과정은 환자의 통찰력과 현실 자각 수준에 따라 조절되어야 한다. 만약 환자가 이러한 과정에 어려움을 겪는다면 1, 2단계만으로 충분하고, 3단계는 어렵거나 혼란스러울 수 있다. 환자가 기억을 말로 표현할 수 없다면, 가족들이 환자와 함께한 기억과 감정을 공유할 수 있다.

26.5.3 연상적 기분과 기억 훈련의 임상 예시

다음은 기억 회상 손상 환자를 위한 AMMT의 예시이다.

사례

Helen은 남편과 사별하였으며, 몇 차례의 뇌졸중으로 인해 혈관성 치매를 앓고 있다. 그녀의 자녀들은 그녀가 동네에서 방황하고, 장소나 식사 후 가스불을 끄는 것도 종종 잊어버리는 모습을 보고 보호가 필요하다고 생각하였다. 현재 Helen은 주중에 식사를 제공해 주고 여러 활동에 대한 참여 기회가 있는 주간 보호소에 다니고 있다. 저녁과 주말에는 그녀의 딸과 사위와 지내고 있다. Helen의 치매가 더욱 심해지기 전에 그녀의 삶을 돌아보는 기회가 필요할 것이다.

음악치료사는 Helen이 1947년생이라는 것을 알았고, 1960년 중후반이 그녀의 젊은 성인기였음을 고려하였다. 따라서 치료사는 그녀의 젊은 시절의 사랑에 관한 기억을 회상하는 데 도움을 주기 위해 그 당시에 유행했던 사랑에 관한 노래들을 선택하였다. 관계는 인생에서 중요한 사건이고, 강한 감정적 특징을 가지고 있다. 따라서 음악을 통한 감정 유도는 이러한 경험에 대한 정보를 포함한 관련 기억 네트워크를 활성화시킬 수 있다.

음악치료사는 기타를 연주하며 1968년에 유명했던 〈Build Me UP Buttercup〉을 노래하기 시작하였다. Helen은 노래를 따라 부르고 노래에 대한 감정을 표현하는 활동을 하였다. 이 노래는 많은 긍정적 요소(예: 장조, 빠른 템포, 팝 스타일)를 포함하고 있지만, 가사는 약속을 반복해서 어기는 누군가에 대한 절망을 나타내고 있다. 노래를 부른 후에 치료사는 다음과 같은 질문을 하였다.

[1단계: 지남력]
- 이 노래에 붙여졌던 별명이 무엇이었나요?
- 가수가 'Buttercup'에게 말하고 싶은 것은 무엇이었나요?
- 이 노래의 분위기는 어떤가요?

[2단계: 회상]
- 언제 이와 같은 느낌을 가졌나요?
- 시간, 사람에 대해서 말해 주세요.

[3단계: 적용]

- 그 사람과 연애를 하면서 얻은 것은 무엇이었나요?
- 이와 같이 비슷한 상황을 겪고 있는 사람들에게 무슨 말을 해 주고 싶나요?

치료사는 동일한 세션 또는 다음 세션에서 1969년 Neil Diamond의 노래 〈Sweet Caroline〉을 틀어 준다. 치료사는 Helen이 노래 분위기에 집중하고, 그 분위기와 유사한 일들을 생각하도록 격려한다. 이 특정 노래는 또한 긍정적인 분위기를 형성하고, 금관악기로 연주되어 강렬한 인상을 주는 코러스를 포함하고 있다. 노래가 끝난 후에 치료사는 다음과 같은 질문을 할 수 있다.

[1단계: 지남력]

- 이 노래가 다른 제목으로도 불린 것으로 알고 있는데 무엇인가요?
- 이 노래를 부른 가수는 누구인가요?
- Neil Diamond가 'Caroline'에게 무슨 말을 했나요?
- Neil Diamond의 감정에 대해서 어떻게 생각하세요?

[2단계: 회상]

- 이 노래를 들은 후의 감정이 어떤가요?
- 이 감정과 관련해 떠오르는 장면이나 생각이 있나요?

[3단계: 적용]

- 이 당시 당신에게 가장 중요한 것은 무엇이었나요?

치료사는 1965년에 유명했던 Sonny와 Cher의 상징적인 노래인 〈I Got You Babe〉를 키보드로 연주하면서 노래하는 활동으로 대체할 수도 있다. 이 노래는 힘찬 분위기의 노래로, 매우 반복적이며, 가사는 관계에 대한 사랑스러운 내용을 담고 있다.

[1단계: 지남력]

- 이 노래가 다른 제목으로도 불린 것으로 알고 있는데 무엇인가요?
- "I got you, babe"라는 가사가 무슨 뜻인 것 같아요? 어떤 의미가 있죠?

[2단계: 회상]

- Babe 또는 다른 별명으로 불리는 것이 어땠나요? 예를 들어, 당시 연인이 애칭을 불렀을 때

어떤 기분이었나요?

• 그 당시 연인에 대한 애칭을 말해 줄 수 있나요?

• 그 사람은 당신에게 왜 특별했나요?

[3단계: 적용]

• 연인이 있어서 가장 좋았던 점이 무엇인가요?

• 가장 나빴던 점은 무엇인가요?

• 관계에서 가장 중요하게 가치를 두는 것은 무엇인가요?

참고문헌

Albersnagle, F. A. (1988). Velten and musical mood induction procedures: a comparison with accessibility of thought associations. *Behavior Research and Therapy, 26,* 79-96.

Alfredson, B. B., Risberg, J., Hagberg, B., and Gustafson, L. (2004). Right temporal lobe activation when listening to emotionally significant music. *Applied Neuropsychology, 11,* 161-6.

American Psychiatric Association (2000). Delirium, dementia, and amnestic and other cognitive disorders. In: *Diagnostic and Statistical Manual of Mental Disorders,* 4th edition, text revision. Washington, DC: American Psychiatric Association. pp. 135-80.

Anderson, S. J. and Conway, M. A. (1997). Representation of autobiographical memories. In: M. A. Conway (ed.) *Cognitive Models of Memory.* Cambridge, MA: MIT Press. pp. 217-46.

Ashby, F. G., Isen, A. M., and Turken, A. U. (1999). A neuropsychological theory of positive affect and its influence on cognition. *Psychological Review, 106,* 529-50.

Bardo, M. T. (1998). Neuropharmacological mechanisms of drug reward: beyond dopamine in the nucleus accumbens. *Critical Reviews in Neurobiology, 12,* 37-67.

Bartlett, J. C. and Snelus, P. (1980). Lifespan memory for popular songs. *American Journal of Psychology, 93,* 551-60.

Berridge, K. C. and Robinson, T. E. (1998). What is the role of dopamine in reward: hedonic impact, reward learning, or incentive salience? *Brain Research Review, 28,* 309-69.

Berry, J. et al. (2010). Memory aging: deficits, beliefs, and interventions. In: J. Cavanaugh and

C. K. Cavanaugh (eds). *Aging in America. Volume I. Psychological aspects.* Oxford, UK: Praeger Perspectives. pp. 255-99.

Birren, J. E. and Schroots, J. J. F. (2006). Autobiographical memory and the narrative self over the life span. In: J. E. Birren and K. W. Schaie (eds) *Handbook of the Psychology of Aging,* 6th edition. New York: Academic Press. pp. 477-98.

Blood, A. J. and Zatorre, R. J. (2001). Intensely pleasurable responses to music correlate with activity in brain regions implicated in reward and emotion. *Proceedings of the National Academy of Sciences of the USA, 98,* 11818-23.

Blood, A. J., Zatorre, R. J., Bermudez, P., and Evans, A. C. (1999). Emotional responses to pleasant and unpleasant music correlate with activity in paralimbic brain regions. *Nature Neuroscience, 2,* 382-7.

Bower, G. H. (1981). Mood and memory. *American Psychologist, 36,* 129-48.

Bower, G. H. and Forgas, J. P. (2000). Affect, memory, and social cognition. In: E. Eich et al. (eds) *Cognition and Emotion.* New York: Oxford University Press. pp. 87-168.

Breiter, H. C. et al. (2001). Functional imaging of neural responses to expectancy and experience of monetary gains and losses. *Neuron, 30,* 619-39.

Brown, S., Martinez, M. J., and Parsons, L. M. (2004). Passive music listening spontaneously engages limbic and paralimbic systems. *Neuroreport, 15,* 2033-7.

Buijssen, H. (2005). The simple logic behind dementia. In: *The Simplicity of Dementia: a guide for family and carers.* London: Jessica Kingsley Publishers. pp. 21-50.

Bulechek, G., Butcher, H., and Dochterman, J. (2008). Reminiscence therapy. In: G. Bulechek, H. Butcher, and J. Dochterman (eds). *Nursing Intervention Classification (NIC),* 5th edition. St Louis, MO: Mosby-Elsevier. pp. 608-9.

Butler, R. N. (1963). The life review: an interpretation of reminiscence in old age. *Psychiatry Journal for the Study of Interpersonal Processes, 26,* 65-76.

Cady, E. T., Harris, R. J., and Knappenberger, J. B. (2008). Using music to cue autobiographical memories of different lifetime periods. *Psychology of Music, 36,* 157-78.

Cahill, L., Haier, R. J., and Fallon, J. (1996). Amygdala activity at encoding correlated with long-term, free recall of emotional information. *Proceedings of the National Academy of Sciences of the USA, 93,* 8016-21.

Cheston, R. and Bender, M. (1999). Managing the process of loss. In: *Understanding Dementia: the man with the worried eyes.* London: Jessica Kingsley Publishers. pp. 168-87.

Clark, D. M. (1983). On the induction of depressed mood in the laboratory: evaluation and comparison of the Velten and musical procedures. *Advances in Behavior Research and Therapy, 5,* 27–49.

Clark, D. M. and Teasdale, J. D. (1985). Constraints of the effects of mood on memory. *Journal of Personality and Social Psychology, 48,* 1595–608.

Connor, S. R. (2009). Psychological and spiritual care. In: *Hospice and Palliative Care: the essential guide,* 2nd edition. New York: Routledge. pp. 55–73.

Conway, M. A. and Pleydell-Pearce, C. W. (2000). The construction of autobiographical memories in the self-memory system. *Psychological Review, 107,* 261–88.

Cuddy, L. L. and Duffin, J. (2005). Music, memory, and Alzheimer's disease: is music recognition spared in dementia, and how can it be assessed? *Medical Hypotheses, 64,* 229–35.

Davies, G. (1986). Context effects on episodic memory: a review. *Cahiers de Psychologie Cognitive, 6,* 157–74.

de l'Etoile, S. K. (2002). The effect of a musical mood induction procedure on mood state-dependent word retrieval. *Journal of Music Therapy, 39,* 145–60.

Dellacherie, D. et al. (2009). The birth of musical emotion: a depth electrode case study in a human subject with epilepsy. *Annals of the New York Academy of Sciences, 1169,* 336–41.

Dolan, R. J. (2002). Emotion, cognition, and behavior. *Science, 298,* 1191–4.

Eich, E. and Schooler, J. W. (2000). Cognition/emotion interactions. In: E. Eich et al. (eds) *Cognition and Emotion.* New York: Oxford University Press. pp. 3–29.

Eifert, G. H., Craill, L., Carey, E., and O'Connor, C. (1988). Affect modification through evaluative conditioning with music. *Behavior Research and Therapy, 26,* 321–30.

Erikson, E. H. (1959). Growth and crises of the healthy personality. In: *Psychological Issues: identity and the life cycle. Volume 1.* New York: International Universities Press, Inc. pp. 50–100.

Erikson, E. H. (1997). Major stages in psychosocial development. In: *The Life Cycle Completed: extended version.* New York: W. W. Norton & Company. pp. 55–82.

Fischer, J. S. (2001). Cognitive impairment in multiple sclerosis. In: S. D. Cook (ed.) *Handbook of Multiple Sclerosis,* 3rd edition. New York: Marcel Dekker, Inc. pp. 233–55.

Forgas, J. P. (1995). Mood and judgment: the affect infusion model (AIM). *Psychological Bulletin, 117,* 39–66.

Foster, N. A. and Valentine, E. R. (2001). The effect of auditory stimulation on autobiographical recall in dementia. *Experimental Aging Research, 27,* 215–28.

Gardiner, J. C. (2005). Neurologic music therapy in cognitive rehabilitation. In: M. H. Thaut (ed.) *Rhythm, Music, and the Brain: scientific foundations and clinical applications.* New York: Routledge. pp. 179-202.

Gardner, E. L. and Vorel, S. R. (1998). Cannabinoid transmission and reward-related events. *Neurobiology of Disease, 5,* 502-33.

Garland, J. and Garland, C. (2001a). Review in context. In: *Life Review in Health and Social Care: a practitioner's guide.* Philadelphia, PA: Brunner-Routledge. pp. 3-26.

Garland, J. and Garland, C. (2001b). Why review? In: *Life Review in Health and Social Care: a practitioner's guide.* Philadelphia, PA: Brunner-Routledge. pp. 27-45.

Gerrards-Hesse, A., Spies, K., and Hesse, F. W. (1994). Experimental inductions of emotional states and their effectiveness: a review. *British Journal of Psychology, 85,* 55-78.

Gibbons, A. C. (1977). Popular music preferences of elderly people. *Journal of Music Therapy, 14,* 180-89.

Giblin, J. C. (2011). Successful aging: choosing wisdom over despair. *Journal of Psychosocial Nursing, 49,* 23-6.

Glisky, E. L. (2004). Disorders of memory. In: J. Ponsford (ed.) *Cognitive and Behavioral Rehabilitation: from neurobiology to clinical practice.* New York: Guilford Press. pp. 100-28.

Grocke, D. and Wigram, T. (2007). Song lyric discussion, reminiscence, and life review. In: *Receptive Methods in Music Therapy: techniques and clinical applications for music therapy clinicians, educators, and students.* London: Jessica Kingsley Publishers. pp. 157-78.

Haight, B. and Burnside, I. (1993). Reminiscence and life review: explaining the difference. *Archives of Psychiatric Nursing, 7,* 91-8.

Hanser, S. B., Butterfield-Whitcomb, J., Kawata, M., and Collins, B. (2011). Home-based music strategies with individuals who have dementia and their family caregivers. *Journal of Music Therapy, 48,* 2-27.

Hernandez, S., Vander Wal, J. S., and Spring, B. (2003). A negative mood induction procedure with efficacy across repeated administration in women. *Journal of Psychopathology and Behavioral Assessment, 25,* 49-55.

Hill, R. and Bäckman, L. (2000). Theoretical and methodological issues in memory training. In: R. D. Hill, L. Bäckman, and A. S. Neely (eds) *Cognitive Rehabilitation in Old Age.* New York: Oxford University Press. pp. 23-41.

Hoyer, W. J. and Verhaeghen, P. (2006). Memory aging. In: J. E. Birren and K. W. Schaie (eds) *Handbook of the Psychology of Aging*, 6th edition. New York: Academic Press. pp. 209-32.

Hurt-Thaut, C. (2009). Clinical practice in music therapy. In: S. Hallam, I. Cross, and M. Thaut (eds) *The Oxford Handbook of Music Psychology*. Oxford: Oxford University Press. pp. 503-14.

Irish, M. et al. (2006). Investigating the enhancing effect of music on autobiographical memory in mild Alzheimer's disease. *Dementia and Geriatric Cognitive Disorders, 22*, 108-20.

Janata, P. (2005). Brain networks that tack musical structure. *Annals of the New York Academy of Sciences, 1060*, 111-24.

Janata, P., Tomic, S. T., and Rakowski, S. K. (2007). Characterization of music-evoked autobiographical memories. *Memory, 15*, 845-60.

Jonas, J. L. (1991). Preferences of elderly music listeners residing in nursing homes for art music, traditional jazz, popular music of today, and country music. *Journal of Music Therapy, 28*, 149-60.

Knight, B. G. Maines, M. L., and Robinson, G. S. (2002). The effects of sad mood on memory in older adults: a test of the mood congruence effect. *Psychology and Aging, 17*, 653-61.

Koffman, S. D. (2000). Introduction. In: *Structural Reminiscence and Gestalt Life Review*. New York: Garland Publishing, Inc. pp. 3-14.

Krumhansl, C. L. (2002). Music: a link between cognition and emotion. *Current Directions in Psychological Science, 11*, 45-50.

Kunz, J. A. (2002). Integrating reminiscence and life review techniques with brief, cognitive behavioral therapy. In: J. D. Webster and B. K. Haight (eds) *Critical Advances in Reminiscence Work: from theory to application*. New York: Springer Publishing Company. pp. 275-88.

Lathom, W. B., Petersen, M., and Havlicek, L. (1982). Musical preferences of older people attending nutritional sites. *Educational Gerontology, 8*, 155-65.

Lim, C. and Alexander, M. P. (2007). Disorders of episodic memory. In: O. Godefroy and J. Bogousslavsky (eds) *The Behavioral and Cognitive Neurology of Stroke*. New York: Cambridge University Press. pp. 407-30.

Martin, M. (1990). On the induction of mood. *Clinical Psychology Review, 10*, 669-97.

Martin, M. A. and Metha, A. (1997). Recall of early childhood memories through musical mood induction. *The Arts in Psychotherapy, 24*, 447-54.

Matthews, B. R. et al. (2009). Pleasurable emotional response to music: a case of neurodegenerative generalized auditory agnosia. *Neurocase, 15,* 248-59.

Menon, V. and Levitin, D. J. (2005). The rewards of music listening: response and physiological connectivity of the mesolimbic system. *NeuroImage, 28,* 175-84.

Middleton, D. and Edwards, D. (1990). Conversational remembering: a social psychological approach. In: D. Middleton and D. Edwards (eds) *Collective Remembering.* London: Sage. pp. 23-45.

O'Rourke, N., Cappeliez, P., and Claxton, A. (2011). Functions of reminiscence and the psychological well-being of young-old and older adults over time. *Aging & Mental Health, 15,* 272-81.

Pignatiello, M. F., Camp, C. J., and Rasar, L. (1986). Musical mood induction: an alternative to the Velten technique. *Journal of Abnormal Psychology, 95,* 295-7.

Platel, H. et al. (2003). Semantic and episodic memory of music are subserved by distinct neural networks. *NeuroImage, 20,* 244-56.

Prickett, A. C. and Moore, R. S. (1991). The use of music to aid memory of Alzheimer's patients. *Journal of Music Therapy, 28,* 101-10.

Rachman, S. (1981). The primacy of affect: some theoretical implications. *Behavior Research and Therapy, 19,* 279-90.

Robottom, B. J., Shulman, L. M., and Weiner, W. J. (2010). Parkinson disease. In: W. J. Weiner, C. G. Goetz, R. K. Shin, and S. L. Lewis (eds) *Neurology for the Non-Neurologist,* 6th edition. New York: Lippincott Williams & Wilkins. pp. 222-40.

Rubin, D. C., Rahhal, T. A., and Poon, L. W. (1998). Things learned in early adulthood are remembered best. *Memory & Cognition, 26,* 3-19.

Salmon, D. (1993). Music and emotion in palliative care. *Journal of Palliative Care, 9,* 48-52.

Samson, S., Dellacherie, D., and Platel, H. (2009). Emotional power of music in patients with memory disorders: clinical implications of cognitive neuroscience. *Annals of the New York Academy of Sciences, 1169,* 245-55.

Sarkamo, T. et al. (2008). Music listening enhances cognitive recovery and mood after middle cerebral artery stroke. *Brain, 131,* 866-76.

Schacter, D. L. and Tulving, E. (1994). What are the memory systems of 1994? In: D. L. Schacter and E. Tulving (eds) *Memory Systems 1994.* Cambridge, MA: MIT Press. pp. 1-38.

Schenkenberg, T. and Miller, P. J. (2000). Issues in the clinical evaluation of suspected dementia. In: R. D. Hill, L. Bäckman, and A. S. Neely (eds) *Cognitive Rehabilitation in Old Age.* New York: Oxford University Press. pp. 207-23.

Schück, S. et al. (2002). Psychomotor and cognitive effects of piribedil, a dopamine agonist, in young healthy volunteers. *Fundamental & Clinical Pharmacology, 16,* 57-65.

Schulkind, M. D., Hennis, L. K., and Rubin, D. C. (1999). Music, emotion, and autobiographical memory: they're playing your song. *Memory and Cognition, 27,* 948-55.

Schwartz, B. L. (2011a). Episodic memory. In: *Memory: foundations and applications.* London: Sage. pp. 87-121.

Schwartz, B. L. (2011b). Memory disorders. In: *Memory: foundations and applications.* London: Sage. pp. 289-321.

Schwartz, B. L. (2011c). Memory in older adults. In: *Memory: foundations and applications.* London: Sage. pp. 351-75.

Soltys, F. G. (2007). Reminiscence, grief, loss, and end of life. In: J. A. Kunz and F. G. Soltys (eds) *Transformational Reminiscence: life story work.* New York: Springer Publishing. pp. 197-214.

Stinson, C. K. (2009). Structured group reminiscence: an intervention for older adults. *Journal of Continuing Education in Nursing, 40,* 521-8.

Suzuki, A. I. (1998). The effects of music therapy on mood and congruent memory of elderly adults with depressive symptoms. *Music Therapy Perspectives, 16,* 75-80.

Sweatt, J. D. (2003). Aging-related memory disorders: Alzheimer's disease. In: *Mechanisms of Memory.* New York: Academic Press. pp. 337-65.

Thaut, M. H. (1999). Appendix: A session structure for music psychotherapy. In: W. B. Davis, K. E. Gfeller, and M. H. Thaut (eds) *An Introduction to Music Therapy: theory and practice,* 2nd edition. New York: McGraw-Hill Higher Education. pp. 339-41.

Thaut, M. H. (2002). Toward a cognition-affect model in neuropsychiatric music therapy. In: R. F. Unkefer and M. H. Thaut (eds) *Music Therapy in the Treatment of Adults with Mental Disorders: theoretical bases and clinical interventions,* 2nd edn. St Louis, MO: MMB Music, Inc. pp. 86-103.

Thaut, M. H. (2010). Neurologic music therapy in cognitive rehabilitation. *Music Perception, 27,* 281-5.

Thaut, M. H. and de l'Etoile, S. K. (1993). The effects of music on mood state-dependent recall. *Journal of Music Therapy, 30,* 70-80.

Thaut, M. H., Thaut, C., and LaGasse, B. (2008). Music therapy in neurologic rehabilitation.

In: W. B. Davis, K. E. Gfeller, and M. H. Thaut (eds) *An Introduction to Music Therapy: theory and practice*, 3rd edn. Silver Spring, MD: American Music Therapy Association. pp. 261-304.

Thompson, P. M. et al. (2003). Dynamics of gray matter loss in Alzheimer's disease. *Journal of Neuroscience, 23*, 994-1005.

Walker, J. and Adamek, M. (2008). Music therapy in hospice and palliative care. In: W. B. Davis, K. E. Gfeller, and M. H. Thaut (eds) *An Introduction to Music Therapy: theory and practice*, 3rd edn. Silver Spring, MD: American Music Therapy Association. pp. 343-64.

Whittle, S., Allen, N. B., Lubman, D. I., and Yücel, M. (2006). The neurobiological basis of temperament: towards a better understanding of psychopathology. *Neuroscience and Biobehavioral Reviews, 30*, 511-25.

Barbara L. Wheeler

Chapter 27

음악 심리사회적
훈련과 상담(MPC)

●

27.1 정의

음악 심리사회적 훈련과 상담(music in psychosocial training and counseling: MPC)은 과거에는 음악 심리치료와 상담(music psychotherapy counseling)으로 불렸으며, 정의는 다음과 같다.

심리사회적 기능 향상을 위해 유도된 음악 감상(guide music listening), 음악 역할 극 및 표현적 즉흥 연주나 작곡과 같은 음악 활동을 통해서 감정 조절, 표현, 일관성, 현실 지남력(reality orientation) 및 적절한 사회관계의 문제들을 해결한다. 이 기법은 감정 수정(affect modification), 기분과 기억 관련 네트워크 이론(associative network theory of mood and memory), 사회 학습 이론(social learning theory), 동질성의 원리(iso principle)를 기반으로 하는 고전적 및 조작적 조건형성(classical and operant conditioning) 이론들을 기반으로 한다(Thaut, 2005, p. 197).

최근 신경학적 음악치료(NMT) 기법의 원리가 추가적으로 반영되면서 음악 심리사회적 훈련과 상담(MPC)으로 기법의 명칭이 바뀌었다.

MPC는 표현적 음악치료를 통해 심리사회적 기능 훈련과 같은 정신적인 영역의 목표를 다루거나(Houghton et al., 2002; Wheeler, 1983), 신경학적 문제로 인해 손상된 인지 또는 감정 기능을 개선하는 데 적절하게 사용될 수 있다. 또한 재교육 단계의 심리치료, 통찰 및 과정 중심의 음악치료로 분류되는 기법들과 함께 사용될 수 있다(Houghton et al., 2002; Wheeler, 1983). 그러나 이 기법들은 공통적으로 언어 기능이 손상된 환자들의 경우 손상의 정도에 따라 적용하기 어려운 측면이 있을 수 있고, 자기감시(self-monitoring), 기억, 새로운 것에 대한 학습 기능이나 통찰과 관련된 기능 수준에 따라서도 적용 수준이 달라질 수 있다는 점을 고려해야 한다.

MPC는 심리사회적 기능의 향상이 필요한 신경학적 손상 환자들에게 "감정 조절, 감정 표현, 일관성, 지남력 및 적절한 사회 관계를 위한 음악 연주"를 적용한다(Thaut, 2005, p. 197). [그림 27-1]은 MPC에 즉흥 연주 활동을 적용한 세션의 예시이다.

[그림 27-1] 미네소타 조던에 위치한 MRVSEC OASIS 프로그램에서 Glen Helgeson(MEd, MT-BC, 신경학적 음악치료사)이 그룹 즉흥 연주를 통해 학생들을 리드하고 있다. MPC의 목표는 그룹 즉흥 연주에 참여시키고, 지시에 적절하게 따르고, 다른 사람의 말에 귀를 기울이며, 다른 참여자들 앞에서 새로운 악기를 시도해 보는 것이다.

MPC는 환자의 필요나 치료사의 역량에 따라 심리사회적 훈련, 상담 또는 두 가지를 통합한 훈련의 형태로 진행된다. 신경학적 음악치료사들도 음악치료 분야의 심리사회적 훈련과 상담에 대한 훈련을 받지만, 모든 치료사가 심층 상담을 위한 전문성을 개발하는 것은 아니다. 숙련된 상담 능력을 갖춘 음악치료사는 훈련 과정 중 상담적인 측면에 전문적으로 접근할 수 있지만, 이 부분에 대한 충분한 훈련이나 경험이 부족한 치료사라면 환자에 대한 '심층적인' 심리적 접근은 오히려 자제해야 한다.

Prigatano(1999, pp. 219-220)는 뇌손상 환자들을 위한 심리치료에서 치료사를 위한 몇 가지 주의 사항과 임상적 고려 사항을 제시하였는데, 이는 MPC 훈련에서도 유용하게 사용될 수 있다.

① 천천히 진행한다.
② 환자에게 자신을 치료사(healer), 상사, 부모님 등이 아닌 상담가(consultant)라고 소개한다.
③ 환자가 현실에 대해 명확한 관점을 가질 수 있도록 반복적으로 돕는다.
④ 행동의 복잡성과 동기 부여에 영향을 주는 의식적·무의식적 요인을 파악한다. 과거 경험에 비추어 현재에 지속적으로 적용하는 행동을 살펴야 한다. 현재의 행동은 과거 경험의 영향에 의해 지속적으로 시도되는 결과로 정의된다.
⑤ 현재에 집중하되 환자의 행동에 영향을 주는 과거에 대해서도 이해한다.
⑥ 문제해결 접근 방식을 통해 환자가 재활 과정의 제한된 시간에 대해 인식하도록 한다. 이는 이후 환자가 치료사로부터 독립하는 데 도움을 줄 수 있다.
⑦ 환자들의 왜곡, 분노 표출,[1] 과잉 불안 행동 및 우울감에 대해 천천히, 진솔하게, 공감적인 태도로 개입해야 한다.
⑧ Jung의 이론에서 사람들은 특정한 사고 과정을 통해 기분이 나아질 수 있다고 제안하였다.
⑨ 뇌손상 환자들이 그들의 현재 상황을 직면하고, 삶의 의미를 확립해 나갈 수 있도록 도울 수 있다.

MPC의 주요 목표는 감정 규명 및 표현, 기분 조절, 자기인식 및 사회적 역할에 대한 수행이라 할 수 있다. 각 목표는 다음에서 자세하게 설명한다.

---

1) 전두엽이 손상된 환자들은 정서적으로 과민한 반응이 나타나는 경우가 많은데, 이는 감정을 더 많이 느끼거나 부적절하게 지각해서가 아니라 조절 기능의 어려움으로 인해 비예측인인 반응이 발생하거나 억제가 어렵기 때문이다.

27.2 대상군

MPC는 일반적으로 다음과 같은 환자를 대상으로 사용된다.

- 자폐 범주성 장애(ASD)
- 발병 후 변화에 대한 적응과 장애에 대한 수용이 가능한 외상성 뇌손상 및 뇌졸중 환자
- 발병 후 변화에 대한 적응과 장애에 대한 수용이 가능한 신경학적 손상 환자(예: 파킨슨병)
- 주요 기능 손상으로 인한 정서적 반응 및 인지, 신체적 변화를 수용할 수 있고, 잔존 기능을 최대한 오래 유지하는 것이 가능한 노인 및 치매 환자
- 외상성 뇌손상, 뇌졸중 혹은 기타 질병 후의 우울증 환자(정신적 우울증도 해당됨)

전두엽 손상이나 외상 후 기억장애에 해당되는 신경 행동 대상군은 통찰 기반 치료를 통해 효과를 기대하기 어렵기 때문에 MPC를 적용하기에 적절치 않다.

27.3 치료적 메커니즘

27.3.1 감정 인식 및 표현

음악을 비롯한 여러 가지 비언어적 방법은 언어보다 더욱 직접적으로 감정을 다룰 수 있다는 장점이 있어 매우 오래전부터 사용되어 왔다. Zwerling(1979)은 음악을 포함한 예술이 어떤 행동, 사건 및 기억 등과 관련된 감정적 요소를 자극하고, 이러한 과정을 쉽게 유도할 수 있는 치료적 역할을 할 수 있다고 제안하였다. 치료 과정에서의 정서적 개입은 의식적 또는 무의식적으로 나타난 부적응적 행동이 나타날 때 필요한데, 부적응적 행동은 두려움, 트라우마, 또는 상실과 같은 정서적 경험으로 인해 발생하여 정상적인 행동 발달에 방해가 될 수 있다.

Thaut는 이와 같은 원리를 음악치료에 적용하여 "감정을 유발하고 감정 상태에 영향을 주는 고유한 특성의 기법과 자극이 말하기 및 행동 기능을 보완할 수 있을 것"이라고 제안하였다(Thaut, 1989a, pp. 55-56). 음악은 감정 및 동기 부여를 담당하는 뇌 영역을 자극할 수 있으므로, 환자들의 기분 상태를 변화시킬 수 있을 뿐 아니라 감정 인지 및 인식 및 관련된 행동 구성에도 영향을 줄 수 있다고 하였다(Thaut & Wheeler, 2010).

음악의 감정 조절 효과에 대한 메커니즘 연구(Thaut, 1989a, 2002; Thaut & Wheeler, 2010)에서는 음악 심리치료를 위해 개발된 모델을 제안하면서 세 가지 상호작용 시스템으로 구성된 '감정 평가 반응(affective-evaluative response)'이 음악에 대한 정서 혹은 기분 반응의 핵심이라고 가정하였다. 이는 ① 1차적 감정 반응(Zajonc, 1984) 또는 1차적 감정 평가(Lazarus, 1984), ② 자극의 의미와 그 특성을 결정하는 1차 반응 수준에서의 인지적 정교화, ③ 자극에 따라 구별되는 신경생리학적 각성 반응을 포함한다. 치료적 음악 경험은 다음의 세 가지 치료적 효과를 포함한다. ① 치료적 독립을 위해 고안된 음악 훈련, ② 치료 과정에서 직접적으로 다루게 되는 음악 지각 과정에서의 정서적 요소, ③ 치료를 통해 기대되는 음악적 연상을 통한 기분 유도 및 기억 연결망에 대한 정보의 접근성 향상 등이 그것이다. 따라서 특정한 치료 목표를 위해 구성된 음악치료 기법들은 언어적 전달 과정을 포함하여 음악을 통해 감정을 조절하고, 이와 관련된 인지 및 행동의 변화를 유도하는 훈련으로 제공된다(Thaut & Wheeler, 2010).

27.3.2 기분 조절

신경학적 손상 환자들은 기분 조절과 관련하여 여러 가지 문제가 나타날 수 있다. 신경학적 요인에 의해 우울증이 발생하거나, 발병 이후 지속되는 증상에 의해 우울증이 나타날 수 있으며, 긴장과 불안한 상태도 기분에 영향을 줄 수 있다.

인지 재구성(cognitive reorientation; de l'Etoile, 1992; Thaut, 1989a)은 기분 조절이나 기분장애에 대한 접근에 적용된다. 긍정적 정서를 통한 치료적 경험은 치료 과정 내에서도 인지적인 변화를 유도할 수 있다. 음악은 정서 및 동기 부여와 관련된 치료적 경험을 구성하고, 개인에게 가치를 부여할 수 있으며, 대인 관계 및 타인 인식과 관련하여 재교육 및 학습을 가능하게 한다. 또한 새로운 과제에 대한 문제해결 능력을 기르고, 삶에서 경험한 일들을 명확하게 하고, 두려움에 대한 대처 전략 및 새로운 목표를 세우는 것에도 도움을 줄 수 있다(Gfeller, 2002).

인지 재구성을 뒷받침해 주는 한 가지 예는 기분-기억 연결망 이론(Bower, 1981)으로, 이는 어떤 사건에 관련된 정보가 그 사건의 다른 요소들과 연결망을 형성하여 기억의 절 형태로 저장되기 때문에, 이후 인지 정보가 인출될 때 저장되어 있던 절의 정보가 활성화되어 인지 정보에 정서적 요소가 영향을 준다는 것이다. 환자는 상상을 통해 삶의 문제 상황을 상징적으로 재구성할 것이다. 음악은 저장된 기억을 유도하여 이와 같은 연상 과정에 도움을 줄 수 있고, 관련된 기억 연결망을 작동시키는 역할을 할 수 있으며 (Bower, 1981), 연상 과정에서 특정 상황에서의 기분이나 감정을 인출하는 데 단서가 되기도 한다(Goldberg, 1992).

MPC는 우울감이나 불안을 해소하고 휴식, 안정감, 동기 부여 등의 효과가 있어 신체 및 정서 에너지 수준에 직접적으로 영향을 주기 때문에, 목표한 기분 상태로 변화시키거나 유도할 수 있다. 우울증을 개선하는 음악의 원리는 신경학적 손상 환자들의 증상과 정서적 문제(예: 과거에 일어난 사건과 그에 대한 영향)를 파악하는 데에도 유용하게 사용될 수 있을 것이다.

27.3.3 사회적 역량과 자기인식

Sears(1968)와 Zwerling(1979)은 음악적 경험과 사회적 특성에 관하여 발표하였다. Sears는 음악이 "대인 관계 경험"을 제공한다고 주장하였고(Sears, 1968, p. 41), Zwerling은 창조적 예술치료의 특성에 대해 "본질적으로 사회 또는 현실을 기반으로 하는 것"이라고 기술하였다(Zwerling, 1979, p. 844). Bandura의 사회 학습 이론 (Bandura, 1977)과 사회 인지 이론(Bandura, 1986)에서는 인간의 학습이 타인의 행동이나 그 행동에 의한 결과의 관찰을 통해 이루어진다고 하였다. 자기반영 기술과 관련된 자기효능감(self-efficacy)은 사회 인지 이론을 기반으로 하고 있으며, 이는 Bandura가 언급한 자기조절 기능을 위해 매우 중요한 요인이다.

Thaut(2002)는 대부분의 정신 재활에서 행동에 대한 사회적 측면이 고려되어야 한다고 제안하였다. 많은 음악치료 훈련 기법이 사회적 학습의 기회를 제공한다는 점에서, 신경학적 음악치료사들은 세션을 통해 사회적 기술이 발달될 수 있음을 고려하여 세션 전략을 세워야 한다. 치료사들은 또한 MPC 세션의 참여자들이 불안정한 행동을 나타낼 가능성을 고려하여 이를 세션에 반영하여 계획을 세우며, 변화에 초점을 두고 행동을 관찰해야 한다. 이 기법은 통합이나 학습은 가능하지만 다른 신경학적 문제를 가진 대상군에게 사용될 수 있고, 행동 수정을 위해 그 이전 단계인 감정 수정(affect modification) 단계에 대한 직접적인 접근으로 사용되기도 한다.

자폐 범주성 장애 환자는 각성 단계 조절에 어려움이 있는데(Bachevalier & Loveland, 2006; Gomez, 2005; National Autism Center, 2009, p. 39), MPC 훈련은 환자들 자신의 신체적 상태에 집중하게 하고, 이러한 자각을 통해 각성 단계를 조절하거나 변화시키는 데 도움을 주어 보다 적절한 기능 수준을 유지하도록 할 수 있다.

27.4 연구 요약

27.4.1 감정 인식 및 표현

감정 반응의 유도와 변화를 위한 음악의 역할에 대한 연구는 오래전부터 지속되었다. Hodges(1996), Hodges와 Sebald(2011)의 고찰 연구에서는 음악에 대한 정서 · 기분 반응에 대해 다음과 같은 결과를 제시하였다. ① 음악은 감정적 또는 정서적 반응을 유발하고(최고의 감정적 경험을 포함), ② 음악은 감상자의 기분을 변화시킬 수 있으며, ③ 음악에 대한 감정적 및 정서적 반응은 신체적 변화를 동반하고, ④ 현재 기분, 음악 선호도, 문화 기대치 및 각성 욕구들 또한 정서적 반응을 일으키는 데 중요한 역할을 한다(Thaut, 2002).

인지 및 생리적 반응은 감정 처리에 중요하며, 이와 관련된 수많은 모델이 있다. Mandler의 연구(1984)에서는 정서 반응이 자율 신경 계통의 생리학적 각성에 의해 나타나며, 이는 지각—운동 도식을 기반으로 한 기대 패턴의 중단으로 인해 생성될 수 있다고 제안하였다. 비예측적인 사건이 발생하면 이에 대한 경고 신호로서 각성 단계가 촉진되면서 특정한 정서적 경험이 일어난다. 이때 각성 단계 작동에 대한 인지적 해석은 정서적 경험의 요소를 통해 설명된다. Huron의 다른 모델(Hodges & Sebald, 2011; Huron, 2006)은 기대의 ITPRA[Imagination(상상)—Tension(긴장)—Prediction(예측)—Response(반응)—Appraisal(평가)]를 포함한다. 이 중 두 가지 반응(상상 및 긴장)은 사건 발생 이전 단계에서 나타나며, 세 가지 반응(예측, 반응 및 평가)은 사건 발생 후에 나타난다(이 중 평가는 자가모니터링과 더불어 새로운 정보의 습득을 통한 통찰을 전제로 하는데, 뇌 손상 환자들의 경우 이와 같은 기능이 저하된 경우가 많다).

음악적 정서의 처리는 대뇌 피질 및 피질하 구조 모두가 담당한다. Peretz(2010)는 음악적 정서에 대한 안와 전두 피질, 상측두 피질 및 전대상 피질 등의 피질 구조 활성화를 발견하였다. 피질 하층 구조인 변연계는 음악과 정서 처리에 관여하는 중요한 구조로, PET를 사용한 음악 반응 연구(Blood et al., 1999; Blood & Zatorre, 2001)에서는 음악을 통해 생리심리적 반응의 강도가 증가됨에 따라 피질 하층 구조의 뇌혈류가 변화되는 것을 발견하였다. 또한 음악가들이 음악적 '전율'을 느끼는 순간에 복측 선조체(보상과 관련된 측좌핵을 포함한)의 활동이 증가하고, 편도체의 활동이 감소한다는 사실도 알게 되었다(Peretz, 2010).

다양한 피질 및 피질하 영역 역시 음악에 대한 정서 반응에 의해 활성화되는 것으로 나타났다(Damasio, 1994; LeDoux, 1996 참조). Peretz(2010)는 음악에 대한 정서 반응이 피질하 영역을 활성화시킨다고 하였고, 음악에 대한 반응은 주로 측좌핵에서 나타난다고 보고하였다(Brown et al., 2004; Koelsch et al., 2006; Menon & Levitin, 2005; Mitterschiffthaler et al., 2007). 이 영역은 큰 보상이나 중요한 목표에 의해 동기가 부여될 때 활성화되는 것으로 알려져 있어, 이러한 연구 결과는 음악이 효과적인 강화제로 사용될 수 있음을 시사하였다. 한편, 공포스러운 음악을 들을 때는 편도체가 활성화되었는데(Gosselin et al., 2005, 2007), 이는 음악이 피질 하층을 활성화시키는 음식, 마약 및 얼굴 표정과 같이 직접적인 정서 반응을 유발하기 때문인 것으로 설명되었다.

음악과 정서의 생리학적 반응에 관한 연구에서는 음악에 대한 정서적 반응이 신경전달물질의 분비에도 영향을 줄 수 있다고 하였다. Menon과 Levitin(2005)은 보상과 연관되어 도파민 분비에 영향을 주는 2개의 영역(측좌핵과 복측 피개 영역)을 발견했는데, 이 영역은 즐거운 느낌의 음악을 들었을 때 활성화되는 것으로 알려져 있다. Evers와 Suhr(2000)는 즐거운 음악을 들었을 때 세로토닌(만족감과 관련된 신경전달물질) 분비가 증가한다는 것을 발견하였다. Hodges(2010, pp. 287-288)는 음악에 대한 생화학적인 반응 연구들을 표로 정리하였다.

음악은 다양하고 특정한 감정들을 유발할 수 있을 뿐 아니라(Gabrielsson & Juslin, 1996; Krumhansl, 1997; Peretz, 2001) 유발된 감정 상태를 변화시킬 수도 있다(Gendolla

& Krüsken, 2001; Gomez & Danuser, 2004; Khalfa et al., 2002). 음악의 다른 측면 또한 감정적 반응을 불러일으킬 수 있다. 예를 들면, Salimpoor와 그의 동료들(2009)의 연구에서는 즐거움의 척도와 정서적 각성 사이에 강한 긍정적 상관관계를 보였으며, 이는 정서적 각성을 경험하기 위해서는 즐거움이 필요하다는 것으로 해석되었다. Kreutz와 그의 동료들(2008)의 연구에서는 악기 연주 음악들이 성인들에게 기본 감정을 유도하는 데 효과적이라고 제안하였다. 또한 시각적 혹은 음악적 자극에 대한 뇌 처리 과정에 대한 연구(Baumgartner et al., 2006)에서는 음악이 감정적 경험을 강화시키는 것으로 나타났다.

Juslin과 Västfjäll(2008)은 음악 감상을 통해 감정이 유도되는 과정에서 나타나는 여섯 가지 메커니즘을 다음과 같이 제시하였다: ① 뇌간 반사(brainstem reflex), ② 평가적 조건형성(evaluative conditioning), ③ 정서적 확산(emotional contagion), ④ 시각적 상상, ⑤ 일화 기억, ⑥ 음악적 기대치. 몇몇 연구에 따르면, 자폐 아동들은 얼굴 표정이나 몸으로 표현되는 비언어적 감정을 해석하는 것은 어렵지만, 음악으로 전달되는 다양한 감정은 이해할 수 있는 것으로 나타났다(Molnar-Szakacs & Heaton, 2012). 이는 음악이 감정 처리 및 표현에 유용한 도구가 될 수 있다는 사실을 뒷받침한다.

27.4.2 기분 조절

음악은 인지 및 행동과 밀접한 관련이 있고, 기분이나 감정을 유도하기도 한다. 각성된 기분은 방해되거나 원치 않는 인지 활동들을 제어할 때 도움이 될 수 있고(Sutherland et al., 1982), 음악에 의한 유도된 우울한 기분은 정신 운동 지연(psychomotor retardation)과 관련되어 있다(Clark & Teasdale, 1985; Pignatiello et al., 1986; Teasdale & Spencer, 1984). 또한 기분은 긍정적 혹은 부정적 인식과 연관이 있으며(Albersnagel, 1988; Clark & Teasdale, 1985), 개인의 과거나 미래의 성공에 대한 생각과도 관련되어 있다(Teasdale & Spencer, 1984). 음악을 통한 기분 유도는 내담자가 긍정적 인지 활동에 더욱 쉽게 접근할 수 있도록 유도함으로써 우울감 치료에 도움이 될 수 있다(Clark, 1983; Sutherland et al., 1982; Teasdale, 1983).

음악은 또한 정서적 반응을 유도하는 기능을 통해 이와 관련된 행동에도 치료적으로 도움을 줄 수 있다. 일반 성인을 대상으로 하여 '행복한' 또는 '슬픈' 음악을 통해 각 조건에 일치되는 기분 상태를 유도한 연구(Albersnagel, 1988; Clark, 1983; Clark & Teasdale, 1985; Sutherland et al., 1982)에서는 참여자들의 기분 변화 정도가 사전에 예측된 수치로 측정되었고, 언어적인 방법보다는 음악적인 방법을 통해 기분을 유도했을 때 주관적인 감정이 더욱 효과적으로 표현되는 것으로 나타났다(Velten, 1968).

우울에 대한 음악의 효과 연구들은 음악이 정서 반응에 긍정적인 영향을 끼칠 수 있다는 초기 근거를 제시하였다. 네 편의 연구(Chen, 1992; Hanser & Thompson, 1994; Hendricks, 2001; Radulovic et al., 1997)를 포함한 Cochrane 리뷰에서는 한 편(Zerhusen et al., 1995)을 제외하고는 무작위로 배정된 음악치료 그룹에서 모두 우울 현상이 크게 감소한 것으로 나타났다.

이후 연구에서도 음악은 우울감을 감소시키는 것으로 밝혀졌다. Scheiby(1999)는 치매와 우울증을 진단받은 신경학적 외상 손상 환자 4명을 대상으로 음악 심리치료를 적용한 사례 연구를 발표하였으며, 다른 연구자들(Nayak et al., 2000)도 이와 유사한 연구를 통해 뇌졸중 및 외상성 뇌손상 환자의 기분 향상에 음악이 영향을 줄 수 있다는 사실을 발견하였다. Magee와 Davidson(2002)은 단기간의 음악치료를 통해서도 다양한 신경장애 환자의 기분 상태가 향상될 수 있다는 것을 확인하였고, Eslinger와 그의 동료들(1993)은 가족 구성원이나 친구들에 의해 측정된 뇌손상 환자들의 감정적 공감 평가 점수(emotional empathy measures)가 음악치료 이후 유의하게 향상되었다는 것을 보고하였다. Purdie와 그의 동료들(1997)의 연구에서는 12회기 동안 음악치료 세션에 참여한 장기 입원 뇌졸중 환자의 우울감과 분노가 음악치료를 받지 않은 환자들과 비교하여 유의하게 감소한 것으로 나타났다. 음악치료 후 정서적 변화를 보고한 연구들을 보면, Cross와 그의 동료들(1984)의 연구에서는 감정 측정 평가에서 분노 수준이 감소하였다. Pacchetti와 그의 동료들(1998, 2000)의 연구에서는 파킨슨병 환자들의 감정적 기능이 향상되었을 뿐 아니라 다른 만성 질환자들과 함께 '기쁨을 위해 노래하기'(Magee, 출판 중)라는 그룹 노래 부르기 활동에 참여한 후, 에너지 수준이 증가하고 합창 경험에 대한 두려움이 감소하였다.

Sakamo와 그의 동료들(2008)은 54명의 뇌졸중 환자를 대상으로 2개월 동안 무선 통제연구(RCTs)를 진행하였다. 참여자들은 음악을 듣는 그룹, 오디오 북을 듣는 그룹, 일반적인 치료를 받는 대조 그룹의 세 그룹으로 구분되었다. 음악을 들은 그룹은 다른 두 그룹보다 구문 기억 및 주의 집중 영역에서 유의한 향상을 보였고, 대조 그룹에 비해 우울감 및 혼란감이 감소된 것으로 나타났다. 후속 연구(Sarkamo et al., 2010)를 통해 음악을 듣는 그룹과 오디오 북을 듣는 그룹에서 나타난 결과가 지속되고 있음이 보고되기도 하였다.

Purdie(1997)와 Gilbertson(2005)은 신경학적 손상 환자를 대상으로 감정 조절, 사회적 기술 및 자기인식을 사회 영역에서의 음악치료 적용에 대한 연구로서 발표하였다. 더불어 이와 관련하여 Cochrane 리뷰(Bradt et al., 2010)도 진행 중이지만, 이 영역을 중점으로 한 연구들은 아직까지는 제한적이다.

27.4.3 사회적 역량과 자기인식

Teasdale과 Spencer(1984)의 연구에서는 우울한 사람들이 그렇지 않은 사람들에 비해 과제를 성공적으로 수행할 것이라고 예측하는 비율이 낮은 것으로 나타났다. 우울한 기분일 때와 각성된 기분일 때를 비교한 기분 조절에 관한 연구에서는 우울한 상태에서 긍정적인 기억에 대한 회상률이 감소하고 부정적인 기억에 대한 회상률은 증가하는 것으로 나타났다(Bower, 1981; Teasdale, 1983; Teasdale & Taylor, 1981). 또한 부정적인 감정 연결망의 활동이 강화됨에 따라 부정적인 내용에 더 집중을 하게 되어 인식의 방향도 부정적으로 변화하는 것으로 나타났다(Lyubomirsky & Nolen-Hoeksema, 1993; Nolen-Hoeksema, 1991).

음악 활동은 기본적으로 그룹 참여와 협동을 필요로 하기 때문에, 정서·사회 기능과 관련된 음악의 치료적 사용에 대한 연구 역시 지속적으로 진행되어 왔다(Anshel & Kipper, 1988). Thaut(1989b)는 연구를 통해 그룹 음악치료가 정신 병동 감호소 환자들의 적대감 감소와 협동성 향상에 도움을 줄 수 있다고 하였고, Goldberg와 그의 동료들(1988)의 연구에서는 구문을 활용하여 진행되는 치료보다 그룹 음악치료가 치료적 관계 형성을 통해 환자들의 감정적 반응을 유도하기에 더욱 효과적이라고 하였다. Henderson(1983)은 청소년 정신 병동 환자들을 대상으로 한 음악치료 연구를 통해 기분 자각, 그룹 통일성 및 자신감에 대한 음악의 긍정적인 효과를 보고하였다. 이러한 긍정적 효과는 [그림 27-2]와 같은 그룹 즉흥 연주 세션에서도 나타났다. 음악치료는 일반적으로 뇌손상으로 인해 저하된 사회성 향상에 효과가 있고, 자아개념의 자각 및 형성에 도움이 된다는 사실이 많은 사례를 통해 확인되고 있다. 독일의 음악치료 중재

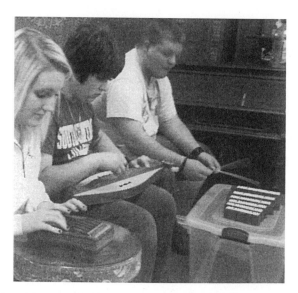

[그림 27-2] 미네소타 조던에 위치한 MRVSEC OASIS 프로그램에서 그룹 즉흥 연주를 하는 모습. MPC의 목표는 그룹 즉흥 연주에 참여시키고, 지시를 적절하게 따르고, 다른 사람의 말에 귀를 기울이며, 다른 구성원들 앞에서 새로운 악기를 시도해 보는 것이다. Glen Helgeson이 세션을 진행하였다.

연구에서도 정체성, 자기지각 및 자부심 향상에 대한 효과성들이 보고되었다(Baumann et al., 2007).

뇌손상을 비롯한 신경 손상 환자의 사회성 결여와 관련된 연구는 다른 분야에 비해 활발히 이루어지지 않았지만, 몇몇 연구를 통해 음악 중재의 효과성이 보고된 바 있다. Barker와 Brunk(1991)는 1년 동안의 그룹치료를 통해 대부분의 참여자가 수동적 역할에서 그룹의 리더 역할을 하는 능동적인 태도로 변화하는 것을 발견하였으며, Nayak와 그의 동료들(2000)은 음악치료를 받은 환자들이 다른 재활 프로그램에 대한 참여도 역시 적극적으로 변화되는 것을 관찰하였다. Magee(1999)는 다발성 경화증 환자를 대상으로 노래 부르기 및 악기 연주 활동을 시행한 후 신체 및 사회 기능을 관찰하였는데, 자아개념 전환 및 기능 조절, 독립성, 개인 역량과 관련된 정체성 등이 향상되는 것으로 나타났다.

27.5 임상 프로토콜

이 장에서는 치료사에게 도움이 될 수 있는 치료 과정을 포함한 NMT 프로토콜을 제시한다. 치료사들은 너무 자극적이거나 환자의 기능 수준보다 지나치게 심화된 수준까지 개입하지 않도록 신중하게 접근해야 한다. 앞서 언급한 치료 난이도(Houghton et al., 2002; Wheeler, 1983)는 환자들에게 적절한 수준의 치료가 이루어질 수 있도록 발전되었다. 또한 환자와의 관계와 음악이 사용되는 방식도 중요하다.

이 장에서 제안된 기법들은 단지 사람들을 돕는 개념이 아닌 환자와 치료사의 관계 및 보호의 맥락 안에서 사용되어야 한다. 치료사는 또한 각 환자별 기능 수준에 적절하고, 환자들의 필요를 충족시킬 수 있는 과정을 선택하고 적용해야 한다. 진단, 과정 수용 능력 및 세션과 세션 사이의 기간, 발달 연령 및 신체적·생물학적 나이, 선호도 및 문화를 고려해야 한다. 이 장에서 소개된 대부분의 중재 기법은 아동 또는 성인에게 적용될 수 있으며, 모든 기법은 개인적 특성에 맞춰 진행되어야 한다.

27.5.1 감정과 기분

적극적 또는 수용적으로 진행되는 치료적 음악 훈련들은 정서적 경험의 '느낌', 감정 인식, 감정 표현, 다른 사람과의 감정적 소통 및 자신의 감정적 행동을 조절, 통합 또는 조정하는 데 적용될 수 있다(Thaut & Wheeler, 2010).

27.5.1.1 감정의 연속
- **목표 능력/분야:** 감정 인식 및 표현
- **연령대:** 성인 및 청소년, 아동(간단한 절차로 진행 가능)
- **세팅:** 그룹
- **필요한 장비:** 간단한 타악기 및 멜로디 악기
- **단계별 절차**
  ① 개인 공간이 충분히 확보되도록 원형으로 둘러앉는다.
  ② 참여자들은 자신의 기분을 표현할 수 있는 악기를 선택한다.

③ 리더/치료사는 모든 참여자에게 매우 슬픔에서 매우 행복함의 감정 상태 변화를 순차적으로 표현하는 즉흥 연주에 대해 설명한다(1부터 5). 1은 매우 슬픔, 3은 보통, 5는 매우 행복을 의미한다.

④ 한 참여자가 자신의 방식으로 매우 슬픔(1)을 연주하고, 옆에 있는 참여자가 순차적인 감정 상태(2)를 연주한다. 이러한 방식으로 매우 행복(5)까지 다다르게 된다.

⑤ 감정 조절을 연습하기 위해서 같은 활동을 반대로 진행한다(5부터 1까지).

⑥ 121314(ABACAD) 형식으로 연습한다(여기서 각 문자는 다른 감정 상태를 뜻한다). 이 활동은 1부터 5까지 순차적인 감정이 아닌 감정 변화 표현을 바로 적용할 수 있다.

[그림 27-3]은 MPC 훈련에서 즉흥 연주 예시를 보여 준다.

[그림 27-3] Thaut 박사가 비음악적인 주제나 상황을 표현하기 위한 악기와 음악적 요소 사용 방법을 설명하며, 특정 주제를 기반으로 하는 즉흥 연주를 통해 일본 NMT 연수생들을 리드하고 있다.

27.5.1.2 각성의 연속

감정의 연속체와는 다른 부분에 초점을 맞추기 위해 사용될 수 있다.

• 목표 능력/분야: 각성 단계 인지 및 표현
• 연령대: 성인 및 청소년, 아동(간단한 절차로 진행 가능)

- 세팅: 그룹
- 필요한 장비: 다양하고 간단한 타악기 및 멜로디 악기
- 단계별 절차

① 개인 공간이 충분히 확보되도록 원형으로 둘러앉는다.

② 참여자들은 각성 단계를 표현할 수 있는 악기를 선택한다.

③ 리더/치료사는 모든 참여자가 매우 차분함에서 매우 초조함의 감정 상태 변화를 순차적으로 표현하는 즉흥 연주에 대해 설명한다(1부터 5). 1은 매우 차분함, 3은 보통, 5는 매우 초조함을 의미한다.

④ 한 참여자가 자신의 방식으로 매우 차분한 느낌(1)을 연주하고, 옆에 있는 참여자가 순차적인 각성 상태(2)를 연주한다. 이러한 방식으로 매우 초조함(5)까지 다다르게 된다.

⑤ 각성 조절을 연습하기 위해서 같은 활동을 반대로 진행한다(5부터 1까지).

27.5.1.3 각성 수정

- 목표 능력/분야: 자폐 범주성 장애 아동에게 자주 나타나는 높거나 낮은 각성의 수정
- 연령대: 모든 연령대
- 세팅: 그룹 또는 개별 세션
- 필요한 장비: 핸드 드럼 또는 리듬 스틱
- 단계별 절차

① 그룹 세션의 경우 개인 공간이 충분히 확보되도록 원형으로 둘러앉는다.

② 참여자 또는 개인은 각성 단계를 표현할 수 있는 악기를 선택한다.

③ 리더/치료사는 모든 참여자가 현재 각성 단계를 묘사하는 연주를 할 수 있도록 이끈다.

④ 치료사와 개인 또는 그룹 구성원들은 현재 각성 상태를 1부터 5단계까지 지정한다(낮은 각성 단계인 1부터 높은 각성 단계인 5까지).

⑤ 개인 또는 그룹 참여자들은 그들의 각성 단계를 자각하고 수정하는 것(예: 더욱 기능적인 상태로 각성 단계를 낮추거나 높이는)을 강조하기 위한 악기들을 사용한다.

⑥ 만약 개인이나 그룹 참여자들이 자신을 조절하지 못하는 경우 치료사들이 같은 패턴을 연주함으로써 각성 상태를 수정할 수 있게 한 후, 점차 기능적인 각성 상

태에 도달할 수 있도록 점차 낮추거나 높인다.

⑦ 개인이나 그룹 참여자들은 이 경험에 대해 토의할 수 있다.

• 추가 정보: Magee와 그의 동료들(2011)의 사례 예시 6에서 외상 후 기억상실증 환자의 불안감 감소와 지남력 향상을 목표로 하여 기타 반주와 함께 친숙한 노래를 불렀다.

친숙한 음악은 각성의 최대 단계보다는 최적의 각성을 불러일으킨다(Baker, 2002, 2009; Soto et al., 2009). 반면에 친숙하지 않은 음악은 환자들의 각성을 과도하게 유발할 수 있다. 관련 연구를 통해 친숙한 음악은 각성과 관련된 신경 네트워크가 활성화된다는 결과가 보고되었다(Soto et al., 2009).

(Magee et al., p. 11)

27.5.1.4 분노 조절

• 목표 능력/분야: 분노 조절

• 연령대: 성인 및 청소년, 아동(간단한 절차로 진행 가능)

• 세팅: 그룹

• 필요한 장비: 핸드 드럼 또는 리듬 스틱

• 단계별 절차

① 개인 공간이 충분히 확보되도록 원형으로 둘러앉는다.

② 각 참여자에게 핸드 드럼을 나누어 주고 그룹은 리듬을 함께 연주하면서 연습한다.

③ 참여자들은 드럼을 통한 분노 표현 방식에 대해 논의한다.

④ 모든 참여자는 드럼 연주를 통해 분노 감정을 표현하는 기회를 갖는다.

⑤ 치료사는 분노를 표현하는 참여자와 마주 앉아 분노를 조절하도록 다음과 같이 돕는다.

– 참여자들은 드럼 연주를 통해 강한 분노를 표현한다.

– 치료사는 참여자가 자신의 분노 수준을 표현하여 드럼을 연주하게 한다.

– 치료사는 점차 그들의 연주를 조용하고 안정적이게 변화시키며, 참여자들도 따라오도록 유도한다.

⑥ 각 참여자들은 다른 구성원들과 짝을 이루며 상대방의 분노 표현 수준에 따라 연주하다가 안정적인 감정으로 유도하도록 연주한다.

⑦ 각 참여자들은 상대방의 분노가 안정되도록 돕는 기회를 경험하게 된다.

⑧ 모든 참여자가 훈련의 내용과 일상생활에 적용하기 위한 분노 조절 방식에 대해 논의한다.

27.5.1.5 드럼 연주를 통한 공감 형성

• **목표 능력/분야:** 공감
• **연령대:** 성인 및 청소년; 아동(간단한 절차로 진행 가능)
• **세팅:** 그룹
• **필요한 장비:** 다양한 드럼
• **단계별 절차**

① 개인 공간이 충분히 확보되도록 원형으로 둘러앉는다.

② 치료사는 참여자들에게 훈련의 목적을 충분히 설명하여 잘 이해하도록 함으로써 훈련에 도움이 되도록 한다.

③ 그룹 참여자들에게 악기를 선택하도록 한다.

④ 그룹 리더는 나머지 그룹 참여자들에게 감정을 묘사하는 연주를 한다. 표정은 최소로 하고 감정이 최대한 음악을 통해 전달되도록 한다.

⑤ 그룹 참여자들은 묘사된 감정이나 경험에 대해 설명한다.

⑥ 참여자들은 감정이나 경험을 표현하고 다른 참여자들이 어떤 감정을 묘사하였는지 추측한다.

27.5.1.6 기분 전환을 위한 즉흥 연주

• **목표 능력/분야:** 원하는 감정으로 전환
• **연령대:** 성인 및 아동
• **세팅:** 개별 또는 그룹
• **필요한 장비:** 다양한 간단한 타악기 및 멜로디 악기
• **단계별 절차**

① 그룹 세션의 경우 드럼을 연주할 수 있는 개인 공간이 충분히 확보되도록 원형

으로 둘러앉는다.

② 각 참여자들은 감정 전달 연주를 위한 악기를 선택한다.

③ 참여자들은 현재 기분에서 긍정적인 기분으로 변화하기 위해 어떻게 할 것인지 말한다.

④ 모든 참여자는 감정 변화를 위해 즉흥 연주를 진행하고, 세 번째 단계에서 논의한 것처럼 더욱 긍정적인 즉흥 연주를 한다.

⑤ 즉흥 연주 후에는 참여자들의 경험을 공유하는 과정이 이루어질 수 있다.

27.5.1.7 음악적 분위기 유도(유도된 음악 감상, guided music listening)

특정 기억과 긍정적 감정이나 생각을 이끌어 내기 위해 관련 감정 및 기억 연결망에 접근할 수 있다(예: 우울증 치료).

- **목표 능력/분야**: 우울증, 슬픔
- **연령대**: 성인 및 청소년, 아동(간단한 절차로 진행 가능), 수용 언어 이해가 가능한 수준의 참여자
- **세팅**: 개별 또는 그룹
- **필요한 장비**: 다양한 분위기를 전달할 수 있는 녹음된 음악; 즉흥 연주를 위한 악기들은 추가적으로 사용될 수 있다.
- **단계별 절차**
  ① 치료사는 우울한 환자들이 즐거운 생각을 할 수 있도록 돕는 음악을 선택한다.
  ② 치료사는 음악을 연주한다(라이브 또는 녹음 파일).
  ③ 치료사와 환자는 음악에 대한 환자의 감정에 대해 토의한다.
  ④ 보다 긍정적인 생각에 접근한 후에는 음악을 사용하여 환자에게 도움이 되는 내용과 관련된 토의 주제로 이끈다. 이 과정은 구두로 진행되거나 추가적인 음악을 선택하여 즉흥 연주로 이어질 수 있다.

이 접근은 관련 연결망 이론을 통한 인지 재구성(cognitive reorientation through associative network theory) 또는 연상적 기분과 기억 훈련(associative mood and memory training: AMMT)이라 한다.

27.5.1.8 기분 유도와 벡터링(동질성의 원리를 이용)

- 목표 능력/분야: 기분
- 연령대: 성인 및 청소년, 아동(간단한 절차로 진행 가능), 수용 언어 이해가 가능한 수준의 참여자
- 세팅: 개별 또는 그룹
- 필요한 장비: 다양한 분위기를 전달하는 녹음된 음악, 즉흥 연주를 위한 악기들은 추가적으로 사용될 수 있다.
- 단계별 절차
  ① 참여자의 기분과 음악을 일치시킨다. 이는 참여자들이 공유한 기분이거나 치료사가 생각한 기분일 수 있다. 음악은 라이브나 녹음, 미리 작곡된 음악이나 즉흥 연주를 사용할 수 있다.
  ② 참여자들의 기분을 파악하면서 음악을 점차 바꾼다. 음악의 변화를 통해 기분 또한 원하는 방향이나 더욱 적합한 기분 상태를 향해 점차 변화하는 것을 목표로 한다.
- 적용: 참여자들은 자신의 음악 목록을 iPod 또는 CD에 저장한다. 이는 정서적 운동 계획에 어려움을 갖는 자폐 범주성 장애(ASD) 환자들에게 도움이 될 수 있고, 특정한 부정적 또는 감정 반응이 분출될 때 사용할 수 있다. 또한 부정적인 감정 상태에서 일반적인 반응 상태로의 변화가 어려울 때 효과적일 수 있다. 비교적 기능 수준이 높은 환자들은 자신만의 목록을 만들고, 음악을 듣고, 여러 음악에 대한 신체적 반응을 구별할 수 있으며, 그 반응들을 단어로 전환하는 것에 대한 훈련을 할 수 있다. 이 단계는 자폐 범주성 장애나 이와 유사한 장애를 가진 환자들에게 다른 감각 처리로 인한 신체적 반응에 대한 인식을 높이고, 이를 특정 감정 상태와 연관시키기 위해 필수적인 단계이다.

27.5.2 사회적 역량과 자기인식

사회 학습을 위해 많은 치료 방법이 제공될 수 있는데, '감정 수정' 모델 안에서 MPC는 두 가지의 특별한 역할을 한다. 첫째, 정서 유발(affect-evoking, 즉 음악 기반 경험들)을 사용하여 사회 관계의 정서/동기 부여적 경험을 통해 사회 행동들을 구성한다

(Zwerling, 1979). 둘째, 긍정적인 감정 안에서 연주를 통한 사회 능력 연습 및 학습을 강조한다(Thaut, 2002). 사회적 상황에 어려움을 겪는 사람들은 이러한 활동들을 통해 사회 관계에 대한 동기 부여에 도움을 받을 수 있다.

27.5.2.1 상호작용 및 소통

- 목표 능력/분야: 관계/소통
- 연령대: 성인 및 청소년; 아동(간단한 절차로 진행 가능)
- 세팅: 개별 또는 그룹
- 필요한 장비: 다양한 타악기
- 단계별 절차

  ① 그룹 세션의 경우 개인 공간이 충분히 확보되도록 원형으로 둘러앉는다.

  ② 각 참여자들은 비언어적 메시지를 전달하기 위한 악기를 선택한다.

  ③ 두 그룹 구성원은 마주 앉는다. 1명은 악기 연주를 시작하고 다른 1명은 그에 반응한다.

  ④ 연주를 시작한 참여자는 악기를 통한 대화를 시작하고, 상대방은 이에 반응하며 악기 간 대화를 지속한다.

  ⑤ 악기 간 대화를 마친 후에는 진행된 연주와 느낀 점에 대해 토의한다.

  ⑥ 그룹 세션의 경우 그룹의 다른 참여자들이 피드백을 제공한다.

  ⑦ 필요시 변화를 주기 위한 악기적 관계 형성을 반복한다.

  ⑧ 이 과정은 다른 짝을 지어 반복한다.

27.5.2.2 이끌고 따라가기

- 목표 능력/분야: 그룹 내에서 이끌고 따라가는 기능
- 연령대: 아동 및 성인
- 세팅: 그룹
- 필요한 장비: 간단한 리듬 및 멜로디 악기
- 단계별 절차

  ① 개인 공간이 충분히 확보되도록 원형으로 둘러앉는다.

  ② 참여자들 중 1명의 리드에 따라 진행될 즉흥 연주에 대한 설명을 제공한다.

③ 각 참여자들은 악기를 선택한다.

④ 치료사는 즉흥 연주를 시작하기 위해 시범을 보이고, 리더로서 비언어적 신호를 제공할 수 있다.

⑤ 가능하다면, 모든 참여자가 차례로 리더 역할을 맡는다. 일부 참여자에게는 부담이 될 수 있으므로 모두가 역할을 맡을 필요는 없다.

⑥ 이끌기와 따라가기를 연습하기 위한 즉흥 연주를 한다.

⑦ 즉흥 연주의 예시는 다음과 같다.

 - 소리 크기 변화

 - 속도 변화

 - 화성 그라운딩이 없는 선법

[그림 27-4]는 학생들이 동료의 리드 아래 즉흥 연주를 하는 예시를 보여 준다.

[그림 27-4] MRVSEC OASIS 프로그램에서 그룹의 즉흥 연주 동안 자신의 순서를 기다리고 있는 모습. MPC의 목표는 차례 기다리기, 자신감 쌓기, 리디십 향상하기 등의 행동을 그룹 내 의미 있는 치료적 음악 경험을 통해 수행하는 것이다. Glen Helgeson이 세션을 진행하였다.

27.5.2.3 강화제로서의 음악

행동 수정을 위한 음악적 보상 훈련(musical incentive training for behavior modification) 이라고도 불린다.

- 목표 능력/분야: 특정 행동이나 기술을 목표로 한다.
- 연령대: 아동 및 성인
- 세팅: 개별(그룹 세션 적용 가능)
- 필요한 장비: 라이브 또는 녹음 음악
- 단계별 절차

  ① 목표 행동을 정한다.

  ② 목표로 하는 행동의 횟수나 수준을 정한다(예: 30초 동안 기다렸다가 행동하기, 친구들을 돕는 활동을 두 번 이상 하기).

  ③ 강화제로서 사용될 음악을 결정한다(예: 좋아하는 음악 3분 동안 제공하기, 5분 동안 악기 연주하기). 이때 강화제로서의 음악은 참여자가 좋아하는 활동을 선택한다.

  ④ 참여자에게 요구 행동 사항과 강화해야 할 부분을 명확하게 전달한다.

  ⑤ 목표 행동을 성공적으로 마치면 강화제로서의 음악을 제공한다.

  ⑥ 지속적으로 반응을 관찰하여 적절하게 적용한다(예: 행동들의 발생 횟수를 줄이거나 늘린다).

- 적용: 이 훈련은 5초에서 45분까지 진행될 수 있고, 참여자가 치료 공간이나 음악 치료 세션 참여에 끈기를 가지고 견디는 훈련을 위해 사용될 수 있다.

27.5.2.4 관계 형성을 위한 음악 연주

- 목표 능력/분야: 관계 형성
- 연령대: 아동 및 성인
- 세팅: 그룹 또는 2명(짝)
- 필요한 장비: 다양하고 간단한 리듬 및 멜로디 악기
- 단계별 절차

  ① 참여자는 다른 참여자와 관계를 형성하기 위해 사용할 악기와 상대방이 응답할 수 있는 악기를 고른다(같은 악기를 공유할 수도 있고, 각자 다른 악기를 사용할 수도

있다).

② 악기를 고른 참여자는 다른 참여자 앞에 서서 연주를 시작한다.

③ 다른 참여자는 음악적 반응을 한다.

④ 두 참여자가 함께 연주한다.

⑤ 연주가 끝난 후, 두 참여자가 이에 대해 토의한다.

⑥ 그룹으로 이루어질 경우 그룹 내 다른 참여자들은 두 참여자의 연주를 관찰한 내용에 대해 공유한다. 그룹은 연주에 대해서 토의할 수 있다.

⑦ 두 참여자는 다시 연주할 수 있고, 음악적 관계 형성 방법을 바꿀 수도 있다.

⑧ 토의를 이어서 진행할 수 있다.

⑨ 다른 구성원과 짝을 지어 이 과정을 반복할 수 있다.

27.5.2.5 음악 역할극

- 목표 능력/분야: 자기인식
- 연령대: 성인 및 청소년, 아동(간단한 절차로 진행 가능)
- 세팅: 그룹
- 필요한 장비: 간단한 리듬 및 멜로디 악기
- 단계별 절차

① 개인 공간이 충분히 확보되도록 원형으로 둘러앉는다.

② 각 참여자들은 자신을 표현하기 위한 악기를 선택한다.

③ 1명의 참여자가 자신만의 스타일로 연주하기 시작한다.

④ 다른 참여자들은 음악적 표현에 대한 구두 피드백을 제공한다.

⑤ 연주자는 새로운 방식으로 연주를 함으로써 자신을 표현할 수 있는 새로운 방법을 학습할 수 있다.

⑥ 다른 참여자들은 언어적인 피드백을 추가로 제공한다.

- 변형: 악기와 표현 방식은 다른 사람들에 의해 선택될 수 있다.

27.5.2.6 음악을 통한 점진적 이완법

- 목표 능력/분야: 스트레스, 긴장, 불안
- 연령대: 성인, 아동

- **세팅**: 개별 또는 그룹
- **필요한 장비**: 배경 음악을 재생할 수 있는 CD 플레이어나 iPod, 또는 치료사나 다른 보조자가 라이브로 연주하는 음악
- **단계별 절차**

① 참여자들은 의자에 편하게 앉거나 바닥에 눕는다.

② 치료사는 일정 기간 동안 깊은 호흡을 위한 신호를 제공한다. 계속하여 깊은 호흡을 할 수 있도록 지시하고 원한다면 눈을 감게 한다.

③ 근육의 긴장과 이완 사용 방법에 대해 설명하고, 긴장과 이완 사이의 변화는 휴식을 돕게 한다. 참여자들은 치료사의 신호를 따르되, 불편함을 느끼는 경우 치료사는 이를 멈추거나 강도를 낮춰야 한다.

④ 발끝부터 시작하며, 천천히 구두로 진행한다. "발가락을 조이고…… 풀고……. 다시 조이고…… 풀고……."(치료사는 환자의 속도에 맞춰 모든 과정을 진행해야 한다).

- 몸의 다른 부위로 이동하여 천천히 진행한다. 일반적인 신체 부위(뒤꿈치, 발, 장딴지, 무릎, 허벅지)를 사용할 수 있다.
- 이후 신체의 전방 부위(배, 가슴, 어깨, 위쪽 팔, 아래쪽 팔, 손, 그리고 손가락)를 이용하여 진행할 수 있다.
- 그리고 전체 팔로 이동하고("팔을 꽉 조이세요."), 그다음 어깨, 목, 머리, 등, 엉덩이, 허벅지, 장딴지, 그리고 발로 옮겨 간다.
- 이 훈련 동안에는 호흡에 초점을 맞추고, 환자들이 계속 깊은 호흡을 할 수 있도록 주기적으로 상기시켜 준다.

⑤ 이 과정은 모든 사람이 반복된 깊은 호흡을 통해 마무리하며 마칠 수 있고, 주위에 있는 공간의 느낌과 감각에 초점을 맞추고 준비가 됐을 때 눈을 뜨며, 점차적으로 현실로 '돌아온다'. 필요시 이 단계를 반복할 수 있다.

⑥ 필요하다면 이 활동을 통해 안정을 취할 수 있는 장소를 상상하도록 제안함으로써(각 참여자들은 그들이 편안하게 느끼는 곳이 다를 것이다) 휴식을 위한 상상하기 세션으로 넘어갈 수도 있다. 안정을 취하는 동안 공기를 느끼고, 후각을 통해 감각을 경험하도록 제안한다. 시간이 흐른 후에 현실로 돌아오기 위해서 5단계로 돌아간다.

- **참고**: 점진적 근이완법(progressive muscle relaxation; Jacobson, 1938) 외에도 안정

을 위한 다른 방법들이 있다. 추가적인 정보를 위해서는 Justice(2007, pp. 36-39: Crowe, 2007에서 재인용)를 참조할 수 있다.

27.5.2.7 사회적 이야기 노래
- 목표 능력/분야: 적절한 사회 관계 및 행동
- 연령대: 아동, 청소년 또는 성인
- 세팅: 개별 또는 그룹
- 필요한 장비: 필요 없음
- 단계별 절차
  ① 참여자들이 새로운 정보를 습득하는 것을 돕기 위해 음악적 기억술 훈련(musical mnemonics training: MMT)을 사용한 이야기를 소개하고, 행동의 규칙을 기억하는 데 도움이 되는 노래를 사용한다. MPC는 다음 두 단계에서 적용된다.
  ② 목표로 한 기능에 대해 토의한다.
  ③ 만들어진 상황이나 일반적인 상황에서의 사회적 능력을 연습한다.

27.5.2.8 슬픔에 대한 노래
- 목표 능력/분야: 슬픔 다루기
- 연령대: 성인 또는 청소년; 아동(간단한 절차로 진행 가능)
- 세팅: 개별 또는 그룹
- 필요한 장비: 참여자들의 의미 있는 선택을 위한 다양한 종류의 녹음 음원 또는 라이브 음악
- 단계별 절차
  ① 참여자들은 슬픈 감정을 전달할 수 있는 노래를 선택한다.
  ② 참여자나 치료사는 그 노래를 재생하거나 연주한다.
  ③ 참여자는 노래를 통해 슬픈 감정을 어떻게 전달했는지 공유한다(선택 사항).
  ④ 참여자들은 피드백을 제공하고, 이는 토의로 연결된다.
- 변형: 녹음된 음악 대신에 작곡한 노래가 사용될 수도 있다.

27.5.2.9 자신에 대한 노래

- 목표 능력/분야: 자기인식, 자아개념
- 연령대: 성인 또는 청소년; 아동(간단한 절차로 진행 가능)
- 세팅: 개별 또는 그룹
- 필요한 장비: 참여자들의 의미 있는 선택을 위한 다양한 종류의 녹음 음원 또는 라이브 음악
- 단계별 절차

  ① 참여자는 자신에 대한 무언가를 전달할 수 있는 노래를 선택한다.

  ② 참여자나 치료사는 그 노래를 재생하거나 연주한다.

  ③ 참여자는 노래를 통해 자신들의 정보를 어떻게 전달했는지 공유한다.

  ④ 다른 참여자들은 피드백을 제공하고, 이는 토의로 연결된다.

27.5.2.10 필요한 것을 위한 노래

- 목표 능력/분야: 자기인식
- 연령대: 성인 또는 청소년; 아동(간단한 절차로 진행 가능)
- 세팅: 개별 또는 그룹
- 필요한 장비: 참여자들의 의미 있는 선택을 위한 다양한 종류의 녹음 음원 또는 라이브 음악
- 단계별 절차

  ① 그룹 세션의 경우 개인 공간이 충분히 확보되도록 원형으로 둘러앉는다.

  ② 참여자들은 자신들이 필요한 무언가를 통합하는 과정을 전달할 수 있는 노래를 선택한다.

  ③ 그 노래를 연주하거나 노래한다.

  ④ 자신에 대한 정보가 어떻게 전달되었는지에 대해 공유한다.

  ⑤ 다른 참여자들은 피드백을 제공하고, 이는 토의로 연결된다.

27.5.2.11 노래 이야기

- 목표 능력/분야: 자존감
- 연령대: 성인 또는 청소년, 아동(간단한 절차로 진행 가능)

- 세팅: 개별 또는 그룹
- 필요한 장비: 참여자들의 의미 있는 선택을 위한 다양한 종류의 **녹음 음원** 또는 라이브 음악
- 단계별 절차
  ① 그룹 세션의 경우 악기를 연주할 수 있는 개인 공간이 충분히 확보되도록 원형으로 둘러앉는다.
  ② 참여자나 치료사는 의미 있는 노래를 선택한다.
  ③ 참여자들이 듣고 반복적으로 상호작용할 수 있는 노래가 제공된다.
  ④ 치료사들은 참여자들이 계속해서 노래의 의미 있는 부분을 탐색할 수 있도록 돕는다.

27.5.2.12 대본

- 목표 능력/분야: 자기주장
- 연령대: 아동 또는 성인
- 세팅: 개별 또는 그룹
- 필요한 장비: 다양하고 간단한 리듬 및 멜로디 악기
- 단계별 절차
  ① 그룹 세션의 경우 악기를 연주할 수 있는 개인 공간이 충분히 확보되도록 원형으로 둘러앉는다.
  ② 거절 및 자기주장을 연습하기 위한 역할극을 할 수 있는 비음악적 대본을 선택한다(예: "나와 함께 공원에 가자." "싫어요." "여기로 와 줘." "아마도." "어서 가자." "알았어.").
  ③ 참여자들은 스스로를 표현할 수 있는 악기를 선택한다.
  ④ 대본/상황을 연기하기 위해 치료적 또는 음악적으로 상호작용한다.
  ⑤ 그 관계에 대해서 토의한다.
  ⑥ 다른 참여자들이나 치료사가 상호작용 방법의 수정을 제안한다.
  ⑦ 음악적 관계는 제안에 따라 반복될 수 있고, 이와 관련하여 다시 토의할 수 있다.

27.5.2.13 자기인식: 현실 지남력

- 연령대: 아동 또는 성인
- 세팅: 개별 또는 그룹
- 필요한 장비: 다양한 악기 사용
- 단계별 절차: 이 훈련 과정은 특정한 중재 방법이 아니라 다른 중재 동안 사용할 수 있는 일반적인 원리들이 적용되었다. 사람들이 '참여할 수' 있도록 돕기 위해 언어적으로나 음악적인 방법을 통해 반복될 수 있다. 예를 들어, 정보 전달을 위해 사용되는 매개나 음악적 절차는 반복적으로 제시될 수 있다(예: "옆 사람에게 드럼을 넘겨요." "가사 중 한 단어씩 말해 봐요.", 처음에는 한 사람, 그다음에는 그들의 감정을 타악기를 연주함으로써 표현한다). 이 과정은 반복적인 과제의 수용을 통해 현실 인식 능력을 향상시키도록 하는 효과가 있다.

27.5.2.14 노래 토의

- 목표 능력/분야: 감정적 문제
- 연령대: 성인, 청소년
- 세팅: 개별 또는 그룹
- 필요한 장비: 배경 음악을 재생할 수 있는 CD 플레이어나 iPod, 또는 치료사나 다른 보조자가 라이브로 연주하는 음악
- 단계별 절차

① 참여자들은 의미 있거나 감정적/인지적 문제를 떠오르게 하는(그 문제와 연관된) 노래를 선택한다.

② 그 노래를 한 번 또는 여러 번 듣는다.

③ 치료사들은 내담자들에게 노래가 어떻게 들렸는지 묘사해 보도록 질문함으로써 토의를 진행한다. 토의 과정에서 다음과 같은 질문들을 사용할 수 있다 (Baker & Tamplin, 2006, pp. 207-208 참조).

　－ 무슨 일이 일어났습니까?

　－ 누가 주인공입니까?

　－ 어떤 성향의 사람이 주인공이었습니까?

　－ 노래가 전체적으로 주는 메시지는 무엇입니까?

－노래 안에서 어떤 감정들이 표현되었습니까, 표현이 점차 변화되었습니까?

④ 참여자들의 상황과 노래의 주제가 비슷한지 또는 다른지에 대해 생각하도록 한다. Baker와 Tamplin은 다음과 같은 질문들을 제안하였다(Gardstrom, 2001).

－노래를 들었을 때 어떤 생각과 느낌이 들었습니까?

－특정 감정을 억제하거나 조절하도록 시도한 적이 있습니까?

－노래가 특정 이미지, 기억 또는 관련성을 떠올리게 했습니까? 이러한 감정들을 억제하는 시도를 하셨습니까?

－노래가 당신의 생각과 느낌과 얼마나 비슷합니까?

⑤ 세션이 끝날 즈음에는 다음과 같은 질문을 할 수 있다(Baker & Tamplin, 2006).

－노래 감상과 우리의 토의를 통해 자신, 자신의 상황 또는 다른 사람들의 이야기들에 대해 무엇을 배웠습니까?

－노래와 그에 대한 토의로부터 다음 한 주 동안 당신을 도울 만한 점이 있었습니까?

27.5.2.15 작곡 1

- 목표 능력/분야: 수정 및 적응
- 연령대: 아동 또는 성인
- 세팅: 개별 또는 그룹
- 필요한 장비: 가사를 쓸 수 있는 칠판 또는 큰 종이, 반주 악기(선택 사항)
- 단계별 절차

  ① 주제의 범위를 정한다.

  ② 추가 탐색을 위한 주제를 선택한다.

  ③ 주제와 관련된 브레인스토밍을 한다.

  ④ 주제 안에서 주요 아이디어, 생각, 감정 또는 콘셉트를 구분한다(후렴구 부분에 적용할 만한 아이디어).

  ⑤ 주제 중심의 아이디어를 개발한다.

  ⑥ 관련 항목을 함께 그룹화한다.

  ⑦ 관련이 없거나 중요하지 않은 항목은 없앤다.

  ⑧ 주요 주제의 틀을 구성한다.

⑨ 가사를 쓴다.

다음에 제시된 방법은 앞의 과정에 적용할 수 있다(자세한 정보는 Baker & Tamplin, 2006 참조; Robb, 1996의 예시도 참조).

① 빈칸 채우기(단어 대체): 친숙한 노래를 선택하고 치료 안에서 토의할 주제들이 반영된 가사를 적용시킨다.
② 노래 운율: 미리 작곡된 노래를 사용하지만, 참여자들이 만든 가사로 대체할 수 있다.
③ 노래 콜라주: 음악책이나 가사가 쓰인 종이를 보고 눈에 띄거나 개인적으로 의미가 있는 단어나 구절을 선택한다. 치료사가 노래를 제안할 수도 있다.
④ 라임 테크닉: 라임으로 이루어진 단어 목록을 만든다. 치료사는 신호를 제공하거나 제안할 수 있다.
⑤ 치료적 가사 생성: 가사와 음악을 만든다.

[그림 27-5]는 MPC 작곡 활동 중 학생이 작사한 내용이다.

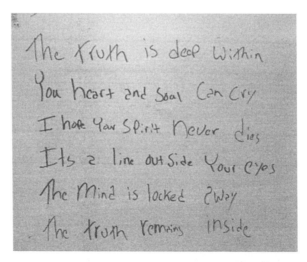

[그림 27-5] 미네소타 조던에 위치한 MRVSEC OASIS 프로그램에서 학생들이 만든 노래 〈A Beautiful Life〉의 가사. 학생들은 원곡 가사를 듣고 '이 노래가 자신에게 주는 의미'에 대한 토의에 참여하였다. 마지막 단계는 각자 가사를 쓰고 이를 노래하는 것이다. MPC의 목표는 자신들의 감정을 탐색하고 그 감정을 표현하는 것이다.

27.5.2.16 작곡 2

- 목표 능력/분야: 부상 후 자아개념 형성
- 연령대: 아동 또는 성인
- 세팅: 개별 또는 그룹
- 필요한 장비: 가사를 쓸 수 있는 칠판 또는 큰 종이, 반주 악기(선택 사항)
- 단계별 절차(작곡 1 절차와 함께 사용할 수 있다)

  ① 부상이나 발병 전 자신의 목표나 포부, 선호, 취향이나 성격 및 성향에 대해 자세히 말한다.

  ② 1단계와 비슷한 주제로 현재 자신의 모습에 대해 말한다.

  ③ 부상 전과 후를 비교하여 같은 점이나 달라진 점에 대해 말한다.

  ④ 인지적 전략을 통해 토의한 내용을 반영(예: 긍정적 문장의 형태로 완성)하여 음악 만들기 활동으로 완성한다.

감사의 말

저자는 이 장을 위해 피드백과 도움을 준 동료들에게 감사의 표현을 전하고자 한다. Felicity Baker, Shannon de l'Etoile, Rachel (Firchau) Gonzalez, James Gardiner, Glen Helgesen, Donald Hodges, Ben Keim, Blythe LaGasse, Wendy Magee, Katrina McFerran, Suzanne Oliver, Edward Roth, Jeanette Tamplin, Sabina Toomey. 몇몇 임상 프로토콜 예시는 James Gardiner, Racher (Firchau) Gonzalez, Glen Helgesen, Suzanne Oliver, Michael Thaut에 의해 개발되었고, 또는 Hiller(1989)와 Prigatano(1991)의 연구에서 발췌되었다.

참고문헌

Albersnagel, F. A. (1988). Velten and musical mood induction procedures: a comparison with accessibility of thought associations. *Behavior Research and Therapy, 26*, 79-96.

Anshel, A. and Kipper, D. A. (1998). The influence of group singing on trust and cooperation.

Journal of Music Therapy, 25, 145-55.

Bachevalier, J. and Loveland, K. A. (2006). The orbitofrontal-amygdala circuit and self-regulation of social-emotional behavior in autism. *Neuroscience and Biobehavioral Reviews, 30,* 97-117.

Baker, F. (2002). Rationale for the effects of familiar music on agitation and orientation levels of people experiencing posttraumatic amnesia. *Nordic Journal of Music Therapy, 10,* 31-41.

Baker, F. (2009). *Post Traumatic Amnesia and Music: mananging behaviour through song.* Saarbrücken, Germany: VDM Verlag.

Baker, F. and Tamplin, J. (2006). *Music Therapy Methods in Neurorehabilitation: a clinician's manual.* London: Jessica Kingsley Publishers.

Bandura, A. (1977). *Social Learning Theory.* Englewood Cliffs, NJ: Prentice Hall.

Bandura, A. (1986). *Social Foundations of Thought and Action: a social cognitive theory.* Englewood Cliffs, NJ: Prentice-Hall.

Barker, V. L. and Brunk, B. (1991). The role of a creative arts group in the treatment of clients with traumatic brain injury. *Music Therapy Perspectives, 9,* 26-31.

Baumann, M. et al. (2007). *Beiträge zur Musiktherapie [Indications for Music Therapy in Neurological Rehabilitation].* Berlin: Deutsche Gesellschaft für Musiktherapie.

Baumgartner, T., Esslen, M., and Jäncke, L. (2006). From emotion perception to emotion experience: emotions evoked by pictures and classical music. *International Journal of Psychophysiology, 60,* 34-43.

Blood, A. J. and Zatorre, R. J. (2001). Intensely pleasurable responses to music correlate with activity in brain regions implicated in reward and emotion. *Proceedings of the National Academy of Sciences of the USA, 98,* 11818-23.

Blood, A. J., Zatorre, R. J., Bermudez, P., and Evans, A. C. (1999). Emotional responses to pleasant and unpleasant music correlate with activity in paralimbic brain regions. *Nature Neuroscience, 2,* 382-7.

Bower, G. H. (1981). Mood and memory. *American Psychologist, 36,* 129-48.

Bradt, J. et al. (2010). Music therapy for adults with acquired brain injury. *Cochrance Database of Systematic Reviews, Issue 7,* CD006787.

Brown, S., Martinez, M. J., and Parsons, L. M. (2004). Passive music listening spontaneously engages limbic and paralimbic systems. *NeuroReport, 15,* 2033-7.

Chen, X. (1992). Active music therapy for senile depression. *Chinese Journal of Neurology and Psychiatry, 25,* 208-10.

Clark, D. and Teasdale, J. (1985). Constraints of the effects of mood on memory. *Journal of Personality and Social Psychology, 48,* 1595-608.

Clark, D. M. (1983). On the induction of depressed mood in the laboratory: evaluation of the Velten and musical procedures. *Advances in Behavior Research and Therapy, 5,* 27-49.

Cross, P. et al. (1984). Observations on the use of music in rehabilitation of stroke patients. *Physiotherapy Canada, 36,* 197-201.

Crowe, B. J. (2007). Supportive, activity-oriented music therapy: an overview. In: B. J. Crowe and C. Colwell (eds) *Music Therapy for Children, Adolescents, and Adults with Mental Disorders.* Silver Spring, MD: American Music Therapy Association. pp. 31-40.

Damasio, A. (1994). *Descartes's Error.* New York: Penguin.

de l'Etoile, S. K. (1992). *The effectiveness of music therapy in group psychotherapy for adults with mental illness.* Master's thesis. Fort Collins, CO: Colorado STate University.

Eslinger, P., Stauffer, J. W., Rohrbacher, M., and Grattan, L. M. (1993). Music therapy and brain injury. *Report to the Office of Alternative Medicine at the NIH.* Bethesda, MD: National Institutes of Health.

Evers, S. and Suhr, B. (2000). Changes of the neurotransmitter serotonin but not of hormones during short time music perception. *European Archives of Psychiatry and Clinical Neuroscience, 250,* 144-7.

Gabrielsson, A. and Juslin, P. N. (1996). Emotional expression in music performance: between the performer's intention and the listencer's experience. *Psychology of Music, 24,* 68-91.

Gardstrom, S. (2001). Practical techniques for the development of complementary skills in musical improvisation. *Music Therapy Perspectives, 19,* 82-7.

Gendolla, G. H. E. and Kusken, J. (2001). Mood state and cardiovascular response in active coping with an affect-regulative challenge. *International Journal of Psychophysiology, 41,* 169-80.

Gfeller, K. (2002). Music as therapeutic agent: historical and sociocultural perspectives. In: R. F. Unkefer and M. H Thaut (eds) *Music Therapy in the Treatment of Adults with Mental Disorders.* Gilsum, NH: Barcelona Publishers. pp. 60-67.

Gilbertson, S. K. (2005). Music therapy in neurorehabilitation after traumatic brain injury: a literature review. In: D. Aldridge (ed.) *Music Therapy and Neurological Rehabilitation: performing health.* London: Jessica Kingsley Publishers. pp. 83-137.

Goldberg, F., McNiel, D., and Binder, R. (1988). Therapeutic factors in two forms of impatient

group psychotherapy: music therapy and verbal therapy. *Group, 12,* 145-56.

Goldberg, F. S. (1992). Images of emotion: the role of emotion in guided imagery and music. *Journal of the Association for Music and Imagery, 1,* 5-17.

Gomez, C. R. (2005). Idneityfing early indicators for autism in self-regulation difficulties. *Focus on Autism and Other Developmental Disabilities, 20,* 106-16.

Gomea, P. and Danuser, B. (2004). Relationships between musical structure and psychophysiological measures of emotion. *Emotion, 7,* 377-87.

Gosselin, N. et al. (2005). Impaired recognition of scary music following unilateral temporal lobe excision. *Brain, 128,* 628-40.

Gosselin, N., Peretz, I., Johnson, E., and Adolphs, R. (2007). Amygdala damage impairs emotion recognition from music. *Neuropsychologia, 45,* 236-44.

Hanser, S. B. and Thompson, L. W. (1994). Effects of a music therapy strategy on depressed older adults. *Journal of Gerontology, 49,* 265-9.

Henderson, S. M. (1983). Effects of music therapy program upon awareness of mood in music, group cohesion, and self-esteem among hospitalized adolescent patients. *Journal of Music Therapy, 20,* 14-20.

Hendricks, C. B. (2001). A study of the use of music therapy techniques in a group for the treatment of adolescent depression. *Dissertation Abstracts International, 62*(2-A), 472.

Hiller, P. U. (1989). Song story: a potent tool for cognitive and affective relearning in haed injury. *Cognitive Rehabilitation, 7,* 20-23.

Hodges, D. A. (ed.) (1996). *Handbook of music Psychology,* 2nd edition. San Antonio, TX: IMR Press.

Hodges, D. (2010). Psychophysiological measures. In: P. Juslin and J. Sloboda (eds) *Handbook of Music and Emotion.* Oxford: Oxford University Press. pp. 279-32.

Hodges, D. and Sebald, D. (2011). *Music in the Human Experience: an introduction to music psychology.* New York: Routledge.

Houghton, B. A. et al. (2002). Taxonomy of clinical music therapy programs and techniques. In: R. F. Unkefer and M. H. Thaut (eds) *Music Therapy in the Treatment of Adults with Mental Disorders.* Gilsum, NH: Barcelona Publishers. pp. 181-206.

Huron, D. (2006). *Sweet Anticipation: music and the psychology of expectation.* Cambridge, MA: MIT Press.

Jacobson, E. (1938). *Progressive Relaxation.* Chicago: University of Chicago Press.

Juslin, P. N. and Västfjäll, D. (2008). Emotional responses to music: the need to consider underlying mechanisms. *Behavioral and Brain Sciences, 31,* 559-75.

Khalfa, S., Peretz, I., Blondin, J.-P., and Manon, R. (2002). Event-related skin conductance responses to musical emotions in humans. *Neuroscience Letters, 328,* 145-9.

Koelsch, S. et al. (2006). Investigating emotion with music: an fMRI study. *Human Brain Mapping, 27,* 239-50.

Kreutz, G. et al. (2008). Using music to induce emotions: influences of musical preference and absorption. *Psychology of Music, 36,* 101-26.

Krumhansl, C. L. (1997). An exploratory study of musical emotions and psychophysiology. *Canadian Journal of Experimental Psychology, 51,* 336-52.

Lazarus, R. S. (1984). On the primacy of cognition. *American Psychologist, 39,* 124-9.

LeDoux, J. E. (1996). *The Emotional Brain.* New York: Simon & Schuster.

Lyubomirsky, S. and Nolen-Hoeksema, S. (1993). Self-perpetuating properties of dysphoric rumination. *Journal of Personality and Social Psychology, 65,* 339-49.

Magee, W. (1999). 'Singing my life, playing my self': music therapy in the treatment of chronic neurological illness. In: T. Wigram and J. De Backer (eds) *Clinical Applications of Music Therapy in Developmental Disability, Paediatrics and Neurology.* London: Jessica Kingsley Publishers. pp. 201-23.

Magee, W. L. (in press). Music-making therapeutic contexts: reframing identity following disruptions to health. In: R. MacDonald, D. Miell, and D. Hargreaves (eds) *The Oxford Handbook of Musical Identities.* Oxford: Oxford University Press.

Magee, W. L. and Davidson, J. W. (2002). The effect of music therapy on mood states in neurological patients: a pilot study. *Journal of Music Therapy, 39,* 20-29.

Magee, W. L. et al. (2011). Music therapy methods with children, adolescents and adults with severe neurobehavioural disorders. *Music Therapy Perspectives, 29,* 5-13.

Mandler, G. (1984). *Mind and Body.* New York: Norton.

Maratos, A. S., Gold, C., Wang, X., and Crawford, M. J. (2008). Music therapy for depression. *Cochrance Databae of Systematic Reviews,* Issue 1, CD004517.

Menon, V. and Levitin, D. J. (2005). The rewards of music listening: response and physiological connectivity of the mesolimbic system. *NeuroImage, 28,* 175-84.

Mitterschiffthaler, M. T. et al. (2007). A functional MRI study of happy and sad affective states induced by classical music. *Human Brain Mapping, 28,* 1150-62.

Molnar-Szakacs, I. and Heaton, P. (2012). Music: a unique window into the world of autism. *Annals of the New York Academy of Sciences, 1252,* 318-24.

National Autism Center (2009). *National Standards Report*. Randolph, MA: National Autism Center.

Nayak, S., Wheeler, B. L., Shiflett, S. C., and Agostinelli, S. (2000). The effect of music therapy on mood and social interaction among individuals with acute traumatic brain injury and stroke. *Rehabilitation Psychology, 45*, 274-83.

Nolen-Hoeksema, S. (1991). Responses to depression and their effects on the duration of depressive episodes. *Journal of Abnormal Psychology, 100*, 560-682.

Pacchetti, C. et al. (1998). Active music therapy in Parkinson's disease: methods. *Functional Neurology, 13*, 57-67.

Pacchetti, C. et al. (2000). Active music therapy in Parkinson's disease: an integrative method for motor and emotional rehabilitation. *Psychosomatic Medicine, 62*, 386-93.

Peretz, I. (2001). Listen to the brain: the biological perspective on musical emotions. In: P. Juslin and J. Sloboda (eds) *Music and Emotion: theory and research*. Oxford: Oxford University Press. pp. 105-34.

Peretz, I. (2010). Towards a neurobiology of musical emotions. In: P. N. Juslin and J. A. Sloboda (eds) *Handbook of Music and Emotion: theory, research, applications*. New York: Oxford University Press. pp. 99-126.

Pignatiello, M. F., Camp, C. J., and Rasar, L. (1986). Musical mood induction: an alternative to the Velten technique. *Journal of Abnormal Psychology, 95*, 295-7.

Prigatano, G. P. (1991). Disordered mind, wounded soul: the emerging role of psychotherapy in rehabilitation after brain injury. *Journal of Head Trauma Rehabilitation, 6*, 1-10.

Prigatano, G. P. (1999). *Principles of Neuropsychological Rehabilitation*. New York: Oxford University Press.

Purdie, H. (1997). Music therapy in neurorehabilitation: recent developments and new challenges. *Critical Reviews in Physical and Rehabilitation Medicine, 9*, 205-17.

Purdie, H., Hamilton, S., and Baldwin, S. (1997). Music therapy: facilitating behavioural and psychological change in people with stroke—a pilot study. *International Journal of Rehabilitation Research, 20*, 325-7.

Radulovic, R., Cvetkovic, M., and Pejovic, M. (1997). *Complementary musical therapy and medicamentous therapy in treatment of depressive disorders*. Paper presented at the World Psychiatric Association (WPA) Thematic Conference, Jerusalem, Israel, November 1997.

Robb, S. L. (1996). Techniques in song writing: restoring emotional and physical well being in adolescents who have been traumatically injured. *Music Therapy Perspectives, 14,* 30-37.

Salimpoor, V. N. et al. (2009). The rewarding aspects of music listening are related to degree of emotional arousal. *PLoS ONE, 4,* e7487.

Sarkamo, T. et al. (2008). Music listening enhances cognitive recovery and mood after middle cerebral artery stroke. *Brain, 131,* 866-76.

Sarkamo, T. et al. (2010). Music and speech listening enhance the recovery of early sensory processing after stroke. *Journal of Cognitive Neuroscience, 22,* 2716-27.

Scheiby, B. B. (1999). Music as symbolic expression: analytical music therapy. In: D. J. Wiener (ed.) *Beyond Talk Therapy: using movement and expressive techniques in clinical practice.* Washington, DC: American Psychological Association. pp. 263-85.

Sears, W. (1968). Processes in music therapy. In: E. T. Gaston (ed.) *Music in Therapy.* New York: Macmillan. pp. 30-44.

Soto, D. et al. (2009). Pleasant music overcomes the loss of awareness in patients with visual neglect. *Proceedings of the National Academy of Sciences of the USA, 106,* 6011-16.

Sutherland, G., Newman, B., and Rachman, S. (1982). Experimental investigations of the relations between mood and intrusive, unwanted cognitions. *British Journal of Medical Psychology, 55,* 127-38.

Teasdale, J. (1983). Negative thinking in depression: cause, effect, or reciprocal relationship? *Advances in Behaviour Research and Therapy, 5,* 3-25.

Teasdale, J. and Taylor, R. (1981). Induced mood and accessibility of memories: an affect of mood state or of induction procedure? *British Journal of Clinical Psychology, 20,* 39-48.

Teasdale, J. D. and Spencer, P. (1984). Induced mood and estimates of past success. *British Journal of Clinical Psychology, 23,* 149-50.

Thaut, M. H. (1989a). Music therapy, affect modification, and therapeutic change: towards an integrative model. *Music Therapy Perspectives, 7,* 55-62.

Thaut, M. H. (1989b). The influence of music therapy interventions on self-rated changes in relaxation, affect and thought in psychiatric prisoner-patients. *Journal of Music Therapy, 26,* 155-66.

Thaut, M. H. (2002). Toward a cognition-affect model in neuropsychiatric music therapy. In: R. F. Unkefer and M. H. Thaut (eds) *Music Therapy in the Treatment of Adults with Mental Disorders.* Gilsum, NH: Barcelona Publishers. pp. 86-116.

Thaut, M. H. (2005). *Rhythm, Music, and the Brain: scientific foundations and clinical applications.* New York: Routledge.

Thaut, M. H. and Wheeler, B. L. (2010). Music therapy. In: P. Juslin and J. Sloboda (eds) *Handbook of Music and Emotion*. Oxford: Oxford University Press. pp. 819–48.

Velten, E. (1968). A laboratory task for induction of mood states. *Behavioral Research and Therapy, 6*, 607–17.

Wheeler, B. L. (1983). A psychotherapeutic classification of music therapy practices: a continuum of procedures. *Music Therapy Perspectives, 1*, 8–12.

Zajonc, R. (1984). Feeling and thinking: preferences need no inferences. *American Psychologist, 35*, 151–75.

Zerhusen, J. D., Boyle, K., and Wilson, W. (1995). Out of the darkness: group cognitive therapy for depressed elderly. *Journal of Military Nursing Research, 1*, 28–32.

Zwerling, I. (1979). The creative arts therapies as "real therapies." *Hospital and Community Psychiatry, 30*, 841–4.

[찾아보기]

인명

Abiru, M. 359, 361

Albersnagel, F. A. 424, 449, 451, 452

Altenmüller, E. 172

Anvari, S. H. 314

Arias, P. 109, 113, 114

Baker, F. 258, 260

Baker, K. 107, 109, 122

Bandura, A. 448

Bangert, M. 190, 249

Barker, V. L. 454

Barker-Collo, S. L. 393

Baumgartner, T. 451

Bellaire, K. 248

Bennett, T. L. 393

Benveniste, S. 050

Berg, I. J. 393

Bernatzky, G. 171

Bonilha, A. G. 228, 229, 232, 234, 258

Bower, G. H. 422, 423, 424

Braun, A. R. 073

Brendel, B. 212, 213, 278

Brunk, B. 454

Burgess, P. W. 372, 373

Carruth, E. K. 395

Ceccato, E. 374

Chadwick, D. 188

Chan, A. S. 395

Cicerone, K. D. 342, 343, 372

Clark, C. 188

Clark, D. M. 424

Clay, J. L. 230

Cohen, N. S. 257, 258, 259

Cooley, J. 274

Cross, P. 452

Cummings, J. L. 371

Cunnington, R. 108

Darrow, A. A. 248, 258, 316

Davidson, J. W. 452

Debaere, F. 108

DeStewart, B. J. 248

Deutsch, D. 298

Dewar, B. 394

Draper, E. 275

Elliot, B. 180

Elston, J. 118, 119, 121

Engen, R. L. 229

Erikson, E. H. 428

Eslinger, P. 452

Evers, S. 450

Fasoli, S. E. 088
Frassinetti, F. 359

Gaab, N. 315
Gardiner, J. C. 341, 345, 371, 374, 391, 394, 396, 419
Gardstrom, S. C. 060
Glisky, E. L. 393
Glisky, M. L. 393
Glover, H. 212, 213
Goldberg, F. 448, 453
Gordon, W. A. 343, 371

Hausdorff, J. M. 109, 113, 114, 126
Henderson, S. M. 453
Hiller, J. 053
Hilsen, L. 288
Hitchen, H. 373
Ho, Y. C. 393, 395
Hodges, D. A. 449, 450
Hommel, M. 359, 361
Horwitz, J. L. 345, 374, 396
Huron, D. 449

Inui, K. 415
Iwata, K. 396

Jordania, J. 060
Juslin, P. N. 450, 451

Kaschel, R. 393
Klein, R. M. 342
Kouri, T. 274
Kouya, I. 361
Kreutz, G. 451
Kumin, L. 281, 288

Lane-Brown, A. T. 373
Laukka, P. 124
Lawrence, M. A. 342
Lee, S. J. 109, 113, 114
Levitin, D. J. 426, 450
Lim, H. A. 275
Lim, I. 114
Limb, C. J. 073
Lohnes, C. A. 109
Lopopolo, R. B. 122

Magee, W. L. 039, 051, 053, 304, 452, 454, 458
Malcolm, M. P. 080, 083, 086, 089, 190
Mandler, G. 449
Manly, T. 343
Marchese, R. 118, 119, 121, 122
Marie, C. 314
Massie, C. 077, 080, 081, 082, 172
Mateer, C. A. 342, 343, 344
McAvinue, L. 344
McClean, M. D. 230
Menon, V. 426, 450

Miller, B. L. 371
Miller, E. B. 373
Miller, R. A. 106
Miranda, E. R. 050
Molinari, M. 124, 171
Moreno, S. 273, 274, 315
Morris, M. E. 107, 108, 109, 114, 118, 119, 121
Morton, L. L. 396

Nayak, S. 452, 454
Nieuwboer, A. 107, 108, 109, 113, 114, 118, 119, 122, 123
Noto, S. 361

O'Connell, R. G. 343
Ozdemir, E. 205

Pacchetti, C. 125, 172, 452
Partington, J. 283, 284, 290
Patel, A. D. 204
Peng, Y. C. 155
Peretz, I. 363, 450, 451
Peterson, D. A. 395
Pilon, M. A. 094, 212, 257
Prigatano, G. P. 210, 445, 474
Purdie, H. 452, 453

Ramig, L. O. 218
Ramsey, D. W. 051
Reinke, K. S. 314
Richards, L. G. 086
Robertson, I. H. 343, 345, 372

Robertson, L. C. 361

Rochester, L. 108, 109, 114, 118, 119, 122, 126

Rubin, D. C. 395, 428

Safranek, M. G. 172

Saito, Y. 361

Salimpoor, V. N. 451

Sarkamo, T. 304, 345, 396, 427, 453

Schacter, D. L. 394, 422

Scheiby, B. B. 452

Sears, W. 026

Sebald, D. 449

Sellars, C. 226

Senesac, C. R. 086, 087

Shahin, A. J. 314

Silverman, M. J. 053, 396

Sohlberg, M. M. 343, 344

Spencer, P. 451, 453

Stahl, B. 196, 197, 199

Starmer, G. J. 258

Straube, T. 196, 204

Suhr, B. 450

Sundberg, M. 283, 284, 290

Sutherland, G. 451, 452

Tamplin, J. 226, 229, 230, 248, 257, 258, 259, 471, 472

Tasko, S. M. 230

Tate, R. L. 373

Taub, E. 078, 190

Teasdale, J. D. 424, 451, 452, 453

Thaut, M. H. 034, 035, 054, 082, 089, 093, 094, 095, 096, 106, 107, 108, 114, 118, 119, 121, 123, 125, 137, 139, 140, 141, 153, 155, 171, 189, 195, 198, 203, 210, 212, 230, 247, 249, 255, 257, 258, 264, 297, 303, 341, 343, 345, 359, 371, 372, 374, 391, 395, 396, 413, 419, 424, 427, 430, 443, 444, 447, 448, 449, 453, 455, 462

Thickpenny-Davis, K. L. 393

Van der Merwe, A. 231

Van Vleet, T. M. 361

Västfjäll, D. 451

Wallace, W. T. 395

Wambaugh, J. L. 277, 278, 280

Wan, C. Y. 196, 305

Wheeler, B. L. 443, 444, 447, 455

Whitall, J. 086, 172

Wigram, T. 053, 067, 304, 430

Willems, A. M. 109, 113, 114, 121, 126

Wilson, B. A. 394

Winn, J. 274

Yamaguchi, S. 196

Ziegler, W. 212, 213, 214, 278

Zwerling, I. 446, 448, 462

내용

ADD 304

ADHD 304, 373

AMMT 029, 419, 420, 421, 422, 427, 428, 432, 461

AOS 212, 213

APT 307, 311, 316

ASD 272, 275, 283, 304, 446, 461

COPD 228, 234, 256

CVA 256, 264, 265

DAS 272, 277, 281

DMD 227

DSLM 102, 258, 271, 272, 275, 276, 277, 292

dysarthria 094

EBM 032, 033

MACT 043, 068, 307, 341, 346, 347, 349, 350, 352, 353, 354
MACT-SEL 068
MEFT 043, 047, 048, 069, 371, 372, 375, 376, 377, 378, 379, 381, 382, 383, 385
melodic intonation therapy 102
MIT 102, 195, 196, 204, 258, 265
MMT 391, 392, 398, 399, 401, 403, 404, 405, 407, 465, 467
MNT 265, 359, 363, 367
MPC 029, 043, 046, 047, 070, 443, 444, 445, 446, 448, 449, 456, 462, 463, 467, 473
MPC-MIV 047, 074
MPC-SCT 073
MPC 기분 유도 및 벡터링 074
MPC 사회적 역량 훈련 073
MSOT 046, 303, 304, 306, 307, 308
MUSTIM 102, 203, 204, 205, 206, 207, 265

NMT 024, 026, 029, 034, 035, 053, 075, 077, 082, 094, 095, 098, 099, 167, 229, 255, 257, 260, 303, 306, 343, 345, 372, 394, 396, 443, 455

OMREX 045, 225, 229, 230, 234, 235, 255, 257, 260, 264

PSE 035, 043, 046, 077, 082, 083, 085, 086, 087, 088, 089, 147, 153, 154, 155, 156, 160, 161, 163, 189, 191

RAS 034, 035, 047, 049, 082, 094, 105, 106, 107, 108, 109, 113, 114, 118, 119, 121, 123, 124, 125, 126, 127, 128, 137, 138, 139, 141, 144, 145, 147, 148, 149, 150, 155, 190, 230
RSC 094, 102, 209, 210, 212, 213, 214, 215, 216, 217, 218, 219, 220, 221, 255, 257, 260
RSMM 025, 026, 095, 099

SLICE 141
SYCOM 297, 298, 299, 300, 301

TBI 225, 304, 313
TDM 054, 093, 095, 096, 098, 099, 189, 275, 276, 277, 281, 292
TIMP 043, 046, 047, 167, 170, 173, 174, 186, 188, 189, 190, 191, 234
TS 255, 256, 257, 258, 259, 260, 262, 264, 265, 266

VIT 210, 247, 249, 250, 252, 255, 257, 264

X-linked 듀센형 근위축증 227

경직형 221
경직형 마비말장애 210
과소운동형 마비말장애 210
구강 운동과 호흡 훈련 045, 225, 229, 255, 257
근거 기반 의학 029, 032
근거 기반 치료 093
근위축증 227, 235
근육장애 235
길랑바레 증후군 256

뇌성마비 137, 168, 248, 271, 298
뇌졸중 035, 050, 077, 078, 080, 081, 082, 083, 086, 087, 088, 089, 137, 138, 140, 149, 162, 163, 168, 172, 190, 203, 204, 213, 225, 226, 229, 248, 258, 260, 313, 343, 344, 359, 360, 372, 392, 393, 396, 414, 415, 421, 427, 446, 452
뇌졸중 후 마비말장애 258
뇌종양 227, 343, 372, 392
뇌혈관장애 256, 262, 264

다발성 경화증 137, 138, 139, 150, 248, 256, 343, 372, 392, 395, 421, 454

다운증후군 196, 228, 271, 304, 312
단계적 한계 주기 동조화 141
독소 노출 372
동조화 035, 124, 137, 139, 171, 198

레트증후군 298
루이 소체 304
리듬적 말하기 신호 094, 102, 209, 255, 257
리듬 청각 자극 034, 046, 082, 105, 106, 137, 148, 190, 230

마비말장애 210, 212, 213, 214, 226, 227, 229, 230, 232, 235, 248, 256, 258, 260
만성 폐쇄성 폐질환 228, 256
말더듬 209, 212, 213, 214, 221, 259
말실행증 212, 213, 214, 257, 271, 278
멜로디 억양 치료 195, 258

발달성 말실행증 272, 277
발달장애 227, 235, 298, 304, 312
베르니케 실어증 196
변형 설계 모델 054, 093, 095, 275, 276
브로카 실어증 195
비유창성 실어증 195, 204

산소결핍증 372
수용성/유창성 실어증 196
신경학적 음악치료 024, 053, 082, 077, 082, 137, 167, 203, 229, 252, 297, 303, 343, 372, 443
실어증 195, 256, 257
실조형 221
실조형 마비말장애 210
실행증 195, 227, 256, 257

아스퍼거증후군 298
알츠하이머 304
연결피질 실어증 196
연상적 기분과 기억 훈련 029, 432, 458, 461
외상성 뇌손상 137, 138, 139, 150, 168, 204, 212, 225, 229, 248, 256, 258, 262, 304, 313, 343, 372, 392, 393, 396, 414, 420, 446, 452
우울증 446
운동 주기 신호 141
유약X증후군 283
음성 억양 치료 210, 247, 255, 257
음악 심리사회적 훈련과 상담 029, 043, 070, 443
음악 심리사회적 훈련과 상담 – 기분 유도 및 벡터링 047
음악을 통한 발달적 말하기와 언어 훈련 102, 258, 271
음악을 통한 상징적 의사소통 훈련 297
음악적 감각 지남력 훈련 046, 303
음악적 기억술 훈련 391, 396, 398, 465, 467
음악적 말하기 자극 102, 203, 265
음악적 무시 훈련 265, 359
음악적 주의 조절 훈련 043, 068, 101, 307, 341
음악적 집행 기능 훈련 043, 069, 371, 372, 375
의식장애 304, 308
인공 와우 257, 414
인지장애 298

자폐 343
자폐 범주성 장애 196, 234, 257, 258, 272, 274, 275, 283, 298, 304, 312, 316, 446, 449, 457, 461, 462
자폐 범주성 장애 아동 455
자폐증 414
전도성 실어증 196
전두엽 치매 304
전반 실어증 196
점화 139
조현병 414
주의력결핍 과잉행동장애 304, 373
주의력결핍장애 304, 372
지적장애 272, 312

척수손상 248

천식 256

청각-운동 동조화 077

청각장애 227, 234, 248, 257,
316

청지각 훈련 307, 311, 316

치료적 노래 부르기 230, 255,
258, 260, 262, 266

치료적 악기 연주 043, 097, 167

치매 204, 257, 258, 304, 305,
306, 308, 343, 344, 395, 414,
421, 425, 428, 429, 446

파킨슨병 035, 105, 106, 107,
108, 109, 113, 118, 121, 124,
125, 126, 127, 128, 137, 138,
139, 148, 150, 170, 171, 210,
212, 213, 216, 220, 221, 226,
227, 247, 248, 250, 256, 257,
259, 262, 343, 372, 392, 421,
452

패턴화된 감각 증진 035, 043,
077, 082, 147, 153

폐기종 228, 256

표현성 실어증 258, 265, 298

학습장애 272, 304

합리적 과학적 중재 모델 025,
026, 095

행동장애 372

헌팅턴병 035, 226

혈관성 치매 304

혼합형 마비말장애 210, 212,
221

후천성 뇌병변 259

편저자 소개

Michael H. Thaut, Ph.D.

현 Faculty of music, University of Toronto 교수
  Faculty of Medicine, Institute of Medical Sciences and Rehabilitation Science Institute,
      University of Toronto 겸임교수
  Music and Health Science Research Collaboratory(MaHRC) 및
      Music and Health Science 프로그램 디렉터
  Centre for Addiction and Mental Health(CAMH) 및 St. Michael's 병원 협력 연구원
  CANADA RESEARCH CHAIR TIER I

Volker Hoemberg, MD

현 SRH Heálth Center(Bad Wimpfen, Germany) 신경과 과장
  University of Düsseldorf 신경과 교수

각 장의 저자 소개

Mutsumi Abiru MM MT–BC NMT Fellow
Department of Human Health Science,
Graduate School of Medicine,
Kyoto University, Kyoto, Japan

Miek de Dreu PhD
Faculty of Human Movement Science, VU
University, Amsterdam, The Netherlands

Shannon K. de L'Etoile PhD MT–BC
NMT Fellow
Frost School of Music, University
of Miami, Coral Gables, FL, USA

James C. Gardiner PhD
Neuropsychologist, Scovel Psychological
Counseling Services,
Rapid City, SD, USA

Volker Hoemberg MD
Head of Neurology, SRH Health Center,
Bad Wimpfen, Germany

Sarah B. Johnson MM MT–BC NMT
Fellow
Poudre Valley Health System, and
University of Colorado Health,
Fort Collins, CO, USA

Gert Kwakkel PhD
Department of Rehabilitation Medicine,
VU University Medical Center,
Amsterdam, The Netherlands, and
Department of Rehabilitation Medicine,
University Medical Center, Utrecht, The
Netherlands

A. Blythe LaGasse PhD MT–BC
Coordinator of Music Therapy,
Colorado State University School of
Music,
Fort Collins, CO, USA

Gerald C. McIntosh MD
Department of Neurology, University
of Colorado Health, Fort Collins,
CO, USA

Kathleen McIntosh PhD
Speech/Language Pathology,
University of Colorado Health,
Fort Collins, CO, USA

Stefan Mainka MM NMT Fellow
Department of Neurologic Music Therapy,
Hospital for Neurologic Rehabilitation
and Neurologic Special Hospital for
Movement Disorders/Parkinsonism,
Beelitz-Heilstaetten, Germany

Grit Mallien MS
Department of Speech Language
Pathology, Hospital for Neurologic
Rehabilitation and Neurologic Special
Hospital for Movement Disorders/
Parkinsonism, Beelitz-Heilstaetten,
Germany

Crystal Massie PhD OTR
UMANRRT Post-Doctoral Research
Fellow, Physical Therapy and
Rehabilitation Science Department,
University of Maryland School of
Medicine, Baltimore, MD, USA

Kathrin Mertel MM NMT Fellow
Department of Neurologic Music Therapy,
Universitätsklinikum Carl Gustav Carus,
Dresden, Germany

Audun Myskja MD PhD
Department of Geriatric Medicine,
Nord-Troendelag University College,
Steinkjer, Norway

Ruth Rice DPT
Department of Physical Therapy,
University of Colorado Health,
Fort Collins, CO, USA

Edward A. Roth PhD MT–BC
NMT Fellow
Professor of Music, Director, Brain
Research and Interdisciplinary
Neurosciences (BRAIN) Lab, School of
Music, Western Michigan University,
Kalamazoo, MI, USA

Corene P. Thaut PhD MT–BC
Program Director,
The Academy for Neurologic Music Therapy,
Assistant Professor, Faculty of Music,
University of Toronto
Associate Professor, ArtEZ School of Music–ArtEZ
Conservatorium

Michael H. Thaut PhD
Professor
Faculty of Music, University of Toronto
Faculty of Medicine, Institute of Medical Sciences
and Rehabilitation Science Institute,
University of Toronto Director,
Music and Health Science Research Collaborative
and Graduate Programs, University of Toronto
Collaborator Scientist CAMH Neuroimaging
Affiliate Scientist St. Michael's Hospital
CANADA RESEARCH CHAIR TIER I

Erwin van Wegen PhD
Department of Rehabilitation
Medicine, VU University
Medical Center, Amsterdam,
Netherlands

Barbara L. Wheeler PhD
NMT Emeritus
Professor Emerita, School of Music,
Montclair State University,
Montclair, NJ, USA

역자 소개 _____

강규림(Kang, Kyurim)

West Texas A&M University 음악치료 학사
Able ARTS Work 음악치료사
광주교육대학교 통합교육지원센터 음악치료사
Colorado State University 음악치료 석사
University of Toronto, Music and Health Science(신경학적 음악치료) 박사
Holland Bloorview Kids Rehabilitation Hospital, PRISM Lab 연구원
현 Johns Hopkins University School of Medicine,
   Department of Neurology,
   Center for Music and Medicine 박사후연구원

   미국 공인 음악치료사 (MT-BC)
   신경학적 음악치료사 (NMT)

여명선(Yeo, Myung Sun)

예원학교/서울예술고등학교 음악과
고려대학교 심리학과
이화여자대학교 음악치료학 석사
이화여자대학교 음악치료학 박사
현 이화여자대학교 음악치료학과 임상분석 강사
   이화음악재활센터(Ewha Music Rehabilitation Center) 수석연구원
   고신대학교 교회음악대학원 음악치료전공 초빙교수
   (사)전국음악치료사협회 음악중재전문가(KCMT)

신경학적 음악치료 핸드북
Handbook of Neurologic Music Therapy

2021년 11월 20일 1판 1쇄 발행
2024년 11월 20일 1판 2쇄 발행

엮은이 • Michael H. Thaut · Volker Hoemberg
옮긴이 • 강규림 · 여명선
펴낸이 • 김 진 환
펴낸곳 • (주) **학지사**

04031 서울특별시 마포구 양화로 15길 20 마인드월드빌딩 5층
대표전화 • 02) 330-5114   팩스 • 02) 324-2345
등록번호 • 제313-2006-000265호
홈페이지 • http://www.hakjisa.co.kr
인스타그램 • https://www.instagram.com/hakjisabook
ISBN 978-89-997-2536-4 93180

정가 **25,000원**

출판미디어기업 **학지사**

간호보건의학출판 **학지사메디컬** www.hakjisamd.co.kr
심리검사연구소 **인싸이트** www.inpsyt.co.kr
학술논문서비스 **뉴논문** www.newnonmun.com
원격교육연수원 **카운피아** www.counpia.com
대학교재전자책플랫폼 **캠퍼스북** www.campusbook.co.kr